티베트에서의 불교철학 입문

티베트에서의

불교철학 입문

꼰촉 직메 왕뽀의 둡타 린포체 탱와 – 宗義寶鬘論

TIBETAN BUDDHISM

권오민 · 유리 · 김대수 공역 | 권오민 해제 해설

씨아이알

머리말

세계지도상에서는 동과 서의 중앙에 위치할지라도 히말라야라는 지리적 특성으로 인해 세계의 또 다른 끝이라고 할 만한 티베트(Tibet)가 우리(한국 불교도)의 관심 대상이 된 것은 아이러니한 일이다. 과거 한때에도 이런 일이 있었지만, 그것은 고려 말 원(元) 제국의 간섭기라는 시대적 배경이 있었다. 오늘의 시대적 배경은 무엇인가? 티베트라는 극지(極地)의 세계와 그곳 불교의 수장인 달라이 라마 14세의 인격이 우리의 관심을 그곳으로 끌게 한 하나의 요인일 수도 있겠지만, 우리의 현실 불교의 실망감도 한몫을 하였을 것이라고 필자는 생각한다.

이른바 '초기불교'라는, '불타시대의 불교'라는 미명하에 미얀마 등 동남아 제국의 불교 현장도 그러하지만, 1959년 이래 티베트 망명정부가 위치한 히말라야 산록의 휴양도시 다람살라에도 역시 재가자 출가자 할 것 없이 많은 이들이 몰려간다. 그리고 찬탄한다. 그곳 불교의 실천(위빠사나)과 이론(혹은 지식)에 대해.

확실히 그곳의 불교는 우리의 불교와 다르다. 일단은 전통이 다르다. 다를뿐더러 여전히/아직은 전통이 살아 있다. 주지하듯이 동남아 제국은 상좌부(上座部, Theravāda) 전통이 유지되며, 티베트는 본교(Bon)라는 재래의 샤머니즘이 습합되어 있고 시대에 따른 새로운 개혁의 불교가 등장하였을지라도 인도 후기불교의 전통이 살아 있다. 우리가 위치한 동아시아 불교의 전통은 대승불교, 그중에서도 특히 여래장(불성) 계통의 교학과 선종이다. 세 지역의 불교 전통은 각기 팔리어, 티베트어, 한자어로 이루어진 삼장(三藏)에 기초한다. 당연히 불교의 도입과정도 경로도, 전통도 달랐다.

필자는 장구한 세월에 걸쳐 이루어진 어떤 한 지역의 불교 전통에 대해 오늘의 선오(善惡)의 가치로 시비(是非)할 수 없다고 생각한다. 예컨대 우리는 한때 대승불교와 선종, 이타(利他)의 실천과 여래 최상승선이라는 명목하에 동남아 제국(남방)의 불교를 이론 위주의 소승불교로, 티베트의 불교를 다만 『티베트 사자(死者)의 서(書)』와 같은 신비적이고 주술적인 의례 중심의 비밀불교로 폄하하거나 오해한 적이 있었고, 지금은 그곳의 불교가 불타원음의 순수한 불교, 인도불교의 전통이 살아 있는 불교인데 반해 우리 동아시아 불교는 변질된 번역불교, 혹은 현양매구(懸羊買狗)의 불교라 비하하기도 한다.

티베트 불교와 우리 불교는 대승이라는 점에서 같지만, 그들이 불교를 현교(顯教)와 밀교(密教)로 대별하였다면 우리는 교종(教宗)과 선종(禪宗)으로 대별하였다. 두 전통의 불교가 바로 만날 수 있는 지점은 현교와 교종이지만, 그 양태는 조금 다른 것 같다.

우리는 교종을 대개 아함과 아비달마의 소승, 중관·유식의 대승시교(始教) 또는 통교(通教), 여래장 계통의 대승종교(終教) 또는 별교(別教), 혹은 방법론적으로 단박의 깨침을 추구하는 돈교(頓敎), 그리고 불타의 완전한 가르침이라는 화엄 · 법화 등의 대승원교(圓敎)로 구분하지만, 그들은 현교를 비바사사(毘婆沙師), 경량부, 유식, 중관으로 분류하였다. 말하자면 비바사사와 경량부는 소승, 중관과 유식은 대승시교에 해당하니 그들의 불교(현교) 전통에는 특별한 가르침이나 단박에 깨침을 추구하는 가르침, 완전한 가르침이 없는 셈이다. 이런 까닭에 8세기 말 인도 중관학파(본서에 의하면 정확히 형상진실론의 유가행을 받아들인 자립논증 중관학파)의 카말라실라와 중국 선종의 마하연(摩訶衍)이 티베트 최초의 불교사원인 삼예사원에서 돈점(頓漸)의 논쟁을 펼치기도 하였던 것이다. (논쟁의 승패 또한 그들 주장과 마찬가지로 각자의 전승에서 다르게 전하고 있음은 두말할 나위도 없다.)

그렇다. 이것이 티베트와 우리 불교 전통의 교학상의 차이일 것이다. 우리는 완전한 가르침이나 단박의 깨침이 강조됨에 따라 인도 땅에서 불교가 사라질 때까지 주류였던 비바사사(毘婆沙師, 우리의 전통술어로는 비담종 毘曇宗, Ābhidhārmika)는 자리(自利)의 법체항유(法體恒有)를 설한 소승으로 거두절미되었고, 후기 인도불교의 사유를 지배하였던 경량부는 아예 학습과정에조차 들어 있지 않다. (물론 이는 불교도입의 시기와 과정이 티베트와는 다른 탓이다.) 하리발마의 『성실론』을 통해 이를 이야기하지만, 그 이름을 알고 있는 자, 얼마나 될까? 대승의 두 날개였던 중관과 유식 또한 다만 『기신론』(대승終敎, 또는 別敎)을 이해하기 위한 발판(즉 대승始敎) 정도로 간주되었고, 그 범위 또한 청변(490-570년 무렵)

과 호법(530- 561) 즉 바바비베카(Bhāvaviveka)와 다르마팔라(Dharmapāla) 까지였다.

티베트 불교에서 밀교수행에 들기 전에 이수해야 하는 현교의 핵심은 이미 말한 대로 비바사사 · 경량부 · 유식 · 중관의 네 학파이다. (물론 네 학파 중 반야중관이 최상승의 종의로 간주되었고 승가교육의 대부분을 차지한다.) 이들 네 학파는 이미 오래전부터 불교 안팎에서 불교의 4대 학파로 지칭되었다. 그들은 티베트에 불교가 도입된 8세기 무렵 닝마파(舊派) 시절부터 바바비베카(淸辨)의 『사택염(思擇炎, Tarkajvāla)』과 샨타라크시타(Śāntarakṣita, 8세기 무렵)의 『진리강요(Tattvasaṃgrahakārikā)』, 카말라실라(Kamalaśīla)의 『진리강요주석』 등에 따라 불교(현교)를 이들 네 학파로 분류하였고, 이들의 종의(宗義)를 조술한, '둡타'로 일컬어진 크고 작은 종의서를 찬술하였다. 둡타는 어떤 학파에서 주장(성취)한 궁극의 취지(siddha-anta) 즉 종의를 의미하는 말로, 외도를 포함하여 불교 4대 학파의 종의/철학을 정리 집성한 문헌이다. (혹 어떤 경우 밀교를 포함하기도 한다.)

그중에서 가장 방대하고도 유명한 것이 꾼촉 잠양 세빠(1648-1722)의 『종의 대해설』(Grub mtha's rnam bshad chen mo)이다. 본서 『티베트에서의 불교철학 입문, 둡타 린뽀체 탱와(宗義寶鬘論) - 불교종의의 보물꾸러미』는 잠양의 환생으로 간주된 꼰촉 직메 왕뽀(1728-1791)가 스승 장까 롤빼 도제(1717-1786)의 『둡타』를 축약 정리한 것이다. 오늘날 티베트의 승가대학에서는 불교교학의 기초과정 - 뒤다(bsdus grwa)와 로릭(blo rigs)과 따릭(rtags rigs)이라는 일종의 불교 존재론과 인식론과 논리학 – 을 마치고서 이를 학습한다. 따라서 이 책은 제목처럼 티베트에서의 불교철학의 입문서라 할 만하다.

우리로 치면 전통강원의 사집과(四集科)의 『도서(都序)』(온전한 명칭은 『선원제전집도서(禪源諸詮集都序)』, 규봉종밀 780-841 저) 정도에 해당할 것으로 생각된다. 그렇지만 『도서』에서는 본각진성(本覺眞性)을 밝힌 『화엄경』, 『승만경』, 『법화경』 등의 현시진심즉성교(顯示眞心卽性敎)를 종의로 삼아 유부 비바사사는 물론 유식도 중관도 방편의 밀의설로 간주하였다. 또한 우리의 경우 사교입선(捨敎入禪, 교학을 버리고 선에 든다)을 강조한 나머지 교학의 최종단계인 원교(화엄) 정도는 명맥을 유지할 수 있었을지라도 그 전 단계인 방편의 밀의설은 불교학의 전통에서 거의 사라졌다. 그러나 대각국사 의천도 언급하였듯이 "연못이나 강의 물도 마실 힘이 없으면서 어찌 대해를 삼킬 수 있을 것이며, 성문·연각의 2승법도 익히지 못하였으면서 어찌 대승을 배울 수 있을 것인가?"

본서는 비록 인도불교의 네 학파의 종의를 간략히 개괄한 소책자이지만, 불교철학의 이해나 진술방식이 우리와는 다를뿐더러 – 둡타에서는 불교를 우리가 대체로 존재론적으로 이해하는 데 반해 전적으로 인식론적 측면에서 이해하고 지식의 대상(혹은 탐구대상)에 관한 논설로서 각 학파의 종의의 문을 연다. – 경량부를 비롯한 형상진실론과 형상허위론의 유가행파, 자립논증파와 귀류논증파의 중관학파와 같은 우리 불교 전통에 부재하는 불교학파가 등장하기 때문에, 또한 소승에 대한 우리의 이해가 상위학파에 의한 구호성의 비판에서 벗어나지 못하고 있기 때문에, 혹은 간략함을 추구한 본서 자체의 특성으로 인해 우리에게 다소 생소하고, 이해에도 어려움이 있을지 모르겠다. 우리가 바로 이해하면 그것은 상식으로 어떠한 논거도 필요하지 않지만, 이해해야 함에도 무슨 뜻인지 이해하지 못할 경우 그것은 우리가 범접할 수 없는 세계의 것, 이를테면 '현묘'나 '신비'가 되고 만다. 그러할지라도 다수의 내용은 이미 우리의 불교 전통(동아시아 한역불교)에서도 찾을 수 있는 것들이다. 아무튼 이 책이 다소 생소하고 이해에 어려움이 있다면 그것은 불교를 도입한 시기와 경로가 달랐기 때문으로, 다시 말하지만 이를 오늘의 선오(善惡)의 가치로 시비(是非)할 수는 없는 일이다.

필자가 꼰촉 직메 왕뽀의 『둡타』를 읽으면서 우리의 불교 이해와 많이 다르다고 (혹은 인상적이라고) 느낀 것은 각 학파의 종의에 대한 진술을 마치면서 설한 저자의 찬송에서였다. 그가 비록 자신들의 불교 전통에 따라 초전(初轉)의 사제(四諦)법륜(=아함)과 제3전의 변별(辨別)법륜(=유식)을 불요의(不了義)로, 제2전의 무상(無相)법륜(=반야중관)을 요의(了義)로 판석하였을지라도 하위학파는 상위학파를 이해하는 데 가장 뛰어난 방편이기에 폄훼해서는 안 된다 하고서, 비바사사의 종의를 진술하고는 "비바사(毘婆沙)의 바다에서 건져 올린 감로 같은 선설(善說)의 향연을 즐기라"고 하였고, 경량부 종의를 끝맺으면서는 "비유자(譬喩者)들의 정리(正理)의 은밀한 언구(密句)를 마음껏 즐기라"고 하였으며, 계속하여 "오로지 식(識)만이 존재한다는 유식(唯識)의 도리에 기쁜 마음으로 들라"고 하였다.

비바사의 선설이나 비유자(=경량부)의 정리의 밀구, 유식의 도리를 어찌 즐기라는 것인지? 나의 짧은 경험으로 말하자면 비바사의 바다에 침몰하지 않은 것이 다행이었고, 비유자의 정리의 밀구는 혼돈에 가까웠으며, 유식의 도리는 인고(忍苦)가 필요하였다.

그간 우리의 불교학습과 이해에는 문제가 있었다. 불교는 필경 교조주의(dogmatism)가 아님에도 우리는 불교의 제 경론의 언구를 '교조(教條)'로 여긴다. 교학과 신행의 일치라는 미명하에. 그러나 종밀의 『도서』에서조차 불타말씀에 대한 무조건적 믿음을 경계하였다. 스스로 헤아려 생각(比度)하지 않으면 그에 대한 깨달음(證悟)도 부박한 믿음(汎信)에 지나지 않아 아무런 이익이 없다 하였다. 불교에서의 믿음(信, śradha, 또는 勝解, adhimukti)이란, 주지하듯이 확신이며, 이는 우선적으로 엄격한 비판적 분석/판단에 따른 것이다. 말도 되지 않고 뜻도 통하지 않는, 믿음을 전제로 한 불교의 글들이 차고 넘친다. 그것으로는 애당초 비판적 분석/판단이 불가능하다. 그럼에도 불교는 원래 심오한 것, 불가지(不可知) 불가설(不可說)이라는 또 다른 교조에 의탁한 채 이를 모른 체하거나 이에 대해 어떠한 책임도 지지 않으려 한다. 혹은 신심이 결여되었다거나 내 아둔한 머리를 탓하기도 한다. 불교 밖의 일반에서 보면 이 같은 일은 정말이지 웃기는 일이다.

사실 본 둡타는, 20부파의 종의를 간략히 나열한 『이부종륜론』처럼 네 학파의 종의를 간략히 진술한 일종의 명제집이다. 혹은 논제만을 제시한 일종의 마트리카(mātṛka: 論母)라고 할 수 있다. 논거(그같이 주장하게 된 이유)는 물론이고 전후 교학적 맥락이 결여되었기에 이것은 어쩌면 암호 모음집 같은 것으로 비쳐질 수도 있다. 그럴 경우, 말이 되든 말든, 뜻이 통하든 말든 그냥 수동적으로 받아들일 수밖에 없고, 무작정 외우는 수밖에 없다. 암송과 독송은 청문(聽聞)과 사택(思擇)의 귀결이었어야 하지만, 이러한 무작정의 암송으로는 '경전독송의 공덕'은 있을지라도 모든 경론이 원래 추구하였던 비판적 분석/판단에 따른 진리통찰은 기대하기 어렵다. 사택(思擇) 혹은 간택(簡擇)이 결여된 암송은 우이독경과 다를 바 없다. 이는 다만 교조일 뿐이고, 얻을 수 있는 것은 이해가 아니라 감흥이다.

여기서 사택(tarka, 혹은 覺觀), 간택(pravicaya, 혹은 思惟觀察)은 요즘 말로 하면 '탐구고찰'이나 '비판적 분석'을 의미한다. (청변은 그의 중관핵심의 해설을 『사택염(思擇炎, Tarkajvāla)』-'탐구의 불길'이라 이름하였다.) 이는 바로 혜(慧, prajñā) 즉 지혜의 작용이다. 불교가 지혜의 종교라고 말하지만, 지혜가 무엇이던가? 불교가 지혜의 종교라면 응당 제 경론은 탐구되고 비판적으로 분석되지 않으면 안 된다. 그 같은 탐구의 역사가 바로 불교사상사였다.

다람살라의 현자 달라이라마가 누누이 강조한 것도 바로 '비판적 분석'이었다. 그는 말하였다. "불교의 가르침은 맹신이 아닌 비판적 분석이기에 단순히 경전을 외우기보다 이치를 따지며 불교의 가르침을 받아들일 때 긴 생명력을 가질 수 있을 것이다." (2016년 9월 2일 동아일보 A28면)

2018년도 2학기 대학원 불교철학 시간에 꾄촉 직메 왕뽀의 『둡타』를 읽었다. 다람살라에서 티베트 말을 익힌 유리 씨의 오랜 청에 따른 것이었다. 2종의 한글번역이 있었지만, 도무지 무슨 말인지 감당하기 어려운 것이었다. 그 같은 번역의 공간(公刊)은 우리의 불교학의 이해 수준을 여실히 드러내는 것이었다. 그것이 불교를 불가지의 세계로 침몰시키고 티베트의 불교를 더욱 신비화(?)할까 염려되었다. 이것이 이 책을 공간하게 된 첫 번째 이유이다.

두 번째 이유는 티베트 불교도의 불교 이해를 드러냄으로써 우리의 불교 이해를 반성하기 위함이다. 우리의 불교 이해는 말하자면 존재론적 차원이다. 우리의 관심이 진실로 존재하는 것(眞如自性 즉 實際)이 무엇인가? 하는 점이라면, 저들의 관심은 불타를 비롯한 그의 성(聖) 제자에게 '알려진 것(jñeya: 所知)', 혹은 같은 말이지만 우리가 '마땅히 알아야 하는 것(應知)'은 무엇이고, 그것은 어떻게 알려진/알려지는 것인가? 하는 점이다. (이런 점에서 저들의 불교학습법이 좀 더 구체적이라 할 수도 있겠다.) 필자가 이해하는 불교철학의 핵심과제는 불타는 무엇을 어떻게, 왜 깨달았던(알았던) 것인가? 하는 것이다. 불교 4대 학파는 이에 대한 이해의 차이에서 비롯된 것이다.

"우리는 무엇을 어떻게 알아야/깨달아야 하는가?" 불교지식론의 용어로 말하면, 인식대상(prameya: 所量)과 인식방법(pramāṇa: 量)이 불교철학, 아니 인도철학의 요체이다. 누가 자신 있게 말할 수 있는가? 우리는 누누이 '수행'을 강조하지만, 무엇을 어떻게 수행하라는 것인지? 수행의 결과는 무엇인지? 우리의 선종에서는 "행주좌와 어묵동정, 수행 아닌 것이 없다"는 말로 문제의 핵심을 희석시키고 만다. 우리 불교 전통 상에서는 매우 훌륭한 처방이겠지만, 여기에는 당연히 부연설명이 필요하다. 대저 무엇이 수행이던가? 우리가 알아야 할 것은 무엇이고 어떻게 알아야 하는가? 불타는 어떤 경로를 통해 무상(無上)의 보리(菩提)를 증득하였던가?

둡타의 철학적 관심(주제)은 경(境, viṣaya)과 유경(有境, viṣayin), 즉 저들 불교학파에 알려진/탐구된 (혹은 저들을 따르는 이라면 마땅히 알아야 하는/탐구해야 하는) 지식의 대상과 이를 향유하는 지식의 주체, 즉 마음(心識)이었다. 둡타에서는 이에 대한 불교4대 학파의 견해와, 견해에 대한 통찰 수습으로서의 실천 수행도와 수행도의 결과, 그리고 이 같은 판단의 근거가 된 불설(佛說)의 요의(了義)와 불요의(不了義)에 대해 간략히 진술하고 있다. 참으로 우리네와는 다른 형식의 불교철학 입문서라고 할 수 있겠지만, 이는 불교전통(유가·법상종 계통)의 논의방식이었다.

그러나 본 둡타는 앞서 말한 대로 불교철학의 핵심을 간추린 일종의 명제집이기 때문에 각 학파의 논설은 그들에게는 지극히 상식적인 것이었겠지만, 불교학의 초입자로서는 결코 이해가 쉽지 않다. 당연히 부연설명이 따르지 않으면 안 된다. 예컨대 직메 왕뽀는 비바사사(毘婆沙師, 즉 설일체유부)를 '소승의 종의를 따르는 이로서 식(識)의 자기인식을 인정하지 않는 이들'로 정의하였는데, 식의 자기인식이 무엇이고 그들은 왜 이를 인정하지 않았는지, 반대로 경량부(經量部)는 왜 인정하였는지 밝히지 않으면 안 된다. 이는 번역자의 책임일 것이다. 이에 따라 본서를 가급적

원서의 원문에 충실하려 한 본문 편과, 장절(章節)과 항목(項目)을 나누고 해설을 덧붙인 본문해설 편으로 구성하였다. 물론 본문 편만으로 이해가 가능하다면 해설 편은 버려도 좋다. 아니, 언젠가는 버려야 한다.

직메 왕뽀의 『둡타』를 이해함에 있어 제프리 홉킨스(Jeffrey Hopkins)의 영역이 많은 참조가 되었다. 인터넷상에 일본의 문수사리대승불교회(文殊師利大乘佛教會)에서 간행한 일역, 진옥교(陳玉蛟)의 중국어 번역, 헤르베르트 퀸터(Herbert V. Guenther)의 영어 번역이 떠 있다. 여기에는 해설이 없지만, 이 또한 이해에 참고가 되었다. 유리 씨가 티베트 원문을 초역하였고, 분석철학전공이지만 네 학기째 내 수업을 듣고 있는 김대수 군이 홉킨스의 영역을 국역하였으며, 필자가 제 역본을 전체적으로 대조 윤문하면서 해설하였다.

이로써 불교학의 문제가 무엇인지, 티베트 불교도들이 무엇을 학습하며 우리의 불교학습에 무엇이 문제인지 생각해보는 계기가 되었으면 한다.

2019. 8. 30.

권오민

:: 일러두기

1. 본서는 꼰촉 직메 왕뽀(dKon mchog 'jigs med dbang po)의 『둡타(Grub pa'i mtha'i rnam par bzhag pa rin po che'i phreng ba; 宗義寶鬘論 - 불교종의의 보물꾸러미)』를 번역 해설한 것이다. 저본은 1967년 다람살라(Dharamsala: Tibet Cultural Printing Press) 판으로, 제프리 홉킨스(Jeffrey Hopkins: 1989)의 판본대조를 참고로 하였다.

2. 본서는 2부로 구성되었다. 제1부는 원전에 따라 본문을 번역한 것이고, 제2부는 이를 다시 장절(章節)과 항목(項目)으로 구분하고 해설하였다. 본 둡타는 일종의 불교철학의 명제집, 마트리카 형식의 문헌이기 때문에 과단(科段)의 구분과 논의 해설(vibhāṣā: 毘婆沙)이 필요한 것이다.

3. 학파명칭이나 인명, 서명 등의 고유명사는 산스크리트 발음에 따랐지만, 우리에게 익숙한 것은 한역에 따랐다. 예컨대 당짼빠(grangs can pa, Sāṃkhya: 數論)는 상키야학파로, 사와초(zhi ba 'tsho, Śāntarakṣita: 寂護)는 샨타라크시타로 표기하였지만, 익녠(dbyig gnyen, Vasubandhu: 世親)은 세친으로, 우마빠(Dbu ma pa, mādhyamika: 中論者, 中宗)는 중관학파로 표기하였다.

4. 본서의 번역에 사용된 티베트어의 발음과 표기는 원칙적으로 와일리식(Wylie System; "A Standard System of Tibetan Transcription," Harvard Journal of Asiatic Studies 22 1959, pp.261-67)을 따랐다. 단 쨔(tsa) · 챠(tsha) · 쟈(dza)는 한글표기법 중 파열음의 표기 규칙에 어긋나기에 짜 · 차 · 자로 표기하였다.

5. 유루(有漏), 무루(無漏)처럼 우리에게 익숙한 불교술어는 한역용례에 따랐고, 그다지 익숙하지 않은 술어는 현대 번역어를 취하고 산스크리트와 한역을 병기하였다. 예컨대 '바른 인식(pramāṇa: 量)', '직접지각(pratyakṣapramāṇa: 現量)'.

6. 제1부 본문 편의 단락구분과 제2부 본문 해설편의 장절(章節) 항목(項目)의 구분은 번역자의 자의에 따른 것이다.

7. 산스크리트 뒤의 쌍점(:)은 한역(漢譯)의 용례이며, 대괄호([ ])는 원문에 없는 역자의 보충문이다.

목 차

제3장 불교철학 서설

제4장 비바사사(毘婆沙師)

제8장 중관학파(2) 귀류논증파

해 제

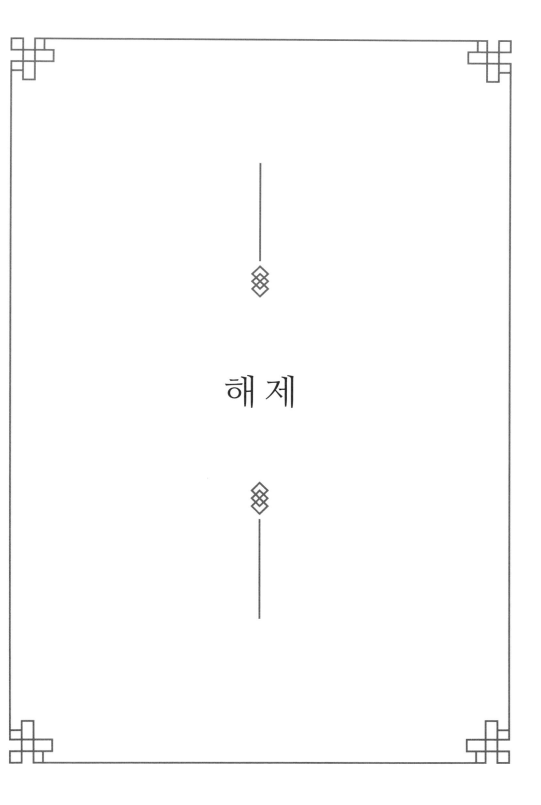

해 제

1. 둡타: 불교철학 입문서

둡타(grub mtha')는 '확립된 결론', '확정된 설', '실증된 진리'라는 뜻의 산스크리트 싯단타(siddhānta)의 티베트 역어이다. 싯단타는 성취를 의미하는 '싯다(siddha)'와 구경(究竟) · 끝을 의미하는 '안타(anta)'의 복합어로 어떤 철학학파에서 궁극적으로 성취되어 승인된 이론이나 학설 곧 정설(定說)을 말한다.[1] 이에 따라 한역불전에서는 종(宗) · 종취(宗趣) · 종의(宗義) 등으로, 『번역명의대집(翻譯名義大集)』에서는 도리(道理) · 종인(宗印) · 성구경(成究竟) 등으로 번역되고 있다. 혹은 '실단(悉壇)'으로 음역되기도 하였다.[2]

---

1 위키피디아에서는 싯단타(Siddhānta)를 "어떤 주제에 대한 확정된 견해(settled opinion) 또는 교설(doctrine), 교리(dogma), 공리(axiom), 승인된 진리(received or admitted truth), 공인 확정된 혹은 정경(正經)으로 간주된 교범(any fixed or established or canonical text-book) 등으로 해설하고 있다. (https://en.wikipedia.org/wiki/Siddhanta: 2019. 1. 15.)

2 『대지도론』 권1 (T25, 59b)에서는 불타는 제일의실단(第一義悉壇)의 모습을 설하기 위해 반야바라밀다를 설하였지만, 이는 중생이 희망하는 바에 따라 설한 세계실단(世界悉壇), 각각의 중생의 근기에 맞는 법을 설한 위인실단(爲人悉檀), 탐욕과 우치 등의 중생의 병을 치료하기 위해 설한 대치실단(對治悉檀)과 서로 모순됨이 없다고 논설하고 있다. (이상 4悉壇)

본서의 저자 꾄촉 직메 왕뽀는 둡타의 어의에 대해 미륵(Maitreya, 350-430 무렵)의 『현관장엄론』에 대한 다르마미트라(Dharmamitra: 法友, 8-9세기)의 해설서 『선명사의소(善名詞義疏, Grel bshad tshig gsal)』를 인용하여 이같이 논설하고 있다.

> [둡타 즉 종의라는 말에서] '둡(grub: siddha)'은 성전(Āgama: 聖教)과 논리-이치(yukti, nyāya: 正理)에 따라 성취/확립된 자파의 견해를 의미하고, '타(mtha': anta)'는 이같이 확립된 법은 더 이상 나갈 곳이 없는 궁극/끝이라는 뜻이다. 즉 성전과 논리 두 가지 모두에 의해 확립되고 승인된 법은 자신의 [분별적] 사유와 달리 더 이상 바뀌는 일이 없기 때문에 둡타(grub mtha': siddhānta)라고 하였다. (본서 제1장)

불교 전통에서 싯단타(siddhānta: 宗)는 데샤나(deśanā) 혹은 샤사나(śāsana: 教) 즉 '말', '언설'에 대응하는 말로 사용된다. 이를테면 『입능가경』 「무상품」에서는 세계존재의 실상을 싯단타와 데사나, 궁극적 측면과 언어적 측면의 두 가지로 분별하였다. 어느 날 대혜(大慧) 보살이 세계존재의 실상에 대해 묻자 세존께서는 이같이 답하였다.

> 존재의 실상(dharma-lakṣaṇa: 法相)에는 궁극적 측면의 실상(siddhāntanaya-lakṣaṇa: 宗趣法相)과 언어적 측면의 실상(deśanānaya-lakṣaṇa: 言說法相) 두 가지가 있다. 궁극적 측면의 실상이란 언어문자나 사유분별을 떠나 무루계(無漏界)에 들어 내적으로 스스로 성취하는 것으로, 일체 분별적 사유를 뛰어넘어 일체의 외도나 악마를 제압하여 지혜

의 빛을 드러내는 것, 이것이 바로 궁극적 측면의 실상이다. 그리고 언어적 측면의 실상이란 9분교(分教)에 따른 여러 교설(말씀)로, 동이(同異)와 유무(有無)의 대립적 견해를 떠나 교묘한 방편으로 사람들로 하여금 올바른 견해에 들게 하는 것, 이것이 바로 언어적 측면의 실상이다.

그리고서 게송으로 요약하였다.

궁극적인 것(siddhānta: 宗趣)과 언어적인 것(deśanā: 言說)
스스로 증득한 것(pratyātma: 自證)과 가르침(śāsana: 教法)에 의한 것
만약 이 두 가지를 능히 잘 아는 이라면
그 밖의 다른 그릇된 생각(tarka)을 쫓지 않으리.[3]

비록 『입능가경』에서 존재의 진실을 궁극적인 것(싯단타)과 언어적인 것(데샤나)으로 나누고, 나아가 스스로 깨닫는 법(自證法)인 전자는 수행자를 위한 것, 말씀에 따라 이해하는 법(教法)인 후자는 아직 불법에 들지 못한 어리석은 범부를 위한 것이라 설하고 있을지라도[4] 이는 우열의 차별이라기보다 깨달음에 이르는 도정 상의 차별이라 할 수 있다. 진실에 관한 말씀을 듣고, 사유하고, 그리고 선정을 통해 반복적으로 익힌다는

---

3 『입능가경』 권4 (T16, 609ab), "宗趣與言說 自證及教法 若能善知見 不隨他妄解."

4 『입능가경』 권4 (T16, 612b), "我說二種法 言教及如實 教法示凡夫 實爲修行者." 본서 제1장 2절 '종의의 총론'에서도 둡타(宗義)의 어의에 대해 해설하면서 이 게송을 인용하고 있다.

문(聞)·사(思)·수(修) – 청문(聽聞, śruta)과 사택(思擇, cinta)과 수습(修習, bhāvana) – 의 과정은 불교수행론의 기본구도이기 때문이다.

궁극적 진실과 언어적 진실을 우열의 관계로 차별한 것은 동아시아 선종(禪宗)에서였다. 선종에서는 교외별전(教外別傳) 직지인심(直指人心)의 종문(宗門, 혹은 祖門)과 언어분별의 교문(教門)을 엄격히 구별하였다. 그러나 동아시아 불교(교종) 전통에서도, 앞서 직메 왕뽀는 성전과 논리에 따라 확립되고 승인된 자파의 견해를 둡타 즉 싯단타(宗)라 하였지만, '종'은 논리-이치(正理)에 의해 성립한 견해로, '교'는 성전(聖教)에 의해 성립한 견해로 이해하였다. 예컨대 법장(法藏)은 그의 『화엄오교장』에서 불타의 일대 법문을 분교개종(分教開宗)하면서 – 교(教)를 나누고 종(宗)을 열면서 – 일대불교를 성전에 따라 5교(教)로, 논리-이치에 따라 10종(宗)으로 분류하였던 것이다.[5]

아무튼 '둡타'라는 말은 성전과 논리-이치에 따라 성취/확립된 어떤 학파의 궁극적 견해를 의미하는 것으로, 말하자면 어떤 한 철학학파의 근본학설이라 할 만하다.[6] 인도 베단타학파의 철학자 샹카라(Śaṅkara, 700-750 무렵)는 가장 저급의 철학으로 판단한 로카야타(세상에 순응하는 일종의

---

5 『화엄일승교의분제장』 권4 (T45, 481b5f), "第四分教開宗者, 於中有二. 初就法分教, 教類有五. 後以理開宗, 宗乃有十." 참고로 일본의 불교학자 나카무라 하지메는 메이지 유신 이후 일본에서 서구문물을 받아들이면서 릴리전(religion)이라는 말을 '종교(宗教)'로 번역한 근거를 앞서 언급한 『능가경』의 종(宗)과 교(教)에서 찾고 있다. 中村元, 「종교와 철학의 의의」 (中村元·三枝充悳, 혜원 역, 『바우드하 佛教』, 김영사, 1990), pp.311-329 참조.

6 일본의 문수사리대승불교회(文殊師利大乘佛教會)에서 번역한 본 둡타의 제목은 '學說規定摩尼寶鬘'이다.

유물론)로부터 최고의 통찰로 판단한 베단타에 이르는 당시 모든 철학학설(siddhānta)을 집성하고서 이를 『전철학설강요(Sarvasiddhāntasaṃgraha)』라 명명하였다.[7]

전통적으로 인도에서 철학에 대응하는 말은 다르샤나(darśana: 見)로, 불교에서는 이를 해탈도인 세계와 인간 본성에 대한 진실의 통찰(darśana-mārga: 見道)을 의미하는 말로 사용하였다. 후술하듯이 본 둡타에서는 통찰의 대상인 진실 – 이는 어떤 철학학파를 세운 개조나 새로이 대성시킨 성자에게 '알려진 것(jñeya: 所知)'이라면 그들을 추종하는 이들에게는 '마땅히 알아야 할 것(應知)'이다. – 과 이에 대한 인식, 이에 근거한 실천 수행도와 수행도의 결과(즉 성자의 果位)에 관한 제 학설을 '둡타'(즉 종의)라고 하였다.

나아가 인도에서는 이 같은 진실의 종의를 설하고 있는 표준적 텍스트도 싯단타, 즉 '둡타'라고 하였다. 예컨대 자이나교에서는 디감바라(공의파)든 스베탐바라(백의파)든 자신들의 성전(Āgama)을 '싯단타(Siddhānta)'라고 하였다. 본 꾄촉 직메 왕뽀의 『둡타』 또한 불교 4대 학파의 학설을 개

---

7 M. Raṅgācārya, The Sarva-siddhānta-sangraha of Śaṅkarācārya : text with English translation, New Delhi : Ajay Book Service, 1983. 여기서 다루고 있는 싯단타 즉 철학학파를 순서대로 열거하면 이와 같다. ① 로카야타(Lokāyata), ② 자이나교, ③ 불교(중관학파 – 유가행파 – 경량부 – 설일체유부), ④ 바이세시카, ⑤ 느야야, ⑥⑦ 미맘사의 프라바카라파와 쿠마릴라파, ⑧ 상키야, ⑨ 요가(Patañjali), ⑩ 『브라흐마수트라』(Vedavyāsa), ⑪ 베단타이다. 이 중 불교 편에 대해서는 임승택, 「Sarvasiddhāntasangraha에 인용된 佛教學派의 사상적 고찰」(『인도철학』 제5집, 1995년) 참조할 것. 14세기 베단타 철학자 마드바(Mādhva)의 『전철학강요(全哲學綱要, Sarvadarśanasaṃgraha)』에서도 차르바카 유물론(즉 로카야타)과 불교, 자이나교로부터 베단타에 이르는 16가지 철학학설을 집성 해설하고 있다.

괄한 일종의 불교철학 입문서 성격을 띤 장외(藏外)의 성전이라고 할 수 있다. 오늘날 티베트 불교 승가대학에서는 불교학습을 위한 기초과정으로 일종의 불교의 존재론과 인식론과 논리학 입문이라 할 수 있는 뒤다(bsdus grwa)와 로릭(blo rigs)과 따릭(rtags rigs)의 과정을 마치고서, 『현관장엄론』 등의 반야중관에 들기 전에 불교철학에 관한 전체적인 지형도를 얻기 위해 이를 학습한다. 그래서 본서의 제목을 '티베트에서의 불교철학 입문'이라 하였다.

2. 둡타의 기원과 전개

불교를 포함한 인도철학 일반에서는 기본적으로 어떠한 유정도 거쳐야 하는, 운명과도 같은 생로병사의 굴레는 본래적인 것(혹은 우연적인 것)이 아니라 탐욕과 증오 등과 같은 번뇌와 이에 따른 업에 기인한 것이며, 번뇌는 궁극적으로 세계와 인간 본성에 대한 무지(avidyā: 無明)에서 비롯된 것이라고 생각한다. 따라서 그들 철학의 일차적 관심사는 무지의 극복이다.

인도의 제 철학에서는 세계와 인간본성에 대한 다양한 비전(darśana)을 제시한다. 그것들은 크게 일체 지식의 근거로서 『베다』를 인정하느냐, 인정하지 않느냐, 또는 일체만유의 토대로서 초월적 절대적 존재인 자재신(Īśvara)이나 자아(ātman)를 인정하느냐, 인정하지 않느냐에 따라 유파(astika)와 무파(nāstika)로 나누어진다. 불교는 물론 『베다』도 신도 자아도 인정하지 않는 무파에 속한다. 자이나교(니르그란타)나 차르바카 유물론(로카야타) 등도 무파에 포함된다.

본서에서는 불교(=內道)와 불교 이외의 철학(=外道)의 차이를 "삼보(三寶)에 귀의하는 자인가, 세간의 신께 귀의하는 자인가? 영원하고 단일한 자아의 존재를 인정하는 자인가, 인정하지 않은 자인가?"에서 찾고 있다. (제1장 3절 '외도와 내도' 참조) 유물론적 체계로서 세간에 순응하는 로카야타 역시 불교와 마찬가지로 신도 자아도 인정하지 않지만, 그들은 윤회도 업도, 인과도 부정하였을 뿐만 아니라 세계와 인간 본성에 대한 탐구 자체를 거부하였다. 그들은 지식의 획득방법 혹은 바른 인식(pramāṇa: 量)으로 오로지 직접지각(現量)만을 인정하였기 때문이다. 이에 따라 불교에서는 이들의 단멸론(斷滅論: 극단적 허무론)과 그 밖의 유아론적 외도의 상주론(常住論: 영속론)을 지양하는 중도(中道)를 제일의(第一義)로 삼았던 것이다. (제3장 3절 '4대 학파의 중도설' 참조)

그러나 불교 또한 이른바 8만4천 법문이라는, 진실도리에 대한 다양한 비전을 제시하였고, 이에 따라 다수의 학파가 생겨났다. 본서에서는 『해심밀경』에 따라 불타는 초·중·후의 세 번의 법륜을 굴렸고, 이에 근거하여 비바사사(毘婆沙師, 설일체유부)와 경량부, 중관과 유식의 네 학파가 생겨나게 되었다고 말한다. 인도 후기불교가 전래된 티베트의 불교 전통에서는 이 중 두 번째(中轉) 무상(無相)법륜과 이에 기초한 중관학파의 종의(철학)를 요의(了義, nītārtha), 즉 달리 해석할 여지가 없는 완전한 학설로 간주하였다. 그리고 대중들로 하여금 이러한 판단에 대한 분명한 이해를 갖도록 하기 위해 외도로부터 중관에 이르는 모든 철학학설(종의)에 대한 일목요연하고도 단계적인 해설을 필요로 하였고, 바야흐로 일련의 둡타 문헌이 등장하게 되었다.

자파 학설을 천명하기 위해 내외의 철학학설을 낮은 단계에서부터 높은 단계로 순차적으로 배열하면서 그들 학파의 근본사상을 논설한 강요서는 물론 인도불교 내외에서도 유행하였다. 앞서 말한 베단타 철학자 샹카라의 『전철학설강요』와 마드바의 『전철학강요』(주7 참조), 8세기 자이나교 철학자인 하리바드라(Haribhadra)의 『육파철학집성』 등이 그러하였다. (여기에는 불교·느야야·상키야·자이나·바이세시카·자이미니 즉 미맘사의 여섯 학파가 논설된다.) 불교의 경우 아르야 데바의 저작으로 전해진 『지심수집(智心髓集, Jñānasārasamuccaya)』, 지타리(10세기)의 『선서(善逝)의 견해 분별(Sugatamatavibhaṅga)』, 아드바야바즈라(11세기)의 『진실의 보환(寶環) (Tattvaratnāvali)』 등도 그러한 것이며, 목샤카라굽타(11-12세기)의 『논리해설(Tarkabhāṣā)』에서도 다르마키르티(法稱) 계통의 지식론에 대해 논설한 후 비바사사(毘婆沙師)·경량부·유가행파·중관학파의 네 학파의 학설을 개관하고 있다.

학자들은 티베트의 둡타 문헌의 기원을 바바비베카(Bhāvaviveka: 淸辨, 500-570 무렵)의 『사택염(思擇炎, Tarkajvāla)』(자신의 『중관심송』에 대한 自註)과 샨타라크시타(Śāntarakṣita, 725-790 무렵)의 『진리강요(Tattvasaṃgraha)』 등과 같은 인도 후기 중관학파의 문헌으로 돌리고 있다.[8] 샨타라크시타는

---

8 Geshe Lhundup Sopa and Jeffrey Hopkins(1989), Cutting through appearances – practice and theory of Tibetan Buddhism, p.113.; 이태승, 『샨타라크쉬타의 중관사상』 (불교시대사,

티베트에 불교를 전한 첫 번째 인도인 스승으로, 그의 『진리강요』는 후대의 정형화된 형식은 나타나지 않지만, 다른 학파의 견해를 간략히 소개한 후에 자파 철학의 핵심적인 논지를 전개시키고 있다는 점에서 둡타의 문헌양식과 일치한다. 그의 『중관장엄론(Madhyamakālaṁkāra)』 또한 불교 내외의 제 학파의 지식의 대상(존재)과 주체(인식)에 대한 비판을 통해 진실도리인 공성(空性)을 천명한다.[9] 이들 문헌에서는 불교교리의 발전단계를 일종의 교상판석(敎相判釋)이라 할 수 있는 설일체유부－경량부－유가행파(형상진실론과 형상허위론)－중관학파의 순으로 그려내고 있다. (좀 더 자세한 내용은 해제 6-1에서 상론함)

이들 스승에 따라 티베트에서도 중관의 입장에서 이들 제 철학을 해설하는 둡타라는 이름의 문헌이 생겨나게 되었고, 이후 불교 텍스트의 한 장르가 되었다. 티베트인에 의해 저술된 최초의 강요서는 9세기 초 대교열번역자(大校閱飜譯者)로서 『번역명의대집』의 편찬에도 참여하였던 예세데(Ye shes sde)의 『견해의 분별(lTa ba'i khyad par)』이다. 여기서는 소승의 외계대상 실재론(즉 유부와 경량부)과 유식설과 중관설－샨타라크시타의 유가행중관과 바바비베카의 경량행중관－의 순으로 해설하고 있다.[10]

2012), p.216.

9 『중관장엄론』의 우리말 번역은 남수영 편역, 『적호의 중관장엄론』 (여래, 2007). 저자 산타라크시타의 생애와 『중관장엄론』의 내용고찰은 이태승, 『샨타라크쉬타의 중관사상』, pp.33-86 참조.

10 우리말로 번역된 『견해의 분별』은 마츠모토 시로 저, 이태승 등 공역, 『티베트 불교철학』

이후 논의의 주제와 목차는 점점 더 체계화되었고, 그에 관한 해설은 더욱 발전된 구조를 띠게 되었다. 다른 둡타를 비판하기도 하였고, 비판에 해명하는 방대한 분량의 둡타도 등장하였으며, 이것의 요약본이 등장하기도 하였다. 본서처럼 불교 내외의 제 학파 사상만을 간략히 해설한 것도 있고, 잠양 세빠의 『종의 대해설』처럼 여기에 밀교사상을 더하여 널리 해설한 것도 있다. 티베트 불교의 다섯 종파에서 모두 둡타를 편찬하였지만 본격적으로 출현하게 되는 것은 14세기 겔룩파가 성립하면서부터이다.[11] 대표적인 몇 가지만 들어보면 다음과 같다.

(불교시대사, 2008), pp.94-97; pp.115-128 참조.

11 티베트에 불교가 전해진 것은 대략 7세기경으로, 중국보다는 600년이 늦고 우리(고구려 전래 372년)보다는 약 300여 년 늦다. 티베트 불교사에 의하면 7세기 중엽 무렵 중국계 불교와 인도·네팔계 불교가 거의 동시에 들어온다. 티베트를 통일한 송챈감포(581-649) 시절, 당나라로부터 문성(文成) 공주가, 네팔로부터 티춘 공주가 자국의 불교와 함께 들어왔던 것이다. 이후 날란다사원의 유명한 학승 샨타라크시타(Śāntarakṣita, 寂護, 725-783)와 파드마삼바바(Padmasaṃbhava, 蓮華生, 8세기 무렵)가 왕의 초청으로 들어오고, 이어 카말라실라가 들어옴으로써 티베트는 완전히 인도불교의 영향 아래 놓이게 되었다. 라싸 동남쪽 삼예에 마가다의 오단타푸리사원을 모방한 불교 대사원도 건립되었고 티베트인의 출가도 이루어졌다. 파드마삼바바를 개조로 하는 이 시대의 불교를 닝마파(舊派)라고 한다.
9세기 전반 치데송챈(776-815) 왕과 그의 아들 르파찬 시대, 불교는 산스크리트 불전의 역경사업이 성행하면서 티베트 불교 전통이 확립되었지만, 티베트 불교는 왕가의 분열로 인해 혼돈의 시기에 처하게 된다. 1042년 비크라마실라사원의 대학장이던 아티샤(Atisha, 982-1054)가 티베트에 들어와 불교를 부흥시켰는데, 이 계통의 불교를 까담파(bKa' gdams pa)라고 한다. 그리고 1073년 꼰촉게뽀(1034-1102)가 티베트 남서부 사캬 지방에 세운 가문의 사찰을 중심으로 사캬파(Sa skya pa)가, 11세기 중엽 인도 비크라마실라사원에 들어가 나로파로부터 금강승을 배운 마르파에 의해 까규파(Ka gyu pa)가 성립하였고, 14세기 후반 원조(元朝)의 타락한 불교를 개혁한 쫑카파(Tsong kha pa, 1357-1419)에 의해 겔룩파(Ge lug pa)가 성립하였다.

① 롱첸 랍잠(kLong chen rab 'byams, 1308-1363)의 『종의의 보고(寶庫), 모든 승(乘)의 의미를 밝힌다(Theg a mtha's dag gi don gsal bar byed pa grub pa'i mtha' rin po che'i mdzod)』: 이는 닝마파 소속의 학자가 쓴 둡타로 상당히 긴 분량의 텍스트이다.

② 딱창 로 짜와 세랍 린첸(Stag tshang lo tsa ba shes rab rin chen, 1405-?)의 『모든 종의들의 이해를 통한 극단으로부터의 자유, 뛰어난 해설의 바다 (Grub mtha' kun shes nas mtha' bral grub pa zhes bya ba'i bstan bcos rnam par bshad pa legs bshad kyi rgya mtsho)』: 이는 사캬파 소속의 학자가 쓴 둡타로, 겔룩파의 개조인 쫑카파의 견해들이 자기 모순적이라고 비판하고 있다. 이로 인해 겔룩파에서도 이를 재비판하는 방대한 둡타 문헌들이 출현하는데, 대표적인 것이 다음의 잠양 세빠의 『종의 대해설』이다.

③ 잠양 세빠 도제 낙왕 첸뒤('Jam dbyangs bzhad pa'i rdo rje ngag dbang, 1648-1721)의 『종의 대해설, 우리의 종의와 다른 이들의 모든 종의, 그리고 심오한 [공성의] 의미를 찬란하게 밝히는 보현보살의 나라의 태양, 일체 유정의 모든 염원을 이뤄주는 성전과 논리의 바다(Grub mtha'i rnam bshad rang gzhan grub mtha' kun dang zab don mchog tu gsal ba kun bzang zhing gi nyi ma lung rigs rgya mtsho skye dgu'i re ba kun skong』. 일반적으로 『둡타 첸모(Grub mtha' chen mo, 종의 대해설)』로 약칭: 이는 제목처럼 방대한 분량의 둡타로, 논의의 상당 부분을 앞서 말한 딱창의 둡타를 논박하는 데 할애하고 있다. 게다가

인도문헌에서의 인용을 위주로 논설하였지만 인용의 의도가 무엇인지 분명하게 파악하기 어려울뿐더러 방대한 분량임에도 생략된 문체로 저술되었기 때문에 매우 이해하기 어렵다는 것이 일반적 평가이다.

④ 장까 롤빼 도제(Cang skya rol pa'i rdo rje, 1717-1786)의 『종의 설명에 대한 명료한 해설, 수미산(Meru)과 같은 세존의 가르침을 위한 아름다운 보물꾸러미(Grub pa'i mtha'i rnam par bzhag pa gsal bar bshad pa thub bstan lhun po'i mdzes rgyan)』: 저자 장까는 몽골의 학자로 앞의 잠양 세빠 『둡타』의 단점을 시정하여 좀 더 주제 지향적으로, 보다 명료하게 저술한 것이다.

⑤ 꼰촉 직메 왕뽀(dKon mchog 'jigs med dban po, 1728-1791)의 『종의보만론 즉 불교 종의의 보물꾸러미(Grub pa'i mtha'i rnam par bzhag pa rin po che'i phreng ba)』: 잠양 세빠의 환생으로 일컬어진 저자는 장까 롤빼 도제의 수제자로 그의 둡타는 스승의 둡타를 축약한 것이다.[12]

⑥ 투콴 로방 초기 니마(Thu'u bkvan blo bang chos kyi nyi ma, 1737-1802)의 『모든 종의 체계들의 문헌과 주장을 보여주는 뛰어난 해설의 거

---

12 꼰촉 직메 왕뽀 이전에도 이러한 축약된 형태의 둡타 문헌이 있었다. 예컨대 Jay dzun Cho gui gyel tsen (1467-1546)의 『종의 해설 (Grub mtha'i rnam gzhag)』, 달라이라마 2세인 Ge dun gya tos (1476-1542)의 『종의의 바다로 들어가는 배 (Grub mtha' rgya mtshor 'jug pa'i gru rdzings)』, Pan chen So nam dark ba (1478-1554)의 『종의 해설, 그들의 명료한 마음을 고무하는 숭고한 나무, 적대자들의 산을 부수는 망치 (Grub mtha'i rnam bzhag blo gsal spro ba bskyed pa'i ljon pa phas rgol brag ri 'joms pa'i tho ba)』, Drak ba shay drup (1675-1748)의 『모든 종의들의 응집된 정수 (Grub mtha' thams cad kyi snying po bsdus pa)』 등이 그것이다.

울(Grub mtha' thams cad kyi khungs dang 'dod tshul ston pa legs bshad shel gyi me long)』: 둡타로 알려지지만 실제로는 티베트 불교 제 종파의 교의와 역사를 해설한 것으로, 저자는 장꺄의 전기 작가이자 제자이면서 꾄촉 직메 왕뽀의 제자이기도 하였다.

3. 본서의 저자 꾄촉 직메 왕뽀

본『종의보만론』의 저자의 온전한 이름은 잠양 꾄촉 직메 왕뽀 예셰 쵠뒤(Jam dbyangs bzhad pa dkon mchog 'jigs med dban po ye shes brtson grus)이다. 보통은 줄여 꾄촉 직메 왕뽀라고 한다. '파괴되지 않는 힘을 가진 자' 혹은 '괴멸되지 않는 지배자'라는 정도의 의미이다. 그의 긴 이름에서도 언급되고 있지만, 그는 잠양 세빠의 환생으로 간주되기 때문에 2대 잠양으로 불리기도 한다.

그는 1728년 출생하여 1791년 입적하였다. 그는 이미 말한 대로 잠양의 환생으로 생애의 대부분을 잠양이 말년에 설립한 암도(Amdo) 지역의 승원에서 보냈다. 유년시절 그곳에서 불교를 익힌 후 티베트 동부지역에서 장꺄 롤빼 도제로부터 불교교리를 학습받고 인가를 받았다. (1749년) 스승은 몽골인으로 건륭황제의 유년기 시절의 친구였으며, 훗날 황제의 라마가 되어 생애의 대부분을 북경에서 보냈다고 한다. 직메 왕뽀 또한 그의 가르침을 받기 위해 북경을 두 번 방문한 것으로 알려진다.

1752년 25세 때 중부 티베트 데풍(Dre pung) 사원의 고망(Go mang) 승가대학에 입학하여 8년에 걸쳐 다섯 단계의 전통 교과과정을 이수하였다. 왕뽀는 이후 티베트 동부지역과 중부지역에서 불법을 펼쳤으며, 그의 나이 59세가 되던 해 암도로 돌아와 불교교리를 집성하는 작업을 수행하였다. 그는 찬드라키르티(Candrakīrti, 月稱, 600-650 무렵)의 『프라산나파다(Prasannapadā)』에 대한 방대한 주석서들을 요약하였고, 4념처와 4무색정, 미륵의 『현관장엄론(現觀莊嚴論, Abhisamayālaṃkāra)』, 그리고 세친(世親)의 『아비달마구사론』에 대한 잠양의 저술의 요약본을 남겼다. 그 밖에 아르야슈라(Āryaśūra)의 『자타카말라(Jātakamālā)』에 대해 주석하면서 밀교를 주제로 한 다수의 논서도 저술하였다.

왕뽀의 수제자 궁탕 꾄땐빼 됀메(Gung thang dkon bstan pa'i sgron me, 1762-1823)는 스승의 전기를 13장으로 나누어 서술하고 있다.

(1) 출생: 1728.

(2) 유년기: 1728-1732.

(3) 첫 번째 수계: 1733-1742.

(4) 따시킬(bKra shis 'khyil) 승가대학의 석좌에 취임: 1742-1744.

(5) 동부 티베트에서의 수학 및 최종 인가: 1744-1752.

(6) 중부 티베트 데풍(Dre pung) 사원의 고망(Go mang) 승가대학에서 수학: 1752-1759.

(7) 암도 지역의 여러 승원에서의 교수활동: 1759-1769.

(8) 중국 방문: 1769-1772.

(9) 불법을 전하기 위한 동부 티베트 여행: 1771-1784.

(10) 중부 티베트에서 교화 활동: 1784-1786.

(11) 암도 지역으로 돌아와 불교교리 집성 작업: 1786-1791.

(12) 열반과 장례: 1791.

(13) 환생과 공인: 1792-1798.[13]

직메 왕뽀는 1773년 본서를 저술하였다. 그의 『둡타』가 비록 전생인 잠양 세빠나 스승인 장까의 『둡타』 양식에 따른 것일지라도 단순한 요약이 아니며, 종요 형태로 새롭게 재구성하였다. 예컨대 유가행파의 형상진실론의 하위 세 학설에 대한 잠양의 해설을 다른 두 티베트 학자의 것과 함께 나열하기도 하였다.

왕뽀의 『둡타』에서 발견되는 특징은 잠양 세빠 등에 의해 저술된 종래 겔룩파의 방대한 분량의 둡타를 요령 있게 요약 소개하고 있다는 점이다. 본서의 장점은 보다 자세하고 풍부한 내용의 지식과 문헌의 숲으로 들어가기 위한 길라잡이의 역할을 한다는 것이다. 본서는 바로 이 같은 목적에서 티베트에서 두루 읽혀왔고, 다른 나라의 언어로도 번역되었다.[14]

---

13 Geshe Lhundup Sopa and Jeffrey Hopkins(1989), p.131.

14 V. Guenther, Buddhist Philosophy in Theory and Practice, SHAMBHALA Boulder & London, 1976, pp.31-149 (4대 학파만 해설 번역); Geshe Lhundup Sopa & Jeffrey Hopkins (1989), Cutting Through Appearance: The Practice and Theory of Tibetan Buddhism. Boston: Snow Lion. pp.109-336.; Shotaro Iida, Reason and Emptiness, Hokuseido Press, 1980. (4대 학파 중 중관학파만 번역) ; 野村正次郎 編, 『學說規定摩尼寶鬘』, 文殊師利大乘佛教會, 日本 廣島, 2000.; 陳玉蛟, 『宗義寶鬘論』, 台北, 法爾出版社, 1988.

4. 본서에서 다루고 있는 내외의 철학체계

직메 왕뽀는 둡타 즉 어떤 철학학파에서 성전과 정리(正理)에 따라 성취하여 승인한 구극의 학설을, 그들의 귀의 대상이 세간의 신인가, 삼보(三寶)인가, 혹은 영원하고도 단일한 자아의 존재를 인정하는가, 인정하지 않는가를 기준으로 삼아 외도(外道)와 내도(內道)로 나누어 전자에 느야야나 자이나교 등의 인도전통/반전통 철학을 들고, 후자에 비바사사(毘婆沙師) 등의 이른바 불교 4대 학파를 들고 있다.

본서에서 해설하고 있는 내외 철학학파의 상세 명칭과 순서는 다음과 같다.

외도(外道)

- (1) 정통 바라문 철학
  - 느야야학파와 바이세시카학파
  - 상키야학파
  - 미맘사학파
- (2) 비정통 사문 철학
  - 니르그란타
  - 로카야타

내도(內道)

- 1. 비바사사
  - 카슈미르 파
  - 아파란타 파
  - 마가다 파

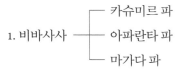

- 2. 경량부
  - 성전을 따르는 경량부
  - 정리를 따르는 경량부

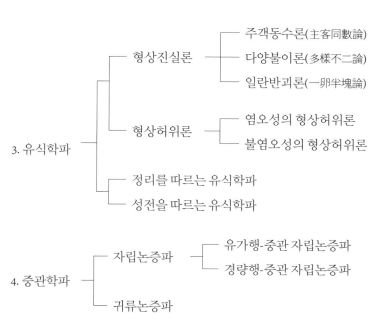

- 3. 유식학파
  - 형상진실론
    - 주객동수론(主客同數論)
    - 다양불이론(多樣不二論)
    - 일란반괴론(一卵半塊論)
  - 형상허위론
    - 염오성의 형상허위론
    - 불염오성의 형상허위론
  - 정리를 따르는 유식학파
  - 성전을 따르는 유식학파

- 4. 중관학파
  - 자립논증파
    - 유가행-중관 자립논증파
    - 경량행-중관 자립논증파
  - 귀류논증파

여기서 느야야(Nyāya) 등의 네 학파는 인도 정통의 6파 철학 중의 하나로, 여기서 논설하지 않은 요가학파와 베단타학파의 경우 느야야와 바이세시카처럼 각기 자매학파인 상키야학파와 미맘사학파에 포함된다고 생각하여 제외하였는지도 모른다. 세 그룹의 자매학파는 각기 다원론－이원론－일원론을 대변한다.

니르그란타(Nirgrantha: 離繫派)는 육사외도(六師外道) 중의 니간타 나타풋타(Nigaṇṭha Nāthaputta, skt. Nirgrantha Jñātaputra: 尼乾子)가 소속되었던 종교단체로, 훗날 나타풋타(나타족의 아들) 바르다마나(Vardhamāna)

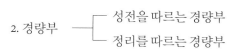

가 지나(Jina: 승리자), 티르탕카라(Tīrthaṅkara: 여울을 건넌 자), 마하비라(Mahāvira: 大雄)가 됨으로써 자이나교로 발전하며, 로카야타(Lokāyata: 順世派)는 현세 쾌락론, 혹은 차르바카 유물론을 말한다. 여러 형태의 외도를 이 같은 순서로 배열한 것은 흥미로운 일이다. 둡타뿐만 아니라 인도 철학 강요서에서는 앞의 것일수록 저급의 철학이며, 뒤의 것일수록 고등의 철학이기 때문이다. 참고로 인도전통의 철학강요서에서는 로카야타-자이나-불교(중관-유식-경량부-설일체유부)-바이세시카·느야야-미맘사-상키야·요가(파탄잘리)-베단타 순으로 해설한다.

내도 즉 불교의 경우 『해심밀경』에서 설한 삼종 법륜에 근거하여 비바사사·경량부·유가행파·중관학파를 제시하였다. 즉 비바사사와 경량부는 4성제를 설한 초전법륜에 따르는 이들, 중관학파(혹은 무자성론자)는 무상(無相)을 설한 제2 중전(中轉)법륜에 따르는 이들, 유가행파(혹은 유심론자)는 [유식삼성(三性)의] 뛰어난 변별을 설한 제3 후전(後轉)법륜에 따르는 이들이라는 것이다. 그렇지만 본 둡타에서는 겔룩파의 전통에 따라 제3 법륜을 요의(了義)법륜으로 설하고 있는 『해심밀경』과 달리 제2 법륜의 중관학파, 그중에서도 귀류논증파를 구경의 최승설로 이해하였다.

비바사사(毘婆沙師, Vaibhāṣika)의 둡타에서의 호칭은 제닥마바(Bye brag smar ba), 분별설이다. 즉 이들은 세계를 자상(自相)을 갖는 개별적 법들 -색(色)·심(心)·심소(心所)·불상응행(不相應行)·무위(無爲)의 75가지- 의 인연화합으로 생각하여 그 같은 제법(諸法)의 분별에 주력하였기 때문에 그같이 불린 것이다. 잠양이나 장꺄의 『둡타』에서는 여기에 18

부파 전체를 포함시키고, 직메 왕뽀는 카슈미르 파(Kaśmiris)와 아파란타 파(Aparāntakas), 그리고 마가다 파(Magadhas)라는 세 그룹을 열거하고 있지만, 서술되고 있는 내용은 카슈미르 비바사사(毘婆沙師)의 학설이다. 이들은 아비달마(Abhidharma: 阿毘達磨)에 대한 논의 해설(vibhāṣā: 毘婆沙)을 전문으로 하는 이들이기 때문에 '비바사사'로 불린 것이지만, 거기서 분별하고 있는 일체법의 실재성을 주장하였기 때문에 대개 설일체유부(說一切有部) – 일체법의 실유를 주장한 이들– 라는 이름으로 불리기도 하였다.

그런데 직메 왕뽀는 '비바사사'라는 학파명칭의 유래를 '『대비바사론』을 추종하는 이들'로 규정하고, 세친의 『구사론』에 따라 거기서의 경량부적 사유도 카슈미르 파의 종의로 논설하기도 하였지만(예컨대 "카슈미르 비바사사는 경량부와 마찬가지로 의식의 상속이 업과 과보를 결부시키는 근거라고 주장하였다.": 제4장 2-1-4③), 이는 부정확한 기술이다. 비바사사는 야쇼미트라(Yaśomitra)에 의하면 '비바사(毘婆沙)에서 노니는 이들'이라는 뜻으로, 이미 『대비비사론』에 대거 등장하기 때문에 '『대비비사론』을 따르는 이들'로 규정할 수 없을뿐더러 『구사론』은 분명 카슈미르 유부 종의를 조술한 것이지만 여기서의 세친의 경량부적 사유는 이에 반하는 것이기 때문이다. 이것이 직메 왕뽀 자신의 이해인지, 티베트 불교 전통으로 전승된 것인지는 분명하지 않다. 이러한 부정확한 기술은, 불멸 400년 쿠샨제국의 카니시카왕(127-150년 무렵 재위) 때 카슈미르 결집(속칭 제4결집)에서 편찬된 비바사사 교학의 정초인 『대비바사론』

이 티베트에 전역(傳譯)되지 않고 명칭만 전해졌기 때문일 것이다.

경량부(經量部, mDo sde pa, Sautrāntika)는, 아비달마를 지식의 근거(pramāṇa, 量)로 삼는 비바사사/설일체유부와 달리 경(經)을 지식의 근거로 삼는 부파이다. 일찍이 『대비비사론』에는 '세간현유(現喩, dṛṣṭānta)로써 불법을 해설하는 이들'이라는 뜻의 비유자(譬喩者, Dārṣṭāntika)가 유부의 이파(異派)로 등장하였는데, 이들 계통 중 상좌 슈리라타(Śrīlāta) 일파가 '경량부'로 자칭하였다. 동아시아 법상종에서는 경량부의 사자상승으로 『유만론(喩鬘論)』을 지은 쿠마라라타와 『경부비바사(經部毘婆沙)』를 지은 상좌 슈리라타, 그리고 라마(邏摩)를 열거하는데, 장까의 『둡타』에서도 경량부의 궤범사(스승)로서 쿠마라타(Ku ma ra ta)와 슈리라타(Shi ri ra ta), 그리고 쮠빠라타(bTsun pa ra ta, 妙受, 大德受[15])를 들고 있다.[16]

그렇지만 직메 왕뽀는 경량부를 성전(Āgama)을 추종하는 이들과 정리(正理, yukti, nyāya)를 추종하는 이들로 나누고, 전자를 세친의 『아비달마구사론』을 추종하는 이들로, 후자를 『양평석(量評釋, Pramāṇavārttika)』 등 다르마키르티(法稱)의 7론을 추종하는 이들로 규정한다. 이 같은 분류는 아마도 장까가 그의 『둡타』에서 말하였듯이 티베트에서는 경량부 종의를 전하는 그들의 텍스트가 번역되지 않았고, 그들 주장의 대부분이 『구사론』이나 다르마키르티의 문헌에서 발췌되었기 때문일 것이다. (본

15 西藏民族學院藏文教研組編, 『藏漢詞典』 (蘭州: 甘肅民族出版社, 2008).

16 lCang skya rol pa'i rdo rjes brtsams, grub pa'i mtha'(1989), p.69. 티베트 문헌에서 상좌 슈리라는 btsun pa(쮠빠/大德 bhadanta) dPal len(펠렌) 혹은 dPe can(페짼)으로 호칭되기도 한다. (御牧克己, 「經部師大師 dPe canについて」 『印度學佛教學研究』 29-2, 1981 참조.)

문해설 편 제5장 주7 참조) 이에 따라 직메 왕뽀는 유부와 경량부의 근본적인 차이를 직접지각(現量)의 일종인 식(識)의 자기인식(svasaṃvedana)의 인정 여부에서 구하고 있으면서 성전 즉 『구사론』을 추종하는 경량부는 유부와 마찬가지로 자기인식을 부정하였다거나 물질의 최소단위인 극미의 무방분(無方分)설을 주장하였다고 논설하고 있는 것이다.

그러나 이는 『구사론』 상에서도 카슈미르 비바사사의 학설이다. 『구사론』은 비록 경량부 입장에서 삼세실유 · 법체항유설이나 아라한과 유퇴론(有退論) 등 일부 유부 비바사사의 학설을 비판하고 있을지라도 경량부 문헌으로 보기 어려울뿐더러 다르마키르티가 유부와 마찬가지로 전적으로 의식과 별도로 존재하는 외계대상의 실재성을 주장하였다고도 보기 어렵다.

이 같은 이유 때문인지 본 둡타에서는 다르마키르티를 다시 외계의 실재성을 부정하는 유가행파에 포함시키기도 하였다. 즉 유가행파(Sems tsam pa, 유심론자)를 경량부처럼 정리를 추종하는 이들과 성전을 추종하는 이들로 나누고서 전자를 다르마키르티의 7론을 따르는 이들로, 후자를 무착(Asaṅga)의 『유가사지론』 따르는 이들로 규정하였던 것이다.

아마도 이 같은 사정에서 티베트 불교 전통에서는 다르마키르티의 일파(다르마키르티의 『양평석』을 주석한 다르못타라, 프라즈냐카라굽타 등)를 경량-유가행파(Sautrāntika-Yogācāra)로 호칭하였는지도 모른다. 그렇지만 본 둡타에서 논설하고 있듯이 유가행파의 두 파는 알라야식의 존재유무에 관해 견해를 달리하였으며, 실제 경량부와 유가행파 또한 다 같이 인연론으로서 종자설을 주장하였음에도 알라야식이나 인과의 동시(同時)/이시(異時)의 문제를 둘러싸고 서로 대립하였다. 그렇지만 직메 왕뽀는 다르마키르티를 따르는 경량부와 유가행파의 차이에 대해서는 언급하고 있지 않다. 도리어 성전과 정리를 따르는 유가행파의 두 파를 형상허위론과 형상진실론에 배대시키고, 후자를 다시 호랑나비의 얼룩무늬와 같은 다수의 형상을 파악하는 주체(能取)와 대상(所取) 사이의 관계를 이해하는 양식에 따라 주객동수론(主客同數論), 다양불이론(多樣不二論), 일란반괴론(一卵半塊論)의 세 파로 분류하였는데, 잠양이나 장까의 『둡타』에서는 이를 경량부의 분파로 전하고 있다.[17] 이는 경량부를 중심으로 한 제 학파의 정체성이 티베트에서도 그다지 분명하지 않았음을 말해준다.

중관학파(Dbu ma pa, Mādhyamika)는 외계뿐만 아니라 내계의 제법(심·심소) 또한 개별적 실체로 존재하지 않는다고 주장하였다. 이들 역시 그들의 진리성인 공성(空性)의 논증 문제를 놓고 자립논증파(Svatantrika)와 귀류논증파(Prasaṅgika)로 나누어졌다.[18]

---

17 Hopkins, Jeffrey, Maps of the Profound: Jam-yang-shsy-ba's Great Exposition of Buddhist and Non-Buddhist Views on the Nature of Reality. p.246.; 御牧克己, 「經量部」(『インド佛教 I』, 岩波書店, 1988), pp.254-256.

18 이들 학파의 명칭은 인도에서는 결코 사용된 적이 없으며, 오로지 티베트 불교 전통에서 전한 것이다. 일찍이 인도에서는 바바비베카가 귀류논법(prasaṅga)에 근거한 붓다팔리타(佛護)의 『중론』 해석을 비판한데 대해 찬드라키르티(月稱, 600-659)가 다시 바바비베카의 자립논증(svatantra-anumāṇa)을 비판함으로써 양 논증의 대립이 불교사상사에 등장하였지만, 이들을 각기 귀류파(Thai ḥgyur ba, Prasaṅgika)와 자립파(Raṅ rgyud pa, Svatantrika)라는 이름으로 언급한 것은 티베트의 불교학자 파찹 니마닥(Pa tshab nyi ma

직메 왕뽀는 자립논증파를 다시 유가행-중관 자립논증파와 경량행-중관 자립논증파로 분류하고, 각기 샨타라크시타와 바바비베카(淸辨)를 대표 논사로 언급하였다. 그리고 유가행-중관 자립논증파 또한 형상진실론과 형상허위론이라는 유가행파의 구분에 따라 역시 형상진실론과 유사한 자립논증파와 형상허위론과 유사한 자립논증파로 나누고서 샨타라크시타(Śāntarakṣita: 寂護), 카말라실라(Kamalaśila: 蓮華戒), 아르야비묵티세나(Āryavimuktisena) 등을 전자의 대표 논사로, 하리바드라(Haribhadra), 지타리(Jitāri), 캄발라파다(Kambalapāda) 등을 후자의 대표 논사로 열거하고 있다.

한편 언어적 가설(世俗諦)로서도 자상(自相)의 존재를 인정하지 않는 귀류논증파를 대표하는 논사로서 붓다팔리타(Buddhapālita: 佛護), 찬드라키르티(Candrakīrti: 月稱), 샨티데바(Śāntideva: 寂天)를 꼽고 있다. 직메 왕뽀는 잠양 등의 선행한 둡타의 예에 따라 귀류논증파를 자립논증파에서 독립시켜 별도의 장에서 다루고 있다. 그들은 사실상 불교를 네 학파가 아니라 다섯 학파로 분류하였던 것이다. 이는 쫑카파 이래 겔룩파의 전통으로, 귀류논증 중관학파의 종의를 밀교(密敎)에 드는 최고 방편, 현

---

grags, 1055-?)에 의해서였다. (西沢史仁, 「中観帰謬派の開祖について ―ゲルク派の伝承を中心として―」, 『印度學佛教學研究』 65-2, 2017 참조) 이후 쫑카파에 이르러 찬드라키르티의 귀류논증파의 종의를 절대시하였는데, 이러한 교학전통이 겔룩파로 계승되었고, 이에 따라 본 둡타에서도 이를 공경해야 할 최고의 불교종의로 논설하고 있다. 참고로 쫑카파의 『보리도차제론(Lam-rim)』에서도 "설산취(雪山聚, 즉 티베트)에서 불교학자가 중관사(中觀師)를 프라상기카(귀류논증파)와 스바탄트리카(자립논증파)로 분류하였다"고 서술하고 있다. (平川彰, 이호근 역, 『인도불교의 역사』 하, 민족사, 1991, p.176f).

교(顯敎) 중 최상승의 불교로 간주하였기 때문이다.

직메 왕뽀는 다음과 같은 논설로 본서를 끝맺고 있다.

> 세간의 모든 안락이 불구덩이와 같다고 보며 해탈을 구하고자 하는 이들은 마치 정법(正法)인 양 말하는 악견(惡見)을 남김없이 제거하고서 일체의 종의 중에서 가장 궁극의 철학인 중관의 귀류논증파의 이것을 최고로 여기며 공경해야 한다. (제8장 5절 '귀류논증파 종의의 주요특성')

일대 불교를 비바사사, 경량부, 유가행파, 중관학파의 네 학파로 규정하고, 경량부와 유가행파를 다시 성전 추종파와 논리 추종파, 혹은 형상허위론과 형상진실론으로, 형상진실론을 다시 주객동수론 등의 세 파로, 중관학파를 자립논증파와 귀류논증파로, 자립논증파를 다시 유가행-중관 자립논증파와 경량행-중관 자립논증파로 구분하는 것은 동아시아 불교 전통에는 부재하는 티베트 불교 전통의 분류법이다. 이는 인도 후기불교의 사정이 반영된 것으로, 티베트 불교와 동아시아 불교의 가장 큰 차이점은 불교가 전래된 시기와 경로가 달랐다는 점이다.

5. 본서의 논설체계

꾄촉 직메 왕뽀는 이들 불교 내외의 제 학파의 종의를 어떠한 방식으로 정리 요약하고 있는가?

본 둡타는 중관의 귀류논증파를 포함하여 다섯 학파를 예외 없이 학파의 정의, 분류, 학파명칭의 유래, 종의(철학)라는 네 가지 큰 주제로 다루고 있다. 이 중 정의는 다른 둡타에는 부재하며, 오로지 본서에만 존재한다. 예컨대 비바사사(毘婆沙師)를 "소승의 종의를 따르는 이들로서 [식(識)의] 자기인식을 인정하지 않고, 외계대상의 실재성을 주장하는 이들"로, 경량부를 "소승의 종의를 따르는 이들로서 [식의] 자기인식을 인정하고, 외계대상의 실재성을 주장하는 이들"로 정의하고 있다.

정의, 분류, 학파명칭의 유래가 당해 학파의 일반적 개설이라면, 종의는 본론이라 할 수 있다. 왕뽀는 이를 다시 이론적 토대(gzhi, sthāpana), 실천 수행도(道, lam, mārga), 수행도의 결과(bras bu, phala)라는 세 주제로 나누어 논설하는데, 이러한 종의의 해설방식은 매우 정연한 것으로 유가·법상종 계통의 한결같은 논의방식이었다.[19]

---

19 후술하듯이 본 둡타에서는 4대 학파의 종의를 이론적 토대, 이에 근거한 실천수행도(道)와 수행도의 결과(果)로 나누고, 이론적 토대를 다시 경(境)과 유경(有境) 즉 지식의 대상(jñeya: 所知)과 주체로 나누어 설명하는데, 유가법상종에서도 그들의 경론이 그들의 탐구대상(境)과 실천수행도(行)와 수행도의 결과(果)에 대해 밝히고 있음을 천명한다. (有境은 境에 포함된다.) 예컨대 호법의 제자로 10대 논사 중의 일인인 최승자(最勝子, Jinaputra)는 『유가사지론』의 제목에 대해 해설하면서 "성문·연각·보살이 추구하는 지식의 대상, 실천수행도, 수행도의 결과와 관련된 제법, 이를테면 제 경론에서 설하고 있는 온·처·계의 3과(科)나 연기·4제, 37보리분법이나 사마타·비파샤나, 불공(不共)의 불법(佛法) 등은 일체의 방편과 매우 잘 상응/부합하기 때문에 '[경(境)·행(行)·과(果)] 유가(yoga: 相應)'라고 말한 것"이라 하였고 (『유가사지론석』, T30, 883c23-884c16, "今說瑜伽師地論者. 名義云何? 謂一切乘境行果等所有諸法, 皆名瑜伽. 一切並有方便善巧相應義故."), 둔륜(遁倫)도 그의 『유가론기』에서 이를 인용하고 있다. (T42, 311c15-16) 실제 窺基는 『유가사지론』「본지분」 17地의 전체적 체계를 경(境)·행(行)·과(果)로써 구분한다. 즉 제1「오식신상응지」에서 제9「무심지」에 이르는 9지는 3승의 탐구대상(境)에 대해, 제10「문소성지」에서 제15「보살지」에 이르는 6지는 3승의 수행도에 대해, 제16「유여의지」와 제17「무여의지」는 3승의 과위(열

1) 이론적 토대: 철학적 기본입장

본 둡타에는 이론적 토대를 다시 경(境, viṣaya)과 유경(有境, viṣayin) 즉 탐구해야 할 지식의 대상과 이 같은 대상을 향유하는 주체로 나누어 설명한다.

(1) 지식의 대상

여기서 대상(境)이란 알려진 것 즉 지식의 대상(jñeya)을 말한다. 불교에서 존재란 '알려진 것'이다.[20] "존재란 경계대상이 되어 지각을 낳는 것",[21] 이는 불교일반의 존재 정의로, 존재와 알려진 것(지식의 대상)은 동의어였다.[22] (제5장 2-1-1① '대상의 정의' 참조)

반)에 대해 논설한 것이라 해설하고 있다. (『유가사지론약찬』, T43, 3c20-4a7; 서정인, 「新羅道倫의 解深密經 註釋에 관한 연구」 2017년 박사학위 청구논문, 동국대학교 대학원, pp.88-92 참조) 원측(圓測) 역시 『해심밀경』이라는 경명의 유래를 "이 경의 종의인 비할 나위 없는 지식의 대상과 실천수행도, 그리고 수행도 결과에 관한 심오한 뜻을 해석한 것"에서 찾고 있다. (『해심밀경소』, 한국불교전서1, 123c8-10, "此經宗明境行及果三種無等, 解釋如是甚深之義, 名解深密.")

20 알려지지 않은 것에 대해서는 말할 수 없다. 곧 존재(*sattā, astitva: 有性)란 알려진 것(jñeyatva: 所知性, 爾焰性), 말할 수 있는 것(*abhidheyatva: 즉 所詮性)이다. 이는 사실상 바이세시카학파(Vaiśeṣika: 勝論)의 프라샤스타파다(Praśastapada)가 그들 철학 존재론의 기본범주인 구의(句義, padārtha: 본서 제2장 1절 '바이세시카학파' 참조)에 대해 이는 존재하는 것(astitva, beingness), 말할 수 있는 것(abhidheyatva, predicability), 알려진 것(jñeyatva: cognisability)으로 해석한 것과 동일하다. (Praśastapada, Padārthadharmasaṃgraha with the Nyāyakandali of Śridhara III, trans. Gangatha, Jha, Chaukambha Orientalia, Varanasi, 1982, p37 참조) 둡타에서 비바사사(毘婆沙師, Vaibhāṣika)와 바이세시카학파(Vaiśeṣika)를 각기 제닥마바(Bye brag smar ba)와 제닥빠(Bye brag pa)로 호칭한 것도 필경 이 같은 사유의 유사성 때문이었을 것이다.

21 "爲境生覺 是眞有相."(『순정리론』 T29, 621c21); "知所行處, 名曰有相."(『성실론』 T32, 254a2f).

22 "諸可了知者, 是有異名."(『순정리론』 T29, 412c6f).

이에 따라 불교철학에서는 지식에 대한 반성으로부터 세계(존재)의 탐구를 시작한다. 앎이란 무엇인가? 앎의 대상은 무엇이고 그것은 어떻게 알려지는 것인가? 이른바 '제법분별(諸法分別)'이란 바로 이 같은 앎의 근거, 지식의 조건(緣)을 분석하려는 시도로, 12처(處) · 18계(界) · 5온(蘊)의 삼과(三科)가 총론적 분별이었다. 이는 일체 만유의 토대이기에 통상 '일체법(一切法)'으로 불렸다.

12처

안(眼) · 이(耳) · 비(鼻) · 설(舌) · 신(身) · 의내입처(意內入處)

색(色) · 성(聲) · 향(香) · 미(味) · 촉(觸) · 법외입처(法外入處)

18계

안(眼) · 이(耳) · 비(鼻) · 설(舌) · 신(身) · 의계(意界)

색(色) · 성(聲) · 향(香) · 미(味) · 촉(觸) · 법계(法界)

안(眼) · 이(耳) · 비(鼻) · 설(舌) · 신(身) · 의식계(意識界)

5온

색(色) · 수(受) · 상(想) · 행(行) · 식온(識蘊)

비바사사(毘婆沙師)는 이러한 3과의 제법을 다시 색(色) · 심(心) · 심소(心所) · 심불상응행(心不相應行)의 유위법과 무위법이라는 5위(位)의 체계로 분별하고, 각각의 범주에 다시 아함경전(Āgama: 聖教)이나 자파 철학의 이론적 정합성(yukti, nyāya: 正理)에 따라 도출/성취된 다수의 법[23]을 열거하여 이른바 5위75법이라는 세계 토대로서의 형이상학적 구조를 건설하였다. 이후의 불교는 이에 대한 해석의 역사라고 해도 과언이 아니다.

즉 카슈미르 비바사사는 이같이 분석한 일체법의 개별적 실재성을 주장하였고 – 그래서 설일체유부(說一切有部, Sarvāstivāda)라는 학파명칭을 얻게 되었다. – 경량부에서는 유부가 제시한 일체법의 자상(自相)과 공상(共相) 등을 더욱 철저한 형식으로 확인하였으며(예컨대 眼 등의 5근과 色 등의 5경을 극미의 화합물이라는 이유에서 개별적 실재성을 부정하였다), 유식학파에서는 이러한 일체법을 변계소집성(遍計所執性)·의타기성(依他起性)·원성실성(圓成實性)이라는 세 특성으로 변별하였고, 중관학파에서는 이를 다만 세속 즉 언어적 가설로만 인정하였다. (비바사사와 귀류논증 중관학파는 일체법을 각기 승의와 세속으로 이해하였을지라도 부정하지 않았다는 점에서 서로 통하는 것으로, 본서에서도 이 점을 확인한다.)

이러한 사실들은 당연히 각각의 불교학파의 제1 철학으로서 학파의 이념(종의)을 제시한 논사(論師) 이를테면 세우(世友)나 슈리라타(勝授), 다르마키르티(法稱), 무착과 용수와 같은 조사에게는 '알려진 것(所知)'이지만, 그들을 따르는 불교도들에게는 '마땅히 알아야 할 것(應知)'이었다. 둡

---

23 이를 본 둡타에서는 시둡(gzhi grub, *ādhāra-siddhānta), '세계의 토대로 성취된 것,' 즉 제법(諸法)이라 하였다.

타에서는 이 같은 일체법과 관련하여 승의제(勝義諦)와 세속제(世俗諦) 즉 궁극적 진리(=존재)와 언어적 가설로의 진리, 존재의 독자적 특성(自相)과 보편적 특성(共相), 긍정명제와 부정명제에 의해 지시되는 대상 등에 대해 다루고 있다. 따라서 여기서의 논의는 말하자면 불교 각 학파의 존재론이라 할 만하다.

(2) 지식의 주체

불교일반에서 경계대상을 갖는 주체(有境, viṣayin)는 안(眼) 등의 5근과 의근(意根)을 말하지만, 둡타에서는 개아(人), 의식(識), 말-소리(語聲) 세 가지를 나열하고 이에 대한 불교 네 학파의 견해를 논설하고 있다. 아마도 개아는 일체법의 주체, 다시 말해 유루와 무루, 염오하고 청정한 일체 경험의 주체, 의식은 인식의 주체, 말소리는 의미대상의 주체로 생각하였기 때문일 것이다.

개아(pudgala: 人)는 자아를 의미하는 말이지만 『우파니샤드』에서 추구한 아트만(ātman: 我) 즉 상일주재(常一主宰)의 자아와는 구별된다. 아트만이 만유에 편재하는 보편적 자아라면, 개아 즉 푸드갈라는 개인 각각이 갖는 개별적 자아이다. 둡타에서는 전자를 거친 자아, 후자를 미세한 자아로 구분한다. 푸드갈라의 개별적 실재성을 인정하는 독자부(또는 정량부 계통의 5부)를 제외한 불교일반에서는 거친 자아든 미세한 자아든 어떠한 형식의 자아도 인정하지 않는다. 이를 둡타에서는 '거친 인무아(人無我)'와 '미세한 인무아'라고 하였다.

여기서 인무아(人無我, pudgala-nirātmya)는 개아(人)에는 거칠거나 미세한 자아가 존재하지 않는다는 뜻이 아니라 개아는 실체로서 존재하지 않는다는 뜻이다. 법무아(法無我, dharma-nirātmya) 또한 앞서 '경계대상(境)'에서 해설한 제법(諸法)에 [거칠거나 미세한] 자아가 존재하지 않는다는 말이 아니라 그것들이 자상(自相)을 갖는 개별적 실체로서 존재하지 않는다는 뜻으로, 직메 왕뽀는 다만 외계대상이 존재하지 않는다는 유가행파의 주장을 '거친 법무아'로, 내외의 일체 제법이 존재하지 않는다는 중관학파의 주장을 '미세한 법무아'라고 하였다. 인무아와 법무아라는 말은 『성유식론』에도 자주 언급되는 술어이지만, 동아시아 불교 전통에서는 이를 대개 '인공(人空, 혹은 我空) 법공(法空)'이라 하였다.

말-소리(vac, 또는 śabda)는 앞에서 말한 대로 의미대상의 주체이다. '사과'라는 말-소리에는 사과라는 말의 의미가 담겨 있다. 말-소리가 어떻게 특정의미에 대한 지각을 낳게 하는 것인가? 유정의 말-소리(vac: 語)는 특정의 개념(nāma: 名)을 불러일으키고, 개념은 의미대상(artha: 義)을 드러내며, 이에 따라 지각(buddhi: 覺)이 일어나게 된다.[24]

그러나 본 둡타에서는 다만 말-소리의 종류(예컨대 유정물이 내는 소리와 무정물이 내는 소리, 의미를 갖는 소리와 의미를 갖지 않는 소리 등)에 대해, 그것도 비바사사(毘婆沙師)에 한정시켜 해설하는데, 그것은 아마도 이 학파에서만 말소리(=色法)나 의미개념(=불상응행법) 등의 개별

24 예컨대 『입아비달마론』 권하(T28, 987c23-988a3) 참조.

적 실재성을 주장하였기 때문일 것이다.

따라서 경계대상을 갖는 주체 중에서 가장 중요한 논의 주제는 의식(vijñāna: 識)이다. 의식이 대상을 갖는 것이라 함은 그것이 대상에 대해 인식작용을 행하기 때문으로, 불교에서 의식과 인식과 지식은 동의어이다. 이에 따라 이 장에서는 주로 바른 인식(pramāṇa)과 바른 인식이 아닌 것(apramāṇa), 불교지식론학파에서 바른 인식으로 인정한 직접지각(現量)과 추리(比量)에 대해 논의한다. 예컨대 감각지각(전5식), 의(意)지각(제6의식), 요가 수행자의 직관과 함께 네 가지 직접지각의 하나로 열거되는 식(識)의 자기인식(svasaṃvedana)을 경량부와 유가행파, 유가행-중관 자립논증파에서는 인정하지만, 비바사사(毘婆沙師)나 경량행-중관 자립논증파나 귀류논증파에서는 인정하지 않았다.

이러한 제 사실로 볼 때 종의의 첫 번째 주제로 제시된 '이론적 토대'는, 이를 구성하는 지식의 대상(境)과 주체(有境)라는 두 항에서 존재론과 지식론이라 할 만한 순정철학에 대해 다루고 있기 때문에 가히 불교 4대 학파의 철학적 기본입장을 밝힌 것이라 할 수 있다.

2) 실천 수행도

인도불교에서 수행도는, 요가학파에서 추구한 심리현상(심·심소)의 완전한 소멸의 상태인 무상삼매(無想三昧, 불교에서는 이를 無想定·滅盡定이라 한다)를 부정하는 것은 아니지만, 궁극적으로 존재/진리(法)를 통찰하는 관법선(觀法禪)이다. 이를 비파샤나(vipaśyanā: 觀)라고 한다. 비파샤나는 일상의 심리현상이 억지되는 사마타(śamatha: 止, 이를 마음이 어떤 한 대상에 집중하는 心一境性의 三昧 samādhi라고도 한다)의 상태에서 실현된다. 이는 존재/진리에 집중하는 강도에 따라 네 단계 즉 4정려(靜慮, dhyāna, 禪은 구역어)가 제시되었는데, 초기불전이나 아비달마불교에서는 제4정려에서 드러나는 정지(正智) 정혜(正慧)에 의해 완전한 진리통찰이 이루어진다고 하였다.

한편 불교도가 익혀야 하는(혹은 배워야 하는) 실천 수행도는 한마디로 하면 계(戒)·정(定)·혜(慧)의 삼학(三學)이고 －삼학을 마스터하여 더 이상 배울 것이 없는 이를 무학(無學, aśaikṣa) 즉 아라한이라 한다.－ 삼학의 최종목적인 지혜의 성취에는 전통적으로 스승이나 친우로부터 진리의 말씀을 듣고, 들은 것을 주체적으로 반성 사유하고, 이를 다시 선정/명상을 통해 수습(修習)하는 세 단계 －이를 문(聞)·사(思)·수소성혜(聞所成慧)라고 한다－ 가 제시되었다. 세 번째 단계의 지혜가 성취되면 마치 손바닥 위에 있는 암라수의 열매(amalaka)를 보듯이 불교 각 학파가 제시한 진실의(眞實義, tattvārtha)의 완전한 통찰이 가능하다는 것이다. 불교지식론에서는 이를 직접지각(現量)의 하나인 요가 수행자의 직관(yogijñā)이라 하였다.

따라서 선정수행의 요체는 무엇을 관찰/통찰(darśana: 見)할 것인가 하는 점이다. 불교 각 학파는 각기 4성제, 유식성, 공성을 진실의로 간주하는 등 진리에 대한 견해를 달리하였기 때문이다. 진실의에 대한 완전한 통찰을 통해 인간(혹은 인간의 완전성)을 구속하는 일체 장애를 제거할 수 있다. 소승인 비바사사와 경량부에서는 이러한 장애로서 염오무지와 불염오무지에 의한 번뇌장(煩惱障)과 해탈장(解脫障)을 들고 있지만, 대승인 유식과 중관학파에서는 아집(我執)과 법집(法執) 즉 인아(人我)와 법아(法我)에 대한 집착에 따른 번뇌장과 소지장(所知障)을 들고 있다.

이에 따라 본 둡타에서는 실천 수행도에 대해 설명하는 장에서 도의 소연(所緣) 즉 선정/명상에서의 관찰 대상과, 이에 따라 끊어지는 장애, 그리고 수행도의 본질로서 성문 · 독각 · 보살의 3승이 닦는 5도(道) 즉 자량도(資糧道) – 가행도(加行道) – 견도(見道) – 수도(修道) – 구경(究竟)의 무학도(無學道)나 대승보살의 10지(地)에 대해 논설한다.

도의 관찰 대상은 대소승 공히 4성제의 진리성인 16가지 행상(行相) 즉 비상(非常) · 고(苦) · 공(空) · 비아(非我)의 고제의 네 특성과, 인(因) · 집(集) · 생(生) · 연(緣)의 집제의 네 특성, 멸(滅) · 정(靜) · 묘(妙) · 리(離)의 멸제의 네 특성, 그리고 도(道) · 여(如) · 행(行) · 출(出)의 도제 네 특성이지만, 대승 보살도에서는 여기에 법무아(法無我)가 더해졌다. 그리고 유가행파의 경우 전술한 대로 외계대상의 실재성만을 부정하였지만(=거친 법무아), 중관학파에서는 일체제법의 공성(空性)을 천명하였다. (=미세한 법무아)

대승에서는 이처럼 법집의 소지장(所知障), 즉 소승의 제법실유론을 성불의 장애로 간주하였지만, 다섯 단계(五位)로 구성된 수행도나 보살의 발심으로부터 정각에 이르는 네 단계(四階) 성도설 등은 유부 비바사사의 학설을 그대로 수용한다. 따라서 비바사사를 제외한 세 학파의 실천 수행도와 이에 따라 증득되는 과위(果位)에 관한 해설은 그만큼 간략하다.

3) 수행도의 결과

본 둡타에서 논설하는 각 학파 종의의 마지막은 수행도에 의해 증득되는 결과 즉 성자의 과위(果位)에 관한 것으로, 성문·독각·보살의 종성이 번뇌장과 소지장(대승보살의 경우)을 끊고 아라한이나 부처에 이르는 과정에 대해 간략히 해설한다. 소승의 경우 아라한의 퇴(退)·무퇴(無退)나 불신(佛身)의 유루·무루 등의 문제에서, 대승의 경우 번뇌장과 소지장이 끊어지는 시기나 삼승의 차별 등의 문제에서 차이가 있을 뿐 구경(究竟)에 이르는 과정은 네 학파가 거의 동일하다.

대소승의 가장 현저한 성과(聖果)의 차이는, 소승이 유여의(有餘依)와 무여의(無餘依)의 두 가지 열반만을, 색신(色身)과 법신(法身)의 두 가지 불신(佛身)만을 인정한데 반해 대승의 경우 여기에 무주처(無住處)의 열반과 보신(報身)과 화신(化身)의 두 불신을 더하고 있다는 점이다. 대승보살의 경우 법집(法執)의 소지장을 인정하여 이를 끊어 더 이상 생사와 열반을 차별하지 않기 때문에 가능한 일이었다. 티베트 불교에서는 자비가 공(空, 즉 지혜)의 귀결임을 적극적으로 강조하고 있다.

둡타에서는 각 학파의 종의에 대해 해설하고서 이 같은 종의를 전하고 있는 불설(佛說)과 요의경(了義經)에 대한 각 학파의 견해에 대해 다루고 있다. 여기서 요의경(nītārtha-sūtra)이란 경에서 설한 그대로의 뜻(yathārutārtha: 如說義)이 바로 경의 뜻인 경을, 불요의경(neyārtha-sūtra)이란 경에서 설한 바와는 다른 별도의 뜻(abhiprāya: 別意趣, 密意)을 갖는 경을 말한다. 어떤 경을 불설로 인정할 것인가, 인정하지 않을 것인가, 해석이 필요 없는 완전한 말씀으로 인정할 것인가, 이면의 별도의 뜻을 해석해 보아야 할 것인가 하는 문제는 학파의 정체성과 밀접한 관련이 있다. 예컨대 직메 왕뽀는『해심밀경』의 3시(時) 법륜에 따라 4대 학파가 생겨났다고 하였지만, 귀류논증 중관학파의 경우 첫 번째 초전법륜과 제3 법륜에서는 공성(空性)에 대해 설하지 않는다는 이유에서 이를 불요의로 판정하고 제2 무상(無相)법륜을 요의경으로 삼았지만, 유가행파에서는 두말할 것도 없이 제3 법륜을 요의경으로 인정하였다. 그리고 소승의 두 학파는 대승경전을 불설로 인정하지 않았던 것이다.

본서의 논설체계를 정리하면 다음과 같다.

1. 정의
2. 분류
3. 학파명칭의 유래
4. 종의 즉 철학학설
    1) 이론적 토대
        (1) 지식의 대상
        (2) 지식의 주체
    2) 실천 수행도
        (1) 도의 관찰 대상
        (2) 도에 의해 끊어지는 장애
        (3) 도의 본질

(1) 성문·독각 종성

    (2) 보살 종성

4) 전법륜과 불설

6. 본서의 특색

1) 불교 4대 학파

본서의 논설체계는 이처럼 정연하다. 각 학파의 정의로부터 시작하여 존재론과 지식론을 밝힌 이론적 토대, 이에 근거한 실천 수행도와 수행도의 결과에 이르기까지 무엇이 같고 무엇이 다른지 일목요연하게 정리하고 있다.

주지하듯이 불교는 '8만 4천 법문'(『구사론』 상에서는 '8만의 법장')이라는 말이 말해주듯이 단일성전에 기초한 종교가 아닐뿐더러 학파의 갈래(혹은 사상적 경향성)조차 파악하기 쉽지 않다. 이에 동아시아 불교도들은 불교의 사상적 갈래를 정하는 이른바 교상판석(敎相判釋)이라 일컫은 불법(혹은 성전)의 해석 작업을 무엇보다 중요하게 생각하였다. 여기에는 역사적으로 '남3 북7'이라 하는 등의 온갖 다양한 방식의 해석이 있었지만, 역자는 규봉 종밀(圭峰宗密)의 3교가 가장 포괄적이고 일반적일 것이라고 생각한다. 그는 비록 앞의 두 가지를 방편의 밀의로 간주하였을지라도 교종(敎宗)의 일대불교를 설상교(說相敎)·파상교(破相敎)·진심즉성교(眞心卽性敎)로 정리하였다. 여기서 설상교는 인천사제교(人天四

諦敎)의 아비달마와 장식파경교(將識破境敎)의 유식학파로 구분되고, 파상교는 중관학파를 가리키기 때문에 일견 둡타에서 정리한 4대 학파와 상응한다.

그러나 여기에는 경량부도 부재할 뿐만 아니라 대승의 두 학파에 형상진실론과 형상허위론, 자립논증파와 귀류논증파와 같은 구별도 없다. 그러나 다른 한편 티베트 불교 전통에도 역시 동아시아 불교 전통에서 궁극의 불교(終敎), 혹은 특별한 불교(別敎), 완전한 불교(圓敎)로 평가된 진심즉성교가 부재하든지 그다지 강조되지 않는다. 이는 필경 두 지역에서 불교를 바라보는 관점이 달랐기도 하였겠지만, 무엇보다 불교를 도입하는 시기와 경로가 달랐기 때문일 것이다.

불타의 일대 교설을 천태종의 지의(智顗)가 화엄－아함－방등－반야－법화·열반으로, 화엄종의 법장(法藏)이 소승－대승시교(始敎)－종교(終敎)－돈교(頓敎)－별교(別敎)－원교(圓敎)로 분별한 것은 역사적 사실에 기초한 것이 아니라 중생구제를 위한 이념(교학)적 판단에 따른 것이지만, 둡타에서 현교(顯敎)의 일대 불교를 비바사사(毘婆沙師)－경량부－유식학파－중관학파(자립논증파와 귀류논증파)로 분별한 것 또한 역사적 사실에 기초한 것이라 말하기 어렵다. 앞에서 말한 대로 둡타에서는 소승 18부파를 비바사사에 귀속시키고 있으며, 다르마키르티(법칭)를 따르는 이들을 경량부와 유식학파 모두에 귀속시키면서 전자를 외계대상의 실재성을 인정하는 그룹으로, 후자를 부정하는 그룹으로 해설한다. 중관학파를 자립논증파와 귀류논증파로 분류한 것 또한 티베트 불교학자에 의한 것이었다. 직메 왕뽀 또한 그들 겔룩파의 전통에 따라 불교 4대 학파의 기원을 『해심밀경』의 3시(時) 법륜에서 찾고서 경에서 설한 것과는 달리 제2 무상(無相) 법륜(즉 『반야경』)을 요의경으로 평가하였다.

그는 깨달음에 이르는 수레(乘, yana)가 셋이듯이 철학학설(宗義, siddhānta) 또한 오로지 네 가지뿐이라고 말한다. 성문·독각·보살 이외 제4승이 없듯이 4대 학파 이외 제5의 학파는 없다는 것이다. (본문해설 편 제2장 2절 참조) 근본분열에 의한 상좌부와 대중부도 있었고, 비록 개아(pudgala)의 존재를 인정하였다고 할지라도 정량부 계통의 다섯 부파도 있었는데, 티베트 불교에서 이처럼 불교 4대 학파를 애써 강조한 것은 어떤 이유에서인가? 전술하였듯이 이는 샨타라크시타나 카말라실라 등과 같은 인도 후기 중관학파의 입장을 계승한 것이다.

예컨대 샨타라크시타는 그의 『중관장엄론』 제1송에서 "불교도나 비불교도의 여러 철학학파에서 실재로 간주하여 선양하는 모든 실체는 단일한 것이든 다수의 것이든 실제로는 어떠한 본질(svabhāva)도 갖지 않는 그림자와 같은 것"으로 규정하고서,[25] 불교도의 철학으로서 설일체유부(비바사사), 경량부, 유가행파를 들고 있다. 그것은 그들이 각기 주객(혹은 색심) 이원론이면서 무형상지식론과 유형상지식론의 대표자이고, 비이원론의 유심론이면서 형상진실론과 형상허위론으로 분류되어 낮은 단계로부터 높은 단계로 이행하는 과정으로 이해되었기 때문이다. 그는

25 남수영 편역, 『적호의 중관장엄론』, pp.20f.

이들 네 학파를 비판적으로 검토하고서 그 과정을 이같이 정리하였다.

> '오로지 마음뿐'[이라는 견해]에 근거하여 외계의 사물은 존재하지 않음을 알아야 한다. 이러한 [일체법은 무자성이라는 공성(空性)의 견해]에 근거하여 마음조차 본질적인 것(svabhāva: 自性)이 아님을 알아야 한다. (제92송)[26]

카지야마 유이치(梶山雄一)는 이 게송에 함축된 인식론적 고찰의 세 단계(외계실재론 – 유심론 – 心무자성론)를 다섯 단계로 정리하고 있다.

> ① 외계실재와 심리적 실재를 모두 인정하는 설일체유부의 단계.
> ② 마음상에 나타난 형상이 인식대상으로, 외계는 직접 지각되지 않는 인식의 원인으로 격하된 경량부의 단계.
> ③ 외계를 마음상의 형상으로 대치시키고, 그것이 마음의 조출성(照出性, 즉 자기인식)과 마찬가지로 실재한다고 주장하는 유가행파의 형상진실론.
> ④ 마음의 조출성만을 실재로 인정하고 형상은 허위로 배척하는 유가행파의 형상허위론.
> ⑤ 마음의 조출성마저 존재하지 않는다고 주장하는 중관학파의 공성이론.[27]

---

26 남수영 편역, 같은 책, p.164.

27 카지야마 유이치, 권오민 역, 『인도불교철학』 (민족사, 1989), p.125. 나아가 카말라실라 또한 스승(샨타라크시타)의 해설을 계승하여 한편으로는 유부와 경량부의 외계실재론

샨타라크시타 등 후기 중관학파에 있어 비바사사 – 경량부 – 유식 – 중관의 4대 학파는 아함(소승) – 중관 · 유식(대승시교) – 기신(대승종교) – 유마(대승돈교) – 화엄(대승원교)으로 판석된 화엄종의 교상판석과 같은 나름의 불교의 분류 방식이었다. 불교 4대 학파는 말하자면 샨타라크시타의 교상판석이었다.[28] 따라서, 예컨대 법장의 『화엄오교장(華嚴五敎章)』으로써 화엄종의 종의는 파악 가능할지라도 다른 불교종의의 정확한 이해는 가능하지 않듯이 둡타의 경우 또한 그러하다. 이에 따라 제프리 홉킨스는 본서의 특징을 다음과 같이 기술한다.

> [티베트 불교도들이 그들의 종의서를] 4대 학파와 이들의 하위학파로 구성한 것은 그들 자신에 의해 주장된 [자파의] 정체성에 대한 역사적 설명을 해설한 것이 아니라 인도불교에서 발견되는 방대한 범위의 입장들을 이해하기 위한, 인도와 티베트에서의 수 세기에 걸친 불교체계의 분류작업의 결과이다. 이러한 사실을 고려할 때 네 학파로 구성된 본서는 불교의 온갖 다양한 견해를 이해하는 데 길을 열어주는 지평으로 이용되어야 할 것이며, 엄밀한 연구를 위해 사

을 비판하고, 다른 한편으로는 유가행파를 형상진실론자와 형상허위론자로 구분하여 비판하고 한다. 즉 그는 완전한 깨달음에 이르는 명상실수의 단계를 체계화한 『수습차제(修習次第, Bhāvanākrama)』에서 다음의 네 단계의 수행을 명백히 구분하고 있다. ① 설일체유부나 경량부 체계에서 인정하는 외계의 실재가 비판의 대상이 되는 예비적 단계. ② 오로지 형상을 수반하는 마음만을 인정하는 유가행파의 형상진실론의 단계. ③ 지식의 형상도 주객의 이분도 실재하지 않으며, 오로지 이러한 불이(不二)의 지식(advayajñāna)만이 실재한다는 유가행파의 형상허위론의 단계. ④ 불이의 지식 혹은 지식의 조출성(자기인식)마저 본성을 갖지 않았다고 선언하는 중관학파의 단계. (같은 책, pp.126-133 참조)

28 카지야마 유이치, 권오민 역(1990), 같은 책, p.104.

용되어서는 안 된다.[29]

말하자면 『화엄오교장』을 통해 소승교(아비달마)나 대승시교(중관·유식)를 정확히 이해할 수 없듯이, 본서 역시 그러하다는 것이다. 그러나 다른 한편 이것이 바로 본서의 장점일 수 있다. 귀류논증 중관학파를 정점으로 하는 불교라는 큰 그림을 한 장의 종이에 그리고 있기 때문이다.

본서는 2천여 년에 걸쳐 이룩된 불교의 온갖 사상을 단편의 소책자에 정리하고 있다. 우리는 이를 통해 불교학의 제 문제를 확인하고, 이를 성전(聖敎)과 정리(正理)를 통해 구체적으로 논의하는 저들 각 학파의 논서로 진입하는 길잡이로 이용할 수 있다. 티베트에서 불교철학의 기초 입문과정으로서 이를 학습하는 것도 이 같은 이유 때문이었을 것이다.

2) 교의 요강서

필자가 생각하는 본서의 또 다른 장점은 불교철학의 제 문제에 대해 각 학파의 입장을 병렬적으로 다루고 있다는 점이다. 예컨대 각 학파에서 추구하는 지식의 대상(jñeya)과 그에 관한 인식을 '종의(宗義)' 편의 '이론적 토대(sthāpana)' 장에서 다루고 있다. 불교의 탐구대상은 두말할 것도 없이 궁극적 진리 즉 승의제(勝義諦)이다. 궁극적 진리(혹은 존재)란 무엇인가? 본서에서는 이에 대한 불교 4대 학파의 정의를 다음과 같이 전하고 있다.

① 비바사사 : 예컨대 색(色)이나 식(識), 허공 따위처럼 물리적으로

---

29 Geshe Lhundup Sopa and Jeffrey Hopkins(1989), p.119.

파괴하거나 관념적으로 분석하더라도 그에 대한 지각이 사라지지 않는 것.

② 경량부 : 언어와 분별에 따른 가설을 통해서가 아니라 [지식의 대상] 자체의 존재방식(예컨대 自相이나 실제적 작용)을 정리(正理)의 고찰을 통해 성취한 것.

③ 유가행파 : 궁극적인 것(paramārtha: 勝義)을 고찰하는 정리(正理)의 바른 인식(pramāṇa: 量)을 통해 증득한 것.

④ 자립논증파 : [지식의 대상자체를] 직접적으로 분명하게 아는 직접지각(現量)에 근거하여 [주객] 이원의 현현 없이 지각한 것.

⑤ 귀류논증파 : 궁극적인 것(즉 공성)을 고찰하는 바른 인식(量)을 통해 알려진 것.

비바사사와 경량부의 차이는 불상응행법이나 무위법과 같은 개념적 존재나 과거 · 미래와 같은 구체적 작용을 갖지 않는 존재의 인정 여부이지만, 외계대상을 인정한다는 점에서 일치한다. 유가행파와 중관학파의 경우 '궁극적인 것'은 두말할 것도 없이 공성(空性)이지만, 적용되는 범위는 다르다. (본서에서는 외계대상의 실재성을 인정하지 않는 유식학파의 공성을 거친 법무아로, 일체법의 무자성을 주장한 중관학파의 공성을 미세한 법무아라고 하였다.)

이처럼 4대 학파는 낮은 단계에서 점차 높은 단계로 이행하는 과정으로 논설되기 때문에 낮은 단계의 승의제는 높은 단계의 세속제가 된다.[30]

---

30 동아시아 삼론종(승랑)의 약교(約敎)이제설에 의한 三重中道說 − ① 有 · 無 이제설, ② 有無와 非有非無의 이제설, ③ 有無(二) · 非有非無(不二)와 非二 · 非不二)의 이제설 − 도 역시

하위학파가 비록 상위학파에 의해 비판 극복될지라도 부정되는 일은 결코 없었다. 동아시아 교상판석에서도 하위학파의 경론은 언제나 상위학파의 방편설로 수용되고 있다. 본서의 저자 또한 이같이 말하고 있다.

> 비록 상위학파의 종의에 의해 이와 상위(相違)하는 하위의 학파의 종의가 비판/배격될지라도 하위학파의 견해를 이해하는 것은 상위학파의 견해를 이해하기 위한 가장 뛰어난(올바른) 방편이라 할 수 있다. 그렇기 때문에 상위학파의 종의가 더 뛰어나다는 이유만으로 하위학파의 종의를 폄훼해서는 안 된다. (제3장 3절 '4대 학파의 중도설' 참조)

불교 4대 학파의 교리를 간략한 형식으로 요약한 본서는 가히 장중론(掌中論) – 손에 쥐고 다닐 만한 포켓북이라 할 만하다. 이는 일종의 암기용 명제집, 혹은 토론의 주제를 정리한 문제집과 같은 것으로, 마트리카(mātṛka: 論母)의 형식을 띠고 있다. 예컨대 저자는 비바사사(毘婆沙師)를 "소승의 종의를 따르는 이들로서 [식(識)의] 자기인식(自證)을 인정하지 않고, 진실로 외계대상이 존재한다고 주장하는 이들"로 정의하였지만, 자기인식이 무엇인지, 그들은 왜 이를 인정하지 않았는지에 대해서는 밝히고 있지 않다.

따라서 이제 본 둡타를 읽는 우리가 해야 할 일은, 과거 인도불교의 전

그러한 것이었다. (권오민, 2004, 『인도철학과 불교』, pp.282f 참조.)

통에 따른다면, 각 학파의 명제를 암묵적으로 승인하여 무작정 수용하는 것이 아니라 비판적으로 따져 물어보는 일이다. "어째서 그러하다는 것인가?" 이는 불교수행의 기본형식인 문사수(聞思修), 청문(聽聞)－사택(思擇)－수습(修習) 중의 한 과정으로, 이에 대한 이러저러한 설명이 비바사(毘婆沙, vibhāṣā: 廣解·廣說·種種說)였다. 사택(비판적 분석)과 수습(선정을 통한 實修)에 따른 암기/독송이야말로 완전한 의미의 구현이기 때문이다.

3) 본서의 약점

꼰촉 직메 왕뽀의 『둡타』는 티베트 불교 전통에서 기초 교육과정의 하나로 편입될 정도로 중시되었고, 후술하듯 여러 판본이 제작되었다. 이 과정에서 상당한 오사(誤寫)가 발생하였다. 혹은 앞서 논의하였듯이 '비바사사'라는 학파명칭의 유래를 '『대비바사론』을 추종하는 이들'로 규정하였지만 이 논이 티베트에 전역(傳譯)된 일은 없으며, 경량부 역시 그들의 논서가 번역되지 않았다. 장까에 의하면 경량부 주장의 대부분은 『구사론』이나 다르마키르티(法稱)의 문헌에서 발췌되었고, 이로 인해 경량부는 성전(『구사론』)을 추종하는 경량부와 정리(다르마키르티의 7론)를 추종하는 경량부로 분류되었다. 그러나 세친의 『구사론』에서는 경량부 등의 학설에 따라 일부 유부 학설을 비판하고 있을지라도 근본적으로 카슈미르 비바사사의 종의를 밝힌 설일체유부 문헌이고,[31] 다

---

31 『구사론』(완전한 명칭은 『아비달마구사론』)은 대개 『대비바사론』의 내용과 『아비담심론』 등의 형식에 기초하여 설일체유부 의 근본입장을 게송으로 제시하고 이에 대해

르마키르티의 논서 또한 유가행파 문헌으로도 고려되기 때문에 저자 역시 이를 추종하는 이들을 유가행파의 한 파로 분류하였던 것이다.

그러다보니 성전(『구사론』)을 따르는 경량부와 정리(다르마키르티의 7론)를 따르는 경량부, 성전(무착의 『유가사지론』)을 따르는 유식학파와 정리(다르마키르티의 7론)를 따르는 유식학파는 각기 자기인식과 제8 알라야식에 대한 견해를 달리하였음에도 그 관계가 매우 불분명하다. 경량부라는 학파 중의 어떤 이들은 『구사론』을 추종하였고, 다른 어떤 이들은 다르마키르티를 추종하였다는 말인지, 처음부터 『구사론』을 추종하는 경량부와 다르마키르티를 추종하는 경량부가 별도로 존재하였다는 말인지 불분명하다. 유가행파의 경우 성전을 따르는 이들은 8식

해설하면서 일부 경량부 등의 이설로 이를 비판하기도 하지만, 유부 비바사사(毘婆沙師)의 종의로 결말(歸宗)짓는 논설형식을 취하고 있다. 예컨대 생주이멸(生住異滅)의 유위4상에 대해 해설하면서 그것의 개별적 실재성을 비판하였음에도 "비난하는 자가 있다고 해서 어찌 아함(有部宗義)을 버릴 것이며, 사슴이 나타난다고 해서 어찌 보리를 파종하지 않을 것이며, 파리가 붙어있다 해서 어찌 맛난 과자를 먹지 않을 것인가. (중략) 그렇기 때문에 유부의 종의에 따르지 않으면 안 된다" (T29, 29a4-8)는 비사사사의 완고한 말로 결말 맺고 있다.
나아가 세친은 다음과 같은 귀결송(「定品」 제40송)으로 『구사론』을 끝맺고 있다. "나는 대부분 카슈미르 비바사사가 논의한 바에 근거하여 아비달마의 종의를 해설하였으니, 조금이라도 잘못 헤아린 바가 있다면 그것은 나의 과실이다. 법의 정리(正理)에 대한 [가부의] 판정은 성자(muni)들만이 그 기준(pramāṇa)이라." (迦濕彌羅議理成 我多依彼釋對法宗 少有貶量爲我失 制法正理在牟尼."; kāśmīravaibhāṣikanītisiddhaḥ prāyo mayā 'yaṃ kathito 'bhidharmaḥ. yaddurgṛhītaṃ tadihāsmadāgaḥ saddharmanītau munayaḥ pramāṇam.)
흥미로운 사실은 카슈미르의 유부 논사 중현은 여기서 세친('經主'로 호칭)이 설한 '대부분(多)'이라는 말은 형태(形色)와 그림자(像色), 과거 · 미래세 등의 문제에 있어 약간 다른 방도(異途, 즉 경량부 방식)로 해석하였음을 밝힌 말이라고 논평하고서(T29, 775b19-23) 『순정리론』의 약본(略本)인 『현종론』에서 "나는 오로지 카슈미르 비바사사가 논의한 바에 근거하여 아비달마의 종의를 해설하였다(我唯依彼釋對法)"로 개작하고 있다. (T29, 977b12)

(識)을 주장한데 반해 정리를 따르는 이들은 6식을 주장하였기 때문에 처음부터 별도의 학파로 존재하였다고 생각되지만, 이들을 같은 장(章)에서 논설하고 있는 것이다.

나아가 저자는 경량부를 "소승의 종의를 따르는 이들로서 식(識)의 자기인식과 외계대상 두 가지가 진실로 존재한다고 주장하는 이들"로, 유식학파를 "불교의 종의를 주장하는 이들로서 외계대상은 인정하지 않지만, 다른 힘(인연 즉 마음)에 의해 생겨난 것(依他起)은 진실로 성취된다고 주장하는 이들"로 정의하였기 때문에 다르마키르티를 추종하는 경량부는 외계실재론을 주장하였고, 다르마키르티를 추종하는 유가행파는 외계비실재론을 주장하였다고 해야 하지만, 저자는 이들의 관계에 대해서도 아무런 해명을 하지 않고 있다.

또한 『구사론』 자체가 유부의 문헌이다 보니 성전(즉 『구사론』)을 따르는 경량부와 유부 비바사사의 주장을 혼동하기도 하였다. 이를테면 "카슈미르 비바사사는 업과 과보를 결부시키는 근거가 경량부와 마찬가지로 의식(意識)의 상속(相續)이라 주장하였다"고 하였지만(제2부 제4장 2-1-1④c), 그들은 업의 본질을 색법(身形과 語聲, 즉 신체적 형태와 말소리)이라 주장하였기 때문에 과거로 사라진 업, 즉 무표업(vijñaptikarma, 혹은 무표색)에 의해 업의 과보가 낳아진다고 주장하였다. 저자는 비바사사의 업과상속의 핵심개념인 무표업을 경량부 장(章)에서 설하고 있다. "비바사사와 귀류논증 중관파에서는 무표색을 색법의 일종으로 인정하였지만 경량부와 유식학파, 자립논증 중관파에서는 이를 색법으로

인정하지 않았다.” (제5장 2-1-1⑧)

또한 성전을 따르는 경량부의 이제설은 비바사사와 동일하다고 하였고(제5장 2-1-1②), 경량부가 공간적으로 더 이상 분할 불가능한 최소단위의 물질과 시간적으로 더 이상 분할 불가능한 최소단위의 의식으로 무방분(無方分)의 극미와 무찰나(無刹那)의 의식을 인정한 것 역시 비바사사와 동일하다고 하였다. (제2부 제5장 2-1-1⑦) 그러나 『구사론』 상의 경량부(즉 상좌 슈리라타)에서는 유부와는 다른 별도의 이제설을 제시하였고, 극미 유방분(有方分) 설을 주장하였다. (각항 해설 참조)

오사(誤寫)에 의한 착오도 발견된다. “[비바사사는 불타가] 깨달은 법륜(法輪)은 견도(見道)이고, 설하신 법륜은 4성제라고 주장하였다”(제4장 2-3-3① ‘전법륜과 불설’)고 논설하였지만, ‘깨달은 법륜’에서 ‘깨달은’이라는 말은 다람살라 판본에만 있고, 다른 판본에는 없다. 이는 편집자의 가필이다. ‘불타가 깨달은 법륜은 견도’라는 말은 이치로나 성전(『구사론』) 상으로 올바른 표현이 아니기 때문이다. 즉 불타의 깨달음은 견도의 4제 현관(現觀)이 아니라 아뇩다라삼막삼보리로 일컬어지는 무학도의 진지(盡智)와 무생지(無生智)일뿐더러 ‘견도를 법륜이라 한다’는 것이 유부의 규정이었다. (『구사론본송』 VI. k.54cd)

혹은 외도의 종의 중 상키야학파의 세계전개설에서의 “변이(變異, 즉 삿트바)의 성질을 지닌 아만(我慢, ahamkāra)으로부터 5가지 미세원소(唯)가 생겨나고, 운동(즉 라자스)의 성질을 지닌 아만으로부터 11가지 기관이 생겨나며, 어두움(즉 타마스적)의 성질을 지닌 아만은 다른 두 가지 아만이 활동하도록 한다.”(제2장 3-3 ‘세계전개’)는 논설 역시 저들의 성전(『상키야 카리카(數論頌)』)과도 이치와도 부합하지 않는다. 5가지 미세원소와 11가지 기관은 각기 타마스와 삿트바의 속성을 지닌 아만으로부터 생겨나며, 라자스의 속성을 지닌 아만에 의해 다른 두 가지 아만의 활동이 일어난다고 해야 한다.

이러한 제 사실은, 샨타라크시타 등 인도 후기중관학파에서 불교 4대학파가 강조됨에 따라 티베트 불교에서도 이를 수용하여 일련의 둡타 문헌을 작성하였지만, 그들에 대한 정보가 온전하지 않았음을 말해준다. 따라서 앞서 말하였듯이 본 둡타에 나열되고 있는 각 학파의 명제를 암묵적으로 승인하여 수용해서는 안 되며, 비판적으로 따져 물어보지 않으면 안 된다. 그러기 위해서는 그에 대한 이해가 선행되어야 하며, 이해는 신심이 아닌 ‘비판적 분석’, ‘분별적 판단’ 즉 지혜에 따른 것이어야 한다. 불교에서는 지혜를 이같이 정의하였다. “지혜란 법에 대한 분별적 이해, 비판적 탐구(pravicaya: 簡擇)를 말한다.”[32]

7. 직메 왕뽀 『둡타』의 판본

꾄촉 직메 왕뽀의 『둡타』에는 여러 판본이 있지만 오늘날 티베트 망명정부가 있는 인도 다람살라에서 유통되고 있는 것은 1967년 출판된 다람

32 『구사론』 권4 (T29, 19a20), “慧謂於法有能簡擇.”; matiḥ prajñā dhamapravicayaḥ (AKBh. 54.23); 권오민, 「불교 지성의 전통과 역사」(『동아시아불교문화』 제23집, 2015), p.6 참조.

살라 판이다.

dKon mchog 'jigs med dbang po(꼰촉 직메 왕뽀), Grub pa'i mtha'i rnam par bzhag pa rin po che'i phreng ba; 둡뻬탈 남발삭빠 린뽀체 탱와－불교종의의 보물꾸러미), Dharamsala: Shes rig par khang (Tibet Cultural Printing Press), 1967.

이 판본은, 제프리 홉킨스에 따르면 티베트 정부가 인도로 망명한지 얼마 되지 않은 1960년대 초 교사교육(Teacher Training)에 사용하기 위해 출판한 것(Teacher Training edition: 이하 '교사 교육판')에 다수의 오사가 있어 이를 바로 잡기 위해 재출판한 것이다. 그렇지만 여기에는 다른 판본에서는 발견되지 않는 편집자의 가필이 상당수 포함되어 있다.[33]

꼰촉 직메 왕뽀의 『둡타』에는 다람살라 판본 이외 다음과 같은 판본이 있다.

(1) 직메 왕뽀 전집 중에 실려 있는 둡타(이하 전집본)

The Collected Works of dKon mchog 'jigs med dbaṅ po, vol.6 (New Delhi: Ngawang Gelek Demo, 1972), pp.485-535.

이는 따시킬(bKra shis khyil) 승가대학의 26엽의 목판본 영인본으로 홉킨스는 이를 저자의 원작에 가장 가까운 판본으로 평가하고 있다.

(2) 북경 판 : 위스콘신 대학이 소장하고 있는 32엽의 목판 영인본

Leonard Zwilling, Tibetan Blockprints in the Department of Rare Books and

---

33 Geshe Lhundup Sopa and Jeffrey Hopkins(1989), pp.135f.

Special Collections (item 47), Madison: University of Wisconsin-Madison Libraries, 1984.

이는 도쿄대학의 북경 판(Cat. Univ. Tokyo No.96)과 동일한 것이기 때문에 홉킨스는 이를 '북경 판'이라 하였다.

(3) 1980년 고망 판

dKon mchog 'jigs med dbang po(꼰촉 직메 왕뽀), Grub pa'i mtha' rnam par bzhag pa rin po che'i phreng ba zhes bya ba bzhugs so, Mundgod: Lo-sel-ling Press, 1980.

이는 앞서 말한 다람살라 판본의 오류를 바로잡기 위해 중부 티베트 판본(dbus kyi par ma), 타시킬 승가대학 판본(mdo smad bkra shis 'khyil gui par ma; (1)의 전집본), 굼붐(Gum-bum) 승가대학의 판본(rje sku 'bum gyi par ma)을 저본으로 한 76쪽의 인쇄본이다. 이 중 중부 티베트 판본이 1987년 라싸 교외의 고망대학에서 발견된 28엽의 목판본과 동일하기 때문에 홉킨스는 이를 1980년 고망 판이라 하였다.

(4) 미마키 교정판

Katsumi Mimaki, Le Grub mtha' rnam bzag rin chen phreṅ ba de dkon mchog 'jigs med dbaṅ po (1728-1791), Zinbun, number 14, The Research Institute for Humanistic Studies, Kyoto University, pp.55-112.

이는 일본 경도대학(京都大學) 인문학과학연구소의 영문저널『人文(Zinbun)』제14호(1977)에 실린 미마키 카츠미(御牧克己)의 교정본으로, 홉킨스에 따르면 미마키는 앞서 언급한 전집본을 비롯하여 8가지 판본을

사용하였지만, 다람살라 판본에 큰 비중을 두었기 때문에 일부 그것의 가필을 수용하기도 하였다.[34]

본서에서는 제프리 홉킨스의 판본 대조를 수용하여 다람살라 판본이 다른 판본과 차이가 있는 경우 본문 편의 각주에서 이를 밝혔다.

---

34 Geshe Lhundup Sopa and Jeffrey Hopkins(1989), pp.134-137.; Katsumi Mimaki, Le *Grub mtha' rnam bzag rin chen phreṅ ba* dKon mchog 'jigs med dbaṅ po (1728-1791), Zinbun, No.14 (The Research Institute for Humanistic Studies, Kyoto University, 1977), p.60.

제1부

본문 편

서게(序偈)

희유한 [복덕과 지혜] 두 자량의 설산(雪山)
그의 자비의 온기로 녹아내림에
본래 법신(法身)인 대지로 널리 퍼져
네 학파의 종의(宗義)[1]의 강이 되어 흘렀다네.

위대한 업의 큰 파도 하늘로 솟구치니
외도와 어리석은 범부들 두려워하네.
천만 보살 용들이 들어가게 될
뜨거운 번뇌가 없는 호수 아뇩달지, 위대한 승리자!

승리자의 계승자인 불굴(Ajita)의 보호자와
승리자의 지혜의 총체인 문수묘음(文殊妙音) 보살과
승리자께서 수기(授記)한 용수(龍樹)와 무착(無着)의 발아래
그리고 두 번째 승리자와 그의 아들들께 예배합니다.

---

1 grub mtha' (둡타), siddhānta, tenet, philosophy.

이러한 종의를 이해하면 내외 교법의 차이를 분명히 알게 되고
학자들 중에서 가장 뛰어난 설법자의 위의를 갖출뿐더러
편견을 버린 이로서 순백의 깃발을 내걸 수 있게 될 것이거늘
학자로서 어찌 자타 종의의 분별을 게을리할 것인가?

이에 뛰어난 이들의 선설(善說)을 모두 요약하여
나와 시대를 함께 하는 인연 있는 이들을 위하여
[내외의] 종의의 요체를 간략히 설하고자 하니
밝은 지혜를 추구하는 이들이여, 삼가 경청하시라.

바야흐로 지금 이 생에서의 재물과 명성을 돌아보는 일 없이 진심으로 해탈을 추구하는 이라면, 청정한 무아(無我)의 지견(知見)을 증득하기 위한 방편에 힘쓰지 않으면 안 된다.

왜냐하면 [두 가지 무아에 대한] 깊은 통찰이 없다면 아무리 [중생을 구제하고 성불하려는] 자비심(慈悲心)과 보리심(菩提心)을 닦을지라도 괴로움의 뿌리는 뽑을 수 없기 때문이다.

쫑카파 대사께서도 말씀하였다.

존재의 진실을 깨닫는 지혜를 갖지 못하였다면
염리심(厭離心)과 보리심을 아무리 익힐지라도
윤회하는 존재(bhāva)의 뿌리를 끊을 수 없나니

그러므로 연기(緣起)를 깨닫는 방편에 힘써야 하리라.

자, 이제 그릇된 견해를 제거하고 거칠고 미세한 무아(無我)의 두 지견(즉 人無我와 法無我)을 차례로 확립하기 위해 내외의 종의에 대해 간략히 설명하리라.

여기서는 총론과 각론이라는 두 가지 형식으로 논설할 것이다.

I. 종의 총론

둡타(grub mtha', siddhānta) 즉 종의(宗義)라는 말은 [내가] 임의적으로 꾸며낸 말[1]이 아니다. 왜냐하면 이는 불타의 성전(āgama: 聖敎) 중에 설해져 있는 말이기 때문으로, 예컨대 『입능가경』에서는 이같이 말하고 있다.

나의 [정]법에는 두 가지 형식이 있으니
교설(deśanā: 敎)과 종의(siddhānta: 宗)가 바로 그것으로
교설이 범부(bāla)의 [분별(分別)을 위해] 설한 것이라면
종의는 수행자(yogi)[의 자증(自證)]을 위한 것이다.

또한 인간[2]의 유형에도 두 종류가 있으니, 마음이 종의에 영향받지 않는 이와 종의에 영향을 받는 이가 그들이다. 전자가 교리(敎理) 즉 성전(聖敎)과 정리(正理)[3]를 배우지도 않고 그것을 생각하거나 분석하는 일도 없

---

1 rang bzo (랑소), kāvya, 文頌, fabrication.

2 gang zag (강삭), pudgala, 人, person.

3 gzhung lugs (숭룩), āgama-yukti. scripture and reasoning.

이 타고난 대로 현생의 즐거움만을 추구하는 이들이라면, 후자는 교리를 배워 [내외 학파의] 이론적 토대[4]와 실천 수행도[5]와 수행도의 결과[6](즉 삼승의 果位)에 관한 세 가지 규정을 자신의 마음에 확립하고, 그 같은 내용을 성전과 정리를 통해 논증하려는 이들이다.

둡타(grub mtha') 즉 '종의'라는 말의 뜻에 대해 『선명사의소(善名詞義疏, Grel bshad tshig gsal)』에서 이같이 해설하고 있다.

"둡타 즉 종의라는 말에서 둡(grub, 宗)은 성전과 정리(正理, 논리-이치)에 따라 성취/확립된(siddha: 成就) 자파의 견해를 의미하고, 타(mtha')는 이같이 확립된 법은 더 이상 나갈 곳이 없는 궁극/끝(anta: 究竟)이라는 뜻이다. 즉 성전과 정리 두 가지 모두에 의해 확립되고 승인된 견해는 자신의 [분별적] 사유와 달리 더 이상 바뀌는 일이 없기 때문에 둡타(grub mtha': siddhānta) 즉 '성취된 것의 궁극', '궁극의 성취'라고 말한 것이다."

종의는 크게 두 종류로 구분되니, 외도(外道)[7]와 내도(內道)[8] 즉 불교 밖의 철학과 불교 내부의 철학이 그것이다.

외도와 내도의 차이는 이러한 것이다.

---

4 gzhi (시), sthāpana, pada, mūla, base.

5 lam (람), mārga: 道, path.

6 'bras bu (대부), phala: 果, fruits.

7 phyi pa (치빠), tīrthika.

8 nang pa (낭빠), adhy-ātmaka.

가슴 속 깊이 [불(佛) · 법(法) · 승(僧)] 삼보에 귀의하는 이가 내도(즉 불교도)라면, 가슴 속 깊이 세간의 신(deva)께 귀의할 뿐 삼보에 의지하지 않는 이가 외도(이교도)이다.

또한 외도와 내도는 종의 상에도 차이가 있으니, 교조인 스승과 그의 말씀과 그가 통찰한 지견(知見)의 세 가지 점에서 차이가 있기 때문이다.

불교의 모든 학파는 다음의 세 가지 특징을 갖는다.

첫째, 스승은 일체의 허물(doṣa)을 제거하였을 뿐만 아니라 [성취한] 공덕(guṇa)도 원만(완전)하다.

둘째, 그의 말씀은 어떠한 유정에게도 해악을 끼치는 일이 없다.

셋째, 그의 지견은 상일주재(常一主宰)하는 자아(ātman), 다시 말해 그 자체로서 존재하는 영원하고도 단일한 자아가 존재하지 않는다는 것이다.

외도의 종의는 이와 반대이다.

첫째, 스승에게는 허물이 있고 [성취한] 공덕도 원만하지 않다.

둘째, 그들의 말씀 중에는 유정에게 해악을 끼치는 것도 있다.

셋째, 그들의 지견은 상일주재하는 자아가 존재한다는 것이다.

II. 내외의 종의 각론

각론에서는 외도의 종의와 내도 즉 불교의 종의에 대해 간략하게 논설한다.

1. 외도의 종의

종의(宗義), 즉 성전과 정리에 의해 성취된 궁극의 견해/학설을 따르는 이들로서 삼보(三寶)에 귀의하지 않고 불교의 스승(불타)과는 다른 스승을 인정하는 이, 이것이 외도의 종의를 따르는 이들의 정의이다.

외도의 종류는 수없이 많지만, 대체로 [힌두교의] 비쉬누 파(Vaiśṇava)와 자재천 파(Aiśvara), 지나(Jina), 카필라(Kapila), 브리하스파티(Bṛhaspati) 등의 다섯 학파가 유명하다.

그러나 주요한 학파를 꼽아보면 바이세시카학파(Vaiśeṣika)와 느야야학파(Nyāya), 상키야학파(Sāṁkhya), 미맘사학파(Mīmāṃsā), 니르그란타(Nirgrantha: 離繫派), 그리고 로카야타(Lokāyata: 順世派)의 여섯 학파가 있다. 이 중에서 앞의 다섯 학파는 영속론(常見)을 주장하는 이들이고, 마지막 [로카야타]학파는 허무의 단멸론(斷見)을 주장하는 이들이다.

1) 바이세시카학파와 느야야학파

바이세시카학파[1]와 느야야학파[2] 각기 선인(仙人) 카나다(Kaṇāda)와 바라문 악사파다(Akṣapāda)를 추종하는 이들이다.

이 두 학파가 주장하는 종의의 내용에는 다소 차이가 있지만 전체적인 면모는 거의 동일하다.

즉 바이세시카학파와 느야야학파에서는 알려진 것, 즉 지식의 대상(jñeya)[3]이 되는 일체 존재는 6가지 범주(padārtha: 句義)로 정리된다고 주장하며,[4] 세례(snāna)나 관정(abhiśeka), 단식(upavāsa), 제사(yajña), 불 공양(homa) 등도 해탈도로 인정한다.

어느 날 스승의 비밀스러운 가르침에 따라 요가(yoga)를 수행하여 자아가 감각기관(indriya: 根) 등과 다르다는 사실을 알고 진실(tattva)을 통찰함으로써 존재의 6가지 범주의 본질/본성[5]을 깨닫게 된다.

그때 그들은 자아가 모든 것에 편재하는 본질이지만 행위자가 아니라

---

1 bya brag pa (제닥빠).

2 rig pa can pa (릭빠짼빠).

3 shes bya (세자), jñeya: 所知. object of knowledge.

4 다람살라 판을 제외한 다른 판본에는 "지식의 대상이 되는 일체 존재는 9가지 실체로 요약된다.(shes bya thams cad rdzas dgur 'dus par 'dod la)" 로 되어 있다. 미마키의 교정판에서도 다람살라 교정본을 따르고 있고, 홉킨스도 다람살라 이외 판본은 오류를 범하고 있다고 지적한다. (Geshe Lhundup Sopa and Jeffrey Hopkins, p.156 footnote2.)

5 rang bzhin (랑신), svabhāva, 自性, nature.

는 사실을 깨달아 도덕적(dharma)이거나 비도덕적(adharma)인 어떠한 업도 짓지 않는다. [그리하여] 새로운 업도 짓지 않고 과거의 오래된 업도 다 사라지면, 자아는 육신(kāya)과 감각기관(indriya)과 의식(vijñāna), 그리고 [이에 따른] 괴로움과 즐거움, 나아가 탐욕과 미움 등과도 무관해질 뿐만 아니라 [더 이상] 새로운 육신과 감각기관도 받지 않는다. 마치 땔감이 다 타버린 불처럼 생사의 흐름(saṃtāna, 相續)이 끊어져 오로지 자아만이 존재하게 된다. 그들은 이때 해탈을 획득하는 것이라고 말한다.

2) 상키야학파

상키야학파(Sāṁkhya: 數論)[6]는 카필라(Kapila)를 추종하는 이들이다.

이들은 '알려진 것' 혹은 '알아야 할 것' 즉 지식의 대상(jñeya: 所知 혹은 應知)이 되는 일체 존재를 25가지로 산정하였는데, 순수정신(puruṣa: 자아), 근본원질(prakṛti: 自性), 지성(mahat: 大 혹은 buddhi: 覺), 에고의식(ahaṃkāra: 我慢), 5가지 미세원소, 11가지 기관, 5가지 근본원소의 25가지 존재가 바로 그것이다.

여기서 5가지 미세원소(tanmātra: 唯)란 색(色) · 성(聲) · 향(香) · 미(味) · 촉(觸)의 5가지를 말한다.

11가지 기관(indriya: 根)에는 5가지 감각기관(知根)과 5가지 행동기관(作根)[7]과 사유기관(意根)의 세 종류가 있다.

---

6 Grangs can pa (당짼빠).

7 행동기관(las kyi dbang po, 레끼 왕뽀, karma-indriya: 作根). 이는 전집본과 북경 판, 고망 판

5가지 감각기관은 시각(眼)·청각(耳)·후각(鼻)·미각(舌)·촉각기관(皮根)이며, 5가지 행동기관은 발성·파지·보행·배설·생식기관이다.

5가지 근본원소(mahābhūta: 大)는 지(地)·수(水)·화(火)·풍(風)·허공(虛空)이다.

[샹키야학파에서는] 이러한 25가지 존재 중에서 순수정신의 자아만이 인식(vijñāna)이며, 그 밖의 나머지 24가지는 취합물이기 때문에 물질 (혹은 물질현상)이라 주장하였다.

또한 이 중의 근본원질과 순수정신은 승의제(勝義諦)이며, 그 밖의 나머지는 세속제(世俗諦)이다.

나아가 이러한 25가지 존재는 네 가지 유형으로 분류되기도 한다. 첫째는 원인이면서 결과가 아닌 것, 둘째는 원인과 결과 두 가지 모두인 것, 셋째는 결과이면서 원인이 아닌 것, 넷째는 원인과 결과 두 가지 모두가 아닌 것이다.

첫 번째에 해당하는 것은 근본원질이며, 두 번째에 해당하는 것은 지성과 에고의식과 5가지 미세원소이며, 세 번째에 해당하는 것은 16가지(11가지 기관과 5가지 근본원소)이다. 그 밖의 순수정신(puruṣa)은 네 번째에 해당한다.

등에 따른 것이다. 다람살라 판(1967)에는 '몸의 근'(lus kyi dbang po; 루끼 왕뽀, kāya-indriya: 身根)으로 되어 있다. 홉킨스와 미마키도 전집본 등을 따르고 있을뿐더러 『샹키야 카리카』 제26송에서도 발성기관 등을 행동기관(karmendriya)으로 표기하고 있다.

이에 관해 이슈바라크리슈나(Īśvarakṛṣṇa: 自在黑)[8]는 다음과 같이 말하였다.

근본자성은 변이가 아니고
지성(大) 등의 7가지는 근본이면서 변이이며
16가지는 [다만] 변이한 것이고
순수정신은 근본도 아니고 변이도 아니다.[9]

근본이 되는 자성(savbhāva)과 보편(sāmānya)과 근본원질(prakṛti)은 동의어로, 근본원질은 6가지 특성을 갖춘 지식의 대상(jñeya)이다.

순수정신(puruṣa)과 자아(ātman)와 인식(vijñāna: 識)과 지식(vidyā: 明)은 동의어이다.

나머지 23가지가 생겨나는 방식은 다음과 같다.

어느 때 순수정신이 대상을 수용(향유)하려고 할 때 근본원질은 소리(śabda) 등의 변이(즉 세계)를 산출 생성한다.

먼저 근본원질로부터 위대한 존재(mahat: 大)가 생겨난다. 지성(buddhi: 覺)과 위대한 존재는 동의어이다. 이는 마치 바깥쪽으로는 대상의 모습을 비추고 안쪽으로는 사람(푸루샤)의 모습을 비추는 양면 거울과 같은 것

---

8 Dbang phyug nag po'i rgyud (왕축낙뽀규).

9 다람살라 판(1967)에서는 이 『상키야 카리카(數論頌)』(제3송)의 인용문이 누락되었다. (Geshe Lhundup Sopa and Jeffrey Hopkins, p.161 footnote 1).

이라고 [그들은] 주장한다.

위대한 존재(大)로부터 아만(我慢) 즉 에고의식(ahaṃkāra)이 생겨난다.

아만을 분류하면 변이(變異)의 성질을 지닌 아만, 힘/운동의 성질을 지닌 아만, 어두움의 성질을 지닌 아만 등의 세 가지가 있다.

첫 번째 아만으로부터 5가지 미세원소(唯)가 생겨나고, 이것으로부터 5가지 거친 근본원소(大)가 생겨난다.

두 번째 아만으로부터 11가지 기관이 생겨난다.

세 번째 아만은 다른 두 가지 아만이 활동하도록 한다.

또한 [상키야학파에서는] 걸을 수 있지만 앞을 보지 못하는 맹인에 비유되는 근본원질과 앞은 보지만 걸을 수 없는 앉은뱅이에 비유되는 순수정신을 동일한 것으로 착각하여, 현상세계가 근본원질로부터 생겨난(현현한) 것임을 알지 못하는 무지의 힘으로 말미암아 [생사를] 윤회한다고 주장하였다.

[따라서] 어느 때 스승(카필라)의 비밀스러운 가르침을 듣고서 현상세계는 다만 근본원질이 변화한 것일 뿐으로, [나(我)도 나의 것(我所)도 아니라는] 확신이 생길 때 대상(현상세계)에 대한 집착이 점차 사라지게 된다는 것이다.

그리고 선정에 의해 천안통이 생겨날 때, 이 같은 천안통을 통해 근본원질을 보게 되면 근본원질은 다른 사람의 여인처럼 부끄러워한다. 그리하여 그것은 그로부터 변이한 일체의 현상들을 거두어들여 홀로 머물게 된다. 이때 요가 수행자의 의식에는 일체 세속적 현현이 사라지고, 그 결과 순수정신(푸루샤)은 대상(즉 근본원질과 이것이 변이한 세계)을 수용(향유)하는 일 없이 무위(즉 독존)의 상태에 머물게 된다.

상키야학파에서는 바로 이때 해탈을 성취한다고 주장하였다.

3) 미맘사학파

미맘사학파(Mīmāṃsā)[10]는 자이미니(Jaimini)를 추종하는 이들이다.

그들은 그것이 무엇이든 (어떠한 말씀이든) 베다성전에 나타나 (설해져) 있는 것은 [누구에 의해 설해진 것이 아니라] 저절로 생겨난 (원래부터 존재하는) 것으로, 그 자체 진리라고 과장한다.

따라서 그들은 [“제사를 지내라”는 베다성전의 말씀에 따른] 제사의식을 통해서만 보다 높은 단계의 세계(즉 善趣, 신들의 세계)에 태어나는 과보를 받을 수 있다고 주장하였다. 즉 그들은 그것만이 악취(惡趣)로부터 벗어나 해탈에 이르는 길이라고 인정하였을 뿐만 아니라 일체의 괴로움이 완전히 제거된 해탈은 존재하지 않는다고 주장하였다. 왜냐하면 그들은 마음이 본래부터 더러움에 물들어 있다고 여겼기 때문이다.

또한 그들은 일체지자(一切智者) 역시 존재하지 않는다고 주장하였다. 왜냐하면 그들은 지식의 대상(jñeya)에는 한계가 없다고 여겼기 때문이다.

따라서 미맘사학파에서는 [세간에] 진리의 말씀은 존재하지 않으며 [다만『베다』의 말씀만이 진리라고] 주장하였다.

---

10 dPyod pa ba (좨빠바).

4) 니르그란타

니르그란타(Nirgrantha, 離繫派)[11]는 리샤바 지나(Ṛṣabha Jina)를 따르는 이들이다.

그들은 일체 모든 지식의 대상(jñeya), 즉 알아야 할 모든 것은 영혼(jīva: 命), 번뇌의 오염(aśrava: 漏), [번뇌의] 억제(saṃvara: 律儀), [업의] 결정적 멸진(niyatijarā), 속박(bandha), 업(karma), 죄(罪, papa), 복(福, puṇya), 해탈(解脫, mokṣa)이라는 아홉 가지 범주에 포함된다고 주장하였다.

여기서 영혼이란 자아(ātman)로 개인의 육체와 같은 크기이다. 이는 본질적으로 영원하지만, 현상에 드러난 것은 무상하다.

번뇌의 오염이란 선업과 불선업을 말하니, 이로 인해 (이러한 선·불선의 업이 영혼을 장애함에 따라) 윤회하기 때문이다.

[번뇌의] 억제란 [영혼이] 번뇌에 의해 오염되는 것을 막는 것을 말하니, 이로 인해 더 이상의 새로운 업을 짓지 않기 때문이다.

[업의] 결정적 멸진이란 물을 마시지 않거나 몸을 괴롭히는 등의 고행을 통해 일찍이 쌓은 업을 소멸시켜 없애는 것을 말한다.

속박이란 전도된 견해이다.

업(karma)에는 다음의 생을 받을 업과, 명성과 종성과 수명과 관련된 업 등 네 가지가 있다.

죄(罪)는 비법(非法, adharma, 불선)이다.

---

11 Gcer bu pa (첼부빠).

복(福)은 법(法, dharma, 선)이다.

해탈(解脫)이란 나행(裸行)과 묵언(默言), 다섯 가지 불에 의한 고행(苦行)을 행함으로써 이전에 지은 일체의 업을 멸진하고 더 이상 새로운 업을 짓지(쌓지) 않음으로써 일체의 세간 위에 존재하는 '일체 세간의 적집소'라고 불리는 그곳으로 가는 것을 말한다. 그곳은 하얀 일산(日傘)을 거꾸로 세운 듯한 형상에, 우유가 발효한 요구르트나 하얀 수련처럼 흰색을 띤, 450만 유순(由旬, yojana) 정도의 크기로, 영혼이 존재하는 곳이기 때문에 존재의 세계(bhāva)라고 할 수 있지만 윤회로부터 벗어난 곳이기 때문에 비존재의 세계(abhāva)라고도 할 수 있는 곳으로, 그들은 그곳을 해탈[의 세계]라고 하였다.

리샤바 지나(Ṛṣabha Jina)는 이같이 말하였다.

해탈의 세계는
설향화(雪香花)나 요구르트
진주와 같은 흰색이고
하얀 일산과 같은 형상이라네.

5) 로카야타

로카야타(Lokāyata, 順世派)[12]는 이같이 주장하였다.

---

12 rGyang 'phen pa (강펜빠).

전생에서 이생으로 오는 것이 아니니, 그 누구도 전생을 본 일이 없기 때문이다. [지(地)·수(水)·화(火)·풍(風)의 4대가 화합하여] 우연적으로 생겨난 신체로부터 우연적으로 마음이 생겨나는 것으로, 마치 우연히 (저절로) 일어난 불로부터 우연히 (저절로) 빛이 생겨나는 것과 같다.

또한 이생에서 후생으로 가는 것도 아니니, 육체와 마음은 동일한 것이기 때문이다. 즉 신체가 사멸하면 마음 또한 함께 사멸하는 것으로, 마치 돌이 부서져 사라지면 돌의 무늬도 함께 사라지는 것과 같다.

즉 그들은 인식대상(prameya: 所量)이 될 수 있는 것은 오로지 자상(自相, svalakṣaṇa)뿐이고, 바른 인식수단(pramāṇa) 또한 직접지각(pratyakṣa pramāṇa: 現量)뿐이라고 주장하였다. 왜냐하면 그들은 [인식대상이나 인식수단으로서] 존재의 보편적/일반적 특성(sāmānyalakṣaṇa: 共相)도, 추리(anumāṇa pramāṇa: 比量)도 인정하지 않았기 때문이다.

로카야타 중의 어떤 이들은 일체의 모든 존재는 원인 없이 저절로 (자연적으로) 생겨난 것이라고 주장하였다.

그들은 이같이 말하였다.

"일체의 모든 존재는, 예컨대 해가 뜨고 강물이 흐르는 것도, 콩이 둥글고 가시가 길고 뾰족하며, 공작새의 깃털이 [알록달록한] 것도 누가 만든 것이 아니라 저절로 생겨난 것이라네."

악견(惡見)의 가장자리에 구축한
일체의 외도 종의의 본질을
잘 이해하여 완전히 끊는 것이야말로
해탈성(城)으로 들어가는 문이라네.

2. 내도 즉 불교의 종의

[다음으로] 내도(內道) 즉 불교의 종의를 총론과 각론이라는 두 가지 형식으로 간략히 분별한다.

III. 불교의 종의 총론

그 누구도 비교할 수 없는 뛰어난 스승이신 석가족(釋迦族)의 왕, 그분께서는 먼저 [일체 중생을 구제하기 위해] 위없이 높은 깨달음을 얻고자 하는 마음(菩提心)을 일으키셨다. 그리고서 [이러한 염원을 실현하기 위해] 3아승지겁에 걸쳐 복덕과 지혜를 쌓으시고, 마침내 [보드가야의 보리수 아래] 금강보좌(金剛寶座)에서 위없이 높은 깨달음을 증득하셨다.

[불타께서는 이후] 바라나시 [녹야원]에서 [이전에 함께 고행하였던] 다섯 비구에게 처음으로 4성제의 법륜을 굴리셨다. 그 후 [마가다국의] 영취산(靈鷲山)에서 무상(無相)의 법륜을 굴리셨고, 그리고 바이샬리 등지에서 뛰어난 변별(辨別)[1]의 법륜을 널리 굴리셨다.

그리하여 여섯 외도를 비롯한 일체 모든 악견을 조복(調伏)시켰고 [유정의] 이익과 안락의 원천인 보배로운 불법도 널리 퍼지게 되었다.

그 후 주석가들은 세 법륜의 뜻을 각기 달리 해석함에 따라 네 가지 종의의 학파가 생겨났다. 이 중 외계대상[의 실재성]을 주장한 비바사사와 경량부 두 학파는 첫 번째 법륜을 따른 이들이었고, 무자성론자(無自性論

---

1 legs pa (렉빠), good differentiation.

者, 즉 중관학파)는 두 번째 법륜을 따른 이들이었으며, 유가행파(즉 유심론자)는 세 번째 법륜을 따른 이들이었다. 즉 그들은 [각각의 법륜에 근거하여] 자신들의 이론적 토대(sthāpana)와 실천 수행도(mārga, 道)와 수행도의 결과(phala: 果)라는 세 가지 교학 체계를 세웠다.

이에 따라 불타로부터 비롯된 불교의 종의에 비바사사(毘婆沙師, Vaibhāṣika)와 경량부(經量部, Sautrāntika), 그리고 유식학파(Vijñānavāda, 즉 Yogācāra)와 중관학파(Mādhyamika), 이렇게 네 학파가 존재하게 된 것이다.

[여기서] 네 가지라는 수(數)는 결정적인 것이다. 왜냐하면 [일반적으로] 그 밖에 다섯 번째 종의나 [성문·독각·보살의] 3승과는 별도의 제4승은 존재하지 않는다고 말하기 때문으로, 예컨대 [바즈라가르바(Vajragarbha: 金剛藏)의] 『금강심석(金剛心釋, Hevajra Tantra)』에서 "불교도 중에 네 번째 [승]과 다섯 번째 [종의의 학파]가 있다는 것은 정복자(불타)의 뜻이 아니다"라고 말한 바와 같다.

[중관학파의] 귀류논증파의 입장에서 보면 자립논증파 이하 [유가행파, 경량부, 비바사사]의 불교 학파는 모두 상주(常住, 영속)와 단멸(斷滅, 허무)의 극단(邊)에 떨어지는 것이지만, 각기 자신의 입장에서 볼 때 그들은 모두 [자신들이야말로] 중관파라고 주장하였다. 즉 그들은 저마다 각기 자신들의 방식대로 상주와 단멸의 양 극단을 떠난 중도(中道)를 제시하고 있기 때문이다.

네 학파의 종의는 각기 상주와 단멸의 극단을 파기하는 방식이 다르다.

비바사사(毘婆沙師)는 결과가 생겨날 때 원인은 소멸한다고 주장하기 때문에 상주의 극단(常邊)에서 벗어나고, 원인이 소멸하는 단계에서 결과가 생겨난다고 주장하기 때문에 단멸의 극단(斷邊)에서도 벗어났다고 말한다.

경량부에서는 제 유위법은 상속(相續)이 끊어지지 않고 연속적으로 일어난다고 주장함으로써 단멸의 극단에서 벗어나고, 찰나에 소멸한다고 주장함으로써 상주의 극단에서도 벗어났다고 말한다.

유식학파에서는 자신들은 변계소집성(遍計所執性)은 진실로 성취되지 않는다고 (다시 말해 진실로 존재하는 것이 아니라고) 주장함으로써 상주의 극단에서 벗어났다고 말하며, 의타기성(依他起性)은 진실로 성취된다고 (다시 말해 진실로 존재하는 것이라고) 주장함으로써 단멸의 극단에서 벗어났다고 말한다.

중관학파는 일체법은 세속적 차원의 언어적 가설(vyavahāra)로서 존재한다고 주장함으로써 단멸의 극단에서 벗어났다고 말하며, 승의적/궁극적 차원에서는 존재하지 않는다고 주장함으로써 상주의 극단에서 벗어났다고 말한다.

비록 상위(上位) 학파의 종의에 의해 그것과 서로 모순되는 하위학파의 종의가 비판/배격될지라도 하위학파의 견해를 이해하는 것은 상위학파의 견해를 이해하기 위한 가장 뛰어난(올바른) 방편이 된다. 그렇기 때문에 상위학파의 종의가 더 뛰어나다는 이유만으로 하위학파의 종의를 멸시해서는 안 된다.

불교의 종의를 따르는 이들(즉 불교도)이라 함은 바로 다음의 네 가지 진리의 징표(四法印)를 승인하는 이들이기 [때문이다].

첫째, 제행무상(諸行無常): 유위의 모든 현상은 영원하지 않다.

둘째, 일체개고(一切皆苦): 일체 유루는 괴로운 것이다.

셋째, 제법무아(諸法無我): 일체 모든 법에는 자아가 존재하지 않는다. 혹은 일체 모든 법은 자아가 아니다.

넷째, 열반적정(涅槃寂靜): 열반은 완전한 평화(śānti: 寂靜)이다.

만약 그렇다고 한다면 독자부(犢子部)[2]는 개아의 실체성(pudgala- ātma: 人我)을 주장하기 때문에 불교의 학파가 아니라고 해야 할 것 아닌가?

독자부가 승인하는 개아는 다만 개별적 실체로서 존재하는 자아인 반면 4법인 중에서 말한 '무아(無我)'는 영속적이고도 단일 편재하는 자아(常一主宰我)가 존재하지 않는다(śūnya: 空)는 것이기 때문에 불교의 학파가 아니라는 과실은 없다. 이 같은 [개별적 실체로서의 자아는] 정량부(正量部)[3] 계통의 다섯 부파에 의해서도 승인되고 있기 때문이다.

---

2 gNas ma bu pa (네마부빠), Vātsīputrīya.

3 Mang bkur sde (망꾸르데), Sāṃmitīya.

불교의 종의 각론
IV. 비바사사(毘婆沙師)

내도, 즉 불교의 종의에는 구체적으로 비바사사(毘婆沙師), 경량부, 유심학파, 무자성론자(즉 중관학파)의 네 가지가 있다.

먼저 비바사사(Vaibhāṣika)[1]에 대해 학파의 정의, 분류, 학파명칭의 유래, 그리고 그들이 주장한 종의 등 네 단락으로 나누어 논설한다.

정의

소승의 종의를 따르는 이들로서 [식(識)의] 자기인식(自證)[2]을 인정하지 않고, 진실로 외계대상이 존재한다고 주장하는 이들, 이것이 바로 비바사사(毘婆沙師)의 정의이다.

분류

비바사사에는 카슈미르 파(Kaśmiris)와 아파란타 파(Aparāntakas), 그리

---

1 Bye brag smra ba (제닥마바).

2 rang rig (랑릭), svasaṃvedna, 自證, self-cogizing consciousness.

고 마가다 파(Magadhas)의 세 그룹이 있다.

학파명칭의 유래

궤범사(ācārya) 세우(世友 Vasumitra), 그를 비바사사(毘婆沙師)라고 부르는 데에는 이유가 있다. 즉 그는 『대비바사[론]』[3]에 따라 종의를 설하고, 또한 [과거 · 현재 · 미래의] 삼세(三世) [제법(諸法)]의 개별적인 실체성(dravya)을 주장하였기 때문이다.

종의

비바사사의 종의를 이론적 토대, 실천 수행도, 수행도의 결과의 세 단락으로 나누어 논설한다.

1. 이론적 토대

이론적 토대 역시 경(境, viṣaya)과 유경(有境 viṣayin), 즉 [탐구해야 할] 지식의 대상과 [그 같은 대상을 향유하는] 주체로 나누어 논설한다.

---

3 Bye brag bshad mtsho chen mo (제닥 세초 챈모), Abhidharma mahāvibhāṣa śāstra.

1) 지식의 대상

이 학파에서는 일체 지식의 대상(jñeya: 所知)을 다섯 가지 기본 범주로 분별하였다. 현현의 색(色, rūpa)과 심(心, citta) 즉 마음과, 이에 수반되고 있는 심소(心所, caitta), 색과도 심과도 상응하지 않는 힘(不相應行, viprayuktasaṃskāra), 그리고 무위법(無爲法, asaṃskṛta)이 바로 그것이다.

[비바사사에 있어] 세계의 토대로 성취된 이러한 다섯 범주의 제법(즉 지식의 대상)은 구체적 사물[4]이다. 여기서 구체적 사물이라 함은 실제적 작용(arthakriya)을 갖는 것을 말한다. [이에 따라 이 학파에서] 존재(sat)[5]와 지식의 대상(jñeya)과 구체적 사물(bhāva)은 동의어이다.

[다섯 가지 지식의 대상 중] 무위의 제법은 [생멸을 떠난] 항상 하는 사물이지만, 색(色)과 식(識)과 불상응행법(不相應行法)의 세 가지는 무상한 사물이라고 주장하였다.

구체적 사물(bhāva)은 실체에 의해 성취된 것[6]이지만, 반드시 실체로서 존재하는 것[7]은 아니다. 왜냐하면 [비바사사는] 승의제(paramārtha-satya)와 실체로서 존재하는 것(實有)을 동의어로, 세속제(samvṛti-satya)와 언어 개념적으로 존재하는 것(prajñaptisat: 假有)을 동의어로 간주하였기 때문이다.

---

4 dngos po (왜뽀), bhāva, thing.

5 yod pa (왜빠), sat, 有, existent.

6 rdzas grub (제둡), dravyasiddha, substantially established.

7 rdzas yod (제왜), dravyasat, 實有, substantially existent.

[비바사사는] 이러한 지식의 대상을 분별함에 있어 [승의와 세속의] 2제(諦)로 분류하였고, 유루와 무루로 분류하였으며, 그 밖의 다른 방식으로 분류하기도 하였다.

이제(二諦), 세속제와 승의제

[지식의 대상(jñeya: 所知)을] [물리적으로] 파괴하거나 또는 관념적으로 분석(分析)할 때 그것을 파악한 지각이 사라지는 것, 이것이 세속제(samvṛti-satya)의 정의이다. 예컨대 진흙 항아리나 염주 등이 그러한 것이다.[8] 왜냐하면 항아리를 망치로 부수면 이를 항아리로 파악한 지각이 사라지기 때문이며, 염주의 알을 따로 따로 분리하면 이를 염주로 파악한 지각이 사라지기 때문이다.[9]

[지식의 대상을] [물리적으로] 파괴하거나 관념적으로 분석하더라도 이를 파악한 지각이 사라지지 않는 것, 이것이 승의제(paramārtha-satya)의 정의이다. 예컨대 [더 이상 부분을 갖지 않는] 무방분(無方分)의 극미와

---

8 이 논설에서 '예컨대'에 상응하는 티베트어는 사례(illustration)라는 의미의 mtshan gzhi(체시)이다. 이 말에 상응하는 산스크리트어는 lakṣya이지만, 티베트에서 lakṣya는 mtshan gzhi 외에도 정의되는 것(definiendum, 피정의항)이라는 의미의 mtshon bya(첸자)로도 번역된다. 여기서 '정의되는 것'과 사례는 명백히 다르다. 정의되는 것(mtshon bya)과 사례(mtshan gzhi)를 bhāva의 예로써 설명하면, 정의되는 것은 [실제적 작용을 지닌] 구체적 사물이며, 이것의 사례는 항아리다. 이러한 분별은 산스크리트어 lakṣya에는 존재하지 않는 티베트 고유의 발전이다. (Geshe Lhundup Sopa and Jeffrey Hopkins, pp.184-186 참조) 따라서 본 논설을 직역하면 "항아리나 염주가 세속제의 사례이다"이지만, 우리말의 용법상 어색하여 이하 사례(mtshan gzhi, lakṣya)는 '예컨대'로 번역할 것이다.

9 이 단락에서 언급된 '관념'과 세 번의 '지각'의 원어는 blo(로). 제프리 홉킨스는 이를 mentally, awareness로 번역하였다.

[더 이상 찰나를 갖지 않는] 무찰나(無刹那)의 식(識), 무위의 허공 등이 그러한 것이다.

[세속제와 승의제를 이같이 정의한 것은] 『구사론』에서 다음과 같이 설하였기 때문이다.

"어떤 것을 부수거나 의식으로써 그것을 각각의 부분으로 쪼개면 의식이 그것을 파악할 수 없는 항아리나 물 등과 같은 것이 세속제로서의 존재라면, 그렇지 않은 것이 승의제로서의 존재이다."

따라서 [비바사사는] 세속제[의 제법]은 궁극적인 것(勝義, paramārtha)으로서는 성립하지 않지만 [세속의 언어 개념적인 것으로서는] 진실(satya)로 성립한다고 주장한다. [그래서 세속제(世俗諦)이다.] 즉 이들의 종의에서는 [실제적 작용을 갖는] 모든 구체적 사물(bhāva)은 진실로 성립한다고 주장하였기 때문이다.

유루와 무루

[지식의 대상으로서] 소연(所緣, ālambana)과 상응(相應. samprayuktam)에 따라 번뇌(kleśa)가 증가(隨增)하는 법, 이것이 유루(有漏, sāsrava)의 정의이다. 예컨대 5온 등이 그러한 것이다.

[지식의 대상으로서] 소연과 상응에 따라 번뇌가 증가하지 않는 법, 이것이 무루(無漏, anāsrava)의 정의이다. 예컨대 도제(道諦)와 무위법이 그러한 것이다.

[유루와 무루를 이같이 정의한 것은] 『구사론』에서 다음과 같이 설하

였기 때문이다.

“도제(道諦)를 제외한 그 밖의 유위법이 유루이다. 그리고 무루는 도제와 3가지 무위법이다.”

모든 유루법은 마땅히 제거되어야 (끊어져야) 하는 것이다. 왜냐하면 자량도(資糧道)와 가행도(加行道)조차도 역시 제거되어야 하는 것이기 때문이다.

견도(見道)는 전적으로 무루도이지만, 수도(修道)와 무학도(無學道)에는 유루도도 있고 무루도도 있다. 즉 성자의 도(ārya mārga, 聖道)는 모두 무루이지만, 성자의 상속(相續, saṃtāna)에 반드시 무루도만이 존재하는 것은 아니다. 이를테면 수도위의 [심]상속 상에 존재하는 ‘[보다 높은 단계(上地)의] 고요한 상태나 [보다 낮은 단계(下地)의] 거친 상태에 따른 도’(즉 6行觀)는 유루이기 때문이다.

그 밖의 지식의 대상

[비바사사는] 삼세[의 제법]이 실체(dravya)로서 [존재한다고] 주장한다. 즉 항아리는 항아리가 [이미 소멸하여] 과거가 되었을 때에도 존재하지만, 항아리가 [아직 생겨나지 않은] 미래에도 존재한다고 주장하였기 때문이다.

[또한] 부정명제(pratiṣedha)와 긍정명제(vidhi)를 모두 인정하지만, [부정명제 중] 불확정적 부정명제(paryudāsa-pratiṣedha)는 인정하지 않는다. 왜냐하면 그들은 부정명제는 확정적 부정명제(prasajya-pratiṣedha)일 뿐

이라고 주장하였기 때문이다.

카슈미르 비바사사(毘婆沙師)는 경량부와 마찬가지로 의식(mamovijñāna)의 상속(相續, saṃtāna)이 업과 과보를 결부시키는 근거라고 주장하였다. 그 밖의 다른 비바사사는 업과 과보를 결부시키는 근거로 득(得, prāpti)과 채무를 보증하는 차용증과도 같은 부실법(不失法, avipraṇāśa)이라는 불상응행법을 제시하였다.

이 학파(카슈미르 비바사사)와 [중관의] 귀류논증파에서는 신업(身業)과 어업(語業)[의 본질]이 색법(身形과 語聲, 즉 신체적 형태와 말소리)이라고 주장하였다.

유위법은 무상한 것(anityatā: 無常性) [즉 시간적 지속성을 갖지 않는 것]이지만 찰나멸적 존재(kṣaṇika)라고는 할 수 없으니, [비바사사는] 생겨난(jāti: 生) 후 지속하고(sthiti: 住) 그 후 소멸한다고(anitya: 滅) 주장하기 때문이다.

2) 지식의 주체

여기서는 개아(人), 식(識), 그리고 말-소리에 대해 논설한다.

개아

개아(pudgala)란 예컨대 오로지 [자아의] 가설 근거인 5온(蘊)의 집합체를 말한다.

그러나 정량부(Sāṃmitīya) 중의 어떤 이들은 예컨대 5온을 모두 개아라고 하였고, 아반타카(Avantakas, 정량부 중 아반타 지역에 머문이들)에서는 예컨대 5온 중 마음(識蘊) 하나만을 개아라고 주장하였다.

식(識)

식(vijñāna)에는 바른 인식(pramāṇa, 量)과 바른 인식이 아닌 것(apramāṇa, 非量) 두 가지가 있다.

바른 인식에는 다시 두 가지가 있으니, 직접지각(pratyakṣa: 現量)과 추리(anumāṇa: 比量)가 그것이다.

직접지각에는 감각지각과 의(意)지각과 요가 수행자의 직관이 있다. 그러나 [비바사사는] 식의 자기인식(svasaṃvedana: 自證)은 직접지각으로 인정하지 않았다.

감각에 근거한 직접지각(indriya-pratyakṣapramāṇa: 依根現量)이 반드시 식(識, vijñāna)이어야 하는 것은 아니다. 왜냐하면 [감각지각의 근거가 된] 유색(有色)[10]의 안근도 [극미 집적의] 물질,[11] 보는 것(見者, 시각의 주체), 바른 인식(pramāṇa, 量), 이 세 가지 모두에 해당되기 때문이다.

감각적인 의식(indriya-vijñāna, 전5식)은 [외계대상의] 형상(ākāra)을 통하지 않고 대상 자체를 이해한다.

그들은 물질적 존재인 안근이 색(色)을 '보는 것'이라고 주장하였다. 만약 식(識)이 색을 보는 것이라고 한다면 [식은 장애성을 갖지 않기 때문에]

---

10 gzugs can(숙짼), rūpin, physical.

11 bem po(뱀뽀), kanthā, matter.

벽 뒤에 감추어진 색도 볼 수 있다고 해야 하기 때문이다.

[또한] 심(心)과 심소(心所)는 서로 다른 실체라고 주장하였다.

그리고 바른 인식이 아닌 식(apramāṇa, 非量)에는 전도된 인식(viparyaya-jña) 등이 있다.[12]

말-소리

일반적으로 말-소리(śabda)에는 생물체(有執受 upātta 대종)의 소리와 무생물체(無執受 anupātta 대종)의 소리가 있다. 이를테면 사람이 말하는 소리 등이 전자의 예라면, 물이 흘러가는 소리 등은 후자의 예이다.

생물체가 내는 소리와 무생물체가 내는 소리에는 다시 각기 두 종류가 있다. 언어적 의미(有情名, sattva-ākhya)를 지닌 소리와 언어적 의미를 지니지 않은(非有情名, asattva-ākhya) 소리가 바로 그것이다.

[따라서] [생물체인] 유정의 소리와, 유정의 말을 통해 드러나는 소리와, 말[의 의미를 드러내는] 소리는 동의어이다. 또한 [무생물체인] 무정물의 소리와, 유정의 말을 통해 드러나지 않은 소리와, 말[의 의미를 드러내지 않는] 소리도 동의어이다.

---

12 이 문장은 다람살라 판과 교사교육판, 미마키 교정본에만 존재한다. 홉킨스에 따르면, 고망 판(1980)에서는 이 문장이 불필요하게 추가된 문장으로 자신들의 판본을 만드는 데 사용된 세 가지 판본 중 어느 것에도 포함되어 있지 않음을 지적하고 있다. (Geshe Lhundup Sopa and Jeffrey Hopkins, p.200 각주1) 홉킨스는 이러한 지적을 받아들여 이 문장을 대괄호([ ]) 안에 넣어 원본에는 없는 추가된 문장임을 밝히고 있다.

[한편 비바사사는] 불타의 말씀(Buddhavacana: 佛說)과 논서(śāstra), 이 두 가지는 모두 개별적 실체로 간주되는 개념적 단어(nāma: 名)와 문장(pāda: 句)과 음소(vyañjana: 文)의 집합(kāya: 身), 즉 명신(名身)과 구신(句身)과 문신(文身)을 본질로 한다고 주장한다. [그들에 의하면] 이는 말-소리의 보편성(śabdasāmānya)으로, 불상응행법에 포함된다. 따라서 이 학파에서는[말-소리에 관한 한] 물질(색법)과 불상응행법은 서로 모순되는 것이 아니라고 생각하였다.

2. 실천 수행도

여기서는 도의 관찰 대상, 도에 의해 끊어지는 장애, 도의 본질 등 세 단락으로 나누어 논설한다.

1) 도의 관찰 대상

도의 관찰 대상(ālambana: 所緣)은 무상(無常) 등 4성제와 관련된 16가지 행상(行相, ākāra)이다.

[그들은] 미세한 무아(無我)와 미세한 인무아(人無我, pudgalanairātmya)는 동의어라고 주장하였다.

그들이 주장하는 미세한 인무아란 개아(pudgala)가 [5온과는] 별도의 실체(dravya)로서 존재하지 않는다는 것이다.

[소승] 18부파 중 정량부(正量部)에서 분파한 다섯 부파만이 [자아는]

개별적 실체로서도 존재하지 않는다는 (다시 말해 공하다는) 미세한 인무아를 인정하지 않았다. 즉 그들은 자아가 개별적 실체로서 존재한다는 사실을 인정하였기 때문이다.

[비바사사(毘婆沙師)는] 거칠거나 미세한 법의 무아(dharma-nairātma, 법의 무실체성)는 인정하지 않았다. 왜냐하면 [그들은] 세계의 토대(sthāpana)로 성취된 제법이 개별적 실체(我, 즉 法我)로서 존재한다고 주장하였기 때문이다.

2) 도에 의해 끊어지는 장애

도에 의해 끊어지는 장애로는 염오무지(染汚無知)와 불염오무지(不染汚無知)의 두 가지가 있다.

염오무지는 대개 [괴로움으로부터의] 해탈을 증득하는 데 장애가 되는 무지로, 예컨대 개아의 실체성에 대한 집착(人我執)과 이로부터 생겨난 [탐 · 진 · 치] 삼독(三毒)과 이것의 종자(bīja 즉 인연)가 여기에 포함된다.

불염오무지는 대개 일체지(一切智)를 증득하는 데 장애가 되는 무지로, 예컨대 여래의 심오하고 미세한 법에 대해 무지한 불염오성의 장애 등의 네 가지 무지가 바로 그것이다.

[도에 의해 끊어지는] 장애에는 이러한 두 가지(염오무지와 불염오무지)와는 별도로 소지장(所知障)도 있지만, [비바사사는] 이를 인정하지 않았다.

3) 도의 본질

이들 [비바사사]는 또한 [성문·연각·보살의] 3승(乘)의 수행도로서 자량도(資糧道), 가행도(加行道), 견도(見道), 수도(修道), 무학도(無學道)라는 다섯 단계를 제시하였다. 그러나 그들은 10지(地)에 걸친 지혜(prajñā)는 인정하지 않았다.

[4제 16행상에 대한 관찰인] 지(智: 판단)·인(忍: 인가 欲樂)의 16찰나 중 앞의 15찰나를 견도라고 하였으니, 제16찰나인 도류지(道類智)부터 수도이기 때문이다.[13]

비바사사(毘婆沙師)는 [4제의 현관은] 염소들이 [좁은] 다리를 건너듯 [하나씩] 순서대로 일어난다고 주장하였다. (다시 말해 일찰나에 한꺼번에 일어난다고는 주장하지 않았다.)

또한 그들은 도제(道諦)를 다만 식(識, vijñāna)이라 하지 않았다. 왜냐하면 무루 5온을 도제[의 본질]로 인정하였기 때문이다.

3. 수행도의 결과

1) 성문과 독각

성문종성은 [최소] 3생 이상의 생에 걸쳐 무상(無常)을 비롯한 [4제] 16

---

13 다람살라 판(1967), 교사교육판에는 '수도이기 **때문**이다'(sgom lam yin **pas**)이지만, 전집, 북경 판, 고망 판, 미마키 교정본은 '수도이다'(sgom lam yin la)로 되어 있다. 양자 모두 타당하지만, 홉킨스는 이를 앞 문장의 근거 이유로 이해하여 다람살라 판본이 저자의 원작에 더 가깝다고 평가하고 있다. (Geshe Lhundup Sopa and Jeffrey Hopkins, p.207 footnote2).

행상을 닦아 마침내 성문의 수도위의 금강유정(金剛喩定)에 의지하여 [생사윤회를 일으키는] 번뇌장(煩惱障)의 득(得, prāpti)을 끊음으로써 아라한과(阿羅漢果)를 증득한다.

인각유(麟角喩) 독각은 개아는 개별적 실체로서 존재하지 않는다(人無我 즉 我空)는 사실을 깨닫고서 이러한 지견(知見)과 더불어 100겁에 걸친 공덕을 쌓았다. 이 같은 위대한 자량도를 닦았기에 이후 가행도 [첫 번째 단계인] 난위(煖位)로부터 무학도에 이르기까지 이를 한자리에서 증득한다.

또한 [비바사사는] 낮은 단계의 저열한 아라한은 [번뇌를] 끊고 [이계(離繫)의 열반을] 증득한 상태에서 물러나 예류과가 될 수 있다고 주장하였다.

또한 [그들은] 성문의 20종의 승중(僧衆)과 8가지의 향하는 자와 머무는 자(즉 예류향·예류과 등의 4向 4果)의 교의를 제시하였다. 즉 [그들은 어느 누구도 모든 번뇌를] 한꺼번에 (일시에) 끊을 수 없다고 주장하였기 [때문이다].

그들은 8가지의 향하는 자(즉 向果)와 머무는 자(즉 住果)를 모두 성자(ārya)로 인정하였다.

2) 보살

보살은 자량도의 단계에서 세 번의 아승지겁에 걸쳐 [지혜와 복덕의] 자량을 쌓은 후 100겁 동안 32상(相)을 초래할 만한 근거(원인, 즉 보살행)

를 성취하였다. 그리고 마침내 최후신(最後身)의 생을 맞이하여 보리수 밑에 앉아 초야(황혼 무렵)에 천자마(天子魔, devaputramāra)를 조복하고, 중야(한밤중)에 삼매(samādhi)에 들어 가행도, 견도, 수도의 세 도를 성취하였으며, 그 후 후야(새벽녘)에 무학도를 증득하여 [바야흐로 불타가 되었다].

그러므로 [비바사사(毘婆沙師)는] 초야에 보살이 마구니를 조복하기 이전은 범부(bāla)의 단계이고, [번뇌를 조복하고 끊는] 가행도와 견도와 수도의 세 도는 오로지 선정(dhyāna)의 상태라고 주장하였다.

그리고 [석존의] 12행장(行狀) 중 앞의 아홉 단계는 보살로서의 행장이고, 뒤의 세 단계는 불타로서의 행장이라고 주장하였다.

전법륜과 불설

[비바사사는 불타가] 깨달은 법륜(法輪)[14]은 견도(見道)이고, 설한 법륜은 4성제라고 주장하였다.

또한 아비달마의 7부의 논서는 불타에 의해 설해진 것이라고 주장하였다. 그리고 [아비달마가] 불타에 의해 설해진 불설(佛說, Buddhavacana: 佛說)이라면, 설하고 있는 말씀 그대로 [진실의(眞實義)라고] 주장하였다.

---

14 '깨달은 법륜'에서 '깨달은'이라는 말은 다람살라 판에만 있고, 다른 판본에는 없다. 미마키 교정본에는 이 말이 포함되어 있지만, 홉킨스(Geshe Lhundup Sopa and Jeffrey Hopkins, p.215 footnote2)는 고망 판에서는 저본으로 삼은 세 판본 어디서도 이 말이 발견되지 않았음을 지적하였다고 밝히고서 자신의 번역에서는 이 말을 제외하고 있다. '불타가 깨달은 법륜이 견도'라는 말은 이치상으로나 성전(『구사론』) 상으로 올바른 표현이 아니다. 제2부 본문해설 편 참조.

또한 8만의 법온(法蘊)만 인정하였을 뿐 그보다 많은 8만 4천의 법온은 인정하지 않았으니, 『구사론』에서 "모니(牟尼)가 설한 법온의 수는 8만"이라고 설하였기 때문이다.

열반

윤회의 마지막 생(최후신)의 보살이 [정등]각(正等覺)을 성취하여 머무는 곳은 오로지 욕계이다. 그러므로 그들은 색구경천(色究竟天)에서의 깨달음이나 보신(報身)의 교의도 인정하지 않았다. 뿐만 아니라 [대승의] 일체종지(一切種智) 또한 인정하지 않았다.

[비바사사는] 삼승의 아라한은 다 유여의열반(有餘依涅槃)을 성취한다고 주장하였다. 왜냐하면 무여의열반(無餘依涅槃)에 들면 마치 불꽃이 꺼지는 것처럼 의식의 상속이 끊어지기 때문이었다. 이에 따라 [그들은] 궁극적으로 3승의 존재를 인정하였다.

일설에 따르면 "스승이신 불타께서 반열반에 들었을 때 몇몇 교화해야 할 제자들 앞에서 색신을 거두어들인 것일 뿐 실제로 열반에 든 것은 아니다"고 말하고 있지만, 이는 물고기와 무를 구분하지 못하는 것과 같다.

성자인 불타는 모든 괴로움(duḥkha: 苦)을 남김없이 끊었을지라도 그의 상속 중에 괴로움의 진리(duḥkha-satya: 苦諦)가 존재한다고 해도 모순된 말은 아니다. 왜냐하면 괴로움의 진리를 대상으로 하는 모든 번뇌가 남김없이 끊어진 것을 '괴로움의 진리(苦諦)가 끊어졌다'고도 말하기 때문이다.

삼보(三寶)

[비바사사(毘婆沙師)는, 불타의] 색신(色身)은 일찍이 보살이 가행도를 닦을 때 의지한 색신과 동일한 생에 포함되기 때문에 비록 불타의 것일지라도 불보(佛寶)가 아니라고 주장하였다. 즉 그들에게 있어 불보란 불타의 심상속 상에 존재하는 진지(盡智)와 무생지(無生智)이기 때문이다.

마찬가지로 [견도위와 수도위의] 유학도의 성자[의 몸 또한] 유루이기 때문에 비록 승가[의 구성원]일지라도 승보(僧寶)는 아니라고 주장하였다. 즉 그들에게 있어 승보란 저들의 심상속 상에 존재하는 도제(道諦)이기 때문이다.

나아가 법보(法寶)란 불타와 성문과 독각의 심상속 중에 존재하는 열반과 멸제를 말한다.

비바사사(毘婆沙師)의 바다에서
'지혜'라는 황금 항아리를 건져 올렸으니
이 같은 선설(善說)의 감로의 향연에서
젊고 총명한 그대들, 마음껏 즐기시라!

V. 경량부(經量部)

경량부(經量部, Sautrāntika)[1]에 대해 학파의 정의, 분류, 학파명칭의 유래, 그리고 그들이 주장한 종의 등 네 단락으로 나누어 논설한다.

정의

소승의 종의를 따르는 이들로서 식(識)의 자기인식(svasaṃvedana: 自證)과 외계대상, 이 두 가지가 진실로 존재한다고 주장하는 이들, 이것이 바로 경량부의 정의이다.

경량부와 비유자(譬喩者, Dārṣṭāntika)[2]는 동의어이다.

분류

경량부에는 성전(āgama: 聖教)을 따르는 경량부와 정리(正理, yukti, 혹

---

1 mDo sde pa (도데빠).

2 dPe ston pa (뻬뗀빠).

은 nyāya)를 따르는 경량부가 있다. 전자는 세친(世親)의 『아비달마구사론』을 따르는 자들이며, 후자는 다르마키르티(法稱, 600-660년 무렵)의 바른 인식(pramāṇa)에 관한 일곱 논서를 따르는 자들이다.

학파명칭의 유래

이 학파의 명칭을 경량부와 비유자라고 하는 데에는 이유가 있다. 그들은 『대비바사론』을 따르지 않고 주로 세존께서 설하신 경(經, sūtra)에 근거하여 종의를 논하기 때문에 경량부(Sautrāntika)이며, 일체법을 '비유(譬喩, dṛṣṭānta)를 통하여 설명하기' 때문에 비유자(Dārṣṭāntika)이다.

종의

경량부의 종의를 이론적 토대, 실천 수행도, 수행도의 결과의 세 단락으로 나누어 논설한다.

1. 이론적 토대

이론적 토대 역시 경(境, viṣaya)과 유경(有境, viṣayin), 즉 [탐구해야 할] 지식의 대상과 [그 같은 대상을 향유하는] 주체로 나누어 논설한다.

1) 지식의 대상

지각(buddhi)에 의해 알려진 것, 이것이 바로 대상(viṣaya: 境)의 정의이다. 지각의 대상이 될 수 있는 것, 이것이 바로 '알려진 것(jñeya: 所知)'의 정의이다. 따라서 [경량부에 있어] [지식의] 대상(viṣaya: 境), 존재(sat: 有), 알려진 것(jñeya: 所知), 세계의 토대로 성취된 것(vastu: 事)은 동의어이다.

[경량부는] 이러한 지식의 대상을 분별함에 있어 [승의와 세속의] 2제(諦)로 분류하였고, 자상(自相)과 공상(共相)의 두 가지로 분류하였으며, 부정명제와 긍정명제의 두 가지로, 현전(現前)한 것과 은폐된 것의 두 가지로, [과거·현재·미래의] 삼세로, 동일한 것과 다른 것의 두 가지로 분류하기도 하였다.

이제(二諦), 승의제와 세속제

언어와 분별(vikalpa, 개념적 인식)에 의한 가설(假說)을 통해서가 아니라 [지식의 대상] 자체의 존재방식을 정리(正理)의 고찰을 통해 성취한 법, 이것이 바로 승의제의 정의이다. [따라서] [실제적 작용(arthakriya)을 갖는] 구체적 사물(bhāva: 有), 승의제, 자상(自相), 무상한 것, 유위법, 진실(=실재)로 성취된 것[3]은 동의어이다.

다만 [언어와] 분별에 따른 가설을 통해 성취한 법, 이것이 바로 세속제의 정의이다. [따라서] 구체적 사물이 아닌 것,[4] 세속제, 공상(共相), 영원

---

3 bden grub(댄둡), satyasiddha, truly existent phenomenon.

4 dngos med kyi chos(왜메끼 채), abhāvadharma, non-functioning phenomenon.

한 것, 무위법, 허위(=비실재)로 성취된 것[5]은 동의어이다.

2제의 어원적 해석은 다음과 같다.

무위의 허공(ākāśa) 등을 세속제(世俗諦, saṃvṛtisatya)라고 하는 이유는 세속의 지각에 따른 진실이기 때문이다. 여기서 '세속'이라는 말은 분별(개념적 인식)을 의미한다. 그것(분별 즉 개념적 인식)은 자상(自相)에 대한 직접지각(現量)을 장애하기 때문에 세속(saṃvṛti)이라고 말한 것이다.

그러나 이는 다만 어원적 해석일 뿐으로, 세속의 지각인 '분별에 따른 진실(世俗諦)'이라 할지라도 그것이 반드시 '언어적 개념으로서만 진실'인 것은 아니다. 왜냐하면 [후술하듯] 승의제의 예(lakṣya)로 언급되는 항아리의 경우 세속의 지각인 분별로서도 진실이기 때문이다. 그러나 [개별적] 실체로서의 개아(人我)[6]나 영원한 말-소리(베다말씀)의 경우 비록 세속의 지각인 분별로서는 진실일지라도 ['토끼 뿔'처럼] 언어적 가설로서도 성립하지 않기 때문이다.

[여기서] 항아리를]승의제라고 말한 이유는 [세속의 지각(즉 분별)으로서뿐만 아니라] 승의의 지각에 있어서도 진실이기 때문이다. 여기서 '승의의 지각'이란 나타난 대상에 대한 착란(錯亂)됨이 없는 인식을 말한다.

2제(諦)에 대한 이러한 방식의 설명은 정리(즉 다르마키르티의 7론)를 따르는 경량부의 교리체계이다.

성전(세친의 『구사론』)을 따르는 경량부의 2제설은 비바사사(毘婆沙

---

5 brdzun par grub pa(쥰빨 둡빠), mṛisāsiddha, flase existent.

6 gnga zag gi bdga (강삭기 닥), pudgala-ātman,

師)와 동일하다.

자상과 공상

궁극(勝義)적으로 [실제적] 작용을 갖는 법, 이것이 바로 자상(自相, svalakṣaṇa)의 정의이다. 예컨대 항아리 등이 그러한 것이다.

궁극적으로 [실제적] 작용을 갖지 않는 법, 이것이 바로 공상(共相, sāmānyalakṣaṇa)의 정의이다. 예컨대 무위의 허공 등이 그러한 것이다. 즉 보편(sāmānya: 總)과 특수(viśeṣa: 別), 동일한 것(eka: 一)과 다른 것(nānā: 異), 상호배타(viruddha: 相違)와 상호관계(anuṣaṅga: 相應) 등에 근거하여 가설된 제법이 공상이다. 그러나 이러한 [가설된 제법]이 반드시 공상인 것은 아니니, 그 차이를 잘 구별할 수 있어야 한다.

부정명제와 긍정명제

부정되고 있는 대상을 바로 배제(apoha)하는 방식을 통해 알려지는 것, 이것이 바로 부정명제의 정의이다. 부정명제와 타자의 배제는 동의어이다.

부정명제를 분류하면 확정적 부정명제와 불확정적 부정명제 두 가지가 있다.

어떤 대상을 직접 지각할 때 그것이 부정하는 대상만을 배제하는 방식을 통해 아는 것, 이것이 확정적 부정명제의 정의이다. 예컨대 "바라문은 술을 마셔서는 안 된다"는 명제가 그러한 것이다.

어떤 대상을 직접 지각할 때 그것이 부정하는 대상을 배제함으로써 그 밖에 다른 확정적 부정명제나 긍정명제 중의 하나를 나타내는 것, 이것이 바로 불확정적 부정명제의 정의이다. 예컨대 "데바닷타(Devadatta)는 뚱뚱하지만, 낮에 식사하지 않는다"는 명제가 그러한 것이다.

어떤 대상을 직접 지각할 때 부정되고 있는 대상을 직접 배제함으로써 지각되는 것이 아닌 것, 이것이 바로 긍정명제의 정의이다. 예컨대 '항아리'가 그러한 것이다.

현전한 것과 은폐된 것

직접지각(現量)에 의해 [현전에서] 지금 바로 알려지는 것, 이것이 바로 현전한 것(abhimukha)의 정의이다. [따라서] 현전한 것과 [실제적 작용을 갖는] 구체적 사물(bhāva: 有)은 동의어이다.

추리(比量)에 의해 알려지는 것, 이것이 바로 은폐된 것(parokṣa)의 정의이다. [따라서] 은폐된 것과 [의식에 의해] 알려지는 것(jñeya)은 동의어이다.

삼세

어떤 구체적 사물(bhāva) [자체]가 생겨나서 소멸한 제2 찰나의 상태, 이것이 바로 과거의 정의이다.

어떤 구체적 사물의 발생원인(hetu: 因)은 존재하지만 [그 밖의 다른] 조건(pratyaya: 緣)이 갖춰지지 않아 어떤 특정의 장소와 시간에 생겨나지 않은 상태, 이것이 바로 미래의 정의이다.

[어떤 구체적 사물이] 이미 생겨나 아직 소멸하지 않은 상태, 이것이 바

로 현재의 정의이다.

과거와 미래는 영원하다.

[따라서] 현재와 [실제적 작용 능력을 갖는] 구체적 사물(bhāva)은 동의어이다.

어떤 사물의 과거는 그 사물[이 소멸한] 이후에 성립하며, 어떤 사물의 미래는 그 사물[이 생겨나기] 전에 성립한다는 등의 [과거와 미래의] 차이 또한 이해할 필요가 있다.

동일한 것과 다른 것

각기 개별적이지 않은 것, 이것이 바로 동일한 것(eka)의 정의이다. 예컨대 '항아리' 등이 그러한 것이다. (다시 말해 항아리 등은 그 밖의 다른 항아리 등과 동일한 것이다.)

각기 개별적인 것, 이것이 바로 다른 것(nānā)의 정의이다. 예컨대 기둥과 항아리 등이 그러한 것이다.

본질[7]이 다르면 개별현상[8]도 다르지만, 개별현상이 다르다고 해서 본질이 다른 것은 아니다. 왜냐하면 지어진 것(kṛta: 有爲)과 무상(無常)한 것은 본질은 동일하지만 개별현상은 다르기 때문이다.

---

7 ngo bo (오보), pāura, entity.

8 ldog pa (독빠), nivṛtti, isolate.

그 밖의 지식의 대상

[경량부가] [공간적으로 더 이상 분할 불가능한 최소단위의 물질인] 무방분(無方分)의 극미와 [시간적으로 더 이상 분할 불가능한 최소단위의 의식인] 무찰나(無刹那)의 의식을 인정하는 것은 비바사사와 동일하다.

그렇지만 [경량부가 비바사사와] 모든 면에서 동일한 것은 아니다. 비바사사는 존재하는 모든 것(즉 일체법)은 실체(dravya)로서 존재한다고 주장한 반면, 경량부에서는 이를 인정하지 않기 때문이다.

무표색(無表色) 또한 비바사사와 귀류논증 중관파에서는 색법의 일종으로 인정하지만 경량부와 유식학파, 자립논증 중관파에서는 이를 색법으로 인정하지 않았다.

그 밖에도 비바사사는 인과(hetu-phala)의 동시를 주장하지만, 경량부는 이를 인정하지 않았다.

2) 지식의 주체

여기서는 개아, 식 그리고 말-소리에 대해 논설한다.

개아

성전을 따르는 경량부는 예컨대 [5]온의 상속(相續)을 개아(pudgala: 人)라고 주장하였다면, 정리를 따르는 경량부는 예컨대 의식(意識)[의 상속]을 개아라고 주장하였다.

식(識)

식(識, vijñāna)에는 바른 인식(pramāṇa: 量)과 바른 인식이 아닌 것(apramāṇa: 非量) 두 가지가 있다.

바른 인식에는 직접지각(現量)과 추리(比量) 두 가지가 있다.

직접지각에는 다시 감각지각과 의(意)지각과 식의 자기인식과 요가 수행자의 직관의 네 가지가 있다.

[안근(眼根) 등과 같은] 물질적 감각기관(즉 5근)은 바른 인식이 될 수 없다. 왜냐하면 명료하지 않을뿐더러 [색(色) 등] 자신의 경계대상을 인지할 수 없기 때문이다.

바른 인식이 아닌 것에는 재결식(再決識), 전도된 인식, 의혹, 바른 추측, 부주의식(不注意識)의 다섯 가지가 있다.

이 같은 [바른 인식과 바른 인식이 아닌 것] 중에서 직접지각(現量)과 부주의식의 두 가지는 분별을 떠난 식(nirvikalpa)으로 착란식(bhrānti-vijñāna)이 아니다. 그러나 추리와 바른 추측과 의혹의 세 가지는 오로지 분별식(分別識, 개념적 인식)이다. [왜냐하면 그것들은 대상을 직접적으로 지각한 것이 아니기 때문이다.][9]

식이 대상을 헤아릴 때(요별할 때)[10] 형상(ākāra, 대상의 이미지)을 통해 지각한다.

심(心)과 심소(心所)는 동일한 실체라고 주장하였다. (다시 말해 심소

---

9 Geshe Lhundup Sopa and Jeffrey Hopkins(1989), p.243.

10 'jal ba(잴바), māpayanti, figure, understand.

의 개별적 실체성을 인정하지 않았다.)

말-소리

자신이 말(표현)하고자 하는 의미대상[11]을 이해하게 하는 소리, 이것이 바로 말-소리(śabda: 語聲)의 정의이다.

이를 언표대상[12]이라는 관점에서 분류하면 종류(種類)를 나타내는 말-소리와 집합(集合)을 나타내는 말-소리, 두 가지가 있다. [예컨대] 전자가 '색(色, rūpa)'이라는 말-소리라면, 후자는 '항아리'라는 말-소리이다.

또한 언표형식[13]이라는 관점에서 분류하면 특성[14]을 나타내는 말-소리와 특성의 기체[15]를 나타내는 말-소리, 두 가지가 있다. [예컨대] 전자가 '소리의 무상함'으로 표현된 말-소리라면, 후자는 '무상한 소리'로 표현된 말-소리이다.

2. 실천 수행도

여기서는 도의 관찰 대상, 도에 의해 끊어지는 장애, 도의 본질 등 세 단

---

11 don(돈), artha, 義. meaning.

12 brjod bya (죄자), adhidheya, vacgama, 所詮, object of expression.

13 brjod tshul (죄출), abhidhānam nīti, 能詮, manner of expression.

14 chos (최), dharma, 法.

15 chos can (최짼), dharmin, 有法.

락으로 나누어 논설한다.

1) 도의 관찰 대상

도의 관찰 대상은 무상(無常) 등 4성제의 16가지 행상(行相)이다.

[경량부는] 미세한 무아(無我)와 '미세한 인무아(人無我)'가 동의어라고 주장하였다.

즉 그들은 개아(pudgala)가 영원하고 단일 주재(常一主宰)하는 실체로서 존재하지 않는 것을 '거친 인무아'라고 하였고, 또한 개아가 [5온과는 별도의] 독립적인 실체로서 존재하지 않는 것을 '미세한 인무아'라고 하였다.

2) 도에 의해 끊어지는 장애

[경량부에서는] 도에 의해 끊어지는 장애로 '개아의 실체성에 대한 집착'(人我執)과 염오무지와 불염오무지를 인정한다는 점에서 [비바사사(毘婆沙師)와는] 말의 표현상에 차이가 있을 뿐이며, 그 밖의 '법의 실체성에 대한 집착'(法我執)이나 [이에 따른] 소지장(所知障) 등을 인정하지 않는다는 점에서 비바사사와 동일하다.

3) 도의 본질

[경량부는] 3승(성문 · 연각 · 보살)의 도에 [각기] 다섯 단계를 제시하였다.

[또한] [8]지(智, jñana)와 [8]인(忍, kṣānti)의 16찰나를 견도(daśanamārga)로 인정하였다.

[또한] 직접지각 상에 나타나는 대상은 반드시 자상(自相)이어야 하기 때문에 [자아는 5온과는 별도의 실체로서 존재하지 않는다는] 미세한 인무아(人無我)를 성문의 견도 중 무간도(無間道, 번뇌를 끊는 도)의 관찰 대상으로 인정하지 않았다. 즉 그들은 개아(人)가 [독립된] 실체로서 존재하지 않는 유위행법(즉 5온)을 직접 지각함으로써 이를 통해 미세한 인무아를 간접적으로 분별한다고 주장하였다.

3. 수행도의 결과

[경량부는] [무간도로써 일체의 번뇌를] 끊고 [해탈도로써 이계(離繫)의 열반을] 증득한 아라한은 [자신의 과위에서] 물러나는 일이 없다고 주장하였다.

또한 그들은 불타의 색온(즉 색신)도 불타라고 주장하였다.

그 밖의 3승의 성과(聖果)를 증득하는 방식 등은 비바사사와 거의 동일하다.

불설과 비불설

[나아가] 비바사사와 경량부 두 학파는 대승의 경장(經藏)을 불설(佛說, Buddhavacana: 불타 말씀)로 인정하지 않았다. 그렇지만 후대 그들 중 어

떤 이들은 대승경전을 불설로 인정하기도 하였다.

정리(正理)의 논서를 바르게 익힌 힘으로
정리를 따르는 비유자(譬喩者)들의
정리의 은밀한 언구를 여실히 해설한 이 글을
정리를 연구하는 모든 이들이여, 마음껏 즐기시라!

VI. 유심(唯心)학파

유심(혹은 유식)학파에 대해 학파의 정의, 분류, 학파명칭의 유래, 그리고 그들이 주장한 종의 등 네 단락으로 나누어 논설한다.

정의

불교의 종의를 주장하는 이들로서 외계대상은 인정하지 않지만, '다른 힘(인연 즉 마음)에 의해 생겨난 것(依他起)'은 진실로 성취된다고 주장하는 이들, 이것이 바로 유심학파[1]의 정의이다.

분류(1)

유심학파에는 형상진실론(Satyākāravādin)과 형상허위론(Alīkākāravādin) 두 종류가 있다.

---

1 Sems tsam pa (셈짬빠), Cittamātrinvāda.

형상진실론과 형상허위론 사이의 논쟁의 초점은 푸른색이 푸른색을 파악하는 안식(眼識=能取) 상에 푸른색(=所取)으로 나타나는 방식에 관한 것이다. 즉 형상진실론자는 푸른색이 푸른색을 파악하는 안식 상에 푸른색 그대로 나타나 존재한다고 주장한 반면, 형상허위론자는 푸른색이 푸른색을 파악하는 안식 상에 푸른색 그대로 나타나 존재하는 것이 아니라고 주장하였다.

두 학파 모두 푸른색이 푸른색을 파악하는 안식 상에 [진실이든 거짓이든] 푸른색으로 나타난다는 것과 푸른색이 거친 대상으로 나타난다는 것과[2] 푸른색이 외계대상으로 나타난다고 주장하는 점에서 서로 비슷하다.

그렇지만 형상진실론자는 푸른색이 푸른색을 파악하는 안식 상에 외계대상으로 나타나는 것은 [안식이] 무명(avidyā)에 의해 오염되었기 때문이지만, 푸른색이 푸른색으로 나타나는 것이나 푸른색이 거친 대상으로 나타나는 것은 [안식이] 무명에 의해 오염되었기 때문은 아니라고 주장한다.

반면 형상허위론자는 푸른색이 외계대상으로 나타나는 것뿐만 아니라 푸른색이 푸른색으로 나타나고,[3] 푸른색이 거친 대상으로 나타나는 것도 무명에 의해 오염되었기 [때문이라고] 주장하였다.

---

2 다람살라 판에는 '푸른색이 거친 대상으로 나타난다'(sngon po rags par snang ba dang)는 이 문구가 결락되었지만, 전집본이나 고망본, 미마키의 교정본(p.89, S.14b5)에 따라 보충하였다. 이어지는 형상진실론자와 형상허위론자의 차별적 견해에 대해 논설하면서도 이 문장을 언급한다. Geshe Lhundup Sopa and Jeffrey Hopkins, p.252 footnote1 참조.

3 다람살라 판에는 '푸른색이 푸른색으로 나타나고'라는 이 문구가 결락되었지만 다른 판본과 앞의 문단에 따라 보충하였다. Geshe Lhundup Sopa and Jeffrey Hopkins(1989), p.252 footnote2 참조.

따라서 [푸른색을 파악하는] 감각의식(indriya-vijñāna: 根識, 즉 전5식) 상에 [나타난] 거친 대상은 나타난 그대로 존재한다고 주장하는 유식학파, 이것이 바로 형상진실론자의 정의이다. 그리고 [푸른색을 파악하는] 감각의식 상에 [나타난] 거친 대상은 나타난 그대로 존재하는 것이 아니라고 주장하는 유식학파, 이것이 바로 형상허위론자의 정의이다.

[형상진실론]

형상진실론에는 세 종류가 있으니, ① 주객동수론(主客同數論), ② 일란반괴론(一卵半塊論), ③ 다양불이론(多樣不二論)이 바로 그것이다.

이러한 [형상진실론의 하위] 세 학파에 대한 학자들의 해설은 일치하지 않는다.

i) 궁루 갤챈 상뽀의 『중관강요(Dbu ma'i stong mthun)』에서는 이같이 설명한다.

① "안식이 나비 날개의 얼룩무늬를 파악할 때, 대상으로부터 푸른색 노란색 등의 서로 다른(bheda) 각각의 형상이 부여되고, 주체 즉 의식 상에도 푸른색 노란색 등의 서로 다른 형상(ākāra)이 진실의 형상으로 생겨난다"고 주장하는 이들이 주객동수론이다.

② "이와 같이 [나비 날개의 얼룩무늬를] 파악할 때, 대상으로부터는 푸른색 노란색 등의 서로 다른 각각의 형상이 부여되지만, 주체 즉 의식 상에는 푸른색 노란색 등의 서로 다른 형상이 무형상으로 생겨난다"고 주장하는 이들이 일란반괴론이다.

③ “이와 같이 [나비날개의 얼룩무늬를] 파악할 때, 대상으로부터 푸른색 노란색 등의 서로 다른 각각의 형상이 부여되는 것이 아니라 오로지 [전체상으로서의] 얼룩무늬의 형상만이 부여되며, 주체 즉 의식 상에도 푸른색 노란색 등의 서로 다른 형상이 무형상으로 생겨나는 것이 아니라 오로지 [이 같은 전체상으로서의] 얼룩무늬의 형상이 무형상으로 생겨난다”고 주장하는 이들이 다양불이론이다.

ii) 둥첸 렉빠 상뽀와 뻰챈 쐬남 닥빠 등은 다음과 같이 설명한다.

① “얼룩무늬를 파악하는 감각의식(전5식) 상에 나타난 푸른색과 노란색의 두 가지가 서로 다른 실체이듯이, [여러 색이 섞인] 얼룩무늬를 파악하는 안식에도 다수의 ‘서로 다른 실체로서의 안식’이 존재한다”고 주장하는 이들이 주객동수론이다.

② “푸른색과 푸른색을 파악하는 안식이 일반적으로 식을 본질로 하는 것으로 인정될지라도 두 가지는 서로 다른 실체”라고 주장하는 이들이 일란반괴론이다.

③ “얼룩무늬 중에 존재하는 푸른색과 노란색의 두 가지가 동일한 실체이듯이 얼룩무늬를 파악하는 안식 상에 푸른색과 노란색을 파악하는 두 가지 감각의식(즉 안식)도 동일한 실체”라고 주장하는 이들이 다양불이론이다.

iii) [잠양 세빠의] 『종의 대해설(Grub mtha' chen mo)』에서는 이같이 설명한다.

① "얼룩무늬를 파악하는 안식이 얼룩무늬를 볼 때, 얼룩무늬 중의 푸른색 노란색 등과 같은 수, 같은 종류의 인식이 동시에 함께 생겨난다"고 주장하는 이들이 주객동수론이다.

② "푸른색(=所取)과 푸른색을 파악하는 안식(=能取), 이 두 가지는 성립하는 시점에서 본다면 전후[찰나]이지만, 인식의 대상(ālambana)이 된(다시 말해 관찰하는) 시점에서 본다면 동일한 실체"라고 주장하는 이들이 일란반괴론이다.

③ "얼룩무늬를 파악하는 안식이 자신에게 [나타난] 대상을 볼 때, 대상 중의 푸른색 노란색 등과 같은 수의 인식이 동시에 함께 생겨나는 것이 아니다. [전체상으로서의] 얼룩무늬를 파악하는 안식이 바로 얼룩무늬 중에 존재하는 푸른색 노란색 등을 파악하는 감각의식이다"고 주장하는 이들이 다양불이론이다.

[독자들은] 이러한 세 가지 해석 중에서 옳다고 판단되는 학설을 취하면 될 것이다.

주객동수론은 다시 두 파로 분류되니, 8가지의 식(識) [즉 전5식, 의식, 말나식, 알라야식]이 존재한다고 주장하는 이들과 6가지의 식 [즉 전5식과 의식]이 존재한다고 주장하는 이들이 그들이다.

다양불이론도 역시 두 파로 분류되니, 6가지의 식을 주장하는 이들과, 한 가지 식만을 주장하는 이들이 바로 그들이다.

[형상허위론]

형상허위론자는 두 파로 분류되니, 염오성의 허위론자와 불염오성의 허위론자가 바로 그들이다.

"마음 자체는 무지의 훈습에 의해 오염되었다"고 주장하는 이들이 염오성의 허위론자라면, "마음 자체는 무지의 훈습에 의해 전혀 오염되지 않았다"고 주장하는 이들이 불염오성의 허위론자이다.

혹은 "불지(佛地)에 무지가 존재하지 않을지라도 착란이 현현하는 경우가 있다"고 주장하는 이들이 염오성의 허위론자라면, "불지에는 무지가 존재하지 않기 때문에 어떠한 경우에도 착란이 현현하는 일은 없다"고 주장하는 이들이 불염오성의 허위론자이다.

분류(2)

유식학파는 다시 성전(아함)을 따르는 유심학파와 정리(正理)를 따르는 유심학파 두 종류로 나눌 수 있다. 전자는 [무착(無着)의] 5부(部)의 지론(地論)을 따르는 이들이며, 후자는 [다르마키르티(法稱)의] 바른 인식(pramāṇa)에 관한 일곱 논서를 따르는 이들이다.

학파명칭의 유래

이들을 왜 유심(唯心)학파라고 이름한 것인가?

오로지 마음(citta)이 일체 모든 존재의 본질이라고 말하기 때문에 유심학파(Cittamātrin) 혹은 유식학파(Vijñaptimātravāda)[4]라고 이름하였다. 또한 요가 수행자의 관점에서 수행도의 실천을 확립하였기 때문에 유가행파(yogācāra)[5]라고도 이름하였다.

종의

유식학파의 종의를 이론적 토대, 실천 수행도, 수행도의 결과 등의 세 단락으로 나누어 논설한다.

1. 이론적 토대

이론적 토대 역시 경(境, viṣaya)과 유경(有境 viṣayin), 즉 [탐구해야 할] 지식의 대상과 [그 같은 대상을 향유하는] 주체로 나누어 논설한다.

1) 지식의 대상

[지식의 대상이 되는] 일체 모든 존재는 세 가지 형태(三性)로 정리된다. 즉 그들은 일체의 유위법은 의타기(依他起) – 다른 힘(즉 인연)에 근거하

4 rNam rig pa (남릭빠).

5 Rnal 'byor spyod pa ba (낼졸쾌빠바).

여 생겨난 것이고, 일체 제법의 본성은 원성실(圓成實) – 그 자체 원만(완전)하게 성취된 것이며, [주객 등의] 그 밖의 모든 법은 변계소집(遍計所執) – [분별에 의해] 가설된 것이라고 주장하였기 때문이다.

[유식학파에서는] 이러한 세 가지 존재형태는 '그 자체로서 성취된/존재하는 것',[6] '자신의 본질로서 성취된 것'[7]이라고 주장하지만 (다시 말해 다른 것에 근거한 가설로서가 아니라 그 자체로서 진실이라 주장하지만), 진실로 존재하는 것인가, 존재하지 않는 것인가 하는 점에는 차이가 있다. 왜냐하면 변계소집은 진실로 존재하지 않지만 의타기와 원성실 두 가지는 진실로 존재한다고 주장하기 때문이다.

[변계소집성:] 승의(진실)로서는 존재하지 않지만, 분별로서는 존재하는 것, 이것이 바로 변계소집성의 정의이다.

변계소집성에는 두 가지 종류가 있다. 하나는 [언어 개념상으로 설정된] 품류 차별의 변계소집성[8]이고, 다른 하나는 자상이 단절된 변계소집성[9]이다. [분별을 통해] 알려진 것(所知)이 전자의 예라면, 두 종류의 실체성(즉 人我와 法我)이 후자의 예이다.

[의타기성:] 다른 힘, 즉 인연(因緣)에 근거하여 생겨난 것으로 원성실

---

6 rang ngos nas grub pa (랑왜네 둡빠), svarūpasiddha. exist in their own right.

7 rang bzhin gyis grub pa (랑신기 둡빠), svabhāvasiddha. exist inherently.

8 rnam grangs pa'i kun btags (남당빼 꾼딱), enumerated imputations.

9 mtshan nyid yongs su chad pa'i kun btags (채니용수 채빼 꾼딱), imputations of which the character is thoroughly cut off.

성(즉 空性)의 토대가 되는 것, 이것이 바로 의타기성의 정의이다.

의타기성에는 두 가지 종류가 있다. 하나는 '청정한 의타기성'이고 다른 하나는 '청정하지 않은 의타기성'이다. 이를테면 성자의 후득지(後得智, 출관 이후의 성자의 지혜)와 불타의 상호(相好, 즉 32相)가 전자의 예라면, [염오한 업과 번뇌를 통해 낳아진] 유루(有漏)의 [5]취온이 후자의 예이다.

[원성실성:] 두 종류의 실체성(我) [즉 개아의 실체성(人我)과 세계의 토대로 제시된 법의 실체성(法我)] 중 그 무엇도 공(空)하다는 진리성(tattva: 眞如), 이것이 바로 원성실성의 정의이다.

원성실성에는 두 가지 종류가 있다. 하나는 전도되지 않은 원성실성이고, 다른 하나는 불변의 원성실성이다. 이를테면 성자가 선정(samāhita)을 [통해 증득하는] 지혜 등이 전자의 예라면, 법성(法性) 즉 존재의 본성이 후자의 예이다.

[여기서] '전도되지 않은 원성실성'을 원성실성의 한 종류로 분류하였지만, [실제로는] 원성실성이 아니다. 왜냐하면 이는 '그것(진여인 법성)을 관찰 대상(소연)으로 삼을 때 장애(번뇌장과 소지장)가 끊어지는 청정도(淸淨道)'의 궁극적 대상(소연)이 아니기 때문이다.

이제(二諦)

또한 지식의 대상을 분류하면 세속제와 승의제 두 종류가 있다.

언어적 가설(vyavāhara: 世俗)을 고찰하는 정리(正理)의 바른 인식(pramāṇa:

量)을 통해 획득한 것, 이것이 바로 세속제의 정의이다.

허위(mṛṣā), 세속제(saṃvṛti-satya), 언어적 가설로서의 진리(vyavāhara-satya)는 동의어이다.

궁극적인 것(paramārtha: 勝義)을 고찰하는 정리의 바른 인식을 통해 획득한 것, 이것이 바로 승의제의 정의이다.

공성(空性), 법계(法界), 원성실(圓成實), 승의제, 실제(實際), 진여(眞如)는 동의어이다.

승의제는 반드시 자상(自相)에 의해 성취된 것이지만, 모든 세속제가 자상에 의해 성취된 것은 아니다. 왜냐하면 의타기는 자상에 의해 성취된 것이지만 변계소집의 존재들(즉 人我와 法我)은 자상에 의해 성취된 것이 아니기 때문이다.

[세속제는] 허위이지만 반드시 허위로서 존재하는 것만은 아니다. 왜냐하면 비록 의타기성은 허위일지라도, 허위로 존재하지 않기 때문이다.

그 밖의 지식의 대상

삼세(三世)와 불확정적 부정명제에 관한 한 경량부, 유식학파, 자립논증파의 세 학파는 견해가 동일하다.

색(色) 등의 다섯 가지 경계대상은 외계대상으로서 존재하지 않는다. 왜냐하면 그것들은 알라야식(ālaya-vijñāna) 상에 저장된 공업(共業)과 불공업(不共業)의 훈습(熏習, vāsanā, 種子의 이명)의 공능(功能)이 [또 다른] 실체인 내적 의식(즉 5식) 상에 생겨난 것이기 때문이다.

형상진실론자의 경우 색(色) 등 다섯 가지 경계대상은 외계대상은 아닐지라도 [안식 등에 나타난 그대로] 거친 대상으로 존재한다고 주장하였다. 그러나 형상허위론자는 만약 그와 같다고 한다면 그것은 외계대상으로 존재해야 하기 때문에 [나타난 그대로] 거친 대상으로 존재하지 않는다고 주장하였다.

2) 지식의 주체

개아

성전(즉 무착의 『유가사지론』)을 따르는 유식학파에서는 8식(識)을 주장하기 때문에, 예컨대 [제8식인] 알라야식(ālaya-vijñāna)을 개아(pudgala)로 인정하였다.[10]

그러나 정리(즉 다르마키르티의 7론)를 따르는 유식학파에서는 예컨대 제6 의식을 개아로 인정하였다.

식(識)

여기서 알라야식은 내부의 훈습(즉 종자)을 소연(ālambana, 인식대상)

---

10 전집본과 북경 판, 고망 판에는 'yid kyi rnam par shes pa dang kun bzhi'i rnam shes gang zag tu khas len zhing' (제6식과 알라야식을 개아로 인정하였다)로 되어 있고, 미마키 교정본(p.93, S.17a6)과 제프리 홉킨스의 번역(Geshe Lhundup Sopa and Jeffrey Hopkins, p.267)에서도 이같이 교정하였다. 그러나 무착에 의하는 한 심신(心身)의 유지 통합은 전후 차별적일 뿐만 아니라 멸진정 등에서 단절되는 현행식에 의해서가 아니라 언제 어디서나 항상 동일종류(무부무기성)로 존재하는 일류항변(一類恒遍)의 식(識)에 의해서만 가능하기 때문에, 본 번역에서는 다람살라 판에 따랐다.

으로 삼지만, 형상(ākāra)의 종류를 분별하지 않는다.

도덕적 성질은 무부무기성(無覆無記性)이다.

오로지 다섯 가지 변행(遍行) 심소와 상응한다.

특히 견고한 근본의식이라는 특성을 지닌다.

또한 유부(有覆)와 무부(無覆) 중 무부무기이니, [번뇌와 상응하지 않기 때문이다]. 또한 선도 아니니, 선근이 끊어진 심상속(心相續, saṃtāna)에도 존재하기 때문이다. 불선도 아니니, [불선이 존재하지 않는] 상계(색·무색계)에도 존재하기 때문이다.

염오의(染汚意, kliṣṭamanas, 말나식)는 알라야식을 소연(인식대상)으로 삼아 이를 자아로 생각하는 특성을 지닌다.

이것의 [도덕적] 성질은 오로지 유부무기성(有覆無記性)이라 주장하였다.

6식(識)에 대한 해설은 [불교도들의] 일반적인 생각과 같다.

[유식학파에서는] 바른 인식으로 직접지각(現量)과 추리(比量) 두 종류를 인정한다.

직접지각에는 다시 감각지각과 의(意)지각과 식의 자기인식과 요가 수행자의 직관의 네 가지가 있다. [이 중에서] 식의 자기인식과 요가 수행자의 직관은 착란식(bhrānti-vijñāna)이 아니다. [왜냐하면 이것들은 주객 이원성으로 현현한 것이 아니기 때문이다.]

형상진실론자는 시야가 좁은 이들(즉 범부)의 상속에 존재하는, 푸른색을 파악하는 안식, 즉 '푸른색이 푸른색으로 나타나는 것'[11]은 착란식이 아니라고 주장하였다.

형상허위론자는 시야가 좁은 이들의 상속에 존재하는 감각지각(안 등의 5식)은 모두 착란식이고, 의(意)지각에는 착란식도 있고 착란식이 아닌 것도 있다고 주장하였다.

2. 실천 수행도

여기서는 도의 관찰 대상, 도에 의해 끊어지는 장애, 도의 본질 등의 세 단락으로 나누어 논설한다.

1) 도의 관찰 대상

도의 관찰 대상(소연)은 4성제의 특성인 무상(無常) 등의 16가지 행상(行相)과, 인무아(人無我)와 법무아(法無我)이다.

[인무아에는] 영원하고도 단일보편 · 자재(常一主宰)의 자아(ātman)가 존재하지 않는다는, 다시 말해 공(空)이라는 거친 인무아와, 자기 독립적이고도 개별적 실체로서의 자아 즉 개아(pudgala)가 존재하지 않는다는 미세한 인무아가 있다.

---

11 다람살라 판을 제외한 다른 판본과 미마키 교정본(p.94, S.18a1)에는 이 문구가 없다. 홉킨스에 의하면 '이 문구는 다람살라 판본의 편집자가 임의로 추가한 것이다.' (Geshe Lhundup Sopa and Jeffrey Hopkins, p.270 footnote1)

색(=所取)과 색을 파악하는 바른 인식(量=能取)은 별도의 실체로서 존재하지 않는다는 것과, 색은 색을 파악하는 분별[의]식에 의해 집취(執取)된 것일 뿐 [별도의] 자상을 갖고 존재하는 것이 아니라는 것, 이 두 가지가 미세한 법무아이다.

[유식학파에서는] 이러한 두 가지 미세한 무아를 모두 공성(空性)으로 인정하였다.

그러나 [두 가지 미세한 무아가 모두] 공성이라면 그것이 반드시 두 가지 중의 하나일 필요는 없으니, 멸제(滅諦)와 열반의 두 가지도 공성으로 인정하였기 때문이다.

[유식학파에서는] 유위법은 자신을 파악하는 바른 인식(pramāṇa: 量) 즉 식(識)과 동일한 실체(eka-dravya)[12]이고, 무위법은 자신을 파악하는 바른 인식과 동일한 사태 · 사물(eka-vastu)[13]이라고 주장하였다.

2) 도에 의해 끊어지는 장애

도에 의해 끊어지는 장애에는 번뇌장(煩惱障)과 소지장(所知障) 두 가지가 있다.

번뇌장에는 미세하고 거친 두 가지 자아가 실체로서 존재한다는 집착(人我執)과 [이 같은 집착의] 종자(인연)와 6가지 근본번뇌와 20가지 수번뇌가 있다.

---

12 rdzas gcig (좨찍), ekadravya, the same substantial entity.

13 ngo bo gcig (오보찍), ekavastu, the same entity.

소지장은 법이 실체로서 존재한다는 집착(法我執)과 [이 같은 집착의 원인이 된] 훈습(習氣) 즉 종자이다.

[대승] 보살의 주요 관심사는 소지장을 끊는 것으로, 번뇌장을 끊는 것이 아니다. 이에 반해 소승을 배우는 이들은 번뇌장을 주요 제거대상으로 삼을 뿐 소지장은 주요 제거대상으로 삼지 않는다.

3) 도의 본질

[유가행파에서는] 삼승(三乘) 각각에 대해 자량도(資糧道), 가행도(加行道), 견도(見道), 수도(修道), 무학도(無學道)라는 다섯 단계의 수행도를 제시하였다. [물론 그들은] 대승 [보살의] 10지(地)도 인정하였다.

3. 수행도의 결과

1) 소승종성

소승의 종성(즉 성문종성)은 인무아(人無我)의 원성실을 주된 수행(명상) 대상으로 삼는다.

그 같은 [인무아를 관찰하는] 수행이 궁극에 이르게 되면, 소승(성문)의 수도(修道)의 최종단계인 금강유정에 기초하여 번뇌장을 남김없이 제거하고, 이와 동시에 소승의 아라한과(果)를 증득한다.

수행도의 관찰 대상인 [인]무아와 끊어야 할 번뇌와 관련하여 성문(聲聞)과 독각(獨覺) 사이에는 어떠한 차이도 없기 때문에 4향(向) 4과(果)의 과위 또한 성문과 독각 모두에게 적용된다. [다만] 독각은 오직 욕계에만 태어나기 때문에 (독각에게 색계와 무색계는 존재하지 않는다) 20승중(僧衆)은 그들에게 해당되지 않는다.

그럼에도 불구하고 성문과 독각 사이에 차이가 없다고 할 수 없다. 즉 독각은 100겁에 걸쳐 복덕을 쌓았지만 성문은 그렇지 않으며, 이에 따라 그들의 과보에도 우열이 있다고 주장하기 때문이다.

성전을 따르는 유식학파에서는 "한결같이 [열반의] 적정(寂靜, śānta)만을 추구하는 소승의 아라한은 대승도에 들 수 없지만, 보살이 되려고 하는 [소승의] 아라한은 대승도에 들 수 있다"고 주장하였다. 그러할지라도 이러한 [대승도로] 나아가는 것은 유여열반(有餘涅槃)을 성취한 아라한으로, 무여열반(無餘涅槃)을 성취한 아라한은 나아갈 수 없다. 왜냐하면 저들 [성전을 따르는 유식학파에서는] 3승의 차별을 인정하였기 때문이다.

정리(正理)를 따르는 유식학파는 소승의 아라한도 다 대승도로 나아갈 수 있다고 주장하였다. 왜냐하면 그들은 궁극적으로 일승(一乘)만을 인정하였기 때문이다.

2) 대승종성

불타

대승의 종성(즉 보살종성)은 법무아의 원성실을 주된 수행의 대상으로 삼는다.

그들은 [이를 위해] 세 번의 대무량겁(3아승지겁) 동안 복덕을 쌓고서 10지(地)와 5도(道)를 차례로 거친다. 그리고 마침내 무간도(無間道)로써 번뇌장과 소지장을 완전히 끊으니, 색구경천(色究竟天)에서 자리(自利)로서 [장애의] 끊음과 [열반의] 증득이 원만한 법신(法身)을 성취하고, 이타(利他)로서 위대한 업(業)이 원만한 두 가지 색신(色身)을 성취한다.

그러나 [무착의] 『대승아비달마집론』을 따르는 어떤 이들은 인간의 육신에 의지해서도 불신(佛身)을 성취하는 경우도 있다고 하였다.

요의경과 불요의경

불설(佛說)과 관련하여 [유식학파에서는] 요의경(了義經)과 불요의경(不了義經)의 차별을 인정하였다. 즉 그들은 『해심밀경』에서 설한 대로 앞의 두 법륜(초전의 四諦법륜과 제2 無相법륜)은 불요의경이고, 마지막 법륜(제3 변별법륜)은 요의경이라고 주장하였기 때문이다.

여기서 요의경과 불요의경이란 다음과 같은 뜻이다. 즉 설하고 있는 말씀 그대로를 [경의 뜻으로] 승인할 수 없는 경이 불요의경이라면, 설하고 있는 말씀 그대로를 [경의 뜻으로] 승인할 수 있는 경이 요의경이다.

열반과 불신(佛身)

[유식학파에서는] 열반으로 유여의열반·무여의열반과 [함께] 무주처열반(無住處涅槃)의 세 가지를, 불신(佛身)으로 법신·보신·화신의 세 가지를, 그리고 법신으로 자성[법]신(自性法身)과 지혜법신(智慧法身)의

두 가지를, 다시 자성[법]신으로 자성청정신(自性淸淨身)과 이구청정신(離垢淸淨身)의 두 가지를 인정하였다.

이에 따라 [이들의 종의를] 대승의 종의라고 말하는 것이다.

스승이신 석가모니의 말씀을 좇아
오로지 식(識)만이 존재한다고 주장하는 종의를
현자들이 말씀하신 대로 해설하였으니
지혜로운 자여, 기쁜 마음으로 들어가시라!

VII. 중관학파(1) 자립논증파

중관학파, 즉 무자성론자(無自性論者)에 대해 학파의 정의, 학파명칭의 유래, 분류, 그리고 그들이 주장한 종의 등 네 단락으로 나누어 논설한다.

정의

불교의 종의를 주장하는 이들로서 진실로 존재하는 법은 아무 것도 없으며, 지극히 미세한 극미(paramāṇa)조차 존재하지 않는다고 주장하는 이들, 이것이 바로 중관학파의 정의이다.

학파명칭의 유래

왜 중관학파(Mādhyamika)[1]라고 이름한 것인가? 상주(常住, 영원)와 단멸(斷滅, 허무)의 양 극단을 떠난 중(中, mādhyama)을 주장하기 때문에 중

1 Dbu ma pa (우마빠).

관학파라고 하였다. 또한 무자성론자(Niḥsvabhāva-vādin)[2]라로도 일컫는 이유는, 일체법에는 진실로 성취되는 자성(svabhāva)이 존재하지 않는다고 주장하기 때문이다.

분류

중관학파는 다시 자립논증파(Svatantrika)[3]와 귀류논증파(Prāsaṅgika)[4] 두 파로 분류된다.

자립논증파

본 장에서는 자립논증파에 대해 학파의 정의, 학파명칭의 유래, 분류, 그리고 그들(유가행-중관 자립논증파와 경량행-중관 자립논증파)이 주장한 종의 등 네 단락으로 나누어 논설한다.

정의

무자성론자(無自性論者)로서 [제법이] 자상(svalakṣaṇa)에 의해 성립한

2 Ngo bo nyid med pa (오보니메빠).

3 Rang rgyud pa (랑규빠).

4 Thal 'gyur ba (탈규바).

다는 사실을 언어적 가설로서는 인정하는 이들, 이것이 바로 자립논증파의 정의이다.

학파명칭의 유래

어째서 자립논증파라고 이름한 것인가? 하면, 세 가지 특성의 논리적 징표(liṇga)에 따라 성취된 올바른 논거(hetu: 因)에 근거하여 [외도와 불교 제파의] 실유론(實有論)을 비판 부정하기 때문에 이 같은 명칭으로 불리게 된 것이다.

분류

나아가 자립논증파는 다시 유가행-중관 자립논증파(Yogācāramādhyamika-Svātantrika)[5]와 경량행-중관 자립논증파(Sautrāntikamādhyamika-Svātantrika)[6]의 두 파로 나누어진다.

유가행-중관 자립논증파란, 외계대상을 인정하지 않고 [식의] 자기인식을 인정하는 중관학파로, 예컨대 샨타라크시타(Śāntarakṣita: 寂護, 725-784년 무렵) 등이 바로 그 같은 논사이다.

---

5 rnal 'byor spyod pa'i dbu ma rang rgyud pa (낼죨쬐뻬 우마랑규빠).

6 mod sde spyod pa'i dbu ma rang rgyud pa (도데쬐뻬 우마랑규빠).

경량행-중관 자립논증파란 [식의] 자기인식을 인정하지 않고 자상(自相)을 지닌 외계대상의 실재성을 주장하는 중관학파로, 예컨대 바바비베카(Bhāvaviveka: 淸辨, 500-570년 무렵) 등이 바로 그 같은 논사이다.

또한 유가행-중관 자립논증파는 그들의 이론적 토대가 유식학파와 유사하기 때문에 그같이 이름한 것이며, 경량행-중관 자립논증파는 [세속적 진리의 입장에서] 경량부처럼 극미가 화합한 외계대상의 [실재성을] 인정하기 때문에 그같이 이름한 것이다.

유가행-중관 자립논증파에는 다시 두 부류가 있으니, [유가행파의] 형상진실론과 유사한 자립논증파와 형상허위론과 유사한 자립논증파가 바로 그들이다. 예컨대 샨타라크시타, 카말라실라(Kamalaśila, 蓮華戒, 740-797년 무렵), 아르야비묵티세나(Āryavimuktisena, 聖解脫軍, 6세기 무렵) 등이 전자를 대표하는 논사라면, 하리바드라(Haribhadra, 師子賢, 800년 무렵), 지타리(Jitāri, 10세기 후반-11세기 전반), 캄발라파다(Kambalapāda, 700년 무렵) 등은 후자를 대표하는 논사이다.

그리고 지타리는 염오성의 형상허위론과 유사한 학설을 주장하였고, 캄발라파다는 불염오성의 형상허위론과 유사한 학설을 주장하였다고 한다.

유가행 - 중관 자립논증파의 종의

이 학파의 종의를 이론적 토대, 실천 수행도, 수행도의 결과 등 세 단락으로 나누어 논설한다.

1. 이론적 토대

이론적 토대 역시 경(境, viṣaya)과 유경(有境 viṣayin), 즉 [탐구해야 할] 지식의 대상과 [그 같은 대상을 향유하는] 주체로 나누어 해설한다.

1) 지식의 대상

이들 [유가행-중관 자립논증파]는 세계의 토대로 성취된 제법[7]은 자상(自相, svalakṣaṇa)을 갖고서 존재한다고 주장하였다. 왜냐하면 어떠한 법이든, 설혹 가설된 대상을 고찰하더라도 [그것의 자상을] 획득할 수 있기 때문이다.

이에 따라 이들은 '자신의 본질로서 성취된/존재하는 것,'[8] '자신의 특성으로 성취된 것,'[9] '자신의 존재방식으로 성취된 것,'[10] '그 자체로서 성취된 것'[11]은 동일한 뜻이라고 주장하였다.

---

7 gzhi grub(시둡), ādhāra siddhant, established base.

8 rang bzhin gyis grub pa(랑신기둡빠), svabhāvasiddha, 自性有, inherently existent.

9 rang gi mtshan nyid kyis grub pa(랑기챈끼둡빠), svalakṣaṇasiddha, 自相有, existing by way of its own character.

10 rang gi sdod lugs kyi ngos nas grub pa(랑기독룩끼오네둡빠), *svajātisiddha, 自類有, existing by way of its own mide of subsistence.

11 rang ngos nas grub pa(랑왜네둡빠), svarūpasiddha, 自體有, existing in its own right.

승의제와 세속제

지식의 대상을 분별하면 승의제와 세속제 두 종류가 있다.

[지식의 대상 자체를] 직접적으로 분명하게 아는 직접지각(現量)에 근거하여 [주객] 이원의 현현 없이 지각한 것, 즉 이것이 바로 승의제의 정의이다.

[지식의 대상을] 직접적으로 분명하게 아는 직접지각에 근거하여 [주객] 이원의 현현을 통해 지각한 것, 즉 이것이 바로 세속제의 정의이다.

이를테면 항아리는 '진실로 존재하지 않는다는 사실' (즉 항아리의 공성) 등이 승의제의 예라면, 항아리 등이 세속제의 예이다.

승의제를 자세히 분별하면 16가지 공성(śūnyatā)이 있지만, 간략하게 4가지 공성으로 요약된다.

세속제를 분별하면 진실의 세속제(實世俗)와 거짓의 세속제(邪世俗) 두 가지가 있다. 이를테면 물과 같은 것이 전자의 예라면, 신기루로 나타난 물과 같은 것이 후자의 예이다.

이 종의 체계에서는 심식(vijñāna)을 모두 진실의 세속제로 인정하였다.

2) 지식의 주체

개아

[유가행-중관과 경량행-중관의] 두 자립논증파는 모두 예컨대 [제6] 의식(意識)을 개아(pudgala)라고 주장하였다. 즉 그들은 다 같이 알라야식과 염오의(染汚意, 즉 末那識)의 존재를 부정하고, 6식만을 인정하였다.

식(識)

식(識, vijñāna), 즉 인식에는 바른 인식(pramāṇa: 量)과 바른 인식이 아닌 것(apramāṇa: 非量), 두 종류가 있다.

바른 인식에는 직접지각(現量)과 추리(比量) 두 종류가 있다.

직접지각에는 다시 감각지각과 의(意)지각과 식의 자기인식과 요가 수행자의 직관, 네 종류가 있다.

[그들은] 식의 자기인식과 요가 수행자의 직관은 모두 착란이 없는 [무오류의] 식이라고 주장하였다.

[또한] 외계대상의 [실재성을] 인정하지 않기 때문에 푸른색과 푸른색을 파악하는 직접지각(현량)은 동일한 실체(dravya)라고 주장하였다.

2. 실천 수행도

본 항에서는 도의 관찰 대상, 도에 의해 끊어지는 장애, 도의 본질 등 세 단락으로 나누어 논설한다.

1) 도의 관찰 대상

[유가행-중관 자립논증파는] 개아는 상일주재(常一主宰)하는 실체로서 존재하지 않는다는 것이 거친 인무아(人無我, pudgala-nairātmya)이고, 개아는 [5온과는 별도의] 자기 독립적인 실체로서 존재하지 않는다는 것이 미세한 인무아라고 주장하였다.

또한 색(色)과 그 같은 색을 파악하는 바른 인식(즉 안식)이 별도의 실체가 아니라는 것이 거친 법무아(法無我, dharma-nairātmya)이고, 일체 제법은 진실로 존재하지 않는다는 것이 미세한 법무아라고 주장하였다.

2) 도에 의해 끊어지는 장애

유가행-중관 자립논증파에서는 [거칠거나 미세한] '개아의 실체성(人我)에 집착'하는 것이 번뇌장(煩惱障)이고, 또한 [거칠거나 미세한] '법의 실체성(法我)에 집착'하는 것이 소지장(所知障)이라고 주장하였다.

소지장에는 다시 거친 소지장과 미세한 소지장 두 종류가 있다. 능히 파악하는 주체(grāhaka, 能取)와 파악되는 대상(grāhya, 所取)이 별도의 실체라고 집착하는 것이 거친 소지장이라면, 5온 등의 제법이 진실로 존재한다고 집착하는 것이 미세한 소지장이다.

3) 도의 본질

유가행-중관 자립논증파가 3승 각각에 5가지, 도합 15가지의 수행도를 제시하는 것은 다른 학파와 동일하다. 다만 차이점이라면, [보살뿐만 아니라] 독각의 경우도 반드시 무간도와 해탈도에서 [주객]이원의 공상(空相)을 수반해야 한다고 인정하였다는 점이다.

3. 수행도의 결과

성문과 독각

독각은 거친 소지장(所知障)을 끊어야 할 주된 대상으로 삼기 때문에 [번뇌장에 따라 설정된] 8배(輩) 즉 사향사과(四向四果)의 과위(果位)가 적용되지 않는다. 그렇지만 성문의 경우에는 8배의 성자가 적용된다고 그들은 주장하였다.

즉 성문종성은 인무아(人無我)에 대한 깨달음(darśana, 知見)을 그들 수행의 주된 목적으로 삼으며, 최종적으로 수도위의 금강유정에 의지하여 일체의 번뇌장을 남김없이 끊음과 동시에 성문의 아라한과를 증득한다.

[이에 반해] 독각종성은 능취(能取)와 소취(所取)의 두 가지, 즉 능히 파악하는 주체와 파악되는 대상이 공하다는 (다시 말해 별도의 실체로서 존재하지 않는다는) 사실에 대한 깨달음을 그들 수행의 주된 목적으로 삼으며, 최종적으로 수도위의 금강유정에 의지하여 번뇌장과 거친 소지장을 남김없이 끊음과 동시에 독각의 아라한과를 증득한다.

소승의 열반에는 유여의열반(有餘依涅槃)과 무여의열반(無餘依涅槃) 두 종류가 있다. [비록 생사윤회의 괴로움을 초래하는 일체 번뇌가 끊어졌을지라도] 전생의 업과 번뇌에 따른 괴로움의 축적(苦蘊, 즉 전생에 쌓은 업과 번뇌에 의한 괴로움의 과보)이 남아 있는 상태의 열반이 유여의열반이라면, 그 같은 괴로움의 축적마저 떠난 상태의 열반이 무여의열반이라고 그들은 주장하였다.

[이들 유가행-중관 자립논증파에 의하는 한] 성문과 독각의 아라한은

반드시 대승의 도로 들어가게 된다. 왜냐하면 이들은 궁극적으로 오로지 일승(一乘)(ekayāna)만이 존재한다고 주장하였기 때문이다. 그렇지만 이들의 종의체계에서 성문과 독각은 끊어야 할 장애와 깨달아야 할 대상에 차별이 있기 때문에 그들이 증득하는 성과(聖果)는 우열이 있다.

보살

대승(즉 보살)종성은 무상(無上)의 깨달음을 증득하려는 마음(菩提心)을 일으키고서 자량도 중 상품의 단계에서 '법의 상속이 확고하게 되는 삼매'[12]에 의지하여 '수승한 화신불'(viśeṣa-nirmāṇakāya)로부터 직접 가르침을 듣는다. 그리고 가르침을 몸소 수습(修習)함에 따라 바야흐로 공성(śūnyatā)을 소연으로 하는 지혜(즉 修所成慧)가 생겨났을 때 가행도에 들게 된다.

먼저 [가행도의 첫 번째 단계인] 난위(煖位)에서는 견도에 의해 끊어지는 (見所斷) '염오한 인식대상에 대한 분별(所取分別)'의 현행이 약화(조복)되고, [두 번째 단계인] 정위(頂位)가 성취되었을 때에는 견도에 의해 끊어지는 '청정한 인식대상에 대한 분별'의 현행이 약화된다. 또한 [세 번째 단계인] 인위(忍位)가 성취되었을 때에는 견도에 의해 끊어지는 '실유의 인식주체가 능히 분별하는 것(能取分別)'이라는 현행이 약화되며, 그리고 [네 번째 단계인] 세제일법위(世第一法位)가 성취되었을 때에는 견

12 sgom byung gi shes rab, srotānugatasamādhi, 隨流向三摩地.

도에 의해 끊어지는 '가유의 인식주체가 능히 분별하는 것'이라는 현행이 약화된다.

이러한 가행도의 네 단계 즉 난위·정위·인위·세제일법위의 삼매를 각기 명득삼매(明得三昧, 공성에 대한 광명을 획득하는 삼매), 명증삼매(明增三昧, 공성에 대한 광명이 증가하는 삼매), 입진의일분삼매(入眞義一分三昧, 진실의 일부분으로 깨달아 들어가는 삼매), 무간삼매(無間三昧, 바로 다음 찰나에 견도에 드는 삼매)라고 한다.

[세제일법] 바로 직후(다음 찰나)에 견도의 무간도에 의해 [후천적] 분별에 따라 일어난 112가지 번뇌장과 역시 분별에 따라 일어난 108가지 소지장이 [그것들의] 종자(bīja)와 함께 끊어진다.

수도위에서는 수도에 의해 끊어지는 108가지 소지장이 종자와 함께 차례로 끊어진다.[13]

그리고 마침내 [유정의] 상속(相續)의 최후 순간, 무간도(즉 금강유정)에 의지하여 선천적으로 타고난 구생(俱生)의 번뇌장과 구생의 소지장을 동시에 함께 끊고서 다음 찰나 무상(無上)의 보리(菩提)를 증득한다.

이상이 대승(보살)종성이 성과(聖果)를 증득하는 방식이다.

---

13 전집본이나 북경 판, 고망 판, 미마키 교정본(p.100, S.21b5)에서 이 논설은 "[세제일법] 바로 직후에 견도의 무간도에 의해 [후천적] 분별에 따라 일어난 번뇌장과 역시 분별에 따라 일어난 소지장이 종자와 함께 끊어지고, 그런 연후 [견도의] 해탈도와 [두 가지 장애의] 멸제가 증득된다. 그리고 수도위에서는 9품의 단계를 통해 수도에 의해 끊어지는 16가지 번뇌장의 종자와 108가지 소지장의 종자가 점진적으로 끊어진다"로 되어 있다. 제프리 홉킨스에 의하면 다람살라 판(1967)의 이 논설은 저본으로 삼았던 교사교육판에 누락된 것을 편집자가 창의적으로 가필한 것이다. (Geshe Lhundup Sopa and Jeffrey Hopkins, pp.294-295 footnote1)

[그들은] 대승의 열반과 무주처열반(無住處涅槃)을 동의어로 인정하였다.

불신과 요의·불요의

또한 [그들은] 불신(佛身)의 네 종류는 결정적인 것이라고 주장하였다. 비록 아르야비묵티세나(聖解脫軍)와 하리바드라(師子賢)가 불신에 대해 논쟁을 벌였을지라도 그 수에 관해서는 논쟁하지 않았다.

또한 [그들은] 불설(佛說)에 불요의경과 요의경이 있다는 사실을 인정하였다. 세속제를 주요 내용으로 설한 경이나 설하고 있는 그대로를 [경의 뜻으로] 인정할 수 없는 경이 불요의경이라면, 승의제를 주요 내용으로 설한 경이나 설하고 있는 그대로를 [경의 뜻으로] 인정할 수 있는 경이 요의경이다.[14]

즉 [그들은] 『해심밀경』에서 설하고 있는 [3종] 법륜 중에서 첫 번째 법륜은 불요의경이며, 두 번째와 세 번째의 두 법륜에는 요의와 불요의가 모두 존재한다고 주장하였다.

---

14 여기서 "설하고 있는 그대로를 [경의 뜻으로] 인정할 수 없는 경"이라는 문구와 "설하고 있는 그대로를 [경의 뜻으로] 인정할 수 있는 경"이라는 문구는 다람살라 판(1967)에만 존재한다. 제프리 홉킨스는 이 문구가 편집자의 가필임을 지적하고 있다. (Geshe Lhundup Sopa and Jeffrey Hopkins, p.297 각주1, 2).

경량행 - 중관 자립논증파의 종의

1. 이론적 토대

외계 대상을 인정하고 식(識)의 자기인식을 주장하지 않는다는 점을 제외한다면 그 밖의 기본입장은 유가행 자립논증파의 그것과 거의 유사하다.

2. 실천 수행도

[유가행-중관 자립논증파와] 실천 수행도의 차이점은 [이러하다]. 경량행-중관 자립논증파에서는 성문종성과 독각종성은 법무아(法無我)를 깨달을 수 없다고 주장하였다. 또한 그들은 '능히 파악하는 것(=能取)과 파악되는 것(=所取)이 별도의 실체로서 존재하는 것이 아님(즉 二取空)을 깨닫는 지혜'를 인정하지 않았을 뿐만 아니라 외계대상을 [실유로] 파악하는 분별이 소지장이라는 사실도 인정하지 않았다.

3. 수행도의 결과

[경량행-중관 자립논증파에서는] 성문과 독각이 끊어야 할 장애(번뇌장과 소지장)와, 증득해야 할 무아(無我)에 거칠고 미세함의 [차이가] 없기

때문에 [성문종성과 독각종성의] 깨달음에도 차이가 없다고 주장하였다. 그들은 성문과 독각 모두에 8배(즉 4향4과)의 규정을 제시하였다.

또한 그들은 대승(보살)종성은 번뇌장과 소지장의 두 장애를 단계적(점진적)으로 끊는다고 주장하였다. 왜냐하면 [바바비베카(청변)의] 『중관심송(中觀心頌)』의 주석(즉 『사택염(思擇炎)』)에서 "[보살은] 제8지를 성취할 때, 번뇌장을 남김없이 끊는다"고 설하였기 때문이다. 그렇지만 그들은 귀류논증파처럼 "번뇌장이 모두 끊어졌을 때 비로소 소지장을 끊을 수 있다"고는 주장하지 않았다.

이러한 차이점을 제외한 그 밖의 이론적 토대, 실천 수행도, 수행도의 결과에 관한 학설은 대부분 유가행-중관 자립논증파의 그것과 거의 동일하다.

자상이 존재하지만 진실로는 존재하지 않는다는
자립논증파의 모든 분파의 종의를
마음대로 꾸미지도 않고 능히 잘 논설하였으니
스스로 현자가 되려는 자, 이를 수지하시라!

VIII. 중관학파(2) 귀류논증파

귀류논증파에 대해 학파의 정의, 학파명칭의 유래, 그들이 주장한 종의 등 세 단락으로 나누어 논설한다.

정의

무자성론자(無自性論者)로서 [제법이] 자상(自相)에 의해 성립한다는 사실을 언어적 가설로서도 인정하지 않는 이들, 이것이 바로 귀류논증파의 정의이다. 예컨대 붓다팔리타(佛護), 찬드라키르티(月稱), 샨티데바(寂天)가 그러한 이들이다.

학파명칭의 유래

어째서 귀류논증파라고 이름한 것인가? 하면, 그들은 [대론자의 주장이] 과실/오류(prasaṅga)를 범한 것이라고 지적하는 것만으로 대론자의 심상속(心相續) 상에 [입론자가] 논증하고자 하는 바(sādhya: 所證, 즉 제법

무자성론)를 알게 하는 추론의 바른 인식(比量)이 생겨난다고 주장하기 때문에 이 같은 명칭으로 불리게 된 것이다.

종의

이 학파의 종의를 이론적 토대, 실천 수행도, 수행도의 결과 등 세 단락으로 나누어 논설한다.

1. 이론적 토대

이론적 토대 역시 경(境, viṣaya)과 유경(有境, viṣayin), 즉 [탐구해야 할] 지식의 대상과 [그 같은 대상을 향유하는] 주체로 나누어 논설한다.

1) 지식의 대상

이들은 [실재론자들에 의해] 세계의 토대로 성취된 것[1](즉 諸法)은 다 반드시 자상(自相)을 갖고서 존재하는 것이 아니라고 주장하였다. 왜냐하면 이들은 세계의 토대로 성취된 것은 분별에 의한 가설(upacāra)일 뿐이라고 주장하였기 때문이다. 여기서의 '뿐'이라는 말은 [지식의 대상이] 자상을 갖고서 존재한다는 사실을 완전히 배제(apoha)한다는 의미이다.

---

1 gzhi grub(시듑), ādhāra siddhānt, established base.

[이들에게 있어] 세계의 토대로 성취된 것과 대상(viṣaya: 境)과 알려진 것 즉 지식의 대상(jñeya: 所知)은 동의어이다.

이들은 이러한 지식의 대상을 현전한 것과 은폐된 것의 두 가지, [승의와 세속의] 2제로 분류하기도 하였다.

현전한 것과 은폐된 것

증인(證因, linga) 즉 이유명제에 근거하지 않고 경험(전5식)을 통해 알 수 있는 것, 이것이 바로 현전한 것(abhimukha)의 정의이다. [따라서] 직접 지각된 것, 현전한 것, 감각대상, 은폐되지 않은 법은 동의어로, 예컨대 색·성·향·미·촉이 그러한 것이다.

반드시 논증이나 증인(즉 이유명제)에 의해 알려지는 법, 이것이 바로 은폐된 것(parokṣa)의 정의이다. [따라서] 은폐된 것, 직접 지각되지 않은 것, 추론에 의해 알려진 것(所量)은 동의어이다. 예컨대 소리의 무상성(無常性)이나 소리의 무실체성(無我)[2]이 그러한 것이다.

그러므로 이 종의 체계에서 [비록 범부에 한정된 것일지라도] 현전한 대상과 은폐된 대상은 서로 상위하는 것(상호 배타적인 것)이다.

---

2 제프리 홉킨스에 의하면, 본 둡타의 모든 판본에서 '소리의 인무아(sgra gang zag gi bdag med)'라고 되어 있지만, 이는 저자의 실수로 '소리의 법무아(sgra chos kyi bdag med)'로 교정해 한다. 그는 그 근거로서 후술되는 다음과 같은 구절을 제시하고 있다. "미세한 인무아와 미세한 법무아 두 가지는 공성의 토대의 차이에 따라 구별되는 것이지 (다시 말해 무엇이 공인가에 따라 구별되는 것이지) 부정되는 대상(즉 실체성)의 차이에 따라 구별되는 것이 아니다."(본장 2-1) (Geshe Lhundup Sopa and Jeffrey Hopkins, p.304 footnote2) 본서에서는 소리는 이미 법(法)이기 때문에 다만 '소리의 무실체성(無我)'으로 번역하였다.

또한 [이를 포함한] 인식대상(prameya, 所量)의 세 상태도 서로 상위하는 것이다.

승의제와 세속제

언설(vyavahāra)을 고찰하는 바른 인식(pramāṇa:量)에 의해 알려지는 대상, 또는 언설을 고찰하는 바른 인식이 그 자체로서 '언설을 고찰하는 바른 인식'이 되는 것, 이것이 바로 세속제의 정의이다. 예컨대 항아리가 그러한 것이다.

그들은 [세속제를] 진실의 세속제(實世俗)와 거짓의 세속제(邪世俗)로 구분하지 않는다. 왜냐하면 진실의 세속은 존재하지 않기 때문이다. 세속(saṃvṛti, 즉 언설)은 [비록 자성을 갖고 존재하는 것처럼 나타날지라도 그러한 유자성적 존재가 아니라는 의미에서] 필시 진실(=실재)이 아니기 때문이다. 그것은 필시 거짓(=비실재)이기 때문이다.

그러할지라도 세간의 일상적 의식의 관점에서 볼 때 세속제는 진실과 거짓으로 구분될 수 있다. 왜냐하면 세간의 일상적 의식의 관점에서 볼 때 색(rūpa, 예컨대 얼굴)은 진실이며, 거울에 비친 얼굴의 모습은 거짓이기 때문이다. [그러나] 세간의 일상적 의식의 관점에서 진실이라고 해서 반드시 존재하는 것은 아니다. 왜냐하면 '색은 진실로 존재한다'는 등의 인식은 세간 일상의 의식 상에서 진실의 세속(實世俗)이지만, [궁극적으로는] 존재하지 않기 때문이다.

궁극적인 것(paramārtha, 즉 空性)을 고찰하는 바른 인식(量)에 의해 알려지는 대상, 또는 궁극적인 것을 고찰하는 바른 인식이 그 같은 [대상]으로 인해 '궁극적인 것을 고찰하는 바른 인식'이 되는 것, 이것이 바로 승의제의 정의이다. 예컨대 '항아리의 무자성' 등이 그러한 것이다.

[승의제에 대한 자세한] 분별은 자립논증파의 그것과 유사하다.

[귀류논증파에서는] 이 밖에도 과거와 미래를 구체적 사물(bhāva: 有)로 인정하였다.

또한 외계대상도 인정하였으니, 그들은 파악되는 대상과 파악하는 주체는 자성이 다르다고 주장하였기 때문이다.

2) 지식의 주체

개아

귀류논증파에서는 자기 자신의 가설의 기반인 5온이나 4온에 근거하여 가설된 '나'[3]만을 개아(pudgala: 人)라고 주장하였다.

'개아'라는 것은 불상응행법일 뿐이다.

식(識)

식에는 바른 인식(pramāṇa, 量)과 바른 인식이 아닌 것(apramāṇa, 非量) 두 가지가 있다.

---

3 nga(응아), ātman, 我, I.

바른 인식에는 다시 직접지각(現量)과 추리(比量) 두 가지가 있다.

귀류논증파에서는 직접지각으로 감각지각과 의(意)지각과 요가 수행자의 직관의 세 가지만 인정하고, 식의 자기인식을 인정하지 않는다.

유정의 [심]상속(心相續) 상에 존재하는 감각지각(전5식)은 모두 오류의 인식(錯亂識)이다.

요가 수행자의 직관에는 오류가 있는 것과 오류가 없는 것(착란식과 비착란식) 두 가지가 있다. 무루의 삼매에 든 요가 수행자의 직관은 무오류의 인식이지만 시야가 좁은 이들의 [심]상속 상에 존재하는 '미세한 무상을 직접적으로 지각하는 요가 수행자의 직관'은 오류의 인식이기 때문이다.

후자가 어째서 오류의 인식이냐 하면, 이는 시야가 좁은 이들의 [심]상속 상에 존재하는 인식이기 때문이다.

모든 재결식(再決識)은 확실한 직접적인 인식(pratyakṣa-pramāṇa)[4]에 포함된다. 왜냐하면 '소리는 무상하다'는 사실을 분별하는 추리지(比量)의 제2 찰나는 개념적으로 확실한 직접적 인식의 그것(제2 찰나)이며, 색을 파악하는 감각지각의 제2 찰나는 비개념적인 직접지각(전5식의 無分別現量)의 그것이기 때문이다.

추리를 분별하면 사물(bhāva; 구체적 논거)의 힘에 의한 추리, 세간 상식(極成)에 근거한 추리, 비유(譬喩)를 통해 유추하는 추리, 신뢰(즉 경론)

---

4 mngon sum gyi tshad ma (몬숨기 채마), pratyakṣa pramāṇa, 現量, direct valid cognition.

에 근거한 추리 등의 네 종류가 있다.

어떤 대상에 대한 오류(錯亂)와 그 대상에 대한 분별은 [궁극적으로] 서로 모순되지 않는다. 왜냐하면 [귀류논증파에서는] 소리의 무상함을 분별하는 추리는 소리의 무상함에 관해 오류를 범한 것이지만, 그것을 분별(이해)하는 [한 방식]으로 인정하였기 때문이다.

[귀류논증파는] 두 가지 현현(능취와 소취, 주관과 객관)을 수반한 인식(vijñāna)은 반드시 자신에게 나타난 대상[5]을 직접 지각하는 것이라고 주장한다. 왜냐하면 '소리는 영원하다'고 [잘못] 파악한 분별(인식)조차 자신에게 나타난 대상에 대한 직접지각이기 때문이다.

또한 모든 인식은 [올바른 것이든 올바르지 않은 것이든, 혹은 개념적인 것이든 비개념적인 것이든] 자신의 인식대상(prameya, 所量)을 분별한 것이라고 주장한다. 왜냐하면 '토끼 뿔'을 파악하는 분별(인식)조차 '토끼 뿔'이라는 추상관념(일반적 이미지 arthasāmānya: 總義, 總事)을 인식대상으로 삼은 것이기 때문이며, '소리는 영원하다'고 생각하는 분별(인식)조차 '소리의 영원성'이라는 추상관념을 인식대상으로 삼은 것이기 때문이다.

---

5 제프리 홉킨스는 원문 구절 rang gi snang ba(랑기낭바; 자신에게 나타난)에 yul(율; 대상)을 첨가하여 rang gi snang yul(랑기낭율; 자신에게 나타난 대상)로 교정하여 번역하였다. (Geshe Lhundup Sopa and Jeffrey Hopkins, p.313 footnote1) 본서에서도 홉킨스의 교정에 따라 번역하였다.

2. 실천 수행도

1) 도의 관찰 대상

[귀류논증파는] 개아(pudgala: 人)가 [5온과는 별도의] 독립된 실체로서는 공이라는 (혹은 존재하지 않는다는) 거친 인무아(人無我)와 개아는 진실로 공이라는 미세한 인무아를 주장하였다.

미세한 인무아와 미세한 법무아 두 가지는 공성의 토대의 차이에 따라 구별되는 것이지 (다시 말해 무엇이 공인가에 따라 구별되는 것이지) 부정되는 대상(즉 실체성)의 차이에 따라 구별되는 것이 아니다. 즉 개아(=人, pudgala)라는 토대 상에서 부정대상인 실체성을 배제한 것이 미세한 인무아라면, 5온(=法, dharma)이라는 토대 상에서 부정대상인 실체성을 배제한 것이 미세한 법무아이다.

그러므로 미세한 인무아와 미세한 법무아 중 어느 것이 [더] 미세하고, 어느 것이 [더] 거친가 하는 차별은 없다. 두 가지는 [다만 공성의 토대에 따른 명칭 상의 차별일 뿐] 다같이 [실체성을 배제한] 궁극적 진리라고 [그들은]주장하였다.

2) 도에 의해 끊어지는 장애

[귀류논증파에서는] 미세하고 거친 자아에 대한 집착과 그 종자(bīja), 그리고 이로 인해 생겨난 [탐·진·치] 삼독(三毒)과 그 종자가 번뇌장이라고 주장하였다. 왜냐하면 그들은 '진실로 존재한다'고 집착하는 것을 번뇌장으로 여겼기 때문이다.

그리고 '진실로 존재한다'는 집착의 훈습과 이로 인해 생겨난 [주객] 이원의 현현의 오류(錯亂), [승의와 세속의] 이제(二諦)를 서로 다른 존재로 파악하는 염오성의 분별이 소지장이라고 주장하였다.

3) 도의 본질

[귀류논증파 역시] 3승 각각에 대해 5단계의 도를 제시하였다.

또한 그들은『십지경』에 따라 대승 [보살]을 위한 10지(地)의 규정도 제시하였다.

[그럴지라도] 삼승이 깨달은 지혜의 종류에는 차이가 없다. 왜냐하면 그들은 모든 성자는 법무아를 직접 지각한다고 주장하였기 때문이다.

3. 수행도의 결과

1) 성문과 독각

소승(비바사사와 경량부의 성문·독각)종성은 무아의 견해를 다만 간략한 이치를 통해 수습하며, 이에 근거하여 마침내 소승의 수도위의 최종단계인 금강유정을 통해 [자아가] '진실로 존재한다'는 집착과 [이러한 집착의] 종자를 끊고, 이와 동시에 각기 자신들의 보리를 증득한다.

자립논증파와 그 하위의 학파들은 무여열반을 성취하기 위해서는 반드시 유여열반을 먼저 성취해야 한다고 주장하였지만, 이러한 [귀류논증파의] 체계에서는 유여열반을 성취하기에 앞서 반드시 무여열반을 먼저 성취해야 한다고 주장하였다.

귀류논증파는 성문과 독각의 8배(輩) 즉 4향 4과의 교설을 인정하였을 뿐더러, 이 같은 8배를 모두 성자로 인정하였다.

2) 보살

대승의 보리를 성취하는 방법은 다음과 같다.

보살들은 [인·법]무아의 견해를 무수하고 다양한 갈래의 이치를 통해 세세하게 수습하여 [두 가지] 장애를 끊는데, 번뇌장을 완전히 제거하고 나서 비로소 소지장을 제거할 수 있다. 소지장은 제8지(不動地)에서부터 끊어진다. 즉 이전에 소승의 수행도를 닦지 않은 보살들은 제8지에서 번뇌장을 모두 제거하고 최후 상속의 마지막 순간의 무간도(즉 금강유정)에서 소지장을 남김없이 제거함과 동시에 부처의 4신(身)을 성취한다.

귀류논증파는 열반과 멸제가 승의제 즉 궁극적 진리라고 주장하였다.

4. 요의와 불요의

『해심밀경』에서 설한 세 가지 법륜 중 첫 번째 법륜(初轉法輪)과 세 번째 법륜은 불요의경이다. 왜냐하면 그 같은 경전에서는 공성에 대해 분명하게 설하고 있지 않기 때문이다.

즉 그들은 『해심밀경』에서 설한 제2법륜을 요의경이라고 주장하였다. 『반야심경』[6]이 요의경이기 때문이다.

---

6 Shes rab snyin po(세랍 닝뽀), prajñāpāramitāhṛdaya, the Heart Sūtra.

5. 귀류논증파 종의의 주요 특성

[다른 학파와] 구별되는 귀류논증파만의 주요 특성은 다음과 같다.

귀류논증파에서는 [상호] 의존하여 가설된 것이라는 논거에 기초하여 내외의 제법은 어떠한 경우에도 자상(自相)으로서 존재한다는 사실을 배격한다. 그렇더라도 그들은 다만 말(nāma: 名)이고 가유(假有)인 언어적 가설에 근거하여 속박과 해탈, 원인과 결과, 인식대상(所量)과 인식주체 등에 관해 다른 학파에 의존할 필요 없이 자신의 철학체계 안에서 무리 없이 설명할 수 있다고 주장하였다.

요즘 [자신들이야말로 중관학파에 관한] 높은 식견을 지녔다고 자만하는 몇몇 이들은 "현현한 일체 제법은 '석녀의 아들'과 마찬가지로 오로지 착란의 현현일 뿐으로, 아무것도 존재하지 않는다"고 말하면서 "어떤 것에도 마음을 두지 않는 무념무상이야말로 최고의 수행이다"고 주장하니, 그들에게서는 귀류논증파의 냄새조차도 맡을 수 없다.

그러므로 윤회(saṃsāra)하는 세간의 모든 안락(sukha)이 타오르는 불구덩이와 같다고 여겨 이로부터 해탈하고자 하는 이들은 마치 정법(正法)인양 말하는 악견(惡見)을 남김없이 제거하고서 일체의 철학(종의) 중에서 가장 정점에 있는 중관의 귀류논증파의 사상을 최고로 여기고 공경해야 할 것이다.

귀결송

황금의 대지에 쌓여있는 경설의 말과 뜻
그 깊이 헤아리기 어려워라.
저열한 지혜의 어리석은 마음 두렵게 하는
정리(正理)의 물결 출렁이며
다양한 견해들이 수천의 강으로 흐르는 이 땅
지혜의 새들이 지저귀는 곳
보물의 대양과도 같은 내외의 종의(宗義)를
누가 감히 남김없이 헤아리겠는가?

생을 통해 얻게 된 [불법이라는] 배에 올라
힘써 노력함에 따라 일어난 순풍을 타고 나아감에
종의의 바다 한 가운데에 이르러
이제 바야흐로 선설(善說)의 보물꾸러미를 얻게 되었나니.

누구든 수백만 뛰어난 현자들 앞에서
선설의 향연을 베풀고자 한다면

내외 종의의 핵심을 응축시킨 이 논(論)이야말로
총명한 젊은이들이 의지해야 할 것이라네.

요즘 스스로 현자라 자처하는 이들은
위대한 문헌들을 오랜 시간 익히지도 않고
다만 부와 명예를 위해 저술의 춤판을 벌리니
이 같은 헛된 수고로움이 안타까울 따름이라.

분별의 하늘로부터 선설의 햇살이 펼쳐지면
그릇된 논설은 꾸무다(달맞이꽃)처럼 오므라들지만
종의의 꽃잎을 지닌 수백의 큰 연꽃은
희유한 뜻의 하얀 미소 지으며 피어오르네.

인도와 티베트 학자들의 저술에서 정수만을 뽑아
광대한 종의를 밝힌 이 논을 저술하게 된 것은
[다른 이와] 경쟁하려거나 질투의 마음에서가 아니라
나와 시대를 함께하는 이들의 지혜를 증장시키기 위함이었네.

이와 같은 노력에 따라 생겨난 선행
달빛조차 압도할 만한 이 같은 공덕에 의해
일체 중생이 악견의 구렁텅이에서 벗어나고

정도(正道)에 따른 평안이 영원히 지속하기를.

내외의 종의를 간략히 해설한 『둡타 린뽀체 탱와(宗義寶鬘論)』라는 이름의 이 책은 신심 있고 용맹하며 분별력을 갖춘 국사 응악왕 깰상(Ngag dbang skal bzang)과 비구 응악왕 상뽀(Ngag dbang bzang po)의 청에 따라 수사(水蛇)년(1773년) 제6월 달이 차는 기간(15일)에 대덕 꼰촉 직메 왕뽀(dKon mchog 'jigs med dbang po)가 저술한 것을 따링 체닝(rTa mgrin ches ring)이 받아 적었다.

제2부

본문해설 편

제1장 서 설

1. 서게(序偈)

(1)

희유한 [복덕과 지혜] 두 자량의 설산(雪山)
그의 자비의 온기로 녹아내림에
본래 법신(法身)인 대지로 널리 퍼져
네 학파의 종의(宗義)의 강이 되어 흘렀다네.

위대한 업의 큰 파도 하늘로 솟구치니
외도와 어리석은 범부들 두려워하네.
천만 보살 용들이 들어가게 될
뜨거운 번뇌가 없는 호수 아뇩달지, 위대한 승리자!

(2)

승리자의 계승자인 불굴(Ajita)의 보호자와
승리자의 지혜의 총체인 문수묘음(文殊妙音) 보살과
승리자께서 수기(授記)한 용수(龍樹)와 무착(無着)의 발아래 그리고 두 번째 승리자와 그의 아들들께 예배합니다.

[해설] 히말라야 설산(雪山)의 눈이 억겁에 걸쳐 쌓인 것이듯이 불타의 공덕의 산 또한 3아승지겁(無數劫)과 백겁에 걸쳐 복덕과 지혜(6바라밀)가 쌓인 것(saṃbhāra: 資糧)이다. 불타의 대비(大悲)는 이에 따른 것으로, 독각이 쌓은 백겁의 공덕이나 성문의 60겁과는 비교할 수도 없다. 그래서 저자 꾄촉 직메 왕뽀는 불타가 쌓은 두 자량(資糧)을 '희유(稀有)한 것(adbhūtam)', 즉 불가사의한 것이라고 하였다.

뜨거운 번뇌(熱惱, tapta)가 없는 호수 아뇩달지(阿耨達池, anavatapta: 無熱惱池 또는 無熱池)는 불교의 우주관에 따르면 남섬부주 북쪽 대설산(大雪山)과 향취산(香醉山) 사이에 있는 호수 (오늘날 티베트에서 수미산으로 지칭되는 카일라스산 아래 마나사로바 Manasarowar 호수라고도 말한다)로, 이로부터 남섬부주의 네 대하(大河), 강가(Gaṅga, 갠지스강), 신두(Sindhu, 인더스강), 박추(Vakṣu), 시타(Sitā)가 흘러나온다고 한다.[1] 저자는 이 호수를 불타에, 이 호수에서 흘러나온 네 대하를 불교의 4대 학파, 비바사사(毘婆沙師), 경량부, 유가행파. 중관학파의 종의(宗義)에 비유하고 있다. 호수의 물이 히말라야 설산에 쌓인 눈이 녹은 것이듯이 4대 학파의 종의 또한 불타의 공덕의 산에 쌓인 복덕과 지혜가 녹은 것임은 두말할 필요도 없다.

승리자(Jina) 즉 불타의 계승자인 불굴(Ajita)의 보호자는 다음 세상에 출한할 미륵(Maitreya) 보살을 말한다. 아지타(Ajita)는 '정복되지 않는 이', '이길 수 없는 이(無勝)'라는 뜻으로, 미륵보살의 이름이

---

1 권오민 역, 『아비달마구사론』 (동국역경원, 2002), p.513.

다. 『불설관미륵보살상생도솔천경(통상 미륵상생경)』에서 세존께서는 옛날 율장(毘尼)과 경장에서 아지타(阿逸多)가 당래 부처가 될 것이라고 설하였다고 하였으며,[2] 이는 중현의 『순정리론』에서도 어떤 경설로 인용되고 있다. "아지타(阿氏多)여! 그대는 내세 정등각(正等覺)을 성취하게 될 것이다."[3]

그리고 두 번째 승리자는 본서의 저자 직메 왕뽀가 속한 겔룩파의 개조 쫑카파 롭상 닥파(Tsong kha pa blo bzang grags pa, 1357-1419)를, 그의 아들들은 그의 제자인 걜찹(rGyal tshab dar ma rin chen, 1364-1432)과 캐둡(mKhas grub dge lers dpal bzang, 1385- 1438)을 가리킨다.

쫑카파는 티베트의 동부 쫑카(Tshong kha)에서 태어났다. 어려서 출가하여 16세 때 중앙 티베트로 유학하여 마이트레야(미륵)의 『현관장엄론(現觀莊嚴論)』 등 5부의 논서와 다르마키르티(법칭)의 7론을 비롯한 찬드라키르티의 『입중론(入中論)』, 세친의 『구사론(俱舍論)』과 율장 등을 학습하였다. 31세 때 최초의 학문적 저작인 『금만(金鬘, gser phren 『현관장엄론』의 주석)』을 저술하였으며, 36세에 올카지역에서 8명의 제자와 함께 선정을 닦은 후 각지에서 강연을 하였다. 46세에 그의 주저인 『도차제대론(道次第大論, Lam rim chen mo)』을 완성하였다. 53세 때에는 라싸에 대기원제(smon lam chen mo)를 창시해 교세를 넓혔고, 다음 해 그의 제자들에 의해 세워진 간덴(dga' ldan) 사원에 들어가 그곳에서 입적하였다.

---

2 (T14, 418c5f).

3 (T29, 330b3).

쫑카파는 독자적인 중관사상을 주장한 것으로 알려져 있다. 그의 주장 가운데 본 둡타와 관련 있는 것 한 가지만 꼽으면 자립논증파와 귀류논증파의 차이에 대한 그의 견해를 들 수 있다. 그에 따르면, 두 학파의 진정한 차이는 언어적 가설상으로 제법이 자상(自相)에 의해 성립하는지의 여부이다. 즉 자립논증파는 언어적 가설로서 자상에 의해 성립하는 제법의 존재를 인정하였지만, 귀류논증파는 이조차도 인정하지 않았다는 것이다. (본서 제7장 중관학파(1) 자립논증파, 제8장 중관학파(2) 귀류논증파의 '정의' 참조) 쫑카파 이전의 학자들은 자립논증파와 귀류논증파가 단순히 공성을 논증하는 방법론에 차이가 있다고 보았지만, 쫑카파는 양 학파가 존재론 상으로도 상위한다는 견해를 제시하며 궁극의 진리는 오직 귀류논증파에서만 설하고 있다고 주장하였다. 본 둡타에서 귀류논증파의 종의를 불교 최고의 종의로 평가하는 것도 쫑카파로부터 이어지는 이러한 전통 때문이다. 한편 쫑카파는 종래의 부패한 불교를 개혁한 이로도 알려지는데, 이는 그가 성(性)적 실수(實修)에 몰두하던 종래의 밀교를 계율과 모순되지 않게 개혁하였으며 철저한 독신주의를 겔룩파의 전통으로 확립하였기 때문이다.

그리고 갤찹과 캐둡은 쫑카파의 2대 제자이다. 다르마 린첸(Dar ma rin chen)으로도 불린 갤찹은 쫑카파의 공식적인 후계자로 쫑카파 사후 간덴 사원의 초대 승원장이 되어 겔룩파를 이끌었다. 간덴 사원의 승원장(dga' ldan khri pa)은 7년의 임기를 가진 겔룩파 학문의 최고 권위자로, 달라이라마 제도가 확립되기 이전까지는 겔룩파 교단을 대표하는 역할을 하였다. 캐둡은 갤찹의 사후 간덴 사원의 승원장의 자리를 계승하였다. 캐둡은 달라이라마 5세(1617-1682)에 의해 판첸라마 4세(1570–1662)의 전생자로 추존되었기 때문에 판첸라마 1세라고도 불린다. 겔룩파에서는 쫑카파와 함께 갤찹과 캐둡을 존자삼부자(尊者三父子, rje yab sras gsum)로 숭상한다.

(3)

이러한 종의를 이해하면 내외 교법의 차이를 분명히 알게 되고
학자들 중에서 가장 뛰어난 설법자의 위의를 갖출뿐더러
편견을 버린 이로서 순백의 깃발을 내걸 수 있게 될 것이거늘
학자로서 어찌 자타 종의의 분별을 게을리 할 것인가?

(4)

이에 뛰어난 이들의 선설(善說)을 모두 요약하여
나와 시대를 함께 하는 인연 있는 이들을 위하여
[내외의] 종의의 요체를 간략히 설하고자 하니
밝은 지혜를 추구하는 이들이여, 삼가 경청하시라.

바야흐로 지금 이 생에서의 재물과 명성을 돌아보는 일 없이 진심으로 해탈을 추구하는 이라면, 청정한 무아(無我)의 지견(知見)을 증득하기 위한 방편에 힘쓰지 않으면 안 된다.

[해설] 여기서 '청정한 무아(無我)의 지견(知見)'이란 공성(空性)에 관한 통찰로, 인무아(人無我, pudgala-nairātmya) · 법무아(法無我, dharma-nairātmya)의 두 지견을 말한다. 여기서 '무아(nairātmya, nir-ātman)'는 다만 한자 말 그대로 '자아가 존재하지 않는다(anātman)'는 뜻이 아니라 실체로서 존재하지 않는다는 무실체성의 의미로, 인무아는 개아(pudgala)는 실체로서 존재하지 않는다는 말이고, 법무아는 개아를 구성하는 조건 즉 5온 또한 실체로서 존재하지 않는다는 뜻이다. 동아시아 불교 전통에서는 이를 아공(我空)과 법공(法空), 즉 일체개공(一切皆空)이라 하였다. 티베트 불교에서는 이 같은 사상을 완전하게 천명하는 중관학파, 그중에서도 어떠한 경우에도, 언어적 가설 상으로도 자성(自性)을 인정하지 않는 귀류논증파를 가장 뛰어난 요의(了義, 더 이상의 해설이 필요 없는 완전한 불교)로 간주한다.

왜냐하면 [두 가지 무아에 대한] 깊은 통찰이 없다면 아무리 [중생을 구제하고 성불하려는] 자비심(慈悲心)과 보리심(菩提心)을 닦을지라도 괴로움의 뿌리는 뽑을 수 없기 때문이다.

쫑카파 대사께서도 말씀하였다.

존재의 진실을 깨닫는 지혜를 갖지 못하였다면
염리심(厭離心)과 보리심을 아무리 익힐지라도
윤회하는 존재(bhāva)의 뿌리를 끊을 수 없으니
그러므로 연기(緣起)를 깨닫는 방편에 힘써야 하리라.

[해설] 이 게송은 쫑카파의 『보리에 이르는 세 가지 중요한 도(Lam gyi gtso bo rnam gsum: 三種最勝道)』(북경 판, No. 6087, V.153)의 제8송

이다. 여기서 보리/해탈에 이르는 세 가지 중요한 도란 윤회의 괴로움에서 벗어나려는 출리심(出離心), 완전한 깨달음인 일체지(一切智)에 이르려는 보리심(菩提心) 그리고 앞의 두 마음의 근거인 공성(空性)에 대한 지견(知見)을 말한다. 즉 인무아(人無我: 我空)의 출리심에 의해 해탈을 가로막는 번뇌장(煩惱障)을 제거한다면, 법무아(法無我: 法空)의 보리심에 의해 일체지(一切智)를 가로막는 소지장(所知障)을 제거한다. 쫑카파는 이 게송에서 염리심(=인무아)과 출리심(=법무아)의 바탕(이론적 근거)이 되는 연기법에 대한 깨달음을 강조하고 있다.

자, 이제 그릇된 견해를 제거하고 거칠고 미세한 무아(無我)의 두 지견(즉 人無我와 法無我)를 차례로 확립하기 위해 내외의 종의에 대해 간략히 설명하리라.

여기서는 총론과 각론이라는 두 가지 형식으로 논설할 것이다.

2. 종의 총론

둡타(grub mtha', siddhānta) 즉 종의(宗義)라는 말은 [내가] 임의적으로 꾸며낸 말이 아니다. 왜냐하면 이는 불타의 성전(āgama: 聖教) 중에 설해져 있는 말기 때문으로, 예컨대『입능가경』에서 말한 바와 같다.

나의 [정]법에는 두 가지 형식이 있으니

교설(deśanā: 敎)과 종의(siddhānta: 宗)가 바로 그것으로
교설이 범부(bāla)의 [분별(分別)을 위해] 설한 것이라면
종의는 수행자(yogi)[의 자증(自證)]을 위한 것이다.

[해설] 저자 직메 왕뽀는 '둡타'라는 말이 자신의 임의적인 말이 아니라 성전의 술어임을 강조하고, 이를 입증하기 위해 『입능가경』을 인용하고 있다. 여기서 임의적인 말, 꾸며낸 말을 뜻하는 카브야(kāvya: 한역은 文頌)는 현성법(賢聖法)에 반하는 세간속설을 의미하는 말로, 초기경전에서부터 그것의 출현을 예고하였고, 대승경전 또한 그것의 일종이라는 비판이 있었다. 이를테면 『잡아함경』 제1258경에서는 "미래세 비구들은 몸도, 계(戒)도, 마음도, 지혜도 닦지 않고 여래가 설한 수트라(sūtra, 즉 契經)를 듣고도 단번에 수지하지도 기뻐하며 익히지도 않으면서 세간의 온갖 잡다한 이상한 논의(異論)와 그럴 듯하게 꾸민 말(文辭), 아름답게 치장한 세간의 잡스러운 말(世俗雜句)을 받들고 기뻐하며 익힐 것"이라고 예고하며, 『법화경』 「안락행품」에서는 보살마하살이 가까이 하지 말아야 할 이로서 '세속의 노래(世俗文筆讚詠, kāvya śāstra)를 짓는 이'를 언급한다.[4] 흥미롭게도 『대반야경』에서는 전통 성문승으로 추측되는 '악마'가 사문의 모습으로 나타나 "매우 심오한 반야바라밀다와 상응하는 경전은 모두 사설(邪說)로서 불타의 참된 말씀이 아니라 시인(文頌者, kavi)이 거짓되게 작성한 것"이라고 말한다.[5]

---

4 『법화경』 제14 「안락행품」 (T9, 37a23).

5 『대반야경』 제4분 「不退相品」 (T7, 826c24f), "文頌者虛誑撰集."; Aṣṭasāhasrikaprajñāpāramitāsūtra,

참고로 이 같은 임의적인 말(kāvya: 文頌)로써 불타의 생애를 노래한 것이 바로 마명(馬鳴)의 『불소행찬(佛所行讚)』이다. 그는 말하자면 불교 대중화의 효시였다. 그래서 그는 공덕의 해(功德日)로 찬탄되었다. 정리(正理)에 부합하는 말은 다만 현성(賢聖)을 위한 것이었지만, 세간속설의 카브야는 해가 아니 비치는 곳이 없듯이 범부와 성자 모두에게 유효한 것이기 때문이었다.

저자가 인용한 『입능가경』의 게송은 현존본 중 구나발타라 역의 『능가아발다라보경(楞伽阿跋多羅寶經)』에 나온다. "謂我二種通 宗通及言言('言通'의 오사?) 說者授童蒙 宗爲修行者."[6] 이 게송은, 여래의 두 법통(法通), 중생심에 상응하는 종종의 방편(衆具)을 설한 계경의 설통(說通)과, 종종의 분별(망상)을 떠난 것으로 이변(二邊)에 떨어진 외도나 성문·연각으로서는 결코 알 수 없는 종통(宗通)에 대해 논의하고서 이를 요약한 것이다.

실차난타(實叉難陀)가 번역한 『대승입능가경』의 경우 인용문과 직접적으로 상응하지 않지만 그 뜻이 보다 분명하다. "종의(siddhānta: 宗趣)와 교설(deśanā: 言說), 이는 스스로 증득한 법(自證法)이고 언설을 통해 설명한 법(施設法)이니, 만약 이 두 가지를 능히 잘 알고 관찰하는 이라면 다른 그릇된 이해를 좇지 않는다. (宗趣與言說 自證及教法 若能善知見 不隨他妄解)"[7]

『입능가경』에서의 이 게송은 다음과 같은 법문의 요약이다. 어느

---

674. kavi kṛtaṃ kavyam.; 『소품반야경』 제16 「阿惟越致相品」 (T8, 564b27), "文飾莊校之辭."

6 (T16, 503a29-b1).

7 (T16, 609a29-b1).

날 대혜(大慧) 보살이 궁극적 측면의 실상(siddhāntanaya-lakṣaṇa)에 대해 묻자 세존께서는 이같이 답하였다.

"존재의 실상(dharma-lakṣaṇa: 法相)에는 두 가지가 있으니, 궁극적 측면의 실상(siddhāntanaya-lakṣaṇa: 宗趣法相)과 언어적 측면의 실상(desananaya-lakṣaṇa: 言說法相)이 바로 그것이다. 여기서 궁극적 측면의 실상이란 언어 문자와 사유분별을 떠나 스스로 증득하는 뛰어난 도리로서 더러움이 없는 경지로 향하는 것이며, 내적 직관에서 일체의 외도나 악마를 제압하니, 지혜의 빛이 생겨난다. 이것이 궁극적 측면의 실상이다. 그리고 언어적 측면의 실상이란 9분교를 통한 여러 말씀을 말하는데, 동이(同異)나 유무(有無)의 대립적 견해를 떠나 교묘한 방편으로 사람들로 하여금 올바른 견해로 들어가게 하는 것, 이것이 언어적 측면의 실상이다."[8]

참고로 메이지 유신 이후 일본에서 서구문물을 받아들이면서 릴리전(religion)이라는 말을 '종교(宗教)'로 번역한 것은 바로 이 같은 종취(宗趣, siddhānta: 宗)와 언교(言教, deśanā, 혹은 śāsana: 教)라는 불법의 해석법에 따른 것이었다.[9]

또한 인간의 유형에도 두 종류가 있으니, 마음이 종의에 영향받지 않는 이와 종의에 영향을 받는 이가 그들이다. 전자가 교리(教理) 즉 성전(聖教)과 정리(正理)를 배우지도 않고 그것을 생각하거나 분석하는 일도 없이 타고난 대로 현생의 즐거움만을 추구하는 이들이라면, 후자는 교리를 배

---

8 (T16, 609a).

9 中村元 · 三枝充德, 혜원 역, 『바우드하 佛教』, pp.318-322 참조.

워 [내외 학파의] 이론적 토대(sthāpana)와 실천 수행도(mārga: 道)와 수행도의 결과(즉 삼승의 果位)에 관한 세 가지 규정을 자신의 마음에 확립하고, 그 같은 내용을 성전과 정리를 통해 논증하려는 이들이다.

[해설] 여기서 이론적 토대(gzhi, sthāpana, pada, mūla), 실천 수행도(lam, mārga, path). 수행도의 결과('bras bu, phala)의 세 규정은 본서 상에서 불교 각 학파의 종의(宗義, siddhānta)를 설명하는 기본 형식이다. (해제 5. '본서의 논설체계' 참조) 이론적 토대는 다시 경(境)과 유경(有境), 즉 탐구해야 할 지식의 대상과 이를 인식하는 지식의 주체로 나누어 논설하는데, 이는 철학일반의 존재론과 인식론이라 할 만한 것이다.

둡타(grub mtha') 즉 '종의'라는 말의 뜻에 대해 『선명사의소(善名詞義疏, Grel bshad tshig gsal)』에서 이같이 해설하고 있다.

"둡타, 즉 종의라는 말에서 둡(grub, 宗)은 성전과 정리(正理, 논리-이치)에 따라 성취/확립된(siddha: 成就) 자파의 견해를 의미하고, 타(mtha')는 이같이 확립된 법은 더 이상 나갈 곳이 없는 궁극/끝(anta: 究竟)이라는 뜻이다. 즉 성전과 정리 두 가지 모두에 의해 확립되고 승인된 견해는 자신의 [분별적] 사유와 달리 더 이상 바뀌는 일이 없기 때문에 둡타(grub mtha': siddhānta) 즉 '성취된 것의 궁극' '궁극의 성취'라고 말한 것이다."

[해설] 『선명사의소(善名詞義疏, Grel bshad tshig gsal)』는 미륵(彌勒)의 『현관장엄론』의 하리바드라(Haribhadra, 800년경)의 주석서

Abhisamayālaṃkārakārikā-śāstravivṛti (혹은 sphūṭārtha)에 대한 다르마미트라(Dharmamitra: 法友)의 복주(復註)이다. 다르마미트라는 팔라(Pāla) 왕조의 다르마팔라왕(Dharmapāla, 770-810년 무렵) 시기에 활약한 중관학파의 논사로 다르못타라(Dharmottara), 비말라미트라(Vimalamitra), 다르마카라(Dharmākara)와 동시대의 인물. 『선명사의소』의 완전한 명칭은 『반야바라밀다의 요의를 간추린 현관장엄론의 선명사의소(shes rab kyi pha rol du phyin pa'i man ngag gi bstan bcos mngon par rtogs pa'i rgyan gyi tshig le'ur byas pa'i 'grel bshad tshig rab du gsal bzhes bya ba, Abhisamayālaṃkāraprajñāpāramitopadeśaśāstra-prasphuṭapadā)』 (델게판 No. 3796).[10]

둡타(grub mtha')로 번역된 산스크리트 siddhānta(siddha 성취+anta 끝 · 종극)는 일반적으로 어떤 한 학파가 자파의 교의로 승인한 정설(定說), 혹은 어떤 사상체계의 기본적 견해로서 주장된 명제를 말한다. 인도 전통의 지식론 철학학파인 느야야학파에서는 이를 네 가지로 구분한다. 첫째 모든 철학학파가 승인하는 정설. 둘째 어떤 학파가 승인한 정설. 셋째 암암리 다른 사실을 포함하는 정설. 넷째 논증되지 않은 가설로서의 정설 즉 대론자의 입론을 고려하지 않은 주장명제. 규기(窺基)의 『인명입정리론소』에서는 이를 변소허종(遍所許宗), 선승품종(先承稟宗), 방빙의종(傍憑義宗), 불고론종(不顧論宗)이라 하였다. 본서에서의 '둡타'는 두말할 것도 없이 이 중 첫 번째와 두 번째의 의미이다.

---

10 陳玉蛟, 『宗義寶鬘論』 (台北, 法爾出版社, 1988), p.33.; Geshe Lhundup Sopa and Jeffrey Hopkins, p.150 참조.

3. 외도와 내도

종의는 크게 두 종류로 구분되니, 외도(外道)와 내도(內道) 즉 불교 밖의 철학과 불교 내부의 철학이 그것이다.

외도와 내도의 차이는 이러한 것이다.

가슴 속 깊이 [불(佛)·법(法)·승(僧)] 삼보에 귀의하는 이가 내도(즉 불교도)라면, 가슴 속 깊이 세간의 신(deva)께 귀의할 뿐 삼보에 의지하지 않는 이가 외도(이교도)이다.

[해설] 불교에서는 불교 이외의 철학/종교 말하자면 이교도를 외도(外道, phyi pa 치빠. tīrthika, 自宗 이외의 종지를 신봉하는 자), 불교도를 내도(內道, nang pa 낭빠. adhy-ātmaka)라고 한다. 날란다 승원과 같은 고대 인도의 불교대학에서는 의방명(醫方明, 의학), 공교명(工巧明, 기술학), 인명(因明, 논리학), 성명(聲明, 음성학), 그리고 내명(內明, adhyātma vidyā)의 오명(五明, pañca vidyā)이 일체의 학문으로 교수되었는데, 불교학을 내명이라 하였다. 이에 따라 동아시아에서도 불교의 제 문헌을 내전(內典), 불교 이외 문헌을 외전(外典)이라 하였다.

또한 외도와 내도는 종의 상에도 차이가 있으니, 교조인 스승과 그의 말씀과 그가 통찰한 지견(知見)의 세 가지 점에서 차이가 있기 때문이다.

불교의 모든 학파는 다음의 세 가지 특징을 갖는다.

첫째, 스승은 일체의 허물(doṣa)을 제거하였을 뿐만 아니라 [성취한] 공덕(guṇa)도 원만(완전)하다.

둘째, 그의 말씀은 어떠한 유정에게도 해악을 끼치는 것도 없다.

셋째, 그의 지견은 상일주재(常一主宰)하는 자아(ātman), 다시 말해 그 자체로서 존재하는 영원하고도 단일한 자아가 존재하지 않는다는 것이다.

외도의 종의는 이와 반대이다.

첫째, 스승에게는 허물이 있고 [성취한] 공덕도 원만하지 않다.

둘째, 그들의 말씀 중에는 유정에게 해악을 끼치는 것도 있다.

셋째, 그들의 지견은 상일주재하는 자아가 존재한다는 것이다.

[해설] 불교문헌에서 불교 교조는 어떠한 허물도 없고 완전한 공덕을 갖춘데 반해 외도의 교조는 허물이 있고 공덕이 원만하지 않다고 함은 당연한 말 같지만, 이는 빈 말이 아니다. 불타는 발심한 후 3아승지겁 백겁에 걸쳐 이타행(利他行)을 닦아 보리(菩提)의 자량(資糧)을 갖추게 되었다.

그러나 외도의 교조는 이타(利他)의 원만함이 없을뿐더러 허무(虛無)의 단멸(斷滅)을 주장하여 선악업을 부정하기도 하고 영원 불변하는 단일 보편의 자아를 주장하여 단식 등의 고행을 해탈도로 설하기도 하였다. 혹은 세간의 창조주로 제시한 주재신(Īśvara: 尊祐)은 자신을 애호하는 이만을 좋아하고 자신을 부정하거나 미워하는 이를 저주하며, 유정을 희생(犧牲)시켜 자신에게 제사지내는 것을 최고의 미덕으로 간주하기도 하였다.

『중아함 제13 도경(度經)』이나 『제19 니건경(尼乾經)』에서는 일체 만물이 다 주재신(尊祐)에 의해 지어진 것이라면 살생도 도둑질도 그에 의한 것이기 때문에 자신의 의지노력은 부정되어야 하고, 괴로움도 즐거움도 다 그에 의한 것이라면 그는 사실상 나쁜 주재신(惡尊祐)이라고 하였다.[11]

4. 내외의 종의 각론

각론에서는 외도의 종의와 내도 즉 불교의 종의에 대해 [각기 제2장과 제3장-제7장에 걸쳐] 간략하게 논설한다.

---

11 (T1, 435b15-27; 444a2-8).

제2장 외도의 종의

1. 개 설

1) 정의

종의(宗義), 즉 성전과 정리에 의해 성취된 궁극의 견해/학설을 따르는 이들로서 삼보(三寶)에 귀의하지 않고 불교의 스승(불타)과는 다른 스승을 인정하는 이, 이것이 외도의 종의를 따르는 이들의 정의이다.

2) 분류

외도의 종류는 수없이 많지만, 대체로 [힌두교의] 비쉬누 파(Vaiśṇava)와 자재천 파(Aiśvara), 지나(Jina), 카필라(Kapila), 브리하스파티(Bṛhaspati) 등의 다섯 학파가 유명하다.

> [해설] 비쉬누 파(Vaiśṇava dharma, Vaishnavism)는 비쉬누(Viṣṇu)를 최고신으로 믿는 힌두교로. 시바(Śiva)를 최고신으로 믿는 시바파(Shaivism)와 파르바티 등의 여신(Śākti)을 최고신으로 믿는 샥티파(Shaktism)와 함께 힌두교 3대 종파의 하나이다. 이 파는 비쉬누가 여러 가지 모습의 화신으로 나타난다는 아바타라(avatāra) 사상을

주요 특징으로 한다. 불타 또한 10가지 화신 중의 하나로 간주한다. 비쉬누의 화신 중 가장 널리 알려져 있는 것은 『바가바드기타』에 등장하는 영웅 크리슈나(kṛṣṇa)로, 실재했던 인물인 크리슈나가 신격화되어 숭배되다 기원전 4세기경부터 비쉬누의 화신으로 간주되기 시작한 것으로 추정된다. 비쉬누 파 중에는 바가바드(Bhagavat: 世尊)를 최고신으로 신봉하는 바가바드 파가 유력하다.

자재천 파(Aiśvara)는, 1008개에 달하는 이명을 가지고 있을 정도로 다양한 모습으로 묘사되는 시바를 대자재천(Maheśvara)으로 섬기는 시바 파 힌두교를 말한다. 시바는 파괴의 신으로 묘사되기도 하지만, 세계의 창조, 지속, 파괴, 재생을 관장하는 위대한 신으로 묘사되며, 고행자들의 수호신이자 위대한 고행자로 묘사되기도 한다. 불전에 등장하는 온몸에 재를 바르고 해골을 들고 다니며 대자재천을 섬기는 외도가 이들이다.

지나(Jina: 勝者)는 자이나교의 교조 바르다마나(Vardhamāna)가 깨달음을 얻은 이후의 호칭으로, 대개는 마하비라(Mahāvira: 大雄)로 일컬어진다. 카필라(Kapila)는 상키야학파의 교조, 브리하스파티(Bṛhaspati)는 오로지 세간(loka)만이 존재한다고 주장하는 로카야타 즉 차르바카 유물론의 창시자이다. 일설에서는 브리하스파티 수트라(Bṛhaspati sutra)를 저술한 차르바카가 차르바카 유물론의 창시자라고 주장하기도 한다.

그러나 주요한 학파를 꼽아보면 바이세시카학파(Vaiśeṣika)와 느야야학파(Nyāya), 상키야학파(Sāṁkhya), 미맘사학파(Mīmāṃsā), 니르그란타(Nirgrantha: 離繫派), 그리고 로카야타(Lokāyata: 順世派)의 여섯 학파가 있다. 이 중에서 앞의 다섯 학파는 영속론(常見)을 주장하는 이들이고, 마지막 [로카야타]학파는 허무의 단멸론(斷見)을 주장하는 이들이다.

[해설] 이들 여섯 학파 중 앞의 네 학파는 유파(有派, astika)로 일컬어지는 인도 전통의 바라문(婆羅門) 철학이고, 뒤의 두 학파는 무파(無派, nāstika)로 일컬어지는 이단적인 사문(沙門) 철학이다. 유파, 즉 인도 전통철학에는 이 밖에도 베단타학파와 요가학파가 더해져 통상 6파 철학으로 일컬어지지만, 바이세시카와 느야야 학파가 자매 학파이듯이 각기 미맘사학파와 상키야학파의 자매 학파이다.

이들 6파 철학 중 불교에 가장 큰 영향을 미치고 또한 비판의 대상이 된 학파는 상키야와 바이세시카이다. 이들은 동아시아 불교 전통에서 각기 수론(數論)과 승론(勝論)이라는 의역어로 언급되는데, 이들의 소의경론인 『금칠십론(金七十論)』(이슈바라크리슈나 自在黑의 『數論頌(Sāṁkhyakārikā)』의 작자 미상의 주석서, 眞諦 역)과 혜월(慧月)의 『승종십구의론(勝宗十句義論)』(전통 6구의에 가능성 śakti: 有能, 불가능성 aśakti: 無能, 보편이면서 특수 samanyaviṣeśa: 俱分, 비존재 abhāva: 無說 이라는 네 범주를 더한 것, 玄奘 역)은 고려대장경에 입장(入藏)된 유일한 외도 논서이다. 그것은 필시 세계생성과 인과론의 양대 학설인 전변설(轉變說)과 적취설(積聚說), 인중유과론(因中有果論)과 인중무과론(因中無果論)을 대표하는 학파일 뿐만 아니라 긍정적으로든 부정적으로든 불교와 밀접한 관계를 맺고 있기 때문일 것이다.[1]

---

1 『금칠십론(金七十論)』과 『승종십구의론(勝宗十句義論)』의 해제와 번역은 한글대장경

참고로 동아시아 유식학파(法相宗)의 종의서라고 할 수 있는 『성유식론』에서 유식(唯識)의 도리를 드러내기 위해 소개 비판하고 있는 외도의 종의(철학)는 상키야, 바이세시카, 대자재천론(즉 자재천파)과 성상주론(聲常住論) 즉 미맘사와 순세외도(즉 로카야타) 등이다.

2. 바이세시카학파와 느야야학파

바이세시카학파와 느야야학파는 각기 선인(仙人) 카나다(Kaṇāda)와 바라문 악사파다(Akṣapāda)를 추종하는 이들이다.

[해설] 바이세시카학파의 개조는 카나다(Kaṇāda, 기원전 150-50 무렵). 불전에서는 대개 그의 별명인 울루카(Ulūka, 嘔露迦, 優婁佉, 휴류자 鵂鶹子), 혹은 식미제(食米齊, Kaṇāda 혹은 Kaṇabhuja의 의역어)로 언급하는데, 그는 낮에는 색(色) · 성(聲) 따위를 피해 산이나 숲속에 숨어들고 밤에만 걸식하고 다녀 올빼미(후류자)와 비슷하였기 때문에 울루카, 밤이 되면 부녀자나 어린애들을 놀라게 하면서 나돌아 다니다 마당의 맷돌에서 겨에 섞여 있는 쌀 알갱이(米齊)를 골라 먹었기 때문에 '식미제'라고 하였다. 이는 물론 불교에서 전한 부정적 의미일 것이다. (『성유식론술기』 권제1末)

악사파다는 느야야학파의 조사 가우타마(Gautama)의 별명. 『느야야 수트라』의 저자라는 것 이외에 그에 관해 알려진 사실은 거의

권250에 편입되어 있는 권오민 역(동국역경원, 1998)을 참조할 것.

없다. 그의 연대 또한 미상인데, 문헌분석에 근거에 한 학자들의 추측은 기원전 6세기에서 기원후 2세기에 이르기까지 다양하다. '악사파다'라는 이름은 발에 있는 두 눈(足目)을 의미한다. 그가 이러한 명칭을 얻게 된 것은 우물에 빠진 후 신으로부터 두 눈을 그의 발에 받았다는 설과 맹세를 지키기 위해 발에 두 눈을 추가적으로 원했기 때문이라는 설이 전해진다.

이 두 학파가 주장하는 종의의 내용은 다소 차이가 있지만 전체적인 면모는 거의 동일하다.

즉 바이세시카학파와 느야야학파에서는 알려진 것, 즉 지식의 대상(jñeya)이 되는 일체 존재는 6가지 범주(padārtha: 句義)로 정리된다고 주장하며, 세례(snāna)나 관정(abhiśeka), 단식(upavāsa), 제사(yajña), 불 공양(homa) 등도 해탈도로 인정한다.

어느 날 스승의 비밀스러운 가르침에 따라 요가(yoga)를 수행하여 자아가 감각기관(indriya: 根) 등과 다르다는 사실을 알고 진실(tattva)을 통찰함으로써 존재의 6가지 범주의 본질/본성을 깨닫게 된다.

그때 그들은 자아가 모든 것에 편재하는 본질이지만 행위자가 아니라는 사실을 깨달아 도덕적(dharma)이거나 비도덕적(adharma)인 어떠한 업도 짓지 않는다. [그리하여] 새로운 업도 짓지 않고 과거의 오래된 업도 다 사라지면, 자아는 육신(kāya)과 감각기관(indriya)과 의식(vijñāna), 그리고 [이에 따른] 괴로움과 즐거움, 나아가 탐욕과 미움 등과도 무관해질 뿐만 아니라 [더 이상] 새로운 육신과 감각기관도 받지 않는다. 마치 땔감이 다 타버린 불처럼 생사의 흐름(saṃtāna, 相續)이 끊어져 오로지 자아만이 존재하게 된다. 그들은 이때 해탈을 획득하는 것이라고 말한다.

[해설] 바이세시카학파는 비록 자아를 주장할지라도 세계를 차별적/분석적으로 이해한다는 점에서 불교의 비바사사(毘婆沙師, 설일체유부)와 유사하다. 바이세시카(Vaiśeṣika)는 비세사(viśeṣa: 別, 특수)에서 유래한 말로, 그들은 세계를 특수한/두드러진 다수의 범주(句義, padārtha)로 분석한다. 그래서 승론(勝論)으로 한역되었다. 여기서 범주 즉 '구의'란 말(pada)의 대상(artha), 혹은 말의 의미라는 뜻이다. 그들에게 있어 '존재(astitva: 有性)'란 '알려진 것(jñeyatva: 所知性)', '말할 수 있는 것(abhidheyatva: 所詮性)'으로, 카나다는 이러한 존재로서 실체(dravya: 實), 속성(guṇa: 德), 운동(karma: 業), 보편(samānya: 同), 특수(viśeṣa: 異), 내속(samavāya: 和合)(괄호 안의 한자는 『勝宗十句義論』에서의 玄奘의 역어)이라는 6가지 범주를 설정하였다.

여기서 실체란 그 밖의 속성 등의 존재가 의탁하는 기체(基體)로, 여기에는 지(地)·수(水)·화(火)·풍(風)·공간·시간·방위·자아·마음이 포함된다. 또한 속성은 색깔·맛·냄새·감촉·수·량·인식·괴로움·즐거움 등 실체에 내속하는 일체의 성질·용량·상태로, 24가지가 열거되고 있다. 둡타의 내용으로 설명하자면 괴로움이나 즐거움, 탐욕과 증오는 나(我)도 나의 것(我所)도 아니다. 다만 마음에 내속하는 우연적 속성일 뿐이다.

즉 바이세시카와 느야야학파에서 자아란 개별적 실체로서, 그 자체로서는 어떠한 인식도 갖지 않는다. 인식이란 다만 자아가 감관이나 마음과 관계함으로써 갖게 되는 우연적 속성에 지나지 않는다. 그렇지만 세계와 인간에 대한 이 같은 분석적 지식이 결여된 범부들은 자아를 육체나 마음과 같은 비아와 동일시함으로써 탐욕과 카르마(업)의 희생물이 된다. 따라서 해탈의 지복은 궁극적으로 바로 이 같은 여섯 범주에 대한 참된 인식에서 비롯된다.[2]

3. 상키야학파

1) 총론: 25제(諦)

상키야학파(Sāṁkhya: 數論)는 카필라(Kapila)를 추종하는 이들이다.

[해설] 불교에서는 상키야학파의 개조 카필라(迦維羅)를 황선(黃仙, 黃頭·黃髮仙人의 준말)이라 한다. 카필라는 황색·적색의 뜻이다. 불타 탄생지인 카필라바스투는 바로 이 황두선인의 주처(住處)였기 때문에 붙여진 이름이다. 규기(窺基)는 카필라에 대해 다음과 같이 해설하고 있다.

"옛날 겁비라(劫比羅, 迦毘羅는 이의 와전)라고 하는 외도가 있었는데, 머리카락과 얼굴색이 황적색(黃赤色)이었기 때문에 당시 세간에서는 '황적색 선인'이라고 하였다. 그 후 제자 중의 상수(上首)로 벌리사(伐里沙, Varśa: 雨, 비올 때 태어났기 때문에 '우'임)라고 하는 이가 있어 그의 일파(徒黨)를 우중외도(雨衆外道)라고 하였다. [이들을] 산스크리트로 승거(僧佉, Sāṁkhya)라고 하였다. 이는 수(數)로

2 좀 더 자세한 내용은 권오민, 『인도철학과 불교』, pp.113-117 참조.

번역된다. 여기서 '수'는 바로 지혜(智惠)의 수이다. 즉 수는 제법을 헤아리는(數度) 근본으로, 바로 그러한 수(=헤아림의 지혜)로부터 일어난 논[종(論宗)]이기 때문에 수론(數論, 즉 상키야)이라 이름하였다. 혹은 [그들의] 논종에서는 수(즉 지혜)를 낳기 때문에 수론(數論)이라 이름하였다."[3]

이들은 '알려진 것' 혹은 '알아야 할 것' 즉 지식의 대상(jñeya: 所知 혹은 應知)이 되는 일체 존재를 25가지로 산정하였는데, 순수정신(puruṣa: 자아), 근본원질(prakṛti: 自性), 지성(mahat: 大 혹은 buddhi: 覺), 에고의식(ahaṃkāra: 我慢), 5가지 미세원소, 11가지 기관, 5가지 근본원소의 25가지 존재가 바로 그것이다.

여기서 5가지 미세원소(tanmātra: 唯)란 색(色)·성(聲)·향(香)·미(味)·촉(觸)의 5가지를 말한다.

11가지 기관(indriya: 根)에는 5가지 감각기관(知根)과 5가지 행동기관(作根)과 사유기관(意根)의 세 종류가 있다.

5가지 감각기관은 시각(眼)·청각(耳)·후각(鼻)·미각(舌)·촉각기관(皮根)이며, 5가지 행동기관은 발성·파지·보행·배설·생식기관이다.

5가지 근본원소(mahābhūta: 大)는 지(地)·수(水)·화(火)·풍(風)·허공(虛空)이다.

---

3 『성유식론술기』 권1末(T43, 252a26-b6).

[해설] 앞서 해설한 대로 상키야(Saṁkhya), 즉 수(數)라는 말은 현현(변이)한 세계와 그 원인에 대해 헤아리는 지혜로, 그들은 세계와 이를 낳은 근본원리를 25가지 －순수정신(puruṣa: 我), 근본원질(prakṛti: 自性), 그리고 근본원질로부터 전개한 대(大, 혹은 覺 buddhi) 등의 23가지 변이물(vyakta)－ 로 산정한다. 다시 말해 그들에게 지식의 대상이 되는 진실은 25가지이다.

상키야학파에서 제시한 진실의 존재(眞實義, tattvārtha)는 다음과 같다. (한역용어는 眞諦의 『금칠십론』에 의함)

(1) 순수정신(puruṣa): 순수의식으로서의 자아. 아(我)·인아(人我)·아인(我人)·인(人)·진아(眞我). 그 특성에 따라 지자(知者)로 번역되기도 한다. 혹은 『성유식론』에서는 신아(神我)로도 번역된다.

(2) 근본원질(prakṛti): 만유의 근원, 만유에 편재하는 보편적 존재. 자성(自性)·성(性)·본(本)·본성(本性, mula-svabhāva). 그 특성에 따라 승인(勝因, pradhana)·비변이(非變異, avyakta)나 불료(不了, *avidyā)·범(梵)·중지(衆持) 등으로도 호칭된다.

(3) 위대한 존재(mahat) 혹은 지성(buddhi): 결정적 판단(adhyavasaya: 決知)의 작용을 갖는 개아의 지성의 토대. 대(大) 혹은 각(覺)으로 한역.

(4) 에고(자아)의식(ahaṃkāra): 아집(我執), 아소집(我所執, abhimana)의 작용을 갖는 아만(我慢).

(5)-(9) 5가지 감각기관(jñāna indriya: 知根): 시각(cakṣus: 眼)·청각(śrota: 耳)·후각(ghrāṇa: 鼻)·미각(raana: 舌舌)·촉각기관(sparśana: 皮根).

(10)-(14) 5가지 행동기관(karma indriya: 作根): 발성(vac: 舌)·파지(pāṇi: 手)·보행(pāda: 足)·배설(pāyu: 大遺)·생식기관(upastha: 人根).

(15) 사유기관 (manas: 心根): 분별(sankalpa)의 작용을 갖는 마음.

(16)-(20) 5가지 미세원소 (tanmatra: 唯): 聲(śabda) · 觸(sprașṭavya) · 色(rūpa) · 味(rasa) · 香(gandha)唯.

(21)-(25) 5가지 근본원소 (mahābhūta: 大): 허공(ākāśa) · 風(vāyu) · 火(tejas) · 水(āp) · 地(pṛthīvi)大.

[샹키야학파에서는] 이러한 25가지 존재 중에서 순수정신의 자아만이 인식이며, 그 밖의 나머지 24가지는 취합물이기 때문에 물질 (혹은 물질 현상)이라 주장하였다.

[해설] 저자는 순수정신의 자아를 인식(vijñāna)으로 규정하였지만, 독존자(kaivalya), 초월자, 관조자, 지자(知者)인 순수정신의 푸루샤(puruṣa)가 인식을 본질로 하는 것이라고는 말하기 어렵다. 이 같은 분별적 인식(saṃkalpakam: 能分別)의 주체는 사유기관(manas) 즉 마음이다.

그리고 순수정신(푸루샤)을 제외한 24가지 원리를 '취합'으로 규정하였는데, 이 말이 무엇을 의미하는 분명하지 않다. 제프리 홉킨스는 '입자들의 취합(aggregations [of particles])'이라 하였다.[4] 샹키야학파에서는 세간을 순수정신을 제외한 24가지 원리의 취합으로 설명한다. 이를테면 『금칠십론』에서는 순수정신(puruṣa)의 존재증명의 한 논거로 제시된 "취집(聚集)은 타자를 위한 것(聚集爲他故)"이

---

4 Geshe Lhundup Sopa and Jeffrey Hopkins, p.161.

라는『상키야 카리카(數論頌)』제17송 제1구를 "현상세간의 모든 것은 취집되어 있고 취집은 타자를 위한 것, 즉 침대의 취합이 침대 자신을 위한 것이 아니라 타자를 위한 것이듯이 위대한 존재(大) 등의 변이/세간의 취합은 그 자체를 위한 것이 아니라 푸루샤(자아)를 위한 것"이라고 해설한다.[5] 이로 본다면 여기서의 '취합'은 근본원질과 위대한 존재(mahat) 등 23가지 변이의 취합일 것이다.

또한 이 중의 근본원질과 순수정신은 승의제(勝義諦)이며, 그 밖의 나머지는 세속제(世俗諦)이다.

[해설] 승의제(또는 眞諦, 第一義諦, paramārtha-satya)란 최고의 진실, 궁극적 존재에 관한 진리라면 세속제(또는 俗諦, samvṛti-satya)는 세간의 일상경험을 통해 확인되는 진리. 따라서 인도철학이나 불교철학 제 학파의 이제관(二諦觀)은 다를 수밖에 없다. 상키야학파에 있어 승의제와 세속제의 기준은 현현(顯現)이다. 즉 세계로 현현하지 않는 것이 승의제라면 현현한 것이 세속제이다. 이 학파에 의하면 순수정신은 마치 연극의 관객처럼 다만 세계의 관조자일 뿐이며, 근본원질은 비록 세계의 수승한 원인(勝因, pradhana) 혹은 토대(衆持)이지만, 그 자체는 현현하지 않는 비변이(非變異, avyakta)이다. 이 두 존재는 지각을 통해 인식되지 않으며, 추론적 탐구에 의해서만 확인될 수 있을 뿐이다. 참고로 상키야학파에서 지식의 근거(pramāṇa)는 지각(現量)과 추리(比量) 증언(聖言量) 세 가지이다.

---

5 진제(眞諦), 권오민 역,『金七十論』, pp.504-505.

나아가 이러한 25가지 존재는 네 가지 유형으로 분류되기도 한다. 첫째는 원인이면서 결과가 아닌 것, 둘째는 원인과 결과 두 가지 모두인 것, 셋째는 결과이면서 원인이 아닌 것, 넷째는 원인과 결과 두 가지 모두가 아닌 것이다.

첫 번째에 해당하는 것은 근본원질이며, 두 번째에 해당하는 것은 지성과 에고의식과 5가지 미세원소이며, 세 번째에 해당하는 것은 16가지(11가지 기관과 5가지 근본원소)이다. 그 밖의 순수정신(puruṣa)은 네 번째에 해당한다.

이에 관해 이슈바라크리슈나(Īśvarakṛṣṇa: 自在黑)는 다음과 같이 말하였다.

> 근본자성은 변이가 아니고
> 지성(大) 등의 7가지는 근본이면서 변이이며
> 16가지는 [다만] 변이한 것이고
> 순수정신은 근본도 아니고 변이도 아니다.

[해설] 인용된 게송은 『상키야 카리카(Sāṁkhyakārikā, 數論頌)』 제3송.
mūlaprakṛtir avikṛtir, mahad-ādyāḥ prakṛti-vikṛtayaḥ sapta, ṣoḍaśakas tu vikāro, na prakṛtir na vikṛtiḥ puruṣaḥ.
本性無變移 大等亦本變 十六但變異 知者非本變.[6]

---

6 진제(眞諦), 권오민 역, 『金七十論』, p.481; 本多惠, 『サーンキヤ哲學研究 上』, p.320. 참조.

『상키야 카리카』의 세 주석서 중의 하나인 진제(眞諦) 역의 『금칠십론(金七十論)』에 의하면, 학파의 개조인 카필라(Kapila, 迦毘羅) 대선인(大仙人)이 자신이 얻은 지혜를 아수리(Āsuri)에게 설하였고, 아수리는 이를 다시 반차시카(Pañcaśikha, 般尸訶)를 위해 설하였다. 반차시카는 이를 6만 게송의 대론(大論)으로 광설(廣說)하였다. 그리고 이는 가르가(Garga, 褐伽) - 우루카(Uluka, 優樓佉) - 발바리(跋婆利) - 이슈바라크리슈나(Īśvarakṛṣṇa, 自在黑)에게로 전해졌다. 이슈바라크리슈나(姓은 Kusala, 拘式)는 반차시카의 6만 게송 중 옛 성인들의 전승(聖傳)과 이설 비판을 삭제하여 70송으로 요약하였는데, 이것이 상키야학파의 정전(正典)인 『상키야 카리카』 즉 『수론송(數論頌)』이다. 이 같은 사실은 『수론송』 마지막 게송에서 언급된 것이다.

이러한 [세간의 생멸에 관한] 지혜는 뛰어난 길상(吉祥)
무니(muni, 牟尼)께서 자비의 마음으로 설한 것으로
그는 먼저 아수리를 위해 설하였고
이는 다시 반차시카에게로 전해졌다. (제70송)

[이후] 제자들이 차례대로 출현하여
위대한 스승의 지혜를 전수하였는데
자재흑(自在黑)이 간략히 설하였던 것은
이미 진실의(眞實義)의 근본을 알았기 때문이다. (제71송)

2) 각론: 근본원질과 순수정신

근본이 되는 자성(savbhāva)과 보편(sāmānya)과 근본원질(prakṛti)은 동

의어로, 근본원질은 6가지 특성을 갖춘 지식의 대상(jñeya)이다.

[해설] 『상키야 카리카』에서는 자성(自性) 즉 근본원질의 여섯 가지 특성에 대해 설하지 않으며, 다만 제10송에서는 현상(변이)과는 반대되는 자성의 9가지 특성이, 제11송에서는 변이와 유사한 자성의 6가지 특성이 논설된다. 여기서 아홉 가지 특성이란 원인을 갖지 않고, 영원하고, 편재하고, 운동하지 않고, 단일하고, 어디에도 의존하지 않고, 귀몰하지 않으며, 부분을 갖지 않고, 독립적 존재라는 것이며, 여섯 가지 특성은 [사트바 · 라자스 · 타마스의] 세 속성으로 이루어져 있고, 세 속성과 불가분의 관계이며, 지(知) 즉 자아의 대상이며, 평등하고, 무지하며. 능생자(能生者)라는 것이다.

잠양 세빠의 『종의 대해설』에 따라 제프리 홉킨스가 밝힌 여섯 특성은, ① 행위의 주체이다. ② 생겨나는 것이 아니며, 영원하다. ③ 단일하다. ④ 오로지 대상일 뿐이며, 주체가 아니다. ⑤ 모든 생물과 무생물에 편재한다. ⑥ 불명료한 것이며 세 속성의 균형 상태로 존재한다.[7]

순수정신(puruṣa)과 자아(ātman)와 인식(vijñāna: 識)과 지식(vidyā: 明)은 동의어이다.

[해설] 순수정신은 근본원질과 이로부터 전개한 세계에 대응하는

---

7 Geshe Lhundup Sopa and Jeffrey Hopkins, p.162.

주체적 원리로 지식을 본질로 한다. 뒤에 논설하는 지성(覺) 즉 대(大)는 순수정신의 빛을 받아 사트바의 속성이 두드러진 근본원질의 첫 번째 변화이다. 따라서 순수정신과 지성은 엄격히 구분되며, 이 같은 식별지(識別智)야말로 해탈(자아의 독존)의 첩경이다.

앞에서도 인식을 순수정신의 본질로 보기 어렵다고 해설하였다. (본절 '총론' 해설 참조)

3) 세계전개

나머지 23가지가 생겨나는 방식은 다음과 같다.

어느 때 순수정신이 대상을 수용(향유)하려고 할 때 근본원질은 소리(śabda) 등의 변이(즉 세계)를 산출 생성한다.

먼저 근본원질로부터 위대한 존재(mahat: 大)가 생겨난다. 지성(buddhi: 覺)과 위대한 존재는 동의어이다. 이는 마치 바깥쪽으로는 대상의 모습을 비추고 안쪽으로는 사람(푸루샤)의 모습을 비추는 양면 거울과 같은 것이라고 [그들은] 주장한다.

[해설] 위대한 존재(大)는 순수정신의 관조에 따라 삿트바의 속성이 두드러진 근본원질의 첫 번째 변화로, 여기에 다시 타마스의 속성이 두드러질 때는 무지가, 삿트바의 속성이 두드러질 때 지혜가 나타나기 때문에 이는 윤회와 해탈의 근거이다. 그래서 '위대한 존재(mahat)'라고 하였을 것이다. 이는 결지(決智, adhyavasāya)의 작용을 갖기 때문에 지성(buddhi: 覺)으로도 일컬어진다. 이는 근본원질이 순수정신의 빛을 받아 전개한 것으로 본질은 물질적 현상이지만,

푸루샤의 빛을 띠고서 지적 활동을 하는 것으로, 세계(현상)를 비추는 결지의 작용도 행하지만 자아(푸루샤)를 비추는 결지의 작용도 행하기 때문에 양면의 거울과 같다고 한 것이다. 전자가 윤회의 근거라면 후자는 해탈의 근거이다.

참고로 위대한 존재(大)에 삿트바적 속성이 강성해질 때 법(法)·지혜·이욕(離欲)·자재(自在)가 생겨나고, 타마스적 속성이 강해질 때 비법(非法)·무지·애욕·부자재의 상태(bhāva)가 되는데(『상키야 카리카』 제23송) 이 중 25제(諦)에 대한 지혜가 해탈의 근거이며, 이를 제외한 7가지가 윤회의 근거이다.

위대한 존재(大)로부터 아만(我慢) 즉 에고의식(ahaṃkāra)이 생겨난다. 아만을 분류하면 변이(變異)의 성질을 지닌 아만, 힘/운동의 성질을 지닌 아만, 어두움의 성질을 지닌 아만 등의 세 가지가 있다.

첫 번째 아만으로부터 5가지 미세원소(唯)가 생겨나고, 이것으로부터 5가지 거친 근본원소(大)가 생겨난다.

두 번째 아만으로부터 11가지 기관이 생겨난다.

세 번째 아만은 다른 두 가지 아만이 활동하도록 한다.

[해설] 둡타의 이 논설은 명백한 오류이다. 여기서 '변이(*vaikṛta)의 성질'은 근본원질이나 이로부터 전개된 세계의 세 속성(guṅa: 德) 중 기쁨과 빛남의 성질인 삿트바(sattva: 薩埵)를 가리키고, '힘/운동의 성질'은 괴로움이나 생기·조작의 성질인 라자스(rajas: 羅闍)를, '어두움의 성질'은 어리석음(癡闇)과 속박의 성질인 타마스(tamas:

多摩)를 가리키기 때문에 당연히 첫 번째 아만(삿트바가 지배적인 아만)으로부터 11가지 기관이 생겨나고, 세 번째 아만(타마스가 지배적인 아만)으로부터 5가지 미세원소(唯)와 5가지 거친 원소(大)가 생겨나며, 그리고 두 번째 아만(라자스가 지배적인 아만)에 의해 앞의 두 가지 아만의 운동이 가능하다.

이 같은 세 가지 아만에 대해서는 『상키야 카리카』 제25송에서 논설하고 있는데, 여기서는 이러한 세 아만을 순서대로 변이(變異, vaikṛta)의 아만, 대초(大初, bhūtādi)의 아만, 염치(炎熾, taijasa)의 아만이라 하였다.

"샷트바적인 11가지 종류(즉 11根)는 변이의 아만으로부터 생겨나고 대초(5大의 본원)의 아만으로부터 타마스적인 [다섯] 마세원소(唯)가 생겨나며 염치(타오르는 불길)의 아만으로부터 이 두 종류가 생겨난다."

sāttvika ekādaśakaḥ prevartate vaikṛtād ahaṁkārāt. bhūtādes tanmātraḥ sa tāmasas, taijasād ubhayam.

十一薩埵種 變異我慢生 大初生闇唯 炎熾生二種.[8]

제프리 홉킨스도 이와 같은 사실을 지적하고 있다. 그에 따르면 이 같은 둡타의 논설은 쫑카파와 그의 제자 갤찹에 따른 것으로, 아발로키타브라타(Avalokitavrata, 바바비베카의 『반야등론』을 주석한 인도학자)에 따라 본 해설과 같이 정정하고 있다.[9]

---

8 진제(眞諦), 권오민 역, 『金七十論』, p.517.; 本多惠, 『サーンキヤ哲學研究 上』 p.328. 참조.

9 Geshe Lhundup Sopa and Jeffrey Hopkins, pp.164-165.

또한 [상키야학파에서는] 걸을 수 있지만 앞을 보지 못하는 맹인에 비유되는 근본원질과 앞은 보지만 걸을 수 없는 앉은뱅이에 비유되는 순수정신을 동일한 것으로 착각하여 현상세계가 근본원질로부터 생겨난(현현한) 것임을 알지 못하는 무지의 힘으로 말미암아 [생사를] 윤회한다고 주장하였다.

4) 해탈

[따라서] 어느 때 스승(카필라)의 비밀스러운 가르침을 듣고서 현상세계는 다만 근본원질이 변화한 것일 뿐으로, [나(我)도 나의 것(我所)도 아니라는] 확신이 생길 때 대상(현상세계)에 대한 집착이 점차 사라지게 된다는 것이다.

그리고 선정에 의해 천안통이 생겨날 때, 이 같은 천안통을 통해 근본원질을 보게 되면 근본원질은 다른 사람의 여인처럼 부끄러워한다. 그리하여 그것은 그로부터 변이한 일체의 현상들을 거두어들여 홀로 머물게 된다. 이때 요가 수행자의 의식에는 일체 세속적 현현이 사라지고, 그 결과 순수정신(푸루샤)은 대상(즉 근본원질과 이것이 변이한 세계)을 수용(향유)하는 일 없이 무위(즉 독존)의 상태에 머물게 된다.

상키야학파에서는 바로 이때 해탈을 성취한다고 주장하였다.

[해설] 상키야학파에 의하면 세계(현상)는 순수정신의 관조에 의한 근본원질의 전변(변이)로, 그들은 변이(變異)와 근본원질과 순수정신에 대해 분별하는 것이야말로 해탈의 첩경, 일체 괴로움(내적·

외적 조건에 의한 괴로움과 하늘에 의한 괴로움)의 핍박을 소멸하는 근거(因)라고 말한다.[10]

4. 미맘사학파

미맘사학파(Mīmāṃsā)는 자이미니(Jaimini)를 추종하는 이들이다.

그들은 그것이 무엇이든(어떠한 말씀이든) 베다성전에 나타나(설해져) 있는 것은 [누구에 의해 설해진 것이 아니라] 저절로 생겨난(원래부터 존재하는) 것으로, 그 자체 진리라고 과장한다.

따라서 그들은 [“제사를 지내라”는 베다성전의 말씀에 따른] 제사의식을 통해서만 보다 높은 단계의 세계(즉 善趣, 인간이나 신들의 세계)에 태어나는 과보를 받을 수 있다고 주장하였다. 즉 그들은 그것만이 악취(惡趣)로부터 벗어나 해탈에 이르는 길이라고 인정하였을 뿐만 아니라, 일체의 괴로움이 완전히 제거된 해탈은 존재하지 않는다고 주장하였다. 왜냐하면 그들은 마음이 본래부터 더러움에 물들어 있다고 여겼기 때문이다.

또한 그들은 일체지자(一切智者) 역시 존재하지 않는다고 주장하였다. 왜냐하면 그들은 지식의 대상(jñeya)에는 한계가 없다고 여겼기 때문이다.

따라서 미맘사학파에서는 [세간에] 진리의 말씀은 존재하지 않으며 [다만『베다』의 말씀만이 진리라고] 주장하였다.

---

10 『상키야 카리카』 제2송 제4구 ‘變性我知故.’ (진제, 권오민 역, 『釁七十論』, p.479).

[해설] '미맘사'는 반성·숙고·논구의 뜻으로, 베다성전의 내용 특히 제사의식이나 그것의 실행에 관한 탐구를 위주로 한다. 즉 미맘사에는 철학적 측면에서 베다성전의 지혜편(Jñānakāṇḍa)인 『우파니샤드』를 탐구하는 브라흐마 미맘사와 제사의식이라는 실천적 측면에서 베다성전의 제사편(Karmakāṇḍa)인 『브라흐마나』를 탐구하는 카르마 미맘사가 있는데, 전자를 베단타(Vedānta)학파라고 별칭한 반면 후자를 단지 미맘사학파라고 하였다. 혹은 제사실행에 관해 탐구하는 학파가 먼저 생겨났기 때문에 푸르바(pūrva: 前) 미맘사, 철학적 고찰을 위주로 하는 학파는 뒤에 생겨났기 때문에 웃타라(uttara: 後) 미맘사라고도 한다.

따라서 미맘사학파의 기원은 『브라흐마나』이지만, 기원전 4-5세기 무렵 자이미니(Jaimini)가 『브라흐마나』의 명확하지 않은 부분은 추리하고 통일되지 않은 부분은 정리하여 『미맘사 수트라(Mīmāṃsāsūtra)』를 편찬함으로써 독립된 학파로 성립하였다. 『미맘사 수트라』는 12장 60절로 구성된, 6파 철학의 수트라 중 가장 큰 볼륨의 경으로, 제1장 제1절 1항은 이 같은 말로 시작된다. "미맘사의 목적은 다르마의 탐구이다. 다르마란 무엇인가? 다르마는 베다성전에 규정된 제사의 실행으로, 그것은 인간에게 지복(해탈)을 가져다준다."

그들은 "제사를 지내라"는 베다의 말씀의 진실성을 말 자체에서 추구하여 이른바 성상주론(聲常住論)을 주장하였다. 미맘사학파에 의하면 말은 개체(vyakta: 현현)를 나타내는 것이 아니라 형상(ākṛti)을 의미하기 때문에 단순히 발성과 함께 생겨나는 생성 소멸의 현상이 아니다. 말은 형상과 불가분의 관계를 갖는 영원한 것으로, 영원한 말의 본체가 글자(음소나 단어 혹은 문장)의 형식으로 발성됨과 동시에 소리로 현현하여 우리의 지각 상에 나타난다는 것이다. 『성유식론』에서는 이들의 성상주론을 이같이 소개하고 있다.

"어떤 이들은 『明論(베다)』의 말씀(śabda)은 상주(常住)하는 것으로, 능히 지식의 결정적 근거가 되어 제법을 드러낸다고 주장하였다."[11]

미맘사학파의 성상주론은 말-소리(śābda)의 무상성을 주장하는 불교의 최대 적대자였다. 초기불교 이래 말-소리는 화자의 의도, 혀, 이빨, 목구멍, 목젖 등에 의해 지어진 것으로 무상한 것이라 주장하였기 때문이다. 이에 따라 성상주론은 수론·승론과 더불어 불전 상에 가장 빈번히 등장하는 외도라고 할 수 있다.

아무튼 그들은 베다성전의 말씀은 누구에 의해 설해진 것이 아니라 원래부터 존재하는 것으로 그 자체 진리라는 견해에 따라 제사의 실행(karma)이 해탈에 이르는 유일한 길이라고 주장하였다.

5. 니르그란타

니르그란타(Nirgrantha, 離繫派)는 리샤바 지나(Ṛṣabha Jina)를 따르는 이들이다.

[해설] 니르그란타(Nirgrantha, 팔리어는 Nigaṇṭha: 한역은 尼乾陀, 尼楗)는 '속박에서 벗어난 이들'(한역은 '離繫')이라는 뜻의 종

---

11 『성유식론』권1 (T31, 3b14-15), "有餘偏執. 明論聲常, 能爲定量, 表詮諸法."

교단체로 불타 당시에도 존재하였다. 즉 이 같은 '이계파(離繫派)에 속하는 즈냐타 족의 아들'이라는 뜻의 니르그란타 즈냐타푸트라(Nirgrantha Jñātaputra), 팔리어로는 니간타 나타풋타(Nigaṇṭha Nathāputta)는 육사외도(六師外道) 중의 일인으로 자이나교의 교조 마하비라(Mahāvira: 大雄)에 대한 불교도들의 호칭이었다.

마하비라의 본명은 바르다마나(Vardhamāna)이다. 그는 업의 속박에서 벗어나기 위해 니르그란타가 되어 13년간의 수행 끝에 완전한 지혜(kevala jñāna)를 얻어 24번째 티르탕카라(Tīrthaṅkara, 생사의 여울을 건넌 자, 혹은 건너게 하는 자, 즉 구세주) 또는 지나(Jina, 승리자)가 되었다.

본서에서 말하고 있는 리샤바 지나(Ṛṣabha Jina)는 바로 첫 번째 지나(즉 Ādinātha)이다. 마하비라 바로 앞의 23번째 지나는 파르슈바(Parśva)로, 통상 자이나교 성전(caitya)에는 마하비라를 중심으로 한 이 두 지나의 상이 봉안되어 있다.

그들은 일체 모든 지식의 대상(jñeya), 즉 알아야 할 모든 것은 영혼(jīva: 命), 번뇌의 오염(aśrava: 漏), [번뇌의] 억제(saṃvara: 律儀), [업의] 결정적 멸진(niyatijarā), 속박(bandha), 업(karma), 죄(罪, papa), 복(福, puṇya), 해탈(解脫, mokṣa)이라는 아홉 가지 범주에 포함된다고 주장하였다.

여기서 영혼이란 자아(ātman)로 개인의 육체와 같은 크기이다. 이는 본질적으로 영원하지만, 현상에 드러난 것은 무상하다.

번뇌의 오염이란 선업과 불선업을 말하니, 이로 인해 (이러한 선·불선의 업이 영혼을 장애함에 따라) 윤회하기 때문이다.

[번뇌의] 억제란 [영혼이] 번뇌에 의해 오염되는 것을 막는 것을 말하니, 이로 인해 더 이상의 새로운 업을 짓지 않기 때문이다.

[업의] 결정적 멸진이란 물을 마시지 않거나 몸을 괴롭히는 등의 고행을 통해 일찍이 쌓은 업을 소멸시켜 없애는 것을 말한다.

속박이란 전도된 견해이다.

업(karma)에는 다음의 생을 받을 업과, 명성과 종성과 수명과 관련된 업 등 네 가지가 있다.[12]

죄(罪)는 비법(非法, adharma, 불선)이다.

복(福)은 법(法, dharma, 선)이다.

해탈(解脫)이란 나행(裸行)과 묵언(默言), 다섯 가지 불에 의한 고행(苦行)을 행함으로써 이전에 지은 일체의 업을 멸진하고 더 이상 새로운 업을 짓지(쌓지) 않음으로써 일체의 세간 위에 존재하는 '일체 세간의 적집소'라고 불리는 그곳으로 가는 것을 말한다. 그곳은 하얀 일산(日傘)을 거꾸로 세운 듯한 형상에, 우유가 발효한 요구르트나 하얀 수련처럼 흰색을 띤, 450만 유순(由旬, yojana) 정도의 크기로, 영혼이 존재하는 곳이기 때문에 존재의 세계(bhāva)라고 할 수 있지만 윤회로부터 벗어난 곳이기 때문에 비존재의 세계(abhāva)라고도 할 수 있는 곳으로, 그들은 그곳을 해탈[의 세계]라고 하였다.

---

12 불교에서는 전자를 인업(引業, 구역은 總報業)이라 하고 뒤의 세 업을 만업(滿業, 구역은 別報業)이라 한다.

[해설] 이에 반해 오늘날 자이나교의 양대 학파인 공의파와 백의파 모두가 그 권위를 인정하여 하루에 한 번 독송하면 하루 단식하는 것과 그 공덕이 같다고 말할 정도로 존중받는 우마스바티(Umāsvāti, 3세기 초)의 『진리증득경(Tattvārthādhigama Sūtra)』에 의하면, 24번째 지나인 마하비라가 제시한 진리의 요체는 영혼(jīva)과 비영혼(ajīva), 즉 운동(dharma)과 정지(adharma), 공간(ākāśa), 푸드가라(pudgala, 업물질)의 다섯 실재와, [영혼으로의 업물질의] 유입(āsrava)과 속박(bandha), [업물질의] 억제(saṁvara)와 멸진(nirjarā), 그리고 해탈(mokṣa)의 일곱 범주로 유위 무위 일체 지식을 설명한다. 바로 이에 대한 올바른 통찰(믿음)과 올바른 지식, 그리고 올바른 실천에 의해 해탈이 성취된다고 주장하였다.

그들은 더 이상 새로운 업을 짓지 않기 위해 불살생(ahimsa)·무소유 등의 5대 서원을, 이미 유입된 업물질을 소멸하기 위해 고행의 실천 수행도를 제시하였다. 고행에는 내적 고행과 외적 고행 두 가지가 있다. 단식과 감식(減食), 혹은 음식의 제한이나 맛있는 음식의 거부, 독거(獨居), 신체적 난행(難行), 이를테면 특정의 자세를 취하거나 맨몸으로 더위와 추위를 감당하는 것 등이 외적 고행이라면, 참회·티르탕카라에 대한 예배·봉사·경전의 학습·명상 등이 내적 고행이다.[13]

리샤바 지나(Ṛṣabha Jina)는 [이같이] 말하였다.

---

13 좀 더 자세한 내용은 권오민, 『인도철학과 불교』, pp.150-164 참조.

해탈의 세계는
설향화(雪香花)나 요구르트
진주와 같은 흰 색이고
하얀 일산과 같은 형상이라네.

6. 로카야타

로카야타(Lokāyata, 順世派)는 이같이 주장하였다.

전생에서 이생으로 오는 것이 아니니, 그 누구도 전생을 본 일이 없기 때문이다. [지(地)·수(水)·화(火)·풍(風)의 4대가 화합하여] 우연적으로 생겨난 신체로부터 우연적으로 마음이 생겨나는 것으로, 마치 우연히 (저절로) 일어난 불로부터 우연히 (저절로) 빛이 생겨나는 것과 같다.

또한 이생에서 후생으로 가는 것도 아니니, 육체와 마음은 동일한 것이기 때문이다. 즉 신체가 사멸하면 마음 또한 함께 사멸하는 것으로, 마치 돌이 부서져 사라지면 돌의 무늬도 함께 사라지는 것과 같다.

즉 그들은 인식대상(prameya: 所量)이 될 수 있는 것은 오로지 자상(自相, svalakṣaṇa)뿐이고, 바른 인식수단(pramāṇa) 또한 직접지각(現量, pratyakṣa pramāṇa)뿐이라고 주장하였다. 왜냐하면 그들은 [인식대상이나 인식수단으로서] 존재의 보편적/일반적 특성(sāmānyalakṣaṇa: 共相)도 추리(anumāṇa pramāṇa: 比量)도 인정하지 않았기 때문이다.[14]

---

14 공상(共相)에 대해서는 제5장 경량부의 종의 2-1-1② '자상과 공상'을 참조할 것.'

[해설] 로카야타(Lokāyata, 順世派)는 현실세간(loka)에 순응하는(ayata) 현세주의 유물론자로 브리하스파티(Bṛhaspati) 혹은 그의 출중한 제자 차르바카(Cārvāka)가 개조(開祖)로 알려진다. 혹은 인도 유물론을 차르바카라고도 한다. 차르바카라는 말은 '씹는다' '먹는다'를 뜻하는 √cārv에서 파생된 말로서, '먹고 마시며, 즐기자'는 주장의 설교자나 실천가를 의미하지만, 어느 시기 유물론자를 가리키는 일반명사가 되었다.

마드바(14세기)의 『전철학강요』에 따르면 그들은 추리의 근거인 추리해야 할 것(所立)과 이유명제 사이의 필연적 관계성(vyāpti), 예컨대 "저 산 너머 불이 있다. 연기가 나기 때문에"라는 추론식에서 불과 연기 사이의 필연적 관계성은 특수한 사실을 일반화한 추리의 결과라는 이유에서, 증언(聖言量) 역시 신뢰를 전제로 한 것이기 때문에 추리와 증언을 인식의 수단(pramāṇa)으로 인정하지 않으며, 오로지 직접지각(現量)만을 인정하였다.

따라서 그들은 추리나 증언 등에 의해 알려지는 일체의 형이상학적 개념들, 이를테면 초월적인 자아(혹은 영혼)나 신, 인과법칙, 윤회나 영혼의 재생 따위를 믿지 않는다. 그들은 주장한다. "선 · 악업의 과보는 존재하지 않으며, 괴로움이나 즐거움은 인간에게 고유한 것이다. 세계란 다만 지(地) · 수(水) · 화(火) · 풍(風)이라는 네 가지 물질적 요소의 우연적인 결합일 뿐이며, 자아 역시 지성의 속성을 더한 육체일 따름이다. 곧 네 가지 요소의 결합체인 육체가 사멸하면, 자아 역시 사멸하고 말기에 감각적 육체적 쾌락만이 인생의 유일한 목적이다."[15]

---

15 권오민, 『인도철학과 불교』, p.141.

불교가 지양하는 상주(常住)와 단멸(斷滅)의 양 극단 중 단멸론은 언제나 이들을 가리키며, 불교 번뇌론에서 인과부정의 사견(邪見) 또한 이들을 가리킨다. 인도의 모든 철학이 현실의 즐거움조차 영원하지 않기에 궁극적으로 괴로운 것이라고 주장하는 데 대해 그들은, 쌀이 벼 껍질에 싸여 있다고 해서 버릴 수 없듯이, 오늘의 즐거움을 포기해서는 안 된다고 말한다.

그들은 이같이 말하였다. "삶이 너희의 것일 때, 즐기며 살라. 죽음의 번뜩이는 눈초리를 벗어날 이 아무도 없으니, 우리의 육신이 일단 태워지게 되면 어떻게 그것이 다시 돌아오겠는가?[16]

로카야타 중의 어떤 이들은 일체의 모든 존재는 원인 없이 저절로(자연적으로) 생겨난 것이라고 주장하였다.

그들은 이같이 말하였다.

"일체의 모든 존재는, 예컨대 해가 뜨고 강물이 흐르는 것도, 콩이 둥글고, 가시가 길고 뾰족하며, 공작새의 깃털이 [알록달록한] 것도 누가 만든 것이 아니라 저절로 생겨난 것이라네."

---

16 『전철학강요(Sarvadarśanasaṁgraha)』 (S. Radhakrishnan and C. A. Moore, ed., A Source Book in Indian Philosophy, Princeton Univ. Press, 1973), p.228.

내도(內道)의 종의 총론

제3장 불교철학 서설

불교의 종의를 총론과 각론의 두 가지 형식으로 간략히 분별한다.

1. 삼종법륜

그 누구도 비교할 수 없는 뛰어난 스승이신 석가족(釋迦族)의 왕, 그분께서는 먼저 [일체 중생을 구제하기 위해] 위없이 높은 깨달음을 얻고자 하는 마음(菩提心)을 일으키셨다. 그리고서 [이러한 염원을 실현하기 위해] 3아승지겁에 걸쳐 복덕과 지혜를 쌓으시고, 마침내 [보드가야의 보리수 아래] 금강보좌(金剛寶座)에서 위없이 높은 깨달음을 증득하셨다.

[해설] 후술하듯이 티베트불교 전통에서도 발심으로부터 무상(無上)의 정등각(正等覺)까지의 과정을 네 단계로 이해한다. 이른바 사계성도(四階成道)설이다.

제1 단계: 연등불의 수기(授記)로부터 3아승기겁 동안 7만 5천, 7만 6천, 7만 7천의 부처님께 공양하고 보시(布施) · 지계(持戒) · 인욕(忍辱) 바라밀다의 성취.

제2 단계: 100겁 동안 '무가(無價) 타사(馱娑, dāsa)' 즉 대가 없는 노복으로서 32가지 묘상(妙相)을 초래할 만한 업을 닦아 정진(精進) 바라밀다의 성취.

제3 단계: 최후신의 보살로 하생하여 6년간 출가수행.

제4 단계: 보리수 아래에서의 34념(念) 성도. 이로써 선정과 지혜 바라밀다를 성취하였다.[1]

[불타께서는 이후] 바라나시 [녹야원]에서 [이전에 함께 고행하였던] 다섯 비구에게 처음으로 4성제의 법륜을 굴리셨다. 그 후 [마가다국의] 영취산(靈鷲山)에서 무상(無相)의 법륜을 굴리셨고, 그리고 바이샬리 등지에서 뛰어난 변별(辨別)의 법륜을 널리 굴리셨다.

[해설] 이같이 불타가 초전법륜(初轉法輪) 이후 두 번의 법륜을 더 굴렸다는 사실을 전한 것은 『해심밀경(解深密經)』에서이다. 이는 말하자면 불타의 일체 교법을 세 가지(3時)로 정리하고 이를 요의(了義)·불요의(不了義), 혹은 구경(究竟)과 방편(方便)으로 해석한 것으로, 일종의 교상판석(敎相判釋)이라 할 수 있다.

제1시: 세존께서는 바라나시 선인주처(仙人住處) 녹야원에서 오로지 성문승(聲聞乘)으로 나아가려는 이들을 위해 사제상(四諦相)으로써 정법륜을 굴리셨다. 이는 매우 희유하여 일체 세간의 어떠

---

1 『구사론』 권18 (권오민 역, 동국역경원, 2002, pp.824-827); 본서 제4장 2-3-2 '불타와 보살' 참조.

한 천인(天人)도 이 같은 법륜을 굴린 이가 없었지만, 이보다 더 뛰어난 것이 있는 불요의였기에 이에 대한 온갖 쟁론이 제기되었다.

제2시: 오로지 대승(大乘)으로 나아가려는 이들을 위해 일체법은 다 무자성(無自性)이고 무생(無生) 무멸(無滅)로 본래 적정(寂靜)의 자성(自性)이 열반이라는 은밀상(隱密相)에 근거하여 정법륜을 굴리셨다. 이는 더욱 기이하고도 매우 희유한 것일지라도 이 역시 이보다 더 뛰어난 것이 있는 불요의이기에 이에 대한 온갖 쟁론이 제기되었다.

제3시: 일체승(一切乘)으로 나아가려는 이들을 위해 일체법은 다 무자성(無自性)이고 무생(無生) 무멸(無滅)로 본래 적정(寂靜)의 자성(自性)인 열반도 무자성의 존재라는 현료상(顯了相)으로써 정법륜을 굴리셨다. 이는 가장 기이하고 가장 희유한 것으로, 지금 세존께서 굴리신 법륜 중 이보다 더 뛰어난 것이 없는 진실의 요의(了義)이기에 이에 대해서는 어떠한 쟁론도 일어날 수 없었다.

『해심밀경』에서는 계속하여 선남자 선여인이 제3시의 요의의 언교(言教)를 듣고 신해(信解)하고 서사(書寫)하고 수지 공양하고, 널리 유포하고, 독송 수습하며 참답게 사유하고, 이를 통해 가행을 일으킬 때의 복은 무량(無量) 무수(無數)로 그 어떤 비유로도 알기 어렵다고 하였다.[2]

유가행파에서 자신들의 소의경전인 『해심밀경』을 요의법륜으로 간주하는 것은 당연하다. 그들에 의하면 불타는 초전법륜에서 세계(즉 5온)가 괴로운 것이라고 여기는 중생들을 위해 괴로움(苦)

2 『해심밀경』 권2 (T16, 697a23-b14).

과 괴로움의 소멸(苦滅)의 인과관계를 밝힌 4성제를 설하였지만, 그들 성문들은 열반을 비롯한 제법에 집착하였기 때문에 『반야경』 등에서 제법은 자상(自相)을 갖지 않으며 공(空)이라는 무상(無相)에 대해 천명하였고, 다시 이를 요의(了義)의 법문으로 간주하여 공에 집착하는 악취공자(惡取空者)를 물리치고 그것의 취지를 드러내기 위해 『해심밀경』을 설하였다는 것이다.

그러나 티베트 불교 전통에서는 후술하듯이 제2 무상법륜을 요의로 간주한다. 그들은 불교 제 학파 중 『반야경』을 소의경전으로 삼는 중관학파, 그중에서도 오로지 비판을 통해 공성을 천명하는, 제법의 자상을 언어적 가설로서도 인정하지 않는 귀류논증파를 가장 수승한 불교로 이해하였기 때문이다. 아마도 제3 법륜을 '변별의 법륜'이라 호칭한 것도 이 때문이었을 것이다. 제프리 홉킨스에 의하면 유가행파에서는 자상(自相)을 갖는 법과 자상을 갖지 않는 법을 분별하기 때문에 '뛰어난 변별의 법륜(the wheel of doctrine of good differentiation)'으로 이름 하였다.[3] 후술하듯이 유식학파에서는 자상으로서 존재하는 원성실성(圓成實性)과 의타기성(依他起性)을 승의제로, 무자상의 존재인 변계소집성(遍計所執性)을 세속제로 이해하였기 때문이다.

참고로 원측은 그의 『반야심경찬』에서 『해심밀경』의 3종 법륜을 사제(四諦)법륜, 무상(無相)법륜, 요의대승(了義大乘)법륜으로 호칭하였다.[4]

---

3 Geshe Lhundup Sopa and Jeffrey Hopkins(1989), Cutting through appearances - practice and theory of Tibetan Buddhism, pp.171f.

4 『불설반야바라밀다심경찬』(한국불교전서1, 1c5).

그리하여 여섯 외도를 비롯한 일체 모든 악견을 조복(調伏)시켰고 [유정의] 이익과 안락의 원천인 보배로운 불법도 널리 퍼지게 되었다.

[해설] 여기서 여섯 외도(tīrthika)는 차르바카 유물론적 성향의 아지타 케사캄바린, 도덕부정론자인 푸라나 카샤파, 운명론적 경향의 아지비카(Ājīvika)인 파쿠다 캇차야나와 막칼리 고살라, 불가지론자인 산자야 벨라티풋타, 그리고 자이나교의 24번째 지나인 니르그란타 즈냐타푸트라(팔리음으로는 니간타 나타풋타)의 육사외도(六師外道)일 수도 있지만, 앞서 논설한 느야야와 바이세시카, 상키야, 미맘사, 로카야타, 니르그란타 등의 여섯 외도를 의미할 것이다.

2. 4대 학파

그 후 주석가들은 세 법륜의 뜻을 각기 달리 해석함에 따라 네 가지 종의의 학파가 생겨났다. 이 중 외계대상[의 실재성]을 주장한 비바사사와 경량부 두 학파는 첫 번째 법륜을 따른 이들이었고, 무자성론자(無自性論者, 즉 중관학파)는 두 번째 법륜을 따른 이들이었으며, 유가행파(즉 유심론자)는 세 번째 법륜을 따른 이들이었다. 즉 그들은 [각각의 법륜에 근거하여] 자신들의 이론적 토대(sthāpana)와 실천 수행도(mārga, 道)와 수행도의 결과(phala)라는 세 가지 교학 체계를 세웠다.

이에 따라 불타로부터 비롯된 불교의 종의에 비바사사(毘婆沙師, Vaibhāṣika)와 경량부(經量部, Sautrāntika), 그리고 유식학파(Vijñānavāda,

즉 Yogācāra)와 중관학파(Mādhyamika), 이렇게 네 학파가 존재하게 된 것이다.

[여기서] 네 가지라는 수(數)는 결정적인 것이다. 왜냐하면 [일반적으로] 그 밖에 다섯 번째 종의나 [성문·독각·보살의] 3승과는 별도의 제4승은 존재하지 않는다고 말하기 때문으로, 예컨대 [바즈라가르바(Vajragarbha: 金剛藏)의] 『금강심석(金剛心釋, Hevajra Tantra)』에서 "불교도 중에 네 번째 [승]과 다섯 번째 [종의의 학파]가 있다는 것은 정복자(불타)의 뜻이 아니다"고 말한 바와 같다.

3. 4대 학파의 중도설

[중관학파의] 귀류논증파의 입장에서 보면 자립논증파 이하 [유가행파, 경량부, 비바사사]의 불교 학파는 모두 상주(常住, 영속)와 단멸(斷滅, 허무)의 극단(邊)에 떨어지는 것이지만, 각기 자신의 입장에서 볼 때 그들은 모두 [자신들이야말로] 중관파라고 주장하였다. 즉 그들은 저마다 각기 자신들의 방식대로 상주와 단멸의 양 극단을 떠난 중도(中道)를 제시하고 있기 때문이다.

> [해설] 겔룩파에서는 귀류논증파를 불교의 완전한 종의로 간주하였고, 이에 따라 본서에서도 다른 학파와 구별되는 '귀류논증파 종의의 주요 특성'(제8장)으로 논설을 끝맺고 있다.
>
> 상주론(常住論, 혹은 常見 śāśvata-dṛṣṭi)이란 세계의 근원으로서 자

아(혹은 영혼)와 같은 영원하고도 단일 보편의 존재를 주장하는 영속론으로 베단타 등의 인도 전통철학이 그러한 것이라면, 단멸론(斷滅論, 혹은 斷見 uccheda-dṛṣṭi)은 그러한 존재를 부정하여 업과 윤회도, 나아가 해탈도 없다고 주장하는 허무론으로 차르바카(로카야타) 유물론이 그러한 것이다. 즉 상견(常見)은 진실로 존재하지 않는 것을 존재한다고 여기는 견해, 단견(斷見)은 진실로 존재하는 것을 존재하지 않는다고 여기는 견해이기에 불교에서는 언제나 이 같은 두 극단을 떠난 중도를 지향한다. 그러나 후술하듯이 불교 제 학파에서 단상(斷常)의 양 변(邊)은 각기 위상을 달리한다.

참고로 불교 네 학파가 모두 중관파로 자칭하였다는 이 같은 형식의 논설은 설일체유부 비바사사에 의해 제시되고 있다. 즉 중현은 『순정리론』에서 ① 일체 제법(삼세법과 세 종류 무위)과 함께 진실(眞實)의 보특가라(補特伽羅)를 주장하는 증익론자(增益論者, 즉 독자부와 정량부), ② 오로지 현재법과, 과거법으로서 아직 결과를 낳지 않은 업의 실유를 주장한 분별론자(分別論者, 즉 음광부). ③ 오로지 현재 일 찰나 중의 12處의 [所依가 되는 法]體의 실유를 주장하는 찰나론자(刹那論者, 즉 경량부), ④ 현재세에 존재하는 제법 역시 오로지 가유(假有)라고 주장하는 가유론자(假有論者, 즉 설가부), ⑤ 일체법은 모두 공화(空花)와 같은 무자성의 존재라고 주장한 도무론자(都無論者, 즉 반야중관론자)에 대해 "이들을 어찌 일체의 유(有)를 설하는 종의(說一切有宗)라고 말할 수 있다는 것인가?"라고 힐난하였는데,[5] 이는 곧 그들이 모두 '설일체유부'라고 자칭하였음

---

5 『순정리론』 권51 (T29, 630c6-631a3).

을 의미한다. '중도'가 진실의 대명사이듯 '유론(有論, sad-vāda)' 또 한 진실론의 의미였기 때문일 것이다.

네 학파의 종의는 각기 상주와 단멸의 극단을 파기하는 방식이 다르다. 비바사사(毘婆沙師)는 결과가 생겨날 때 원인은 소멸한다고 주장하기 때문에 상주의 극단(常邊)에서 벗어나고, 원인이 소멸하는 단계에서 결과가 생겨난다고 주장하기 때문에 단멸의 극단(斷邊)에서도 벗어났다고 말한다.

경량부에서는 제 유위법은 상속(相續)이 끊어지지 않고 연속적으로 일어난다고 주장함으로써 단멸의 극단에서 벗어나고, 찰나에 소멸한다고 주장함으로써 상주의 극단에서도 벗어났다고 말한다.

유식학파에서는 자신들은 변계소집성(遍計所執性)은 진실로 성취되지 않는다고 (다시 말해 진실로 존재하는 것이 아니라고) 주장함으로써 상주의 극단에서 벗어났다고 말하며, 의타기성(依他起性)은 진실로 성취된다고 (다시 말해 진실로 존재하는 것이라고) 주장함으로써 단멸의 극단에서 벗어났다고 말한다.

중관학파는 일체법은 세속적 차원의 언어적 가설(vyavahāra)로서 존재한다고 주장함으로써 단멸의 극단에서 벗어났다고 말하며, 승의적/궁극적 차원에서는 존재하지 않는다고 주장함으로써 상주의 극단에서 벗어났다고 말한다.

[해설] 콘촉 직메 왕뽀의 둡타에서는 유부 비바사사는 인과상속론

을 주장함으로써, 경량부는 무간의 찰나멸론을 통해, 유가행파에서는 유식삼성설을, 중관학파에서는 세속과 승의의 이제설을 통해 상주론(有派 astika의 영속론)과 단멸론(無派 nāstika의 허무론)의 극단에서 벗어났다고 말한다. 이는 매우 정확한 이해라고 할 수 있다. 이에 따라 그들 4대 학파의 철학적 관심 역시 이 같은 인과상속 등에 관한 것이었다고 말할 수 있다.

비록 상위(上位) 학파의 종의에 의해 그것과는 서로 모순되는 하위학파의 종의가 비판/배격될지라도 하위학파의 견해를 이해하는 것은 상위학파의 견해를 이해하기 위한 가장 뛰어난(올바른) 방편이 된다. 그렇기 때문에 상위학파의 종의가 더 뛰어나다는 이유만으로 하위학파의 종의를 멸시해서는 안 된다.

[해설] 불교사상사는 불타 교법의 요의(了義)와 불요의(不了義), 구경(究竟)과 방편(方便), 승의와 세속 등과 관련한 해석의 역사라고 말할 수 있다. 하위학파의 요의(구경)는 상위학파의 방편(불요의)설로 편입되었다. 예컨대 경량부는 유부 비바사사의 업과(業果) 상속론을 인정하였지만 그것은 객관적 실체로서가 아니라 심식(心識) 내의 종자로서 상속한다는 것이었고, 유가행파는 이를 다만 변계소집성(허구)으로 간주하였으며, 중관학파에서는 유가행파에서 승의로 간주하는 원성실(圓成實)의 유식성을 포함하여 일체법을 다만 세속제로서 인정할 뿐이었다. 따라서 하위학파의 학설은 비록 구경설이 아닐지라도 방편설로는 인정하였기 때문에 멸시되지도, 배척되지도 않았다.

4. 불교도의 정의

불교의 종의를 따르는 이들(즉 불교도)이라 함은 바로 다음의 네 가지 진리의 징표(四法印)를 승인하는 이들이기 [때문이다].

첫째, 제행무상(諸行無常): 유위의 모든 현상은 영원하지 않다.

둘째, 일체개고(一切皆苦): 일체 유루는 괴로운 것이다.

셋째, 제법무아(諸法無我): 일체 모든 법에는 자아가 존재하지 않는다. 혹은 일체 모든 법은 자아가 아니다.

넷째, 열반적정(涅槃寂靜): 열반은 완전한 평화(śānti: 寂靜)이다.

[해설] 불교의 네 학파는 전술한 대로 세계를 이해하는 방식이 완전히 다르지만, 적어도 법인(法印, dharma-mudra)으로 일컬어지는 이 네 가지 명제를 진리로 승인한다는 점에서 일치한다. 즉 이러한 네 명제는 불교의 모든 학파에 공통되는 종의로, 이 네 가지 명제를 진리로 인정하는 이를 불교의 종의를 따르는 불교도라고 말할 수 있다는 것이다.

4법인은 한역 『증일아함』 권18(T2, 640b13-15) 등에 언급된다. 이를 포함하여 일반적으로 행고(行苦) 즉 '일체제행이 다 괴로운 것(一切諸行皆苦)'이라고 하지만, 여기서의 유위제행은 5취온(取蘊)을 말하는 것으로 무루의 성도는 포함되지 않는다. 무루도는 열반의 즐거움에 수순하는 것, 열반의 득(得)을 인기하기 때문에 삼계에 떨어지는 법(墮界法), 윤회의 괴로움을 낳는 법이 아니다.

『성유식론』에서는 무아설에 따르고, 열반(還滅)을 추구하며, 불·법·승 삼보를 찬탄하고, 5온 등의 법을 표방하면 불설이라 하였다.[6]

---

6 완전한 인용은 이러하다. "모든 대승경은 다 무아(無我)에 따르고 삭취취(數取趣, pudgala,

이 말이 비록 '대승경=불설'론의 맺음말로 진술된 것일지라도 대승이니 소승이니 하는 특수한 주의 주장은 문제되지 않는다는 말로 들린다.

5. 독자부의 개아(푸드갈라)론

만약 그렇다고 한다면 독자부(犢子部, Vatsīptrīya)는 개아의 실체성(pudgala- ātma: 人我)을 주장하기 때문에 불교의 학파가 아니라고 해야 할 것 아닌가?

독자부가 승인하는 개아는 다만 개별적 실체로서 존재하는 자아인 반면 4법인 중에서 말한 '무아(無我)'는 영속적이고도 단일 편재하는 자아(常一主宰我)가 존재하지 않는다(śūnya: 空)는 것이기 때문에 불교의 학파가 아니라는 과실은 없다. 이 같은 [개별적 실체로서의 자아는] 정량부(正量部, Sāṃmitīya) 계통의 다섯 부파에 의해서도 승인되고 있기 때문이다.

[해설] 독자부는 세우(世友)의 『이부종륜론』에 따르면 상좌부(上座部)－설일체유부－독자부－정량부의 분파계통에 속하는 불교 학파로, 『대비바사론』 이래 『구사론』 「파아품」 에서도, 『성실론』

人 즉 개아)를 거부하며, [생사]유전(流轉)에 등 돌리고 환멸(還滅, 열반)로 나아가며, 불법승(佛法僧)[의 삼보]를 찬탄하고 모든 외도를 헐뜯으며, [5]온의 법을 드러내고 승성(勝性, pradhana, 샹키야학파가 주장하는 만물의 근원인 prakṛti 즉 근본원질) 등의 법을 비판하였다. 대승을 좋아하는 이들은 [대승경은] 전도됨이 없는 이치를 현시하는 경(佛說 정의에 부합하는 大白說)에 포섭된다고 인정하기 때문에 『증일아함』이 그러한 것처럼 지교량(至教量, āptapramāṇa)에 포섭된다." (T31, 14c21-25)

「유아무아품」에서도, 혹은 『카타밧투(論事)』에서도 그들을 유아론의 불교로 이해하였다. 그러나 그들이 주장하는 자아/개아(pudgala, 補特伽羅)는 설일체유부 등에서 언급/비판하듯이 바로 5온도 아니고, 그렇다고 5온과는 별도의 실체로서 존재하는 것도 아니다. (이를 非卽蘊非離蘊이라 한다.)

그들은 5온과 자아의 관계를 불과 땔감의 관계에 비유하였다. 즉 불은 땔감을 떠나 존재할 수 있는 것이 아니다. 그렇지만 땔감과 불은 다른 것도 아니며 동일한 것도 아니다. 만약 불이 땔감과 다른 것이라고 한다면(다시 말해 각기 개별적 실체라고 한다면) 땔감은 타지 않아야 할 것이고, 동일한 것이라고 한다면 태워지는 것(즉 땔감)을 바로 태우는 것(즉 불)이라고 해야 한다. 이와 마찬가지로 자아(푸드가라)가 5온과 다른 것이라고 한다면 상주(常住)하는 것이라고 해야 하고, 동일한 것이라고 한다면 5온과 마찬가지로 단멸(斷滅)하는 것이라고 해야 한다는 것이다.[7]

혹은 그들은 '무거운 짐을 진 자'에 대해 설한 『잡아함』 제73경 「중담경(重擔經)」을 경증으로 제시하기도 한다. 무거운 짐(즉 5온)에 대해 말할 경우 그것을 진 자(자아)에 대해 말하지 않을 수 없지만, 그렇다고 이 때 '짐을 진 자'(즉 자아)가 짐(즉 5온)과는 무관하게 별도로 존재하는 것도 아니다.[8]

5온과 동일한 것은 아니지만, 그렇다고 5온과 다른 것도 아니라

---

7 권오민 역, 『아비달마구사론』, p.1343.

8 권오민 역, 『아비달마구사론』, p.1361.; 『성실론』 권3 (T32, 259c9-260a9).; 『삼미저부론』 권상 (T32, 465b8-14) 참조.

는 이 같은 형식의 자아론을 인도철학 일반의 유아론으로 보기 어려우며, 그들 또한 이를 '불가설(不可說) 법장(法藏)'이라 하였다. 꼰촉 직메 왕뽀의 전생으로 일컬어진 잠양 세빠 또한 이런 이유에서 독자부를 자기 원인적 실체로서의 유아론으로 인정하지 않았다. 앞서 언급한 대로 비록 『구사론』 등의 불교 제론에서 이를 유아론으로 비판하고 있을지라도 이 또한 불교의 한 형태로 이해하였다. 법장의 화엄교판에서도 비록 그들을 5교(敎) 10종(宗) 중의 제일 하위인 제1 아법구유종(我法俱有宗)으로 판석하였을지라도 역시 불교의 한 갈래로 이해하였던 것이다.

꼰촉 직메 왕뽀는 4법인 중의 제법무아(諸法無我)는 다만 『우파니샤드』에서 주장하는 영원하고 단일하며, 편재하는 이른바 상일주재(常一主宰)의 자아를 비판한 것(그는 이를 거친 人無我라고 하였다)이라 하여 개별적 실체로서의 자아인 개아(pudgala)와 구별하였다. 그리고 역시 이러한 형식의 자아를 주장한 정량부 계통의 다섯 부파를 논거로 제시하였다.

전술한 대로 『이부종륜론』에 따르면 정량부는 독자부의 분파이지만, 티베트 전승의 분파사료, 예컨대 비니타데바(Vinītadeva, 645-715)가 전한 근본설일체유부 전승이나 『비구 바르샤그라問論(Bhikṣuvarṣāgrampṛcchā)』의 티베트 역, 혹은 의정(義淨)의 『남해기귀전』에서는 정량부를 대중부 · 설일체유부 · 상좌부와 함께 근본4부의 하나로 열거하며, 비니타데바 전승에서는 다시 정량부의 분파로 쿠루쿨라카(Kulukullaka) · 아반타카(Avantaka) · 독자부(犢子部)를, 『비구 바르샤그라問論』의 티베트 역 등에서는 여기에 다시 홍의부(紅衣部, Tāmraśātīya)와 다문부(多聞部, Baāhuśrutīya)를 더한 5부를 열거한다. 정량부 중 어떤 이들은 5온이 모두 개아라고 주장하였다지만(본서 제4장 2-2①'개아' 참조), 정량부 계통의 다섯 부파는 '자아는 미세한 실체로서도 존재하지 않는다'는 미세한 인무아(人無我)를 인정하지 않았다. 즉 그들은 개별적 실체로서의 자아 즉 개아(pudgala)의 존재를 인정하였다. (제4장 2-2-1 '도의 관찰 대상' 참조)

현존하는 정량부(Sāṃmitīya) 논서인 『삼미저부론(三彌底部論, Sāmmitīyanikāyaśāstra)』에서는 "生有의 처소의 5온을 버리고 中間有의 처소의 5온을 받는 개아(pudgala: 補特伽羅)가 존재한다"는 말로 논의를 시작하고 있다.[9] 뿐만 아니라 이 같은 개아의 존재를 인정하지 않을 경우 삼보(三寶)와 사제(四諦) 역시 인정할 수 없을 것이라고 논의하기도 하였다.

"만약 진실로 개아가 존재하지 않는다면 살생(殺生)[의 업]도 [성취되지 않을 것이고], 죽이는 자도 성취되지 않을 것이며, 죽는 자도 역시 존재하지 않을 것이다. 그리고 투도(偸盜)·사음(邪婬)·망어(妄語)·음주(飮酒)의 경우 역시 이와 마찬가지로 존재하지 않을 것이다. 자아가 존재하지 않는다고 할 경우 이와 같[은 모순이 초래된]다.

만약 개아가 존재하지 않는다면 5역죄(殺父·殺母·殺아라한·出佛身血·破和合僧)도 역시 존재하지 않을 것이고 제근(諸根)을 방임하여(調御하는 일 없이) 선·악업을 일으키는 자도 없을 것이다. [그럴 경우] [능히] 속박하는 것도 없고 속박에서 벗어난 자도 없으며, 속박되는 일도 역시 없을 것이다. [업의] 작자(作者)도 없고, 업도 역

---

9 『삼미저부론』 권상 (T32, 462b4-7).

시 없으며, 과보도 역시 없을 것이다.

만약 업이 존재하지 않는다면 과보도 역시 존재하지 않을 것이며, 업과 과보가 존재하지 않으면 생사 역시 존재하지 않을 것이다. 중생은 업과 과보로써 생사를 윤전하기 때문이다.

만약 생사(=苦諦)가 존재하지 않는다면, 생사의 원인(=集諦) 역시 존재하지 않을 것이고, 만약 [생사의] 원인이 존재하지 않는다면, 원인의 소멸(=滅諦) 역시 존재하지 않을 것이다. 만약 [생사] 원인의 소멸이 존재하지 않는다면 道로 나아가는 것(=道諦) 역시 존재하지 않을 것이고, 이와 같다면 사제(四諦) 역시 존재하지 않을 것이다.

만약 4제가 존재하지 않았다면 4제를 설한 불타도 존재하지 않았을 것이고, 만약 불타가 존재하지 않았다면 승가 역시 존재하지 않았을 것이다.

이와 같이 개아(보특가라)가 존재하지 않는다면 삼보(三寶)와 사제(四諦) 역시 존재하지 않을 것이다."[10]

10 『삼미저부론』 권상 (T32, 465a17-27). "개아가 존재하지 않는다면 인과(因果)의 업보(業報)와 생사유전은 물론 삼보(三寶)도 사제(四諦)도 존재하지 않는다"는 『삼미저부론』의 언구는 "만약 일체가 공(空)이라면 생멸(生滅)의 4성제도, 이에 대한 통찰 내지 닦음도, 이에 따른 4향(向) 4과(果)의 성자도 부처도, 나아가 인과(因果)와 죄복(罪福)과 일체의 세속법도 모두 파괴하는 것이다"는 『중론』 제24장 1-6송, "만약 알라야식이 존재하지 않는다면 [12연기의 생사유전의 계열인] 번뇌와 업과 생의 잡염(雜染)도, 세간과 출세간의 청정(淸淨)도 불가능하다"는 『섭대승론』에서의 무착의 알라야식 존재증명의 총론(T31, 153b23-26)과도 동일한 형식이다.

내도(內道)의 종의 각론

제4장 비바사사(毘婆沙師)

내도 즉 불교의 종의에는 구체적으로 비바사사(毘婆沙師), 경량부, 유심학파(즉 유가행파), 무자성론자(즉 중관학파)의 네 가지가 있다.

먼저 비바사사에 대해 학파의 정의, 분류, 학파명칭의 유래, 그리고 그들이 주장한 종의 등 네 단락으로 나누어 논설한다.

1. 개 설

1) 정의

소승의 종의를 따르는 이들로서 [식(識)의] 자기인식(自證)을 인정하지 않고, 진실로 외계대상이 존재한다고 주장하는 이들, 이것이 바로 비바사사(毘婆沙師, Vaibhāṣika)의 정의이다.

[해설] 본『둡타』에서 '소승(Hīnayāna)의 종의'를 별도의 항목으로 밝힌 일은 없지만, 4대 학파의 실천 수행도(道)에 대해 해설하면서 "인무아(人無我)는 인정하지만 법무아(法無我)는 인정하지 않는 이들" 즉 개아(pudgala)의 실체성만을 부정하고 제법(諸法, dharmāḥ)의

실체성은 부정하지 않는 이들, 혹은 "[아집(我執)에 따른] 번뇌장(煩惱障)은 부정하지만 [법집(法執)에 따른] 소지장(所知障)은 부정하지 않는 이들"로 규정하였다. 동아시아 불교 전통에서 소승은 여기에 자리(自利)가 더해지는데, 본서에서는 특이하게도 이에 대한 언급이 없다.

일반적으로 비바사사(毘婆沙師, Vaibhāṣika)로 번역된 티베트 원어는 제닥마바(Bye brag smar ba)이다. 이는 글자 뜻대로라면 '차별설(差別說, viśeṣavāda)'이라는 정도의 의미이다. 이들은 근본아비달마(아비달마7론)에 근거하여 세계의 기체·토대로 제시된 개별적 실체로서의 제법(諸法) – 이를 본서에서는 시듑(gzhi grub)이라 하였다. – 을 자상(自相)을 갖는 차별적 존재로 분별 해설(vibhāṣā: 毘婆沙)하는 것을 최우선 과제로 삼았기 때문에 그같이 번역되었을 것으로, 보통 The Great Exposition School (위대한 해설/毘婆沙 학파) 혹은 Particularist School (개별론자들의 학파)로 영역되고 있다.

티베트에서는 세계를 차별적인/특수한 실체·속성 등의 다수의 범주로 분별하는 바이세시카학파(Vaiśeṣika: 勝論) 또한 제닥빠(Bye brag pa)로 호칭하였다. (해제 주20 참조)

참고로 잠양 세빠는 "세계를 차별적으로 분별하여 설하는 이들, 또는 개별적인 실체(dravya)로 분별하여 설하는 이들을 '제닥마바'(즉 毘婆沙師)라 한다"고 정의하였고,[1] 장까는 "『대비바사론』(Bye brag tu bshad pa chen po, Abhidharma mahāvibhāṣa- śāstra)을 따르거나 삼세 [제법(諸法)]의 개별적 실체성을 설하기 때문에 '제닥마바'라

---

1 Kun mkhyen 'jam dbyangs bzhad pa(꾼촉 잠양 세빠, 1989), pp.172-173.

한다"고 해설하였다.[2] 직메 왕뽀는 스승 장까의 해설을 그대로 수용하고 있다. ('학파명칭의 유래' 참조)

본서에서, 동아시아에서 통상 '삼세실유(三世實有) 법체항유(法體恒有)를 주장한 이들'로 규정되는 설일체유부 비바사사(毘婆沙師)를 '식(識)의 자기인식(svasaṃvedna: 自證)을 인정하지 않는 이들'로 정의한 것은 매우 이채로운 것이다. 직접지각(現量)의 네 종류 – 감각지각 · 의지각(意知覺) · 자기인식 · 요가 수행자의 직관[3] – 중의 하나인 '식의 자기인식'이란 우리의 마음은 외계대상을 직접적으로 인식하는 것이 아니라 마음 상에 나타난 이미지(형상 ākāra)를 인식한다는 것으로, 외계대상은 직접 지각되는 것이 아니라 이를 통해 추리되는 것이라는 경량부 인식론(유형상지식론)의 주요 개념이다. 직메 왕뽀가 식의 자기인식의 부정과 외계대상의 실재성을 설일체유부 비바사사를 규정하는 핵심명제로 제시한 것은 경량부와 대별하기 위한 것으로 생각된다. 비바사사가 식의 자기인식(自性了別)을 인정하지 않는 이유에 대해서는 본장 2-1-2② '식(識)'의 해설 참조.

2) 분류

비바사사(毘婆沙師)에는 카슈미르 파(Kaśmiris)와 아파란타 파(Aparāntakas), 그리고 마가다 파(Magadhas)의 세 그룹이 있다.

[해설] 비바사사(毘婆沙師)의 하위학파로 분류된 이러한 세 그룹

---

2 lCang skya rol ba'i rdo rjes brtsams (장까 롤뻬 도제, 1989), pp.51-52.

3 본서 제5장 경량부의 철학 2-2-2 참조.

의 명칭은 다만 각각의 그룹이 형성된 지역에 기초한 것이지만, 둡타 이외 어디서도 확인할 수 없다. 귄터는 이들 세 지역을 각기 카슈미르, 박트리아(Bactria), 인도 본토(India proper)로 번역하고 있다.[4]

둡타에서 제닥마바(즉 毘婆沙師)는 소승 18부파를 총칭하는 말로 사용되고 있고 실제 잠양 세빠의 『종의 대해설』에서는 본 항에 부파 분열에 관한 다양한 이설 – 18부파는 ① 설일체유부 · 대중부 · 상좌부 · 정량부의 근본 4부로부터 (각기 일곱 부파, 다섯 부파, 세 부파, 세 부파가 분파), ② 근본 1부(설일체유부)로부터, ③ 대중부 · 상좌부의 근본 2부로부터 분파되었다는 사실을 기술하고 있다. 그러나 본서 상에 논의되고 있는 본 장의 종의(宗義)는 카슈미르 비바사사 즉 동아시아 불교 전통에서 살바다(薩婆多)로 번역되는 설일체유부(說一切有部, Sarvāstivāda)의 학설이다. 그리고 이들 카슈미르 비바사사에서는 그들의 성전이라 할 만한 『대비바사론』 이래 외국(外國, bahirdeśaka) 즉 서방(西方) 간다라의 아비달마논사 (혹은 비바사사)를 학파 내부의 이설자로 언급할 뿐이다.

3) 학파명칭의 유래

궤범사(ācārya) 세우(世友 Vasumitra), 그를 비바사사(毘婆沙師)라고 부르는 데에는 이유가 있다. 즉 그는 『대비바사[론]』에 따라 종의를 설하고, 또한 [과거 · 현재 · 미래의] 삼세(三世) [제법(諸法)]의 개별적인 실체성(dravya)을 주장하였기 때문이다.

---

4 V. Guenther, Buddhist Philosophy in Theory and Practice (Penguin book Inc, 1971), p.53.

[해설] 비바사사(毘婆沙師), 즉 Vaibhāṣika는 자의(字義)대로라면 비바사(毘婆沙, vibhāṣā)를 따르는 이들이라는 뜻으로, 야쇼미트라(Yaśomitra)는 "비바사(毘婆娑)에 노닐고 종사하는 이가 비바사사(毘婆沙師)"로 정의하였다.[5] 여기서 '비바사(vibhāṣā)'는 '언급하다', '말하다'는 뜻의 √bhāṣ에서 파생된 '논의·분별하다', '해석하다'는 등의 의미로('分別·廣解' 등으로 漢譯), 아비달마를 지식의 근거(量, pramāṇa)로 간주하여 이에 대해 전문적으로 해석하고 해설하는 설일체유부의 논사들을 '비바사사'라고 하였다. 즉 이들은 후술하는 경량부와는 반대로 경(經)을 중생들의 근기에 따른 방편설(즉 不了義說)로 이해하고 아비달마를 경전 상에 담겨 있는 정리(正理, nyāya) 법성(法性, dharmatā)의 의취(意趣, abhiprāya: 密意)를 밝힌 것으로 이해하여 아비달마의 분별 해설을 본분으로 삼았다.

비바사사는 근본아비달마인 『품류족론』 내지 『발지론』 등의 7론에서 설하고 있는 일체법(一切法)은 그 자체로서 진실이며, 따라서 실유(實有)라고 주장하였다. 예컨대 세우(『대비바사론』의 4대 논사 중 일인)는 주판알이 일의 위치에 있으면 일로 일컬어지고 백이나 천의 위치에 놓이게 되면 백이나 천으로 일컬어지지만 주판알 자체로서는 동일한 것이듯이 유위법으로서 아직 생겨나지(작용하지) 않은 상태가 미래이고, 이미 소멸한 (작용한) 상태가 과거이며, 이미 생겨나 아직 소멸하지 않은(지금 작용하는) 일찰나의 상태가 현재이지만 법 자체로서는 동일한 것이라는 위부동설(位不同說)에

---

5 Abhidharmakośavyākhyā(Edited by U. Wogihara), 12. 7; 694. 4f, vibhāṣayā dīvyanti caranti vā Vaibhāṣikāḥ.

기초한 법체항유설(法體恒有說)을 주장하였고, 이는 유부 정설로 간주되었다. 설일체유부(說一切有部) – 일체법이 실재한다고 주장하는 이들– 라는 그들의 부파명칭은 이에 따른 것이다. (이에 반해 중관학파에서는 일체법은 개별적 실체/실재성을 갖지 않은, '토끼 뿔'과 같은 개념적 존재, 언어적 가설로 이해하였고, 유식학파에서는 다만 마음 상에 나타난 표상일 뿐이라고 해석하였다.)

바수미트라, 즉 세우(世友)는 인도불교사에 여러 명이 등장한다. 이를테면 ①『품류족론』(구역『중사분아비담론』)과『계신족론』을 지은 세우, ②『대비바사론』의 4대 논사 중의 일인, ③ 협(協, Pārśva) 존자의 발의에 따라 개최된 카슈미르 결집(통상 제4차 결집)의 주재자, ④『존바수밀보살소집론(尊婆須蜜菩薩所集論)』이나 시타반니(尸陀槃尼)의『비바사론(鞞婆沙論)』에 인용된『바수밀경(婆須蜜經)』의 저자, ⑤『이부종륜론』의 저자, ⑥『문론(問論)』의 저자로 멸진정에서도 미세한 마음이 존재한다고 주장한 비유자(譬喩者) 계통의 세우 등이 바로 그들이다. 여기서 세우는 추측컨대 바사(婆沙)의 4대 논사 중의 일인으로『대비바사론』의 정의자(正義者)로 언급되는 세우이다. 혹은 카슈미르 결집의 주재자로『대비바사론』을 편찬한 세우일 수도 있다.

그렇다면 본 논설에는 문제가 있다. 후대, 자신의 학설이 정설로 등장하는 자신이 편찬한 논서(『대비바사론』)에 따라 설일체유부의 종의를 천명할 수는 없는 일이기 때문이다.『대비바사론』에는 이미 세우를 비롯한 수많은 비바사사(毘婆沙師)의 견해와 간략한 비바사론(『略毘婆娑』)의 학설이 인용되고 있는데, 세우가 이를 따랐기 때문에 '비바사사'라고 하는 것은 이치에 맞지 않다. 이는 아마도

『대비바사론』이 티베트에 전역(傳譯)된 일이 없기 때문에 '비바사' 를 바로 『대비바사론』으로 이해하였기 때문일 것이다.

세우(③)에 의해 편찬된 『대비바사론』은, 8장(grantha: 蘊, 구역은 犍度) 44절(varga: 納息, 구역은 跋渠)에 걸쳐 당시 불교학의 일체의 문제를 정리한 가다연니자(迦多衍尼子, Kātyāyanīputra, B.C.50-50 무렵)의 『아비달마발지론(發智論)』(구역은 『팔건도론(八犍度論)』)을 널리 해석/해설한 것이다. 여기에는 외도나 비유자(譬喩者) 등 불교 내 이파(異派) 이설(異說)은 물론이고 신구(新舊)의 아비달마논사와 바사(婆沙)의 4대 논사로 일컬어지는 각천(覺天)·법구(法救)·묘음(妙音)·세우(世友)를 비롯하여 다수의 비바사사(毘婆沙師)와 『비바사론』의 학설이 인용되고 있다. 따라서 이에 따라 종의를 설하는 이를 세삼스레 '비바사사'로 규정할 수 없는 것이다. 본서 본장에서 언급한 '대비바사(bye brag bshad mtsho chen mo)'는 아마도 『[아비달마] 대비바사론』이라기보다 [비바사사(毘婆沙師)들의] '위대한 비바사'일 것이다.

2. 비바사사의 종의

비바사사의 종의를 이론적 토대, 실천 수행도, 수행도의 결과의 세 단락으로 나누어 논설한다.

1) 이론적 토대

이론적 토대 역시 경(境, viṣaya)과 유경(有境 viṣayin), 즉 [탐구해야 할]

지식의 대상과 [그 같은 대상을 향유하는] 주체로 나누어 논설한다.

(1) 지식의 대상

① 다섯 가지 기본범주

이 학파에서는 일체 지식의 대상(jñeya: 所知)을 다섯 가지 기본 범주로 분별하였다. 현현의 색(色, rūpa)과 심(心, citta) 즉 마음과, 이에 수반되고 있는 심소(心所, caitta), 색과도 심과도 상응하지 않는 힘(不相應行, viprayuktasaṃskāra), 그리고 무위법(無爲法, asaṃskṛta)이 바로 그것이다.

[해설] 불교에서 존재는 그 자체로서의 존재가 아니라 인식된 것, 알려진 것(jñeya: 所知)으로서의 존재이다. 우리는 알지 못하는 것에 대해 말할 수 없다. 불타는 『중아함』「전유경(箭喩經)」에서 유명한 독화살의 비유로써 시공을 초월하는 형이상적 존재를 비판하고서 "여래는 오로지 괴로움과, 괴로움의 원인과, 괴로움의 소멸과, 소멸에 이르는 방법에 대해서만 설할 뿐이다. 이것만이 실제적 이익이 있고, 열반으로 나아가게 하는 것이니, 여래는 오로지 말할 수 있는 것만을 말할 뿐, 말할 수 없는 것은 말하지 않는다"고 설파하였다.

여기서 말할 수 있는 것(즉 所詮性, *abhidheyatva)이란 알려진 것(所知性, jñeyatva: 爾焰性), 즉 경험된 것이다. 그리고 일체 경험은, 즐거운 것(樂受)이든 괴로운 것(苦受)이든 즐겁지도 괴롭지 않은 것(不苦不樂受 즉 捨受)이든 순서대로 괴고성(壞苦性) · 고고성(苦苦性) · 행고성(行苦性)이라는 점에서 괴로운 것이다. 불교에 있어 존재(有性 혹은 有相, *sattā, astitā)란 알려진 것으로 (본 둡타에서도 존재와 지식의 대상은 동의어라고 말한다: 후술), 우리는 알지 못하는 그 어떤 것에 대해서도 탐하지 않으며, 알지 못하는 그 어떤 이도 미워하지 않는다. 생사윤회의 동인인 탐(貪)·진(瞋) 등의 번뇌는 본질적으로 앎에 기초한다. 앎이란 무엇인가? 앎의 대상은 무엇이고 그것은 어떻게 알려지는 것인가? 불교철학은 바로 이러한 지식에 대한 반성으로부터 출발하였다고 해도 과언이 아니다.

이에 따라 불교철학에서는 앎의 근거, 지식의 조건(緣)을 분석 판별하는 이른바 '제법분별(諸法分別)'로부터 세계의 탐구를 시작한다. 이를테면 5온(蘊)·12처(處)·18계(界)라는 삼과(三科)의 분별이 바로 그것이다. 아비달마에서는 이러한 삼과에 대한 종합적 분별/분석이 이루어지는데, 대표적인 그것이 5위(位)의 분별이다. (스칸디라 Skandhila 塞犍陀羅의 『입아비달마론』에서는 5온과 3무위의 8가지 범주/句義 padārtha로 일체법을 총괄한다.)

즉 불교에서는 세계를 그 자체 본래 존재한다(로카야타의 無因論)거나 신(이슈바라)의 창조나 단일한 실재(이를테면 상키야학파의 '自性')의 변화로 보지 않고 다양한 원인과 조건의 결합으로 이해한다. 우리는 고래로 이를 '인연화합(因緣和合)'이라 하였다. 이러한 인연에는 색·심·심소·불상응행법과 같은 생멸 변화하는 유위법(有爲法)과 열반처럼 생멸하지 않는 무위법(無爲法)이 있다. 이같이 일체법을 유위·무위의 다섯 범주로 최초로 정리한 것은 세우(世友)의 『아비달마품류족론』 제1「변오사품(辯五事品)」에서였다.

① 색(rūpa) : 지(地, 견고성)·수(水, 습윤성)·화(火, 온난성)·풍(風, 운동성)의 4대종과 색·향·미·촉의 소조색으로 구성된 물질일반. 여기에는 안·이·비·설·신의 5근(根), 색·성·향·미·촉의 5경

(境), 그리고 무표색(avijñapti rūpa)의 11가지가 있다. 본문에서의 '현현한 색'이 무엇을 의미하는지 모르겠다. 설일체유부에서 '현현(출현)'은 현재의 의미로, 그들은 현현한 법뿐만 아니라 아직 현현하지 않은 미래법이나 이미 현현하여 과거로 사라진 법도 실재한다고 주장하기 때문에 '현현'이라는 말에는 문제가 있다. 잠양 세빠의 『종의 대해설』를 비롯한 다른 둡타에서는 5근(根)·5경과 함께 무표색(無表色)을 밝히고 있기 때문에,[6] 이로 미루어 추측컨대 여기서도 현현한 색과 현현하지 않는 색, 즉 표색(表色 vijñapti rūpa)과 무표색(無表色)을 언급하였지만, 필사과정에서 '무표'라는 말이 탈락된 것일지도 모른다.

② 심(citta) : 사유와 인식, 혹은 신체적 언어적 행위를 일으키는 단일한 실체. 사유와 인식의 주체일 경우 의(意, manas)와 식(識, vijñāna)으로 호칭하기도 한다.

③ 심소(caitta) : 마음과 함께 하는 지각(受) 등의 지식현상이나 탐(貪) 등의 심리 현상으로, 46가지가 열거된다. 마음과 관계(상응)하는 방식에 따라 다시 여섯 범주로 분류한다.

a. 대지법(大地法) : 선·불선·무기 등 어떠한 마음도 그것이 일어나기 위해서는 반드시 지각(受)·표상(想)·의지(思)·감각(觸)·의욕(欲)·판단(慧)·기억(念)·주의 경각(作意)·확인 결정(勝解)·집중(三摩地)의 열 가지 의식작용과 상응해야 한다.

b. 대선지법(大善地法) : 선한 마음이 일어나기 위해서는 맑음(信)·

---

6 Jeffrey Hopkins(2003), Maps of the Profound Jam-yang-shay-ba's Great Exposition of Buddhist and Non-Buddhist Views on the Nature of Reality, p.238.; Choying Tobden Dorje(2017), The Complete Nyingma Tradition from Sutra and Tantra, Book 13, p.88.

게으르지 않음(不放逸)·경쾌함(輕安)·평정(捨)·공경 혹은 스스로에 대한 부끄러움(慚)·죄과나 남에 대한 부끄러움(愧)·무탐(無貪)·무진(無瞋)·어짐(不害)·노력(精進)의 열 가지 의식작용과 상응해야 한다.

c. 대번뇌지법(大煩惱地法) : 선이나 악은 아니지만 올바른 지혜가 생겨나는 것을 방해하는 염오(染污)한 마음이 일어나기 위해서는 어리석음(癡)·방탕함(放逸, 불방일의 반대)·나태(懈怠, 정진의 반대)·청정하지 않음(不信, 신의 반대)·무기력함(惛沈)·들뜸(掉擧, 捨의 반대)의 여섯 가지 의식작용과 상응해야 한다.

d. 대불선지법(大不善地法) : 불선(악)의 마음이 일어나기 위해서는 무참(無慚, '참'의 반대)과 무괴(無愧, '괴'의 반대)의 의식작용과 상응해야 한다. 즉 이러한 두 가지 의식작용에 의해 인과부정의 사견(邪見)과 인과도리에 미혹하는 무명(無明)이 생겨나며, 이로 말미암아 온갖 악행을 범하게 되기 때문에 불선이다.

e. 소번뇌지법(小煩惱地法) : 분노(忿)·위선(覆)·인색(慳)·질투(嫉)·고뇌(惱)·핍박이나 해코지(害)·원한(恨)·아첨(諂)·사기(誑)·교만(憍)의 열 가지는 대번뇌지법 중의 어리석음(癡 혹은 無明)과 관계하여 일어나는 의식작용이다.

f. 부정지법(不定地法) : 추구(尋)·살핌(伺)·졸음(睡眠)·후회(惡作)·탐욕(貪)·미워함(瞋)·자만(慢)·의심(疑)의 8가지는 어떠한 마음과도 관계할 수 있는 의식작용이다.

④ 심불상응행법(cittaviprayukta saṃskāra dharma)은 마음과 관계하지 않는 별도의 힘. 여기에는 어떤 법을 획득하게 하는 힘(得), 획득하지 못하게 하는 힘(非得), 보편성(同分), 마음의 상속을 일시 끊

어지게 하는 힘인 무상과(無想果)·무상정(無想定)·멸진정(滅盡定)·생명(命)·생성(生)·지속(住)·변이(異)·소멸(滅)하게 하는 힘, 그리고 말의 의미를 드러내게 하는 힘인 단어(名)·문장(句)·음소의 집합(文身) 등의 14가지가 있다.

⑤ 무위법(asaṃskṛta dharma)은 생멸 변화나 인과적 제약에서 벗어난 것. 허공(虛空)·비택멸(非擇滅)·택멸(擇滅, 열반)의 세 가지.

이러한 5위(位)의 제법은 성자들에게 알려진 것(所知), 유부 비바사사(毘婆沙師)를 따르는 이라면 반드시 '알아야 할 것(應知, jñeya)'으로, 비록 실재성의 여부(假實)를 둘러싸고 견해를 달리하였을지라도 이러한 존재(法)의 분석은 불교 공동의 기본입장이었다. 다섯 범주로 분류된 존재는 논서와 학파에 따라 증감이 있지만 동아시아 불교에서는 『구사론』에 기초하여 '5위(位) 75법(法)'으로 규정되었는데, 이는 『구사론』을 상징하는 술어로 회자되기도 하였다. 『품류족론』 이후 불교철학의 존재론은 이 같은 5위의 제법과 관련하여 가실(假實) 문제를 비롯하여 정의, 작용, 인과적 관계 등에 관한 해석의 역사라고 할 수 있다.

[비바사사에 있어] 세계의 토대로 성취된 이러한 다섯 범주의 제법(즉 지식의 대상)은 구체적 사물이다. 여기서 구체적 사물이라 함은 실제적 작용(arthakriya)을 갖는 것을 말한다. [이에 따라 이 학파에서] 존재(sat)와 지식의 대상(jñeya)과 구체적 사물(bhāva)은 동의어이다.

[해설] 유부가 세계의 토대(존재의 요소)로 정리 제시한 75가지의

법은 모두 현실상에서 관찰할 수 있는 구체적 작용을 갖는다. 색은 장애성(礙性), 마음은 요별성(了別), 수와 상 등은 영납(領納, 지각)과 취상(取相, 표상) 등의 작용을 갖는다. 무위법인 허공은 장애성인 색법의 운동을 가능하게 하며, 택멸(열반)은 이계(離繫)를 본질로 하는 것으로 －이는 제온(諸蘊)의 상속이 다한 것, 탐·진·치 삼재(三災)가 종식된 것, 일체 괴로움이 부재하고 괴로움의 원인에서 벗어난 것이라는 멸(滅)·정(靜)·묘(妙)·리(離)라는 구체적 특성을 지닌다.－ 해탈을 증득하게 하며, 비택멸은 연(緣)이 결여될 때 미래 생겨날 법을 장애하여 영원히 생겨나지 않게 하는 작용을 갖는다.

이렇듯 설일체유부에 있어 궁극적 존재(paramārthasat: 勝義有)인 법(dharma)은 현실상에 지각되는 구체적 사물(bhāva: 有), 구체적 사태(vastu: 事)이다. 이에 따라 유부에서는 존재(sat: 有)를 '경계대상이 되어 지각을 낳는 것'으로 정의하였고,[7] '알 수 있는 것'을 존재의 異名이라 하였으며,[8] 과거·미래법 역시 '알려진 것(所知性)'으로서 존재하기 때문에 실유라고 하였다.[9] 나아가 불타 또한 "진실의 존재(實有 또는 妙有)로서 [이 같은 소지성(所知性)인] 현유(現有)의 제법을 언어적 개념(想) 등으로 시설한 분"으로 이해하였다.[10]

[다섯 가지 지식의 대상 중] 무위의 제법은 [생멸을 떠난] 항상 하는 사

---

7 『순정리론』 권50 (T29, 621c21), "爲境生覺 是眞有相.": 『성실론』 권2 (T32, 254a2f), "知所行處, 名曰有相."

8 『순정리론』 권14 (T29, 412c6f), "諸可了知者, 是有異名."

9 『순정리론』 권52 (T29, 636a23f), "有所知性, 故說爲有."

10 『발지론』 권2 (T26, 924c15f).

물이지만, 색(色)과 [심소를 포함한] 심식(心識)과 불상응행법(不相應行法)의 세 가지는 무상한 사물이라고 주장하였다.

[해설] 다섯 가지 범주 중 무위를 제외한 네 범주는 인연에 의해 생멸하는 법, 즉 유위법(saṃskṛta)이다. 이것의 미래법은 아직 생멸하지 않은 것이지만 마치 아직 불에 타고 있지 않을지라도 땔감이라고 말하듯이 연(緣)이 갖추어지면 생겨나기 때문에 유위법이라 말할 수 있다. 무위법(asaṃskṛta)은 반대로 생멸하지 않는 법이다. 허공(ākāśa)은 단일 편재하기 때문에 신축하는 한정된 공간(6계 중 空界)과 달리 생멸하지 않는다. 그럴지라도 그것은 광명 등 장애성을 갖는 일체의 법(색법)을 수용하는 작용을 갖기 때문에 직접 지각되는 것(現量得)이다.[11]

구체적 사물(bhāva)은 실체에 의해 성취된 것이지만, 반드시 실체로서 존재하는 것(dravyasat: 實有)은 아니다. 왜냐하면 [비바사사는] 승의제(paramārtha-satya)와 실체로서 존재하는 것을 동의어로, 세속제(samvṛti-satya)와 '언어 개념적으로 존재하는 것'(prajñaptisat: 假有)을 동의어로 간주하였기 때문이다.

---

11 『대비바사론』 권75 (T27, 388c16ff). 그러한 허공의 실재성을 부정하는 [비유자의] 대덕은 허공은 지식의 대상(所知事)이 아니기 때문에 알 수 없는 것으로, 다만 세간에서 분별 가립(假立)한 개념일 뿐이라고 주장하였다. (동 388c24-28).

[해설] 이 말은 곧 승의제는 실체로서 존재하는 것(實有)이고, 세속제는 언어적 가설로 존재하는 것(假有)이지만, 승의든 세속이든 양자 모두 실체에 의해 성취된 것(實體所成)으로 모두 구체적인 사물(bhāva)이나 사태(vastu)라는 뜻이다. 예컨대 지·수·화·풍의 4대종의 극미(원자)에 의해 성취된 컵은 물을 담는 실제적 기능(작용)을 갖는 구체적 사물이지만, 파괴되면 컵으로서의 지각은 상실된다. 컵 자체는 다만 언어적 가설로서의 존재일 뿐이다. (이를 세속제라고 한다: 후술) 따라서 구체적 사물(bhāva: 有)이 반드시 실체로서 존재하는 것(dravya-sat: 實有)은 아니다. 그러나 시각 활동의 주체인 안처(眼處, 12처의 하나)는 비록 4대종에 의해 성취된 것일지라도 인식영역(處)으로서의 자상을 갖는 실체이다.

아비달마불교에서는 현실의 구체적 사태(vastu, 事)라는 말의 의미를 다섯 가지로 분별한다. ① 법 자체를 뜻하는 자성사(自性事 혹은 自體事, svabhāva-vastu), ② 인식대상을 뜻하는 소연사(所緣事, ālambana-vastu), ③ 번뇌에 계박되는 법을 뜻하는 계박사(繫縛事, saṁyoganiya-vastu), ④ 원인이 되는 법을 뜻하는 소인사(所因事, hetu-vastu), ⑤ 사람에게 포섭되는 일이나 물건 등을 의미하는 소섭사(所攝事, parigraha-vastu).[12] 여기서 자성사는 실체이지만 소연사는 반드시 실체로서 존재하는 것은 아니다. 2만여 부품의 집합체인 자동차(車), 5온의 인연화합인 자아 등이 그러한 것이다.

한편 제프리 홉킨스는 이 논설의 예로서 무상성(無常性, impermanence, 이는 불상응행법 중의 滅相)을 들고 있다. 이는 실체적으로 존재하

12 『대비바사론』 권56 (T27, 288a10-b11); 『구사론』 권6 (권오민 역, pp.312-313).

는 것(substantially existence)이지만(후술의 승의제의 의미), 실체(substance)가 아니라는 것이다.[13] 그러나 유부 비바사사에 있어 무상성은 사물의 본성이 아니라 자상을 갖는 개별적 실체(antaradravya)이다.

[비바사사는] 이러한 지식의 대상을 분별함에 있어 [승의와 세속의] 2제(諦)로 분류하였고, 유루와 무루로 분류하였으며, 그 밖의 다른 방식으로 분류하기도 하였다.

② 이제(二諦), 세속제와 승의제

[지식의 대상(jñeya: 所知)을] [물리적으로] 파괴하거나 또는 관념적으로 분석(分析)할 때 그것을 파악한 지각이 사라지는 것, 이것이 세속제(samvṛti- satya)의 정의이다. 예컨대 진흙 항아리나 염주 등이 그러한 것이다. 왜냐하면 항아리를 망치로 부수면 이를 항아리로 파악한 지각이 사라지기 때문이며, 염주의 알을 따로 따로 분리하면 이를 염주로 파악한 지각이 사라지기 때문이다.

[지식의 대상을] [물리적으로] 파괴하거나 관념적으로 분석하더라도 이를 파악한 지각이 사라지지 않는 것, 이것이 승의제(paramārtha-satya)의 정의이다. 예컨대 [더 이상 부분을 갖지 않는] 무방분(無方分)의 극미와 [더 이상 찰나를 갖지 않는] 무찰나(無刹那)의 식(識), 무위의 허공 등이 그

---

13 Geshe Lhundup Sopa and Jeffrey Hopkins (1989), p.183.

러한 것이다.

[해설] 물질적 존재(色法)는 공간적 극소인 극미(유부에 의하면 이는 더 이상 방향성의 부분 즉 方分 avayava을 갖지 않는다)로 분석될지라도 역시 물질이며, 마음은 시간의 극소인 찰나로 분석될지라도 역시 마음으로 그에 대한 지각이 사라지지 않기 때문에 승의(勝義)이다. 그러나 항아리나 일련의 상속(相續) 상에 존재하는 현행의 마음(예컨대 心과 다수의 心所가 상응화합하여 상속하고 있는 기쁜 마음)은 공간적으로 시간적으로 분석 분할되며, 그때 그에 대한 지각이 사라지기 때문에 세속(世俗)이다. 예컨대 자동차를 정비공장에서 다수의 부품으로 해체하고 나면 더 이상 자동차는 존재하지 않는다. '자동차'는 다수의 부품으로 이루어진 집합체를 지시하는 언어적 개념(samvṛti 혹은 prajñapti: 世俗)일 뿐이다.

[세속제와 승의제를 이같이 정의한 것은] 『구사론』에서 다음과 같이 설하였기 때문이다.

"어떤 것을 부수거나 의식으로써 그것을 각각의 부분으로 쪼개면 의식이 그것을 파악할 수 없는 항아리나 물 등과 같은 것이 세속제로서의 존재라면, 그렇지 않은 것이 승의제로서의 존재이다."

[해설] 이는 세친(Vasubandhu, 400-480)의 『아비달마구사론』(Abhidharmakośabhāṣya) 제6「현성품」 제4송이다. 산스크리트 원문에서의 직역은 다음과 같다.

> “어떤 것이 파괴될 때 그것에 대한 지각이 존재하지 않는, 항아리와 같은 것, 또한 어떤 것을 지혜로써 다른 법으로 분석할 때 [그것에 대한 지각이 존재하지 않는] 물과 같은 것, 이것이 세속유(世俗有, saṃvṛi-sat)이며, 그렇지 않은 것이 승의유(勝義有, paramārtha-sat)이다.”[14]
>
> 즉 항아리처럼 깨어져 파편이 되면 그것에 대한 지각이 사라지거나 물처럼 분석적 사유(覺慧, buddhi)에 의해 지·수·화·풍(혹은 H_2O)과 같은 다른 존재로 환원되면 그것에 대한 지각이 사라지는 것이 세속유이며, 그렇지 않은 것, 이를테면 물질(色法)은 공간적 극소인 극미로 분석될지라도 역시 물질이며, 마음은 시간의 극소인 찰나로 분석될지라도 역시 마음으로 그에 대한 지각이 사라지지 않기 때문에 승의유이다.

따라서 [비바사사는] 세속제[의 제법]은 궁극적인 것(勝義, paramārtha)으로서는 성립하지 않지만 [세속의 언어 개념적인 것으로서는] 진실(satya)로 성립한다고 주장한다. [그래서 세속제(世俗諦)이다.] 즉 이들의 종의에서는 [실제적 작용을 갖는] 모든 구체적 사물(bhāva)은 진실로 성립한다고 주장하였기 때문이다.

---

14 yatra bhinne na tadbuddhir anyāpohe dhiyā ca tat. ghaṭāmbuvat saṃvṛisat paramārthasad anyathā. (AK. VI. 4) 현장역 “彼覺破便無 慧析餘亦爾 如瓶水世俗 異此名勝義.(그것의 지각은 그것이 파괴되면 바로 없어지며, 지혜에 의해 다른 것으로 분석될 때도 역시 그러한 항아리나 물과 같은 것이 세속[유]라면 이와는 다른 것을 승의[유]라고 한다.)” (권오민 역, 『아비달마구사론』, p.1012)

③ 유루와 무루

[지식의 대상으로서] 소연(所緣, ālambana)과 상응(相應)에 따라 번뇌(kleśa)가 증가(隨增)하는 법, 이것이 유루(有漏, sāsrava)의 정의이다. 예컨대 5온 등이 그러한 것이다.

[지식의 대상으로서] 소연과 상응에 따라 번뇌가 증가하지 않는 법, 이것이 무루(無漏, anāsrava)의 정의이다. 예컨대 도제(道諦)와 무위법이 그러한 것이다.

[해설] 유루(sāsrava)를 단순히 글자 뜻에 따라 '번뇌를 갖는 것' 정도로 이해하는 것은 불교학적 태도가 아니다. 그럴 경우 마음(識)에 대해서는 번뇌를 갖는 것이라고 말할 수 있을지라도 그 밖의 색(色)·수(受)·상(想)·행온(行蘊)에 대해서는 그렇게 말할 수 없기 때문이다. 어떤 이에게 금덩어리에 대한 탐욕이 생겨났다면, 탐욕의 소연(대상)이 된 금덩어리, 반드시 탐욕과 소연 등을 함께하는 그 밖의 심·심소의 상응법, 이러한 제법과 동시에 함께 존재하는 득(得) 등의 구유법(俱有法) 또한 번뇌를 수반하는 법이다. 이에 따라 유루를 '소연과 상응에 따라 번뇌가 수증하는 법'으로, 무루를 그렇지 않은 법으로 정의하게 된 것이다. 따라서 일체법 중 5취온의 결과적 상태(果分)와 원인적 상태(因分)인 고성제와 집성제가 유루에 해당하며 번뇌가 수증하지 않는 도제가 무루이며, 멸제는 생멸하지 않는 무위이다.

[유루와 무루를 이같이 정의한 것은]『구사론』에서 다음과 같이 설하

였기 때문이다.

"도제(道諦)를 제외한 그 밖의 유위법이 유루이다. 그리고 무루는 도제와 3가지 무위법이다."

[해설] 이는 세친의 『아비달마구사론』 제1 「계품(界品)」 제4-5송 일부로 원문에서의 직역은 다음과 같다.

"제법(諸法, dharmāḥ)에는 유루와 무루가 있으니, 도제(道諦)를 제외한 그 밖의 유위법이 유루이다. 왜냐하면 거기에는 누(漏, 번뇌)가 따라 증가(隨增, anuśerate)하기 때문이다." (제4송)

"무루는 말하자면 도제와, 그리고 세 가지 무위 즉 허공과 두 가지 멸(滅, 택멸과 비택멸)인데, 허공이라 함은 장애성을 갖지 않는 것이다." (제5송)[15]

모든 유루법은 마땅히 제거되어야 (끊어져야) 하는 것이다. 왜냐하면 자량도(資糧道)와 가행도(加行道)조차도 역시 제거되어야 하는 것이기 때문이다.

견도(見道)는 전적으로 무루도이지만, 수도(修道)와 무학도(無學道)에는 유루도도 있고 무루도도 있다. 즉 성자의 도(ārya mārga, 聖道)는 모두 무

---

15 āsravā 'nāsravā dharmāḥ saṃskṛtā mārgavarjitāḥ. sāsravāḥ āsravāsteṣu yasmāt samanuśerate. anāsravā mārgasatyaṃ trividhaṃ cāpyasaṃskṛtam. ākāśaṃ dvau nirodhau ca tatrākāśamanāvṛtiḥ. (AK. 1. 4-5) 현장 역 "有漏無漏法 除道餘有爲 於彼漏隨增 故說名有漏. 無漏謂道諦 及三種無爲 謂虛空二滅 此中空無礙.(유루와 무루의 법으로 道諦를 제외한 그 밖의 유위, 거기서는 漏가 隨增하니, 그래서 유루라고 말한 것이다. 무루는 말하자면 도제와, 아울러 세 가지 무위, 이를테면 허공과 두 가지 滅이니, 이 중 허공은 장애성을 갖지 않는 것이다.)"

루이지만, 성자의 상속(相續, saṃtāna)에 반드시 무루도만이 존재하는 것은 아니다. 이를테면 수도위의 [심]상속 상에 존재하는 '[보다 높은 단계(上地)의] 고요한 상태나 [보다 낮은 단계(下地)의] 거친 상태에 따른 도'(즉 6行觀)는 유루이기 때문이다.

[해설] 후술(본장 2-3 '도의 본질')하듯이 비바사사(毘婆沙師)에서 비롯된 불교 수행도에는 자량위(資糧位)·가행위(加行位)·견도위(見道位)·수도위(修道位)·무학위(無學位) 다섯 단계가 있다. 앞의 두 단계가 예비적 준비단계와 본격적 준비단계라면 뒤의 두 단계는 견혹(見惑)과 수혹(修惑) 말하자면 이지적 번뇌와 정의적 번뇌를 끊는 단계이며, 마지막 무학위는 더 이상 끊을 것도 닦을 것도 없는 구경(究竟)의 단계이다.

유신견(有身見, 혹은 薩迦耶見 satkāyadṛṣṭi, 5온을 자아로 여기는 견해)이나 의심(疑) 등의 이지적 번뇌(見惑)는 강력한 통찰에 의해 단박에 끊어지기 때문에 견도는 오로지 무루이다. 견도위의 무루혜는, 예컨대 앞의 두 예비적 단계의 지혜(유루혜)가 지푸라기를 태울 수 있는 정도의 불길이라면 쇳덩이를 녹일 수 있는 정도의 불길이다. 이에 반해 탐(貪)·진(瞋)·만(慢) 등의 정의적 번뇌(修惑)는 찰나에 끊어지지 않으며, 3계(界) 9지(地)의 상상(上上)에서 하하(下下)에 걸친 9품(品)의 순으로 끊어진다.

이에 따라 아직 견도위에 들지 못한 이생범부라도 자지(自地)와 하지(下地)를 싫어하고 상지(上地)를 흔모하는 유루도 - 자지와 바로 아래의 하지는 상지에 비해 고요하지 않기 때문에 거친 것(麤)이며, 미묘하지 않기 때문에 괴로운 것(苦)이며, 감옥의 두터운 벽처럼 자지에서 벗어나는 것을 방해하기 때문에 장애가 되는 것(障)이다. 이와 반대로 상지는 하지에 비해 고요(靜)하고 미묘(妙)하며 하지의 더러움을 떠난 것(出)이라고 관찰하는 유루 6행관(行觀) - 로써 바로 아래 하지의 번뇌를 끊을 수 있다.

일찍이 이 같은 유루도로써 더 이상의 상지가 없는 무색계 비상비비상처(非想非非想處) 이하의 수혹을 끊고서 견도에 든 성자를 초월증이라 하는데 - 욕계 6품 혹은 9품의 수혹을 모두 끊고 현관(現觀)을 성취한 이는 예류과를 초월하여 일래과 혹은 두 과위를 초월하여 불환과가 되며, 색·무색계 비상비비상처 이하 8지의 수혹을 끊고 현관을 성취한 경우 아라한향이라 한다. - 이러한 수도위와 무학위의 성자의 상속에는 유루와 무루의 도가 모두 존재하는 것이다.

④ 그 밖의 지식의 대상

a. 삼세실유

[비바사사는 과거·현재·미래] 삼세[의 제법]이 실체(dravya)로서 [존재한다고] 주장한다. 즉 항아리는 항아리가 [이미 소멸하여] 과거가 되었을 때에도 존재하지만, 항아리가 [아직 생겨나지 않은] 미래에도 존재한다고 주장하였기 때문이다.

[해설] 원문은 "삼세가 실체(dravya)라고 주장한다"이지만, 불교에서 세(世, adhvan) 즉 시간(kāla)은 실체가 아니다. 다시 말해 시간은 자상(自相)을 갖는 법(法)이 아니다. 미래란 어떤 법이 아직 생겨나지 않은 상태, 과거는 이미 소멸한 상태, 현재는 이미 생겨나 아직

소멸하지 않은 상태를 말하는 것으로, 시간은 법을 떠나 그 자체로서 존재하지 않는다. 시간은 법의 생멸(즉 무상)에 근거하여 가설된 것이다. 적극적으로 말하면 유위제법은 찰나적 존재이기 때문에, 법(dharma)과 찰나(kṣaṇa)는 사실상 동의어이다.[16] 따라서 여기서의 삼세란 삼세의 제법을 말한다.

그리고 비바사사(毘婆沙師)에 있어 법(法, dharma) – 앞서 분별한 5위 75법 – 은 자상(自相)을 갖는 자기 원인적 존재로, 그 자체로서 항상 존재한다. 현실상에서의 제법의 생멸은 법 자체(svabhāva: 體相)의 생멸이 아니라 작용/양태(bhāva: 性類)의 생멸이다. 따라서 그들에게 있어 법은 아직 생겨나지 않은/작용하지 않은 상태(즉 미래)든, 이미 소멸한/작용한 상태(즉 과거)든, 이미 생겨나 아직 소멸하지 않은 상태(현재)든 법 자체는 항상 실재한다.[17] 이는 마치 아날로그 필름 영화에서 아직 현상하지 않은 필름(위의 릴에 감긴 것)이든 이미 현상하여 소멸한 필름(아래 릴에 감긴 것)이든, 지금 막 스크린 상에 현상하여 아직 소멸하지 않은 필름이든 필름 자체는 항상 존재하는 것과 같다. 생멸하는 것은 필름 자체가 아니라 스크린 상에 나타난 그것의 영상이듯, 법 역시 생멸하는 것은 법 자체가 아니라 다만 그것의 양태/작용일 뿐이다. 이른바 '법체항유(法體恒有) 삼세실유(三世實有)'이다. 비바사사(毘婆沙師)는 이로 인해 설일체유부(說一切有部, Sarvāstivāda) 즉 '일체법이 실재한다고 설하는 이들'이라

---

16 Th. Stcherbatsky, The Central Conception of Buddhism and the Meaning of the Word 'Dharma', p.36.; 권오민 역, 『소승불교개론』, p.96. 유부에서는 유위제법을 찰나적 존재, 찰나[의 시간]을 갖는 존재라는 뜻에서 '有刹那' 즉 크샤니카(kṣaṇika: 刹尼柯)라고 한다.

17 본장 1-2 '학파명칭의 유래' 해설 참조.

는 부파명칭을 얻게 되었다. 경량부가 주장하듯 법 자체가 생겨나고 소멸하는 것이라면, 제법은 그들이 말하듯 '무(無)로부터 생겨나 무로 돌아간다.(本無今有 有已還無)'고 해야 하기 때문이었다.

"항아리는 현재는 물론 이미 소멸하여 과거가 되었을 때에도, 아직 생겨나지 않은 미래에도 존재한다"는 본 항의 논설은 삼세실유에 대해 논설한 것이다. 그렇지만 현실의 항아리(지금 보고 있는 저 항아리)가 삼세에 걸쳐 실재한다는 말은 물론 아니다. 현실의 항아리를 구성하는(다시 말해 현실 항아리의 토대가 된) 지·수·화·풍의 4대종이나 이것의 복합물(所造色)인 색·향·미·촉(이상 색법), '항아리'라는 개념(불상응행법) 등의 법이 실재하는 것이다. 이러한 제법(항아리의 인연)이 또 다른 연(緣)에 의해 미래로부터 나타나고, 나타난 순간 과거로 사라진다.

참고로 경량부에서는 전술한 대로 법 자체가 생겨나고 소멸한다고 생각하였다. 따라서 이미 소멸한 것(과거)과 아직 생겨나지 않은 것(미래)은 존재하지 않으며, 4대종의 복합물이나 불상응행법, 무위법 또한 실유가 아니라 다만 개념적 존재(假有)일 뿐이라 하였다. 비록 외계대상의 실재성을 인정하였을지라도 철저한 찰나멸론에 따라 다음 찰나 의식이 일어났을 때(현재), 외계대상은 과거로 사라지고 그 표상만이 마음 상에 존재한다고 주장하였다.

b. 부정명제와 긍정명제

[비바사사(毘婆沙師)는] 부정명제와 긍정명제를 모두 인정하지만, [부정명제 중] 불확정적 부정명제는 인정하지 않는다. 왜냐하면 그들은, 부정명제는 확정적 부정명제일 뿐이라고 주장하였기 때문이다.

[해설]　어떤 사태에 대한 판단을 언어로 표현한 명제에는 긍정적인 것(vidhi, sgrub pa)과 부정적인 것(pratiṣedha, dgag pa)이 있다. 긍정명제의 경우 주사(主辭, 판단의 대상이 되는 주어)와 빈사(賓辭, 주사에 결합되어 이를 규정하는 개념)의 주연(周延) 관계, 주사의 전칭(全稱)과 특칭(特稱) 등에 따라 판단은 달라진다. 예컨대 "홍길동은 명궁이다" "홍길동만이 명궁이다"의 경우, 전자는 홍길동은 명궁 중의 한 사람이라는 뜻이고, 후자는 명궁은 오로지 홍길동이라는 뜻이다. 혹은 "홍길동은 명궁이기도 하다"는 명제의 경우 이와는 전혀 다른 판단이 가능하다. 산스크리트에서도 역시 주사와 빈사를 연결하는 말(eva)이 어디에 붙는가에 따라 명제의 의미가 달라진다. 이에 따라 인도논리학에서는 전통적으로 긍정명제를 세 종류로 분류하였다.

부정명제에 대해서는 둡타의 논설대로 불확정적 부정명제와 확정적 부정명제라는 두 종류로 분별하였다. 예컨대 "저 사람은 남자가 아니다"는 부정명제에서 '아니'라는 부정사는 남자라고 하는 명사와 관계하는 것으로, 저 사람은 '남자가 아닌 이' 즉 여자임을 지시한다. "그는 바라문이 아니다"는 부정명제 역시 비(非)바라문 즉 크샤트리야나 바이샤 등임을 긍정한다. 이를 paryudāsa-pratiṣedha(ma yin dgag) 불확정적 부정명제(혹은 부정적 긍정, 명사의 부정)라고 하였다. 그러나 예컨대 "그는 책을 읽지 않는다"는 부정명제는 다만 '책을 읽는다'는 사실을 부정할 뿐 "책 읽는 것 이외 다른 어떤 일을 한다"는 의미는 내포되어 있지 않다. 설혹 내포되어 있다고 할지라도 그것은 불확정적인 것이다. 이 경우 부정은 동사와 관계하는 것으로, "책을 읽는다"는 사실만을 부정하는 단순 부정이다. 이를

prasajya-pratiṣedha (med dgag) 확정적 부정명제(혹은 단순부정, 명제의 부정)라고 하였다.[18]

본서 제5장 경량부의 종의 '지식의 대상'(2-1-1③)에서는 확정적 부정명제를 예컨대 "바라문은 술을 마셔서는 안 된다"는 명제처럼 어떤 대상을 직접 지각할 때 그것이 부정하는 대상만을 배제하는 방식을 통해 아는 것, 불확정적 부정명제를 예컨대 "데바닷타(Devadatta)는 뚱뚱하지만 낮에 식사하지 않는다"는 명제처럼 어떤 대상을 직접 지각할 때 그것이 부정하는 대상을 제거함으로써 그 밖에 다른 확정적 부정명제나 긍정명제 중의 하나를 나타내는 것으로 정의하고 있다. 즉 "바라문은 술을 마셔서는 안 된다"는 부정명제는 이로써 다른 어떤 사실 – 예컨대 '밥은 먹을 수 있다' – 도 유추할 수 없기 때문에 확정적 부정명제이지만, 후자의 경우 데바닷타는 낮에 식사하지 않음에도 뚱뚱하기 때문에 밤에 식사한다는 사실을 내포(암시)하고 있어 불확정적인 부정명제라고 한 것이다.

이에 따라 한역불전에서도 불확정적 부정명제(paryudāsa-pratiṣedha)의 경우 부정 이외 별도의 뜻을 나타낸다는 의미에서 '표(表)' 혹은 '비차(非遮)'로, 확정적 부정명제(prasajya-pratiṣedha)의 경우 부정 이외 별도의 뜻을 나타내지 않는다는 의미에서를 '차(遮)' 혹은 '비표(非表)'로 번역하였다. 예컨대 『대승광백론석』(聖天造, 護法釋)에서는 대승의 공(空)에 대해 이같이 해설하였다. "공이라는 말은 [부정 이외 별도의 뜻을 갖지 않는] 확정적/절대적 부정(遮)이지 [별도의

---

18 불교지식론에 있어 명제의 종류와 성질에 관한 간략한 해설은 카지야마 유이치, 권오민 역, 『인도불교철학』, pp.192-196을 참조할 것.

뜻을 갖는] 불확정적/상대적 부정(表)이 아니다. 즉 오로지 존재하는 것만 공하다는 것이 아니라 존재하지 않는 것(空)도 역시 공하다는 것으로, 집착의 마음을 두루 버려 제법은 유(有)도 아니지만 공(空)도 아니라는 절대 진리와 계합하게 하는 말이다."[19]

그리고 "불확정적/상대적 부정(遮表)이 '중생 아닌 자(非衆生, asattva)' '황문(성불구자) 아닌 이(非黃門, apaṇḍaka)'의 경우처럼 어떤 법을 부정하는 말이 이와는 별도의 의미(즉 무정물이나 정상인)를 지시하는 것이라면, 확정적/절대적 부정(遮)은 예컨대 '[출가자는] 고기를 먹어서는 안 된다'거나 '술을 마셔서는 안 된다'는 명제처럼 어떤 법을 부정하는 말이 이와는 별도의 의미를 지시하지 않는 것"이라고 해설하고 있다.[20] 설일체유부의 논사인 중현 역시 무색정(無色定, ārūpya- samāpatti)에 대해 논의하면서 어원 a-rūpa에서 부정사 '무(a)'에는 [색이 존재하지 않는다는] 부정(遮)의 의미뿐만 아니라 [무색 즉 심법이 존재한다는] 긍정(表)의 뜻도 포함되어 있다고 하였다.[21]

참고로 제프리 홉킨스는 paryudāsa-pratiṣedha와 prasajya-pratiṣedha를 각기 불확정적 부정(non-affirming negatives)과 확정적 부정(affirming negatives)으로,[22] 노무라 마사지로(野村正次郎)의 일역에서는 상대

---

19 『대승광백론석』 권6 (T30. 219b27-28), "又此空言, 是遮非表. 非唯空有, 亦復空空. 遍遣執心, 令契諸法非有非空, 究竟眞理."

20 『대승광백론석』 권6 (T30. 245b25-28), "若遮餘法, 別有所詮, 是遮表言. 遮餘法已, 表餘共相. 如非衆生, 非黃門等. 若遮餘法, 無別所詮, 是唯遮言. 遮所遮已, 其力斯竭. 如勿食肉, 勿飮酒等."

21 『순정리론』 권77 (T29, 757a27-757b1).

22 Geshe Lhundup Sopa and Jeffrey Hopkins(1989), pp.192f.

부정(相對否定)과 절대부정(絶對否定)으로,[23] 진옥교(陳玉蛟)의 중국어역에서는 비차(非遮)와 무차(無遮)로 번역하고 있다.[24]

유부 비바사사는 오로지 확정적 부정명제만을 인정하였다는 본 둡타의 논설은 그 취지가 분명하지 않다. 둡타에서 언급한 "데바닷타는 뚱뚱하지만 낮에 식사하지 않는다"는 불확정적 부정명제의 예는 인도철학의 인식방법론(pramāṇavāda) 일반에서 유추(arthāpatti: 義準量)의 예로 사용되지만, 불교에서는 이를 올바른 인식수단으로 인정하지 않을뿐더러 (불교지식론에서는 다만 직접지각/現量과 추리/比量 두 가지만을 인정한다.) 유부의 논사 중현 또한 이에 근거한 지식을 비판한다. 예컨대 비유자(즉 경량부)는 "유루(有漏) · 유취(有取)의 온갖 색(色)이 존재한다"는 경설에 근거하여 '불신(佛身)=무루의 색'임을 주장하였는데, 중현은 이는 말하자면 "대(마하)가섭은 시주(施主)의 집에 대해 마음이 얽매이거나 집착함이 없다"는 경설에 근거하여 "그 이외 다른 아라한들은 시주의 집에 대해 마음이 얽매이거나 집착함이 있다"고 판단하는 것과 같은 것으로 이를 의준량(義準量) 즉 유추에 근거한 희론(戱論)으로 비판하고 있다.[25] 그는 아마도 불확정적 부정명제를 요청이나 가정의 일종인 의준량으로 여겼기 때문에 이를 인정하지 않았을 것이다.

혹은 비바사사가 불확정적 부정명제를 인정하지 않았다는 둡타의 논설은 바로 "그는 바라문이 아니다"라는 불확정적 부정명제 또

---

23 野村正次郞 編, 『學說規定摩尼寶鬘』, p.21.

24 陳玉蛟, 『宗義寶鬘論』, p.52.

25 『순정리론』 권1 (T29, 331c14-23) 참조.

한 단순부정으로 이해하였다는 말로서, 아마도 그들은 '비(非)바라문=크샤트리야 등의 나머지 세 종성'로 이해하지 않고 비바라문을 바라문에 대응하는 실유 개념으로 이해하였을 것으로 생각된다.

비바사사(毘婆沙師)는 예컨대 명(明, vidyā)과 무명(無明, avidyā), 혹은 탐(貪)과 무탐(無貪), 진(瞋)과 무진(無瞋) 등을 각기 실제적 작용을 갖는 개별적 실체로 간주하였기 때문에, 이들이 불확정적 부정명제를 인정하지 않았다고 말한 것일 수도 있다. 즉 경량부의 경우 우리에게 인식된 무명은 명에 대한 부정 의미만을 내포(암시)한다. 무명은 말하자면 다만 명이 결여된 상태로 그 자체 자상(自相)을 갖는 실유의 법이 아니다. 괴로움의 비존재를 함축하는 '열반' 역시 그러하다. 경량부에 의하면 열반이란 괴로움이 소멸하여 더 이상 생겨나지 않는 상태로 그 자체 실유가 아니다. 이는 일체법은 그 자체로서는 성립할 수 없다는, A학점은 A 이외 B, C, D 등 다른 학점을 전제로 한 것이기 때문에, 혹은 소(牛)는 소 아닌 다른 모든 것과의 차별을 통해 자신의 정체성을 드러내기 때문에 무자상/무자성이라는, 연기(緣起) – 무자상(無自相) – 공(空)이라는 중관학파의 논리이기도 하였다.

이에 대해 비바사사(유부)는 그럴 경우 명이 결여된(혹은 명이 아닌) 다른 모든 존재를 무명이라 해야 한다고 비판한다. 이러한 논의는 『구사론』 제3 「세간품」 상에서 12연기지(支) 중 무명에 대해 해설하면서, 혹은 제2 「근품」 상에서 이계(離繫) 택멸(열반)의 인과관계에 대해 논설하면서 언급된다.

[문:] 무명(無明, avidyā)은 어떤 뜻인가?

[답:] 말하자면 '명(明)이 아닌 것(非明, na vidyā)'이다.

[문:] 만약 그렇다고 한다면 안(眼) 등도 역시 [명이 아니기 때문에] 무명이라 해야 한다.

[답:] 만약 그렇다고 한다면 명의 비존재(abhāva, 無)가 무명의 뜻일 것이다.

[문:] 만약 그렇다면 무명 자체는 존재하지 않는 것(非有)이라고 해야 할 것이다. 그러나 [무명은] 그 자체로서 실재한다. 예컨대 친구(mitra)에 반대되는 별도의 [특정한] 사람을 '비친(非親, amitra, 즉 원수)'이라 하는 것이지 친구가 아니거나 친구가 될 수 없는 모든 이를 비친(즉 원수)이라 말하는 것은 아니다. 또한 진리(satya)의 말씀을 '진실(實, ṛta)'이라 말할 때, 이에 반대되는 거짓의 말을 '비진실(非實, anṛta, 즉 허위)'이라고 하지만, 이것이 진실 이외 [일체의 법]을 말하는 것도 아니며, 진실의 부재를 말하는 것도 역시 아니다. 나아가 비법(非法, adharma, 불선) 따위 역시 법(法, dharma, 선)과 상위하는 것이듯이, 이와 마찬가지로 무명(無明) 역시 명(明)과 상위하는(다시 말해 명에 의해 대치되는) 개별적인 실체(dharmāntara)로서, 명이 아닌 다른 [모든] 것도, 명의 부재도 아니다.[26]

나아가 유부의 논사 중현은 세친이 괴로움의 부재(不生)를 열반으로 규정한데 대해 "병 없는 것(無病)이 바로 건강함은 아니며, 고뇌가 없는 것(無惱)이 바로 안락은 아니듯이 번뇌(괴로움)의 비존재(不生)가 바로 열반이 아니다. 무병과 건강이 각기 개별적 사실이듯

---

26 『구사론』 권10 (T29, 51c7-15; 권오민 역, pp.456-457).; AKBh., 140.26-141.5.

이, 번뇌의 비존재와 택멸의 열반 또한 개별적 실체"라고 주장하였다. 이는 곧 상의상대(相依相待)의 연기는 다만 생기의 조건일 뿐 존재 자체의 조건이 아니라는 중현의 일관된 논리였다. 말하자면 대승의 공관(空觀)에서는 타자와의 '관계(相待, 즉 연기)'를 존재 자체의 조건으로 파악하였다면 유부는 다만 생기의 조건으로 이해하였을 뿐이다. 다시 말해 대승의 공관에서는 오로지 인식을 통해 드러난 현실의 존재(能詮)에 대해 논의하였다면 유부는 그 근거(所詮)에 대해 논의하였다고 할 수 있다.[27]

중현은 묻고 있다. "자아뿐만 아니라 객관의 모든 존재(諸法) 또한 공이라고 한다면, 공의 본질은 무엇인가? 일체의 모든 존재가 공으로서 어떠한 우열의 차별도 없다고 한다면, '석녀의 아들이 용감하다'고 말할 수 없듯이 '열반 또한 청정하다'고도 말할 수 없으며, 그럼에도 불타가 그것을 설하였다면 그는 다만 중생을 현혹하는 자일 따름이다."[28]

본 둡타에서는 이 같은 뜻에서 비바사사는 불확정적 부정명제를 인정하지 않았다고 논설하였을 것이다.

c. 업과(業果)의 상속

카슈미르 비바사사(毘婆沙師)는 경량부와 마찬가지로 의식(mamovijñāna)의 상속(相續, saṃtāna)이 업과 과보를 결부시키는 근거라고 주장하였다. 그 밖의 다른 비바사사는 업과 과보를 결부시키는 근거로 득(得, prāpti)과

---

27 『순정리론』 권4 (T29, 353c6-13), "唯能詮相待不定, 非所詮體而有改易.(中略)是故相待非不實因."

28 『순정리론』 권17 (T29, 431c22).

채무를 보증하는 차용증과도 같은 부실법(不失法, avipraṇāśa)이라는 불상응행법을 제시하였다.

[해설] 본 논설에는 다수의 문제가 있다. "업은 심상속(心相續) − 정확히는 '[제6] 의식의 상속 상에 훈습된 종자'로, 의식과 여기에 훈습된 종자는 불가분리의 관계이다− 을 통해 결과를 낳게 된다"는 주장은 바로 경량부 혹은 『구사론』 상에서의 세친의 종자설로, 카슈미르 비바사사(즉 『대비바사론』)의 경우 과거로 사라진 업 즉 무표업(無表業)이 직접적으로 결과를 낳는다고 주장하였기 때문이다. 또한 문맥 상 카슈미르 이외 다른 비바사사는 아파란타 파와 마가다 파이지만, 부실법은 이들에 의해 주장된 것이 아니라 정량부의 업과(業果) 상속의 개념이었다.

"일단 지어진 업은 백겁이 지나도록 망실되지 않는다. 인연을 만나면 그 과보를 반드시 다시 받게 된다" (『근본설일체유부비나야』)는 것은 불교의 공리(公理)와도 같은 것이지만, 업이 어떻게 결과를 낳는다는 것인가? 이 같은 업과 상속의 문제는 사실상 불교철학의 최대의 문제라고 할 수 있다. 불교에서는 업의 작자와 과보의 향수자로서 동일성의 자아를 인정하지 않을 뿐만 아니라 업은 무상/찰나멸하여 생겨나자마자 소멸한다고 주장하기 때문이다.

이 문제를 이해하기 하기 위해서는 후술하듯 무엇보다 먼저 업의 본질에 대해 검토하지 않으면 안 된다. 세친의 『성업론(成業論)』(한역 티베트역 모두 존재)은 유식학파의 입장에서 업의 본질과 업과 상속에 대한 불교 제 학파의 견해를 비판한 것이다. 이에 따르면 유부에 있어 업의 본질은 신업(身業)의 경우 신체적 형태, 어업(語業)의 경우 말소리이다. (본 항 다음 논설 참조) 그들은 업은 그 자체로서 실재한다고 주장하였기 때문에 과거로 사라진 업(즉 無表業)이 직접적으로 결과를 낳는다고 주장하였다. 물론 업의 과보가 유정의 상속 상에 성취되기 위해서는 이를 가능하게 하는 득(得, prāpti)이라는 별도의 법이 요청되었다.

정량부의 경우 업의 본질은 다 찰나에 걸친 운동(運動)이며, 이에 따라 업은 결과를 낳을 때까지 잠시 지속한다는 잠주멸설(暫住滅說)을 주장하였다. 혹은 마치 채권자가 차용증을 통해 채무자의 빚을 돌려 받듯이 업이 상실되지 않고 결과를 낳게 하는 부실법(不失法, avipraṇāśa)이라는 별도의 법(불상응행법)을 제시하기도 하였다.[29]

이에 반해 경량부와 유가행파와 자립논증의 중관학파에서 업의 본질은 사(思, cetanā)이다. (유부의 경우 思는 다만 업을 일으키는 동기) 경량부에 의하면 업의 과보는 사(思)가 훈습된 심상속(心相續, saṃtati)의 전변(轉變, pariṇāma)과 차별(差別, viśeṣa)에 의해 생겨난다. 즉 결과를 낳는 업(즉 思)은 그 자체로서 존재하는 것이 아니라 종자(bīja) 공능의 형태로서 심상속 상에 존재하며, 마치 씨앗이 직접적으로 열매를 낳는 것이 아니라 뿌리－싹－줄기－잎－가지－꽃 등으로 변화하다 마침내 꽃에서 이전과는 다른 특수한 변화로서 열매를 낳듯이 심상속이 변화 차별되어 결과를 낳는다고 주장하였다. 그러나 이때 업(즉 思)이 훈습된 마음은 제6 의식(意識)이다. 그들

---

29 한역『대승성업론』에서는 무기명(有說)으로 전하지만(T31, 783b20-23), 티베트 역본에서는 성일체소귀부(聖一切所貴部, Sāṃmitīya, 정량부)로 전하며(山口益,『世親の成業論』, 京都: 法藏館, 1951, p.153)『현식론(顯識論)』(31, 880c15f)에서도,『반야등론석』(T30, 101c26f)에서도 이를 정량부의 주장으로 전하고 있다.

은 마음을 마치 한 몸에 두 머리를 지닌 명명조(命命鳥)처럼 하나의 신체상에 인식작용을 행하는 현행식과 사(思)가 훈습된 종자식의 두 마음 －세친은 이를 종종심(種種心, nānācitta)과 집기심(集起心, ācayacitta)이라 하였다.－ 이 존재한다고 주장하였다. 이에 대해 유가행파에서는 집기심을 의식과는 다른 별도의 실체로 간주하여 잠재식이라는 의미의 '알라야식(ālaya-vijñāna)'이라 하였다. 유가행파의 알라야식은 어떤 의미에서 업과상속(業果相續)의 논리적 귀결로서 설정된 이론이라 할 수 있다.[30]

참고로 제프리 홉킨스는 카슈미르 유부에서는 제6 의식은 전5식과 달리 깊은 수면이나 멸진정에서도 기능하기 때문에 심상속이 업과 업의 과보를 잇는 근거라고 하였지만,[31] 이 같은 멸정유심설(滅定有心說)을 주장한 이는 비유자/경량부였고, 카슈미르 유부 비바사사는 멸정무심설(滅定無心說)을 주장하였다. 비바사사는 삼세실유를 주장하였기 때문에 업과 상속도, 멸진정으로부터의 출정심(出定心)도 아무런 문제가 되지 않았다.

이 같은 업과 상속에 관한 논의는 『성업론』뿐만 아니라 『구사론』 상에서도 이루어지며, 이 두 논서는 티베트에도 전역(傳譯)되었는데, 어떻게 본항과 같은 논설이 가능하였는지 모르겠다.

한편 직메 왕뽀는 유부의 업과(業果) 상속의 핵심개념인 무표색을 경량부 장(章)에서 언급한다.

---

30 경량부의 업과상속(業果相續)론에 대해서는 권오민, 『상좌 슈리라타의 경량부 사상』, pp.649-694 참조.

31 Geshe Lhundup Sopa and Jeffrey Hopkins(1989), pp.193f.

"비바사사와 귀류논증 중관파에서는 무표색(無表色)을 색법의 일종으로 인정하였지만, 경량부와 유식학파, 자립논증 중관파에서는 이를 색법으로 인정하지 않았다." (제5장 2-1-1⑧ '그 밖의 지식의 대상' 참조)

이 학파(카슈미르 비바사사)와 [중관의] 귀류논증파에서는 신업(身業)과 어업(語業)[의 본질]이 색법(身形과 語聲, 즉 신체적 형태와 말소리)이라고 주장하였다.

d. 무상과 찰나멸

유위법은 무상한 것(anityatā: 無常性) [즉 시간적 지속성을 갖지 않는 것]이지만 찰나멸적 존재(kṣaṇika)라고는 할 수 없으니, [비바사사는] 생겨난(jāti) 후 지속하고(sthiti) 그 후 소멸한다고(anitya) 주장하기 때문이다.

[해설] 불교에 있어 유위법이란 생성 소멸하는 법으로 통상 생멸의 과정을 生(jāti)·住(sthiti)·異(jarā, 老)·滅(anitya, 無常)의 네 단계로 설정하고 이를 유위상(有爲相) 즉 유위법의 특성으로 규정하였다. 그리고 설일체유부에서는 이를 유위제법이 생겨나고 머물고 변이하고 소멸하게 하는 작용을 갖는 별도의 법 즉 불상응행법으로 간주하고서 이러한 4상의 작용은 비록 상반될지라도 작용의 결과는 어떤 하나의 실제적 사태로 귀결되기 때문에 동시에 존재하는 것이라 주장하였다. 즉 이러한 4상이 구현되는 순간을 '찰나'라고 하였다. 이에 대해 경량부에서는 유위4상의 개별적 실체성을 부정하고 다

만 "찰나 찰나에 걸쳐 본래 존재하지 않다가 지금 존재하는 것(本無今有)을 '生(utpāda)', 존재하다 다시 존재하지 않는 것(有已還無)을 '滅(vyaya)', 후후찰나가 전전찰나를 이어 일어나는 것을 지속(住)이라 하고, 이러한 지속의 전후 차별을 주이(住異)라고 하였다."[32]

여기서의 이슈는 주상(住相)이다. 제행무상(諸行無常)의 '무상'은 바로 시간적 지속성을 갖지 않는다는 말이기 때문이다. 경량부의 상좌 슈리라타는 이같이 말한다.

"제행은 머무는 일(住)이 없다. 만약 제행이 지극히 짧은 시간 동안만 머무는 것이라면, 어떠한 까닭에서 수유 · 하루 · 한 달 · 한철 · 한 해 · 겁(劫) 동안은 머물지 않을 것인가? [찰나든 겁이든 '머문다'는 점에서] 다르다고 할 만한 근거가 없기 때문이다. 또한 『아급마(Āgama)』에서도 역시 제행은 어떠한 경우에도 머무는 일이 없다고 설하였기 때문으로, 이를테면 세존께서 '비구들이여, 제행은 다 막 멸하려고 할 때(즉 正滅位) 머무는 일이 없다고 하였으니, 멸하는 일도 역시 없다'고 말한 바와 같다."[33]

이에 대해 중현은 "제행은 법 자체가 획득된(현행한) 이후에는 머무는 일이 없지만, 만약 법 자체가 획득되는 순간조차 머물지 않는다고 한다면 제행은 필경무(畢竟無, 절대적 비존재)가 되어야 한다"고 비판하고서, 인용한 경설은 상주(常住)와 단멸(斷滅)을 부정하기 위

---

32 『구사론』 권5 (T29, 27c29-28a2), "謂一一念本無今有名生. 有已還無名滅. 後後刹那嗣前前起名爲住. 卽彼前後有差別故名住異."(권오민 역, p.248); AKBh., p.77. 20-21, pratikṣaṇam abhūtvābhāva utpādaḥ. bhūtvā 'bhāvo vyayaḥ. pūrvasya pūrvasyottarakṣaṇānubandhaḥ sthitiḥ. tasyāvisadṛśatvaṃ sthityanyathātvam iti.

33 『순정리론』 권14 (T29, 411b13-17), "然上座說: 諸行無住. 若行可住經極少時, 何故不經須臾日 月時年劫住? 無異因故. 又阿笈摩亦說諸行無有住故, 如世尊言, '苾芻! 諸行皆臨滅時, 旣無有住, 亦無有滅.'"

한 것이라고 해명한다. 그리고 "제행은 환상과 같고 불꽃과 같아 잠시 머물다 바로 다시 과거로 낙사하여 소멸한다(諸行如幻如焰, 暫時而住, 速還謝滅)"는 『무장유경(撫掌喻經)』의 경문을 인용하여 경량부(譬喻部師)는 이 같은 찰나의 지속(剎那住)마저 부정한다고 비판한다.[34]

따라서 유부에서는 직메 왕뽀가 논설하고 있듯이 유위제법은 생겨난 것이 지속하고, 지속하다 소멸한다고도 말하지 않을뿐더러 찰나멸론을 부정한 것도 아니다. 제프리 홉킨스 또한 설일체유부를 제외한 불교 모든 학파에서는 생·주·이·멸은 개별실체로서 동시에 일어난다고 하였지만, 유부에서는 유위의 4상이 연속적으로 차례차례 발생한다고 해설하였다.[35] 앞서 언급한 대로 이같이 주장한 것은 바로 경량부였다. 그들은 찰나멸성을 제법 자체의 본성으로 간주하였고, 이에 따라 소멸 또한 저절로 일어나는 것이지 원인(즉 滅相)에 의한 것이 아니라 하여 자연멸설(自然滅說) 혹은 멸부대인설(滅不待因說)을 주장하였다. 예컨대 바람에 의해 횃불이 존재하지 않게 된 경우, 이때 횃불은 자연적으로 꺼진(멸한) 것이며 바람은 다음 찰나 횃불이 생겨나는 것을 방해하는 존재일 뿐이다.

(2) 지식의 주체

본 항에서는 개아(人), 식(識), 그리고 말-소리에 대해 논설한다.

---

34 『순정리론』 권14 (T29, 412a4-6).

35 Geshe Lhundup Sopa and Jeffrey Hopkins(1989), pp.195f.

[해설] 어떠한 이유에서 유경(有境 viṣayin) 즉 지식의 대상을 향유하는 주체로 개아(pudgala), 식(識, vijñāna), 말-소리(vac, 또는 śabda)를 제시한 것일까? 먼저 식은 인식대상을 갖는 인식/지식의 주체로, 말-소리는 의미(artha: 義)를 드러내는 것이기 때문에 아마도 의미대상의 주체로, 그리고 개아는 이 모든 것 즉 의식적, 언어적, 신체적 행위(業)를 향유하는 경험의 주체로 고려되었을 것이다.

① 개아

개아(pudgala)란 예컨대 오로지 [자아의] 가설 근거인 5온(蘊)의 집합체를 말한다.

[해설] 여기서 개아(pudgala: 人)는 상일주재(常一主宰)하는 자아(ātman)와 달리 타자와는 차별되는 개별적 자아로, 본 둡타에서는 아트만을 거친 자아로 규정한 반면 푸드갈라를 미세한 자아로 규정한다. 『잡아함』 제1202경에서는 자아의 또 다른 개념인 중생(sattva)을 차(車)에 비유한다. 즉 자동차를 구성하는 2만여 부품의 주체로서 그 모두를 향수하는 개별적 실체로서의 '자동차'는 존재하지 않는다. 자동차는 다만 부품의 집합체를 가리키는 언어적 개념(假有)일 뿐이다. 이와 마찬가지로 개아란 다만 5온의 집합체로 5온과는 별도의 실체로서 존재하는 것이 아니다.

그러나 정량부(Sāṃmitīya) 중의 어떤 이들은 예컨대 5온을 모두 개아라고 주장하였고, 아반타카(Avantakas)에서는 예컨대 5온 중 마음(識蘊) 하나만을 개아라고 주장하였다.

[해설] 제프리 홉킨스는 이 말은 정량부가 5온 각각(each of the five aggregates)을 개아라고 하였다는 것인지 다만 다섯 온의 집합(only all five tother)을 총칭하여 개아라고 한 것인지 논쟁의 여지가 있다고 하였다.[36] 그러나 정량부의 논서인 『삼미저부론(三彌底部論)』에 의하면 생유(生有)에서의 5온을 버리고 중간유(中間有)에서의 5온을 받는 개아(pudgala: 人)가 존재한다. 따라서 이러한 개아는 당연히 5온과는 다른 실체이다. 그들은 이 같은 푸드가라론의 경증으로 '무거운 짐(즉 5온)을 진 사람(pudgala)'에 대해 설한 『중담경(重擔經)』(『잡아함』 제73경)을 제시하였다.[37] 이에 따른다면 '짐을 진 자'가 짐을 전제로 하듯이 푸드갈라 또한 5온을 전제로 한다. 따라서 푸드갈라(개아)는 바로 5온도 아니지만 5온을 떠난 것도 아니다. 그들은 이 같은 개아를 비즉온비리온(非卽蘊非離蘊)의 자아라고 하였다.[38]

그리고 아반타카는, 티베트에서만 전하는 바브야(Bhavya, 청변)의 『부파분열해설』에 의하면 정량부 중 아반타(Avanta) 성에 거주하는 이들이다. 비니타데바(Vinītadeva)가 전한 『여러 부파의 주장』에서는 정량부에 쿨루쿨라 산에 머무는 쿠루쿨라카(Kulukulaka: 雞胤部)와 아반타카, 독자부라는 세 지말 부파가 있었는데 그들은 다 같이 앞서 말한 바와 같은 '바로 5온도 아니고 그렇다고 5온을 떠난

---

36 Geshe Lhundup Sopa and Jeffrey Hopkins(1989), p.196.

37 『삼미저부론』 권상(T32, 462b4f; 463b9-12). 이 『중담경(重擔經)』(잡아함 제73경) 설은 『구사론』 「파아품」에서도 보특가라가 5온과는 별개로 존재한다는 독자부의 주장의 경증으로 인용된다. (T29, 155a26-28)

38 본서 제3장 5. '독자부의 개아론' 해설 참조.

것도 아닌 개아(pudgala)의 존재를 주장하였다고 전하고 있다.[39]

본서 제3장 5. '독자부의 개아론'에서도 독자부뿐만 아니라 정량부 계통의 다섯 부파에서 5온과는 별도의 개아를 인정하였다고 하였는데, 본 항의 논설이 어디서 유래한 것인지 궁금하다.

② 식(識)

식(vijñāna)에는 바른 인식(pramāṇa, 量)과 바른 인식이 아닌 것(apramāṇa, 非量) 두 가지가 있다.

바른 인식에는 다시 두 가지가 있으니, 직접지각(pratyakṣa: 現量)과 추리(anumāṇa: 比量)가 그것이다.

직접지각에는 감각지각과 의(意)지각과 요가 수행자의 직관이 있다. 그러나 [비바사사는] 식의 자기인식(svasaṃvedana: 自證)은 직접지각으로 인정하지 않았다.

[해설] 불교에서 마음(mind)이나 의식(consciousness)을 나타내는 말에는 세 가지가 있다. 심(心, citta) · 의(意, manas) · 식(識, vijñāna)이 바로 그것이다. 순서대로 '쌓다', '생각하다', '인식하다'는 뜻에서 유래한 말로 행위(業) · 사유(思量) · 인식(了別)의 주체라고 할 만한 것이다. 따라서 비록 유가행파나 『보성론』 등의 여래장 계통의 후대 문헌에 이르면 업이 쌓인(훈습된) 장소(즉 알라야식) 내지 인간 심층의 근원적 존재(즉 眞如一心)라는 의미로 변용될지라도 인도불

39 김영석, 『아비달마부파의 성립과 주장』 (씨아이알, 2018), p.173f; p.604; pp.683f.

교 일반에서 마음 – 5온 중의 식온(識蘊), 12처 중의 의처(意處), 18계 중의 의계(意界)와 안식계(眼識界) 내지 의식계(意識界) – 에 대해 논의할 경우 대개는 인식/지식의 의미로 논의한다.

다르마키르티(Dharmakīrti) 등 불교지식론학파에서는 인식/지식에 관한 논의를 프라마나 바다(pramāṇavāda: 量論)라고 한다. 여기서 프라마나라는 말은 '재다/측량하다'는 뜻의 pra-mā에 도구·수단을 의미하는 접미사 -ana가 붙어 만들어진 명사로, 원래는 사물을 '재는 도구'로서 저울이나 자와 같은 일정한 법식(法式)을 의미하였지만 지식론에 이르러 인식대상을 재는/헤아리는 직접지각이나 추리와 같은 인식수단/방법을 의미하게 되었다. 인도철학에서는 프라마나를 주로 인식의 원인을 의미하는 인식방법(methods of knowledge, cognition)으로 이해하였다.

그러나 다르마키르티 등 불교지식론학파에서는 바른 인식(valid cognition)이라는 보다 좁은 의미로 사용한다. 불교지식론학파에서의 프라마나의 정의는 이러하다. "프라마나(pramāṇa)라고 함은 일찍이 인식한 적이 없는 대상(apūrva-gocara)에 대해 [최초로 갖는] 바른 지식(saṃyag-jñāna)을 말한다."

이러한 정의에 대해 11-12세기 불교논리학자인 목샤카라굽타(Mokṣakaragupta)는 이같이 해설한다. "프라마나란 [어원적으로 분석하면 그것을 수단으로 하여 대상을 인식하는 것이지만, 그것(=인식수단) 자체가 바로 정지(正知)이다. 왜냐하면 그것은 [더 이상] 의심과 착오의 결함이 없는 것이기 때문이다."[40]

---

40 Y. Kajiyama, An Introduction to Buddhist Philosophy - an annotated translation of the

인도철학 전통에서는 인식수단/방법 혹은 바른 인식으로서 직접지각(pratyakṣa: 現量), 추리(anumāṇa: 比量), 증언(śabda: 聖言量, 혹은 āptavacana: 至教量), 유추(upamāṇa: 譬喩量), 요청·가정(arthāpatti: 義準量), 비존재(abhāva: 無體量)을 들고 있다.

목샤카라굽타의 『논리해설(Tarkabhāṣā)』에 의하면 직접지각이란 눈(akṣa) 등의 감각기관과 직접 관계하여 (다시 말해 대상을 직관하여) 생겨난 지식을 말하며, 추리란 직접지각에 근거한 것, 지각한 다음(anu)의 인식(māṇa)으로, 예를 들면 우리는 저 산 너머에서 피어오르는 연기를 보고서(지각하고서) 이미 경험한 연기(能證)와 불(所證) 사이의 필연적 관계(vyāpti)에 근거하여 불이 일어났음을 아는 것이다. 증언은 믿을 만한 이의 말씀, 유추는 집소를 통해 물소를 아는 것과 같은 유사성에 근거한 지식, 요청은 지각된 대상이 자기 이외 어떤 다른 것이 없이는 성립될 수 없을 때 이를 가정하는 것, 이를테면 "데바닷타는 뚱뚱하지만 낮에는 식사하지 않는다"는 지각은 그가 밤에 식사한다는 사실을 전제로 할 때 비로소 성립한다. 그리고 비존재는 지각이나 인식이 생겨나지 않는 원인으로 설정된 것이다.

이 중에서 차르바카 유물론(즉 로카야타)에서는 오로지 직접지각 하나만을 바른 인식으로 인정하였고, 상키야학파에서는 직접지각·추리·증언을, 느야야학파에서는 직접지각·추리·증언·유추를, 프라바카라(Prabhākara) 미맘사학파에서는 여기에 다시 요청을 더한 다섯 가지를, 밧타(Bhaṭṭa) 미맘사학파에서는 여기에 다시 비

Tarkabhāṣā of Mokṣakaragupta, p.23.; モークシャーカラグプタ, 梶山雄一 譯註,『論理のことば』, p.9.; 이지수,『인도불교철학의 원전적 연구』, p.584.

존재를 더한 여섯 가지를 인정하였지만, 불교에서는 직접지각과 추리 두 가지만을 바른 인식으로 인정하였다.[41]

그것은 사물에는 사물 자체의 차별적 특성인 자상(自相, svalakṣaṇa, 독자상)과 다른 것과 공통된 특성인 공상(共相, sāmānyalakṣaṇa, 일반상)이 있고, 불교에서는 인식대상으로서 이 두 가지만을 인정하기 때문이다. 우리는 지식과 대상이 일치(avisaṃvāda)할 때 바른(확실한) 인식이라 하지만, 증언의 경우 언어와 대상 사이에는 필연적 관계가 없을뿐더러 이때 지식의 조건인 신뢰성은 결정적인 것이 아니기 때문에, 유추의 경우 이때 지식의 대상은 다만 유사성이나 관계성이기 때문에, 요청은 일종의 추리이고 비존재는 비인식과 다르지 않다는 이유에서 바른 인식이나 독립된 인식수단으로 삼지 않았던 것이다.

나아가 직접지각 또한 안(眼) 등의 감각을 통한 지각(indriya-pratyakṣa, 즉 眼 등의 5식), 의근(意根)을 통한 지각(manas-pratyakṣa, 즉 제6 의식) 그리고 선정/명상을 통한 직접지각인 요가 수행자의 직관(yogijñāna)이 있다. 외계의 직접지각이나 외계 자체를 부정하는 경량부와 유가행파에서는 여기에 다시 식(識)이 자신에게 나타난 형상(ākāra)을 지각한다는 자기인식(svasaṃvedana)을 직접지각의 일종으로 제시하였지만, 외계에 대한 직접지각을 주장하는 유부의 경우 이를 인정하지 않았다. 본서의 저자 직메 왕뽀는 바로 이 같은 식의 자기인식의 인정 여부로써 유부와 경량부를 구별하고 있다.

---

41 그러나 유가행파에서는 여기에 증언 즉 지교량(至教量 혹은 正教量)을 포함시키고 있다. 예컨대 『해심밀경』(T16, 709c28f).; 『유가사지론』(T30, p.419b24-26; 655b27-28).; 『대승아비달마집론』(T31, 693c8-9).

실재론적 입장에서 주객(主客) 능소(能所)를 엄격히 분별하는 유부의 경우 마음은 자신을 인식할 수 없다. 목수(자르는 자)와 목재(잘려지는 것)가 동시에 별체로 존재할 때 비로소 절단이라는 작용이 이루어지듯이, 인식주체(아는 자)와 인식대상(알려지는 것) 역시 별도의 실체로서 동시적으로 관계하지 않으면 안 된다. '지식(혹은 심 · 심소)은 자신을 소연으로 삼지 않는다'는 규정은 『구사론』 제7 「지품(智品)」 제18송에서 언급된다.

[문:] 일찰나의 지식(一智)으로서 일체법을 인식대상(所緣)으로 삼는 것이 있는가?
[답:] 그러한 것은 없다.
[문:] 어찌 비아(非我)로 관찰하는 지식은 '일체법이 다 비아'임을 아는 것이라 하지 않겠는가?
[답:] 이 역시 일체법을 대상으로 한 지식이 아니다.
[문:] 어떤 법을 대상으로 삼지 않는 것인가?
[답:] [일찰나의] 세속지(世俗智)는 자신의 품류(svakalāpa: 自品, [自]類)를 제외한 [일체법을 대상으로 삼아] 비아로 아는 것이다.[42]

여기서 '자신의 품류'란 자기 자신(svabhāva: 自體, 自性)과, 자신과 상응(相應) · 구유(俱有)하는 법을 말한다. 즉 마음 등이 자기 자신을 소연으로 삼는다고 할 경우 경(境)과 유경(有境), 지식의 대상과 주체라는 등의 주객의 차별이 없어지기 때문이며, 상응법은 소연이 동일

42 『구사론』 권26 (T29, 138a19-23), "(前略) 俗智除自品 總緣一切法 爲非我行相."; "世智除類初一智由無我" (T29, 289b9f); sāṃvṛtaṃ svakalāpānyad ekaṃ vidyād anātmataḥ. (AK. VII. 18cd).

하기 때문에, 구유법은 마치 눈이 눈에 넣은 안약을 보지 못하듯이 지극히 근접해 있기 때문에 능히 소연으로 삼을 수 없다는 것이다.

설일체유부의 지식의 자기인식(自性了別) 비판은 이미 『대비바사론』에서 논설된다. "만약 심·심소법이 자기 자신(自性)을 안다고 한다면, 원인과 결과, 능작(能作)과 소작(所作), 능성(能成)과 소성(所成), 능인(能引)과 소인(所引), 능생(能生)과 소생(所生), 능속(能屬)과 소속(所屬), 능전(能轉)과 소전(所轉), 능상(能相)과 소상(所相), 능각(能覺)과 소각(所覺)의 차별이 무화되는 과실을 성취한다."[43]

『순정리론』의 저자 중현은 또한 "아무리 예리한 칼도 자신을 자를 수 없고, 손은 자신을 만질 수 없으며, 어깨는 자신을 짊어질 수 없다"는 비유로써 지식의 자기인식(自覺性)을 비판한다. 혹은 등불이 능히 비추는 것이기 때문에 자신도 비추고 다른 것도 비추는 것이라 한다면, 어두움 역시 능히 장애하는 것(能障)이기 때문에 자신도 장애하고 다른 것도 장애하는 것이라고 해야 하며, 불 또한 능히 태우는 것(能燒)이기 때문에 자신도 태우고 다른 것도 태우는 것이라 해야 한다고 비판한다.[44]

"칼이 아무리 예리하여도 자신을 자를 수 없고, 불이 아무리 세차게 타올라도 자신을 태울 수 없다"는 등의 비유는 미맘사학파를 비롯한 실재론적 경향의 제 학파가 지식의 자기인식을 비판하기 위해 사용한 논리로, 목샤카라굽타의 『논리해설』에서도 어떤 이들의 지

---

43 『대비바사론』 권9 (T27, 43a18-22).; 동 (43b10-12).

44 『순정리론』 권74 (T29, 742b8-10; 17-19). 이상 경량부의 지식의 자기인식과 이에 대한 유부의 비판에 대해서는 권오민, 『上座 슈리라타의 經量部 사상』, pp.377-392 참조.

식의 자기인식의 비판논거로 제시되고 있다.[45]

감각에 근거한 직접지각(indriya-pratyakṣapramāṇa: 依根現量)이 반드시 식(識, vijñāna)이어야 하는 것은 아니다. 왜냐하면 [감각지각의 근거가 된] 유색(有色)의 안근도 [극미 집적의] 물질, 보는 것(見者, 시각의 주체), 바른 인식(pramāṇa, 量), 이 세 가지 모두에 해당되기 때문이다.

[해설] 본 논설에 대해 제프리 홉킨스는 "그들(비바사사)은 감각적인 힘(indriya, 즉 5근)이나 감각적인 의식(전5식)은 독자적으로 대상을 지각할 수 없으며, 양자가 함께 대상을 지각한다고 주장하였다. 그래서 결과적으로 그들은 다른 불교학파들과는 달리 감각적인 힘과 감각적인 의식 모두가 지각의 주체(perceiver)라고 주장하였다"고 해설하였다.[46] 그러나 이러한 내용의 해설은 지각의 주체에 관해 언급한 다음 논설에 대한 것이 되어야 한다. (그럴지라도 유부는 지각을 '보는 것'과 '인식하는 것'으로 구분하여 각기 안근과 안식의 작용으로 이해하였다.)

본 논설은 안식 등의 감각지각뿐만 아니라 안(眼) 등의 감각기관(根) 역시 직접지각의 바른 인식(즉 現量)임을 말한 것으로 생각된다. 후술하듯이 유부는 다른 불교학파와 달리 안근(眼根) 등의 5근 또한 자상(自相)을 갖는 개별적 실체(法)로 간주한 이상 독자적인 작용을

45 Y. Kajiyama(1966), p.47.; 카지야마 유이치, 권오민 역(1990), 『인도불교철학』, p.54.

46 Geshe Lhundup Sopa and Jeffrey Hopkins(1989), pp.198f.

갖는다고 하지 않으면 안 되었기 때문이다. 이에 따라 그들은 안근은 시각의 주체(dṛṣṭṛ: 見者), 안식은 인식의 주체(vijñatṛ: 了者)[47]로 각기 기능을 달리하는 것으로 이해하였다.

감각적인 의식(indriya-vijñāna, 전5식)은 [외계대상의] 형상(ākāra)을 통하지 않고 대상 자체를 이해한다.

[해설] "안(眼)과 색(色)을 연하여 안식(眼識)이 생겨난다"는 경설에 따라 근(根)·경(境)과 식(識)의 이시계기(異時繼起)를 주장하는 경량부의 경우 식의 실제적 대상(所緣境)은 자신에게 나타난 외계대상의 형상이지만, 근·경·식의 동시구기(同時俱起)주장하는 유부 비바사사의 경우 비록 형상을 심·심소 상응의 한 조건(行相平等, ākārasamatā)으로 간주하고 심·심소의 다른 이름(有行相, sākāra)으로 제시하였을지라도 이것이 인식대상은 아니다. 즉 영상이 나타남으로 인해 거울은 '능히 비추는 것(能照)'이 되고 외계대상은 '비쳐진 것(所照)'이 되듯이, 형상 역시 그러하여 이것이 나타남으로 인해 마음 등은 能緣(ālambaka)이 되고 외계대상은 바야흐로 所緣(ālambana)이 된다. 심·심소는 형상이 나타날 때 비로소 각기 자신의 작용을 행할 수 있다. 이에 따라 유부에서는 유행상(有行相) 즉 형상을 갖는 심·심소를 '소연(ālambana)을 각자의 방식(prakāra)에 따라 분별/파

---

47 이때 인식은 물론 개념적 판단(慧)이나 기억(念)을 수반하지 않는다. (이를 수반하는 인식을 計度分別, 隨念分別이라 한다.) 다만 심(尋)·사(伺)를 본질로 하는 자성분별(自性分別)이다. 불교(유부)에서는 이러한 인식을 다리가 하나밖에 없는 말을 '무족(無足)' (다리가 없는 말)이라 하듯이 무분별(無分別)이라 하였다. (『구사론』, T29, 8b4f).

악하는 것(ākaraṇa)'으로 정의하였다.[48] (이 경우 행상의 본질은 慧: 본장 2-2-1 '도의 관찰 대상' 해설 참조) 즉 유부에서는 심·심소가 어떤 대상(所緣)의 형상을 띠게 될 때 비로소 그것을 파악하는 인식주체(能緣)가 될 수 있기 때문에 '유행상(有行相)'이라 이름하였지만, 형상이 인식의 대상은 아니다.

후대 불교지식론에서는 이 같은 의미에서 경량부의 인식론을 유형상지식론(sākārajñānavāda)이라 한데 반해 유부의 인식론을 무형상지식론(nirākārajñānavāda)이라 하였을 것이다. 유형상지식론이 "외계대상이 존재하는 순간 바로 그것을 지각할 수 없으며, 다음 순간 마음 상에 나타난 그것의 형상을 통해 지각한다"는 뜻이라면, 무형상지식론은 마음은 형상을 갖지 않는다는 말이 아니라 본서의 논설대로 "형상을 통하지 않고 대상 자체를 지각한다"는 뜻일 것이다. 마음은 형상을 갖지 않으며, 현전의 외계대상을 바로 인식한다고 주장한 것은 정량부였다.[49]

그들은 물질적 존재인 안근이 색(色)을 '보는 것'이라고 주장하였다. 만약 식(識)이 색을 보는 것이라고 한다면 [식은 장애성을 갖지 않기 때문에] 벽 뒤에 감추어진 색도 볼 수 있다고 해야 하기 때문이다.

---

48 sākārās tasyaivālambanasya prakāraś ākaraṇāt. (AKBh., p.62); "[心心所法] 或名有行相. 卽於所緣品類差別, 等起行相故." (『구사론』 T29, 21c28-29); "[心心所法] 卽於所緣境品類相中, 有能取義, 故名有行相." (『순정리론』 T29, 394c25f) 보다 자세한 내용은 권오민, 『상좌 슈리라타의 경량부 사상』, pp.367-371 참조.

49 『구사론기』 권1 (T41, 27a19-20).

[해설] 유부 비바사사에 있어 유경(有境) 즉 대상을 갖는 주체는 감각기관(根)과 의식(識)이다. 그럴 때 시각 내지 촉각활동의 주체는 감관인가 의식인가? (만약 둘 모두라면 시각 등은 더 이상 안근 등의 자상이 아니라고 해야 한다.) 불교에서는 전통적으로 "안(眼)과 색(色)에 근거하여 안식(眼識)이 생겨난다"는 말로 이들 삼자의 관계를 설명하였는데, 그럴 때 다음과 같은 문제가 제기되었다. "그렇다면 색을 보는 것은 안근인가 안식인가? 혹은 안식에 수반되는 혜(慧, 판단의 주체)인가?" 이는 바로 '본다'는 등의 지식현상의 주체에 관한 문제로서, 지식(jñāna, 혹은 지각 buddhi)을 어떻게 정의할 것이며, 지식의 조건이 되는 감관(根)과 대상(境)과 마음(識)의 역할과 관계, 나아가 지식의 발생을 어떻게 이해할 것인가? 하는 등의 문제와 직접적으로 관련되어 있다. 따라서 이 문제는 존재와 지식에 관한 불교 제학파의 입장을 드러내는 바로미터로 우리는 이를 통해 불교 제파(諸派)의 성격을 분명히 할 수 있다.

예컨대 각기 자신의 자상과 작용을 갖는 제법(諸法)의 실유를 주장하는 설일체유부의 경우 색을 보는 것(見者, dṛṣṭṛ)은 안근이고, 인식하는 것(了者 vijñatṛ)은 안식이며, 지각(領納), 표상(取像), 판단(決擇)하는 것은 안식에 수반되어 함께 일어나는 수(受), 상(想), 혜(慧) 등 제 심소의 작용이다. 아무튼 시각의 일차적 근거는 관조(觀照, ālocana)의 능력을 갖는 안근이라는 것이 카슈미르 비바사사(毘婆沙師)의 입장이었는데, 고래로 이를 근견설(根見說)이라 하였다.

이에 반해 법구(法救)는 식(識)이 본다는 식견설(識見說)을, 묘음(妙音)은 혜견설(慧見說)을, 비유자(=경량부)는 근(根)과 식(識)의 화합견설(和合見說)을 주장하였다. "안(眼)과 색(色)이 존재할 때 안식

(眼識)은 아직 생겨나지 않았고, 안식이 생겨났을 때 안과 색은 이미 소멸하였다. 따라서 삼자 사이에 직접적 작용은 일어나지 않는다"는 것이 비유자의 주요 논거였다. (제5장 주34 참조)[50]

세친은 그의 『구사론』에서 식견설의 입장에서 유부의 근견설을 비판하였는데, 양자의 대론(對論)은 이러하다.

[세친(식견가):] 안근에는 판단(saṃtīrika: 決度)의 작용이 없는데, 어떻게 '보는 것'이라 말할 수 있을 것인가?

[유부:] 능히 명리(明利)하여 [거울처럼] 온갖 색을 [비추어 받아드리는] 관조(觀照)작용을 갖기 때문에 역시 '보는 것'이라 말할 수 있다.

[세친:] 안근이 보는 것이라고 한다면, [안식 이외] 다른 식(예컨대 耳識)이 작용할 때에도 역시 본다고 말해야 한다.

[유부:] [그렇지 않다. 눈이 색을 보는 것이지만] 일체의 눈이 능히 현견(現見)할 수 있는 것은 아니다.

[세친:] 어떤 눈이 능히 현견할 수 있는 것인가?

[유부:] 이를테면 동분(同分)의 눈(안근)이 식(識)과 화합(함께)할 때만 볼 수 있는 것으로, 그 밖의 눈은 볼 수 있는 것이 아니다.

[세친:] 만약 그렇다고 한다면, 능히 그것에 의지하는(能依) 식(識)이 색을 보는 것이지 눈(안근)이 색을 보는 것이 아니다.

[유부:] 그렇지 않다. 안식은 능히 보는 것이 아니다.

[식견가:] 그 이유가 무엇인가?

[유부:] 전하는 바(즉 유부)에 의하면, 은폐된 색을 능히 볼 수 없기 때

---

50 비유자의 화합견설에 대해서는 권오민, 『상좌 슈리라타의 경량부 사상』, pp.418-450 참조.

문이다. 지금 바로 보건대, 벽 등에 은폐된 온갖 색을 능히 볼 수 없다. 만약 식(識)이 보는 것이라면 식은 장애성을 갖지 않기 때문에 벽 등에 구애됨이 없이 은폐된 색도 볼 수 있어야 한다.

[세친:] 은폐된 색에 대해 안식은 생겨나지 않는다. 식이 생겨나지 않았거늘 어찌 [색을] 볼 수 있다고 하겠는가?

[유부:] 안식은 [장애성을 갖지 않아 벽 등에 구애되지 않는데] 그러한 [은폐된] 색에 대해 어찌 생겨나지 않는 것인가? 그러나 눈이 '보는 것[見者]'이라고 인정할 경우, 안근은 유대(有對)이기 때문에 은폐된 색에 대해서는 견(見)의 공능이 없다. 나아가 식(識)과 소의(즉 안근)는 동일한 대상에서 일어나기 때문에 "그러한 [은폐된] 색에 대해 안식이 생겨나지 않는다"고 말할 수 있다. 그러나 만약 식(識)이 '보는 것'이라고 인정할 경우, 어떤 이유에서 [그같이 은폐된 색에 대해서는] 생겨나지 않는 것인가? (후략)[51]

[또한 비바사사는] 심(心)과 심소(心所)는 서로 다른 실체라고 주장하였다.

[해설] 불교에서는 전통적으로 마음(心·意·識)과 지식현상 혹은 심리현상으로서의 의식작용(心所)을 별도의 존재(antaradravya: 別體)로 간주하였는데, 이러한 사유전통은 설일체유부에 따른 것이다. 즉 유위제법의 기본범주인 5온은 개별적인 실체로서, 식(識)은

51 『구사론』 권2 (T29, 10c20-11a3; 권오민 역, pp.86-88).

색(色)은 물론이고 수(受) · 상(想) · 행(行=思)과 당연히 구별된다. 그리고 이 모두는 반드시 함께 일어난다. 예컨대 나에게 분노가 일어났을 경우, 이때 '분노하는 마음'은 어떤 대상(境)에 대한 지각(受) · 표상(想) · 확인(勝解) · 판단(慧), 나아가 탐욕(貪) · 증오(瞋) · 무지(癡) 등과 더불어 분노(忿)라는 의식작용이 각기 별도의 실체로서 마음과 동시에 함께 생겨난 심리현상이라는 것이다.

이러한 의식작용/심리현상을 심소(心所, caitta, 혹은 caitasika)라고 한다.[52] 그러나 이는 다만 말 그대로 '마음에 소유된' 피동적 존재가 아니라 마음과 동등(samatā: 平等)한 조건으로서 관계한다. 즉 심과 심소법은 반드시 동일한 소의(所依, āśraya) · 소연(所緣, ālambana) · 행상(行相, ākāra)을 갖고서 동일한 찰나(時, kāla)에 각기 하나의 법(事, dravya)이 함께 생겨난다. 이를 오의평등(五義平等)이라 한다. 예컨대 지금 눈앞에 있는 꽃을 보고 기쁨(정확히는 기뻐하는 마음)이 생겨났을 경우, 마음과 수(受) 등의 심소는 소의(안근)와 소연(꽃)과 꽃의 형상(이미지)이 동일할 뿐만 아니라 동시에 각기 1법씩 함께 일어난다.

이렇듯 심과 심소법은 결코 서로 떨어질 수 없는 평등한 관계인데, 이 같은 불가분의 관계를 '상응(相應, saṃprayukta)'이라 하며, 이러한 인과관계를 상응인(相應因)-사용과(士用果)라고 한다. 그리고 이러한 유부의 이론을 상응구기설(相應俱起說)이라 하는데, 이는 반

---

52 아함이나 니카야에도 心所(p. cetasika)라는 말은 나타나지만, 마음에 수반된 심리현상의 의미로 사용되는 것은 초기 아비달마시대로 생각된다. (水野弘元, 1978, 『パーリ佛教を中心とした佛教の心識論』, pp.215-221 참조) 유부 비바사사가 제시한 제 심소에 대해서는 본장 2-1-1① '다섯 가지 기본범주' 해설 참조.

드시 심·심소 별체설을 전제로 한다.

이에 반해 유부의 각천(覺天)이나 비유자, 하리발마(『성실론』의 작자)는 일체의 심소는 마음의 특수한 변화(차별)로 이해하였고, 유부의 법구(法救)와 경량부 조사 상좌 슈리라타는 5온의 受·想·思(=行) 세 심소를 제외한 작의 등 그 밖의 일체 심소를 사(思)의 특수한 변화로 이해하였다. 이같이 심소의 개별적 실재성을 인정하지 않는 한 심·심소의 오의평등설도 상응구기설도 부정될 수밖에 없다. 제5장 2-1-2② '식(識)'의 해설 주7-9 참조.

그리고 바른 인식이 아닌 식(apramāṇa, 非量)에는 전도된 인식(viparyaya-jña) 등이 있다.

[해설] 앞서 식(識)에는 바른 인식(量)과 바른 인식이 아닌 것(非量)이 있다고 하였다. 바른 인식에는 직접지각과 추리 두 종류가 있고, '바른 인식이 아닌 것'에는 [바른 인식의] 다음 찰나 인식(paricchinnajñāna), 전도된 인식(viparyayajña), 의심(saṃśaya), 추측(manaḥparīkṣā), 부주의식(aniyatapratibhāsabuddhi, 대상이 나타나지만 인지되지는 않은 식)의 다섯 가지가 있다. 이러한 일곱 가지 인식은 사실상 마음의 일체 지적활동을 망라한 것으로, 티베트 불교 입문과정인 로릭(blo rigs)에서는 이러한 7종의 인식논리(因明)에 대해 학습한다. 이에 대한 상세 설명은 본서 제5장 2-1-2 ②'식(識)'의 해설 참조.

③ **말-소리**

일반적으로 말-소리(śabda)에는 생물체(有執受 upātta 대종)의 소리와 무생물체(無執受 anupātta 대종)의 소리가 있다. 이를테면 사람이 말하는 소리 등이 전자의 예라면, 물이 흘러가는 소리 등은 후자의 예이다.

생물체가 내는 소리와 무생물체가 내는 소리에는 다시 각기 두 종류가 있다. 언어적 의미(有情名, sattva-ākhya)를 지닌 소리와 언어적 의미를 지니지 않은(非有情名, asattva-ākhya) 소리가 바로 그것이다.

[해설] 언어적 의미를 지닌 소리든 지니지 않은 소리든 다시 각기 가의성(可意聲)과 불가의성(不可意聲) 즉 마음에 드는 소리와 마음에 들지 않는 소리가 있어, 일체 소리를 도합 8가지로 정리한다. 이를 도표로 정리하면 다음과 같다.

유정(유집수 대종)의 소리:

- ① 언어적 의미를 지닌 소리(有情名)
  - 가의성 (예, 노래 소리)
  - 불가의성 (예, 꾸짖는 소리)
- ② 언어적 의미를 지니지 않은 소리 (非有情名)
  - 가의성 (예, 장단 맞춘 박수소리)
  - 불가의성 (예, 주위를 환기시키기 위한 박수소리)

무정물(무집수 대종)의 소리:

- ① 언어적 의미를 지닌 소리
  - 가의성 (예, 변화인의 부드러운 소리)
  - 불가의성 (예, 변화인의 꾸짖는 소리)
- ② 언어적 의미를 지니지 않은 소리
  - 가의성 (예, 악기소리)
  - 불가의성 (예, 천둥소리)

[따라서] [생물체인] 유정의 소리와, 유정의 말을 통해 드러나는 소리와, 말[의 의미를 드러내는] 소리는 동의어이다. 또한 [무생물체인] 무정물의 소리와, 유정의 말을 통해 드러나지 않은 소리와, 말[의 의미를 드러내지 않는] 소리도 동의어이다.

[해설] 예컨대 '아버지'라는 말-소리는 유정이 내는 소리이며, 유정의 말(언어)를 통해 드러나는 소리이며, 특정의 의미를 드러내는(지시하는) 소리이다. 바람소리나 천둥소리는 그 반대이다. 다시 말해 무생물이 내는, 비언어적인, 무의미의 소리이다.

[한편 비바사사는] 불타의 말씀(Buddhavacana: 佛說)과 논서(śāstra), 이 두 가지는 모두 개별적 실체로 간주되는 개념적 단어(nāma: 名)와 문장(pāda: 句)과 음소(vyañjana: 文)의 집합(kāya: 身), 즉 명신(名身)과 구신(句身)과 문신(文身)을 본질로 한다고 주장하였다. [그들에 의하면] 이는 말-소리의 보편성(śabdasāmānya)으로, 불상응행법에 포함된다. 따라서 이 학파에서는[말-소리에 관한 한] 물질(색법)과 불상응행법은 서로 모순되는 것이 아니라고 생각하였다.

[해설] 설일체유부 전통에서 소리(聲, śabda)는 색법에, [특정의 의미를 불러일으키는] 말(名, nāma 등)은 불상응행법에 포함되기 때문에 이 같은 논설이 가능하였다. 세친 또한 불타법문(法蘊)의 본질에 대해 이같이 논설하고 있다.

"불타의 말씀(Buddhavacana: 佛教)은 말-소리(vac, 語)를 본질로 한다고 주장하는 이들에게 있어 불타의 8만 법온은 색온(色蘊)에 포섭되며, 불타의 말씀은 의미를 지시하는 말(nāma, 名)을 본질로 한다고 주장하는 이들에게 있어 불타의 법온은 행온(行蘊) 즉 불상응행법에 포섭된다."[53]

세친은 이 두 해석 중 어느 한 가지를 선설(善說)로 채택하지 않고 있지만, 『대비바사론』에서는 두 설을 각기 불타말씀의 자체(自體)와 작용(作用)의 관계로 해설한다. 즉 불타말씀의 본질을 한편에서는 불타의 말-소리(語言)로, 다른 한편에서는 개념(名)·문장(句)·음소의 집합(文身) 배열로 정의하고 있는 『발지론』의 논설[54]에 대해 해설하면서 양자의 관계를 다음과 같이 정리하고 있다.

"불타말씀의 본질을 개념 등으로 설한 것은 불타말씀 자체를 개시(開示)하려고 함이 아니라 불타말씀의 작용을 나타내기 위함이었다. 그러나 말-소리(語, vac)는 간단없이 이어지는 세간의 자손(子孫)처럼 [특정의] 개념(名, nāma)을 낳고 (불러일으키고), 개념은 능히 의미대상(義, artha)을 드러내며, [이에 따라 지각(覺, buddhi)이 일어난다].[55] 즉 불타말씀의 본질에 관한 참다운 설(如是說)은 말소리(語業)를 본질로 한다는 것이니, 다른 이(즉 제자)들에게 들려진 것은 불타의 의도(abhiprāya)가 아니라 의도에 의해 설해진 것이기 때문이다."[56] (필자 초역)

---

53 『구사론』 권1 (T29, 6b2-3; 권오민 역, p.48).

54 『아비달마발지론』 권12 (T26, 981a27-b5; 권오민 역, 동국역경원, 1995, p.126).

55 본서 해제 주24) 참조.

56 『대비바사론』 권126 (T27, 659a23-b11). "(前略) 依展轉因故作是說. 如世子孫展轉生法, 謂語

참고로 신라의 원측(圓測)도 『반야심경찬』에서 유부 비바사사를 비롯한 대소승의 교체(教體, 불타말씀의 본질)에 대해 정리하고서 법상교가답게 불타말씀의 본질은 식(識)이라고 결론짓고 있다.

「불타말씀(佛教)의 본질에 대해서는 여러 학설이 있어 한결같지 않다.

설일체유부(薩婆多宗, Sarvāstivāda)에서는 소리(聲, 물리적 음성 즉 색법)를 본질로 간주하였으니, 명신(名身, 특정의미를 지닌 말 즉 불상응행법) 등은 무기성이지만 [말]소리는 선성이기 때문이다.

경량부(經部宗)에 의하면, 소리는 [그 자체로서 실재하는 것이 아니라 마음의] 상속을 가설한 것이니, 소리를 떠나 별도의 명·구신 등이 존재하지 않기 때문이다.

대승종의 경우도 여러 학설이 있어 동일하지 않다. 어떤 곳에서는 오로지 소리를 본질로 간주하였으니, 이를테면 『무구칭경(無垢稱經)』 즉 『유마경』에서 "혹은 어떤 불국토에서는 소리로써 불사(佛事, 부처의 일)로 삼는다"고 설한 바와 같다. 또 어떤 곳에서는 다만 명(名) 등을 본질로 간주하였으니, 이를테면 『성유식론』에서 "법무애지(法無礙智)는 명 등을 경계대상으로 삼는 지혜이다"고 설한 바와 같다. 또 어떤 곳에서는 [불설의 본질로서] 소리와 명 등을 함께 설하기도 하였으니, 이를테면 『십지경』에서 "'그것을 들었다'고 말하는 것은 다 두 가지 사실에 근거한 것이니, 말하자면 소리와 명 등이 바로 그것이다"고 설한 바와 같다.

起名. 名能顯義. 如是說者, 語業爲體. 佛意所說, 他所聞故."

어떠한 까닭에서 온갖 교설 상에 이와 같은 차이가 있는 것인가?

[그것들은 모두] 진실에 근거한 것이니, 가설(假)은 진실(實)에 따르는 것이다. 즉 거기서는 모두 소리나 명 등을 [교법의] 본질(體性)로 간주하였던 것이지만, 여러 성교(聖教)에서는 각기 한 가지 뜻에 의거하여 [설하였기] 때문에 서로 모순되지 않는 것이다.

그같이 말한 이유가 무엇인가?

즉 가설(假)은 진실(實)에 따르는 것이라고 하는 경우에는 [『무구칭경』에서처럼] 소리를 본질로 간주하였니, 소리를 떠나 별도의 명(名, 단어)이나 구(句, 문장) 등은 존재하지 않기 때문이다. 본체(體)는 작용(用)을 따르는 것이라고 하는 경우에는 [『성유식론』에서처럼] 명 등을 본질적인 것으로 간주하였니, 제법의 자성의 차별을 능히 드러내는 것은 두 가지 소의(所依)이기 때문이다. 가설과 진실이 서로 돕는 것이라고 하는 경우에는 [『십지경』에서처럼] 두 가지 모두를 함께 [본질적인 것이라고] 설하였니, 둘 중 어느 한 가지라도 결여할 경우 교설은 이루어지지 않기 때문이다.

[그렇지만] 경계대상은 마음에 따르는 것이라고 하는 경우 [불설의] 본질은 식(識)이니, 모든 경에서 "제법은 식을 떠나지 않는다"고 설하였기 때문이다. 또한 거짓(妄)을 포섭하여 진실(眞)로 돌아가는 것이 [불설이라고] 하는 경우 그것의 본질은 진여(如)이니,『인왕경(仁王經)』 등에서 제 법성을 설하였기 때문이다.」[57]

이처럼 대소승의 제론에서는 불설의 본질을 말-소리나 특정의

57 『불설반야바라밀다심경찬』(『한국불교전서』1, 1a20-b16).

미의 개념(名) 등으로 이해하였지만, 흥미로운 사실은 직메 왕뽀가 개념 등(名·句·文)을 말-소리의 보편성(śabdasāmānya)으로 이해하였다는 점이다. 이에 대해 제프리 홉킨스는 "만약 어떤 사람이 '나무'라는 개념적 단어를 말하려고 하였을 경우 '나무'라는 소리의 일반적 이미지(generic image)가 먼저 나타나고, 이어서 '나무'라는 소리가 발성된 것이라고 해야 한다. 그러나 '나무'라는 소리의 이미지는 불상응행법이며, 그럴 경우 비바사사는 [물리적 음성인] 불타의 금구언설(金口言說)은 불타의 말씀이 아니라고 한 것인지 의심스럽다"고 논평하고 있다.[58]

2) 실천 수행도

여기서는 도의 관찰 대상, 도에 의해 끊어지는 장애, 도의 본질 등 세 단락으로 나누어 논설한다.

(1) 도의 관찰 대상

도의 관찰 대상(ālambana: 所緣)은 무상(無常) 등 4성제와 관련된 16가지 행상(行相, ākāra)이다.

[해설] 여기서 행상(行相)이란 말하자면 심·심소 상에 나타난 외계대상의 이미지 즉 표상이다. 심·심소 자체는 맑고 깨끗하여 마치 거울에 온갖 영상이 나타나듯 어떠한 경계대상이든 현전한 것이면

58 Geshe Lhundup Sopa and Jeffrey Hopkins(1989), p.203.

[주의(作意)를 기울이지 않고도] 그것의 영상이 저절로(法爾) 현현하는데, 이를 '행상'이라 한다.[59] 마음 상에 나타난 영상(즉 표상)을 왜 '행상'(구역은 '取相')으로 번역하였을까? 우리는 이를 통해 불교 인식론의 기본형식과 다양한 관점을 읽을 수 있다. 행상은 행해상모(行解相貌)의 준말로, 마음 상에 나타난 형상(表象: 相貌)은 인식대상을 파악(行解 혹은 取)하는 일차적 근거, 말하자면 행해(行解)를 가능하게 하는 상(行解之相)이다. 그래서 '행상'(혹은 取相)이다.[60]

그렇다면 마음 상에 나타난 형상이 바로 인식대상(所緣)인가? 외계대상의 직접지각이나 외계 자체를 부정하는 경량부나 유가행파의 경우 그러하다고 할 수 있지만, 외계가 바로 직접 지각된다고 주장하는 유부의 경우 심·심소로 하여금 각자 자신의 방식에 따라 소연(ālambana)을 분별/파악하게 하는 것으로,[61] [다수의 이설이 있지만] 혜(慧)를 본질로 한다. 즉 유부에 있어 행상이란 혜가 자신에게 나타난 형상에 따라 소연(외계대상)을 파악(즉 簡擇)하는 것이며, 그 밖의 심·심소는 이러한 혜와 상응하기 때문에, 다시 말해 [혜와

---

59 『구사론기』 권4 (T41, 83b28-c1), "謂心心所法, 其體明淨, 隨對何境, 法爾前境皆悉現於心心所上. 此所現者, 名爲行相."; 次註 참조. ākāra는 통상 forms, shape, figure, appearance, expression, 혹은 outward sign of emotion 등으로 영역되고 있다. (A. A. MACDONELL, A PRACTICAL SANSKRIT DICTIONARY, p.36) 참고로 제프리 홉킨스의 역어는 attributes(속성, 특성)이다.

60 『구사론송소론』 권4 (T41, 843c18-21).

61 AKBh, 62. 5-6. sālambanā viṣayagrahaṇāt. sākārās tasyaivālambanasya prakāraś ākaraṇāt. 眞諦는 "[심·심소는] 다 능히 경계대상을 파악하기 때문에 유소연(有境), 소연의 경계대상을 품류·차별에 따라 능히 分別하기 때문에 '유행상(有相)'이라 하였다.([心及心法] 或說有境. 皆能取境故. 或說有相, 是所緣境, 隨類差別, 能分別故.: T29, 180c10)로, 玄奘은 "[심·심소는] 소연의 경계대상을 파악하기 때문에 '有所緣', 소연의 품류·차별에 대해 동등하게 行相(行解의 相貌)을 일으키기 때문에 '유행상'이라 하였다. (或名有所緣. 取所緣境故. 或名有行相. 卽於所緣品類差別, 等起行相故.": T29, 21c27-29)로 번역하였다.

상응하며] 각기 자신에게 나타난 품류 차별의 형상에 따라 소연을 파악하기 때문에 (즉 識은 요별하고 수·상·사는 감수·표상·지향하기 때문에) '有行相(sākāra, 행상을 갖는 법)'이라 하였다.[62]

나아가 유부에서는 실천 수행도로서 자량위(資糧位) – 가행위(加行位) – 견도위(見道位) – 수도위(修道位) – 무학위(無學位)의 다섯 단계를 제시하고서 예비적 단계인 가행위(4선근)부터 그들이 성자들의 진리로 간주한 4성제(聖諦) 각각에 수반되는 4가지 행상, 도합 16가지 행상의 인식(분별/현관)을 수행도의 본질로 간주하였다. 즉 결과로서의 5취온(取蘊)인 고성제를 비상(非常)·고(苦)·공(空)·비아(非我)으로 관찰하며, 원인으로서의 5취온인 집성제를 인(因)·집(集)·생(生)·연(緣)으로, 5취온의 멸인 멸성제를 멸(滅)·정(靜)·묘(妙)·리(離)로, 그리고 5취온의 멸에 이르는 무루성도인 도성제를 도(道)·여(如)·행(行)·출(出)로 관찰한다. 좀 더 구체적으로 해설하면 다음과 같다.

첫째, 우리가 지금 경험하고 있는 세계, 즉 5취온(取蘊) 등으로 규정되는 현행의 결과는 온갖 인연에 의해 생겨난 것이므로 '비상(anitya)'이며, 본질상 괴멸 핍박하는 것이므로 '고(duḥkha)'이며, 진실로 나의 것(我所)이 아니기 때문에 '공(śūnyatā)'이며, 나(我)가 아니기 때문에 '비아(anātmaka)'이다. 바로 이 같은 진리가 고제(苦諦)이며, 이를 대상으로 한 무루지를 고지(苦智)라고 한다.

둘째, 5취온 등의 현행의 원인(번뇌와 업)은 종자의 이치와 같기 때문에 '인(hetu)'이며, 결과를 바로 일으키는 것이기 때문에 '집

---

62 보다 자세한 내용은 권오민, 『상좌 슈리라타의 경량부 사상』, pp.367-377 참조.

(samudaya)'이며, 씨앗에서 싹, 줄기, 잎 등이 상속하여 생겨나듯이 끊임없이 괴로움을 낳기 때문에 '생(prabhava)'이며, 진흙·물·막대·물레 등의 조건이 화합하여 항아리가 이루어지듯이 세계를 낳는 두드러진 조건이 되기 때문에 '연(pratyaya)'이다. 바로 이 같은 진리가 집제(集諦)이며, 이를 대상으로 한 무루지를 집지(集智)라고 한다.

셋째, 5취온 등의 소멸은 제온의 상속이 다한 것이기 때문에 '멸(nirodha)'이며, 탐·진·치의 3재(災)가 종식된 것이기 때문에 '정(śānta)'이며, 일체의 괴로움(患亂)이 부재하기 때문에 '묘(praṇīta)'이며, 모든 재앙으로부터 벗어났기 때문에 '리(niḥsaraṇa)'이다. 바로 이 같은 진리가 멸제(滅諦)이며, 이를 대상으로 한 무루지를 멸지(滅智)라고 한다.

넷째, 5취온 등의 소멸을 획득하는 성도(聖道)는 모든 성자들이 가는 길이기 때문에 '도(mārga)'이며, 올바른 이치/논리에 부합하는 것이기 때문에 '여(nyāya)'이며, 열반으로 가는 첩경이기 때문에 '행(pratipatti)'이며, 생사의 윤회를 영원히 초월하는 길이기 때문에 '출(nairyāṇīka)'이다.[63] 바로 이 같은 진리가 도제(道諦)이며, 이를 대상으로 한 무루지를 도지(道智)라고 한다.

설일체유부 수행도는 궁극적으로 4성제와 관련된 16가지 특성을 관찰/파악하여 이에 미혹하여 생겨난 번뇌를 끊고 열반을 증득하는 도정이라 할 수 있다.

---

63 『구사론』 권26 (T29, 137a9-18). 『구사론』에서는 이 밖에 세 가지 해석을 더 전하고 있다. (권오민 역, p.1195-1198); 권오민, 『아비달마불교』, pp.243-251 참조.

[그들은] 미세한 무아(無我)와 미세한 인무아(人無我, pudgalanairātmya)는 동의어라고 주장하였다.

그들이 주장하는 미세한 인무아란 개아(pudgala)가 [5온과는] 별도의 실체(dravya)로서 존재하지 않는다는 것이다.

[해설] 『둡타』에서는 인무아(人無我)와 법무아(法無我) 즉 아공(我空)과 법공(法空)을 각기 거칠고 미세한 두 가지 형식으로 분별한다. 즉 티베트 불교 전통에서는 『우파니샤드』의 아트만과도 같은 상일주재(常一主宰)의 보편적 자아가 공(空)한 것/부재하는 것을 '거친 인(人)무아'라고 하였고, 다만 5온과는 별도의 개별적 실체로서의 자아가 존재하지 않는 것을 '미세한 인(人)무아'라고 하였다. 그러나 제3장 5절에서 설한 것처럼 독자부에서는 이 같은 미세한 자아(즉 pudgala: 人)의 실재성을 주장하였다.

또한 외계대상은 이를 파악하는 식(識)과 별도의 실체로서 존재하지 않는 것을 '거친 법(法)무아'라고 하였고, 일체제법이 진실로 존재하지 않는 것을 '미세한 법무아'라고 하였다. 유부 비바사사는 거칠든 미세하든 어떠한 경우에도 법무아(dharmanairātmya)를 인정하지 않았다. (후술)

[소승] 18부파 중 정량부(正量部)에서 분파한 다섯 부파만이 [자아는] 개별적 실체로서도 존재하지 않는다는 (다시 말해 공하다는) 미세한 인무아를 인정하지 않았다. 즉 그들은 자아가 개별적 실체로서 존재한다는 사실을 인정하였기 때문이다.

[해설] 정량부 계통의 5부와 정량부의 인아론(人我論), 보특가라(개아, 미세한 자아) 실유설에 대해서는 제3장 5절 '독자부의 개아론'; 본장 2-1-2 ① '개아(人)' 참조.

[비바사사(毘婆沙師)는] 거칠거나 미세한 법의 무아(dharma-nairātma, 법의 무실체성)는 인정하지 않았다. 왜냐하면 [그들은] 세계의 토대(sthāpana)로 성취된 제법이 개별적 실체(我, 즉 法我)로서 존재한다고 주장하였기 때문이다.

[해설] 설일체유부에서는 개아(자아)의 실체성은 부정하지만, 제법 이를테면 자아의 토대가 되는 5온의 개별적 실체성마저 부정하지는 않았다. 그들은 도리어 이같이 제법의 실재성마저 부정하는 이들을 괴법론(壞法論), 즉 허무론(vaināśika)으로 비판하였다. 동아시아 불교 전통에서는 이러한 설일체유부의 종의를 '아공법유종(我空法有宗)'이라 하였다.

(2) 도에 의해 끊어지는 장애

도에 의해 끊어지는 장애로는 염오무지(染汚無知)와 불염오무지(不染汚無知)의 두 가지가 있다.

염오무지는 대개 [괴로움으로부터의] 해탈을 증득하는 데 장애가 되는 무지로, 예컨대 [비존재인] 개아의 실체성에 대한 집착(人我執)과 이로부터 생겨난 [탐·진·치] 삼독(三毒)과 이것의 종자(bīja 즉 인연)가 여기에 포함된다.

불염오무지는 대개 일체지(一切智)를 증득하는 데 장애가 되는 무지로, 예컨대 여래의 심오하고 미세한 법에 대해 무지한 불염오성의 장애 등의 네 가지 무지가 바로 그것이다.

[해설] 무지(saṃmoha: 癡闇, 愚惑)란 무시이래 배우지 못한 결과로 지혜가 저열하여 사물의 도리나 법문(4제)의 이치를 알지 못하는 것이지만, 염오무지(kliṣṭasaṃmoha)가 사물에 집착하는 염오성(불선과 유부무기)의 번뇌라면 불염오무지(akliṣṭasaṃmoha)는 사물에 집착함이 없는, 불염오성(무부무기)의 열혜(劣慧)이다. 곧 염오무지가 생사의 해탈을 장애하는 것이라면, 불염오무지는 다만 일체법을 깨달아 일체지(一切智, 즉 불타)가 되어 널리 중생들을 교화하는 것을 장애(化導障)하는 번뇌이다. 따라서 유부 아비달마에서는 성문·독각은 다만 염오무지만을 끊을 수 있을 뿐이며, 불염오무지는 오로지 불타만이 끊을 수 있다고 말한다.

이에 따라 세친은 『구사론』 귀경게에서 불타를 '일체종(一切種)과 온갖 어둠(冥)을 멸하시고 생사의 늪으로부터 중생을 구제하신 분'으로 찬탄하고서, 여기서 '일체종과 온갖 어둠'을 불염오무지와 염오무지로 해설하였다. 그리고 성문과 독각이 일체종의 어둠을 끊지 못한 이유로 그들은 불법(佛法)과 지극히 멀리 떨어진 시간과 공간, 그리고 온갖 다양한 종류의 대상(無邊差別義類)에 대한 불염오성의 무지를 끊지 못하였기 때문이라 해설하였다.[64] 즉 본 둡타에서는

64 『구사론』 권1 (T29, 1a17-18; 권오민 역, pp.1-2; AKBh., 1. 14-15).

이 같은 네 가지 무지를 불염오무지라고 하였다.

보광(普光)에 의하면 여기서 '불법'이란 불신(佛身) 중에 존재하는 10력(力) 등의 [18불공법(不共法)] 법, '지극히 멀리 떨어진 시간'이란 8만 겁 너머(밖)의 시간, '지극히 멀리 떨어진 공간'이란 3천대천세계 너머의 세계, '온갖 다양한 종류의 대상'이란 일체법으로서 종종의 차별적 대상을 말한다.[65]

[도에 의해 끊어지는] 장애에는 이러한 두 가지(염오무지와 불염오무지)와는 별도로 소지장(所知障)도 있지만, [비바사사는] 이를 인정하지 않았다.

[해설] 유부 비바사사가 주장하는 이장(二障)은 번뇌장(煩惱障, kleśāvaraṇa)과 해탈장(解脫障, vimokṣāvaraṇa)이다. 즉 오로지 지혜의 힘(무루 간택력)에 의해 일체 번뇌의 장애를 끊은 아라한을 혜해탈(慧解脫)이라고 하며, 아울러 멸진정을 획득함으로써 해탈의 장애마저 끊은 아라한을 구해탈(俱解脫)이라고 한다. 여기서 해탈의 장애란 성자가 멸진정에 들어가는 것을 장애하는 불염오성의 무지를 말하는 것으로, 이것은 올바른 지혜가 생겨나는 것을 방해하지는 않지만 이것이 존재하는 한 완전한 해탈(8해탈 중 제8 滅受想定解脫身作證具足住)이라고 할 수 없다는 것이다.

이에 대해 대승에서 주장하는 이장(二障)은 번뇌장과 소지장(所

---

65 『구사론기』 권1 (T41, 6c27-7a2).

知障, 구역은 智障, jñeyāvaraṇa)이다. 번뇌장이 열반을 장애하는 근본 번뇌와 수번뇌라면 소지장은 제법의 진실(진여)을 알지 못하게 하는, 다시 말해 대승의 묘지(妙智)를 장애하는 우치 등이다. 예컨대 뒤에 설하는 유식학파의 경우, 변계소집(遍計所執)된 자아를 진실의 자아(實我)로 집착하는 살가야견(薩迦耶見)을 비롯한 128가지 근본 번뇌와 이에 수반하는 수번뇌는 유정의 심신을 뇌란시켜 능히 열반을 장애하기 때문에 번뇌장이라 한 반면, 변계소집된 존재를 진실의 존재(實法)로 집착하는 살가야견 등을 비롯한 견(見)·의(疑)·무명·애(愛)·에(恚)·만(慢) 등은 진실로 알아야 할 경계대상(所知境)과 전도됨이 없는 진실상을 은폐하여 깨달음(菩提)을 장애하기 때문에 소지장이라 하였다.[66]

(3) 도의 본질

이들 [비바사사]는 또한 [성문·연각·보살의] 3승(乘)의 수행도로서 자량도(資糧道), 가행도(加行道), 견도(見道), 수도(修道), 무학도(無學道)라는 다섯 단계를 제시하였다. 그러나 그들은 10지(地)에 걸친 지혜(prajñā)는 인정하지 않았다.

[해설] 이하 각 학파의 도의 본질에서 논설되는 바와 같이 그들은 모두 자량위-가행위-견도위-수도위-무학위의 다섯 단계(5位)의 수행론을 제시하였는데, 이는 이처럼 카슈미르 비바사사에

---

66 『성유식론』 권9 (T31, 48c6-11).

의해 제시된 종의였다. 간략히 해설하면 다음과 같다.

① 자량도(sambhāramārga)는 말하자면 수행의 자재와 양식을 축적하는 단계로, 여기에는 지식념(持息念)이나 부정관(不淨觀) 등 마음을 하나의 대상에 집중시키는 5정심위(停心位)와, 신(身) · 수(受) · 심(心) · 법(法)이 각기 순서대로 부정(不淨) · 고(苦) · 무상(無常) · 무아(無我)라고 개별적으로 관찰하고, 이 모두를 전체적으로 무상 · 고 · 공 · 무아로 관찰하는 별상념주 · 총상념주가 있다. 이를 3현위(賢位)라고 하며, 윤회의 속박으로부터 해탈하여 열반으로 나아가는 근거가 되기 때문에 순해탈분(順解脫分)이라고도 한다.

② 가행도(prayogamārga)는 자량위의 총상념주에서 4성제의 고제(非常 · 苦 · 空 · 非我)의 관찰이 이루어짐에 따라 본격적으로 4성제를 관찰하는 견도의 준비단계로, 여기에는 4제 16행상을 관찰하는 정도에 따라 난(煖) · 정(頂) · 인(忍) · 세제일법(世第一法)의 네 단계가 있다. 이는 선(善) 중의 선인, 결정적/확정적 진리인식인 무루지의 견도(見道)에 이르는 근거이자 첩경이기 때문에 4선근(善根) 혹은 순결택분(順決擇分)이라고도 한다.

③ 견도(darśanamārga)는 오로지 무루지로써 4성제의 이치에 미혹하여 생겨난 3계의 견혹(見惑, 이지적 번뇌)을 끊는 단계, ④ 수도(bhāvanāmārga)는 3계 9지의 수혹(修惑, 정의적 번뇌)을 9품에 걸쳐 점진적으로 끊는 단계, 그리고 ⑤ 무학도(aśaikṣamārga)는 마침내 무색계 제9 비상비비상처정의 수혹을 끊어 더 이상 닦을(혹은 배울) 것이 없는 단계이다.

무루지가 일어나는 견도위부터 성자의 단계인데, 견도가 예류향(預流向)의 단계(현관 제15심 道類智忍)라면 수도는 예류과(預流果)

와 일래향(一來向) · 일래과(一來果)와 불환향(不還向) · 불환과(不還果)의 단계이며, 무학도는 아라한향 · 아라한과, 벽지불, 불(佛)의 단계이다.

한편 10지(地)에 걸친 지혜란 대승에서 제시한 보살도로, 이에 대해서는 본서 제6장 2-2-3 '도의 본질' 해설 참조.

[4제 16행상에 대한 관찰인] 지(智: 결정적 판단) · 인(忍: 인가 欲樂)의 16찰나 중 앞의 15찰나를 견도라고 하였으니, 제16찰나인 도류지(道類智)부터 수도이기 때문이다.

[해설] 본 논설에는 당연히 해설이 필요하다. 5위의 수행도 중 가행도(즉 4선근)의 최후인 세제일법(世第一法)에서 무루 견도에 든다. 견도위에서도 역시 4선근에서와 마찬가지로 4제 16행상을 관찰하는데, 4선근에서의 관찰이 유루라며, 여기서의 관찰은 무루이다. (이 같은 무루지에 의한 4제의 관찰을 '現觀 abhisamaya'이라 한다.) 즉 고제의 네 행상을 대상으로 하여 일어나는 무루지를 고지(苦智)라고 하며, 나아가 도제의 네 행상을 대상으로 하여 일어나는 무루지를 도지(道智)라고 한다.

이 같은 4제 16행상에 대한 욕계에서의 관찰을 법지(法智, dharma-jñāna)라 하고, 대상과 지식이 법지와 유사한 색 · 무색계에서의 관찰을 유지(類智, anvaya-jñāna)라고 한다. 그러나 지식은 지식 그 자체로서 성취된 것이 아니며, 그것을 지식으로 인가하여 그 같은 무루지를 얻기를 희구 욕락(欲樂)함에 따라 비로소 성취된 것이다. 이에 비바사사는 지식의 획득에 앞서 인가(忍, kśānti)라고 하는 또 다른 단계를 설정하여 4제의 현관을 고법지인(苦法智忍) - 고법지(苦法智), 고류지인(苦類智忍) - 고류지(苦類智) 내지 도법지인(道法智忍) - 도법지(道法智), 도류지인(道類智忍) - 도류지(道類智)의 16찰나로 구성하였다.

설일체유부 이론에 따르면 3계의 모든 견소단의 번뇌는 앞의 8가지 지식이 인가되는 순간, 말하자면 고법지인(苦法智忍) 내지 도류지인(道類智忍)의 순간 끊어진다. 그리고 법지와 유지의 8지(智)는 그 같은 번뇌의 단절을 확증하여 택멸의 이계(離繫 즉 열반)를 증득하는 작용을 갖는다. 다시 말해 '인(忍)'이 번뇌를 끊는 법이라면, '지(智)'는 이계/열반을 증득하는 법이다. 아비달마불교에서는 8인(忍)을 무간도(無間道)라고 하고, 8지(智)를 해탈도(解脫道)라고 하는데, 이 같은 번뇌의 단절과 이계의 증득은 각기 도둑을 잡아 문밖으로 쫓아내는 것과 그것을 확인하고 문을 닫아 다시는 들어오지 못하게 하는 것에 비유되기도 한다.

그리고 견도란 일찍이 관찰한 적이 없었던 진리를 관찰하는 것을 말하는데, 제16 찰나인 도류지(道類智)에 이를 때 아직 알지 못한 진리는 있을지라도 일찍이 관찰한 적이 없었던 진리는 더 이상 남아 있지 않다. 즉 '인' 또한 모두 '견'을 본질로 하기 때문에 제15 찰나인 도류지인에서 4제의 현관을 모두 마친 것이 되며, 제16 도류지의 찰나에서는 제15 찰나를 거듭 관찰하여 아는 것이기 때문에 견도라고 하지 않고 수도(修道)라고 한다. 논에 나락이 한 이랑 남았다 해서 '이 논은 아직 나락을 베지 않았다'고 말할 수 없는 것과 같다는 것이다.[67]

---

67 『구사론』 권23 (권오민 역, pp.1063-1064).

비바사사(毘婆沙師)는 [4제의 현관은] 염소들이 [좁은]다리를 건너듯 [하나씩] 순서대로 일어난다고 주장하였다. (다시 말해 일찰나에 한꺼번에 일어난다고는 주장하지 않았다.)

[해설] 유부 비바사사는, 성제(聖諦) 현관은 16찰나에 걸쳐 점진적으로 일어난다는 점현관(漸現觀)을 주장한다. 4제 각각에 행상의 차별이 있기 때문이다. 이에 반해 『대비바사론』이나 『구사론』 상에서 어떤 이/다른 부파는 돈현관(頓現觀)을 주장하였다.[68] 이는 야쇼미트라에 의하면 법밀부(法密部), 보광에 의하면 대중부의 설로서, 그들은 4성제는 일찰나의 마음에 의해 단박(일시)에 현관된다는 돈현관론을 주장하였다. 그러나 『이부종륜론』에 의하면, 이는 대중부와 화지부의 본종동의(本宗同義)이다.[69]

참고로 경량부의 상좌 슈리라타는 인가 욕락의 단계인 8인(忍)을 제순인(諦順忍) 즉 성제에 수순하는, 견도와 가까운/유사한 도로 이해하여 무루도(聖道)로 인정하지 않았기 때문에 8심(心) 현관설을 주장하였다. (본서 제5장 2-2-3 '도의 본질' 해설 참조)

또한 그들은 도제(道諦)를 다만 식(識, vijñāna)이라 하지 않았다. 왜냐하면 무루 5온을 도제[의 본질]로 인정하였기 때문이다.

---

68 (T27, 264c29f; T29, 121c10).

69 (T49, 15c11f; 16c27f).

[해설] 유부 비바사사는 그것이 무엇이든, 유루든 무루든 유위의 세간은 5온을 본질로 한다. 따라서 무위인 멸제를 제외한 성제(聖諦)의 본질 또한 5온이다. 고제는 유루 5온(즉 5취온)의 결과적 상태라면 집제는 원인적 상태, 그리고 도제는 무루 5온인 유학과 무학의 법(37보리분법)을 본질로 한다.

도제[의 본질]을 다만 마음으로 이해한 이들이 누군지 분명하지 않다. 색(예컨대 律儀色) 등 5온의 개별적 실재성을 인정하지 않는 이들은 필경 그같이 주장하였을 것이다. 참고로 『대비바사론』 상의 비유자(譬喩者)는 도제의 본질을 각기 정(定)과 혜(慧)를 본질로 하는 사마타와 비파사나라고 하였지만, 그들은 심소의 개별적 실재성을 부정하고 다만 마음의 차별이라 하였다. 아울러 그들은 고제를 명색(名色), 집제를 업과 번뇌, 멸제를 업과 번뇌의 멸이라 주장하였다.[70]

3) 수행도의 결과

(1) 성문과 독각

성문종성은 [최소] 3생 이상의 생에 걸쳐 무상(無常)을 비롯한 [4제] 16행상을 닦아 마침내 성문의 수도위의 금강유정(金剛喩定)에 의지하여 [생사윤회를 일으키는] 번뇌장(煩惱障)의 득(得, prāpti)을 끊음으로써 아라한과(阿羅漢果)를 증득한다.

[해설] 번뇌는 이루 헤아릴 수 없는 생을 거쳐 오면서 익혀왔기 때

---

70 『대비바사론』 권77 (T27, 397b2-4).

문에 쉽사리 끊어지는 것이 아니다. 그것은 기나긴 준비단계(자량위와 가행위)를 거쳐야 한다. 자리(自利)의 성문과 이타(利他)의 불타는 이러한 준비단계의 기간이 다르다. 아비달마에 의하면 성문의 경우 견도에 들어 해탈하기 위해서는 최소한 3생을 거쳐야 한다. 씨앗을 뿌려야 싹이 나고 싹이 나야 비로소 열매를 맺게 되듯이, 첫 번째 생에 순해탈분(3현위의 자량도)을 심고 두 번째 생에서 그것을 성숙시키며, 세 번째 생에서 순결택분(4선근의 가행도)을 일으켜 바로 성도(견도)에 들어간다.[71] 물론 늦은 경우 순해탈분을 심고 일겁 내지 천겁을 지나도록 순결택분을 일으키지 못하는 이도 있으며, 순결택분을 일으키고도 일생 내지 천생이 지나도록 견도에 들지 못하는 이도 있다고 한다.

무루성도인 견도에 들어 아라한과에 이르는 길에 두 가지가 있다. 견도 16찰나의 예류과의 성자는, 차제증(次第證)일 경우 이후 3계 9지의 9품의 수혹을 순서대로 끊는데, 욕계 6품(중하품)의 수혹을 끊은 이를 일래과(一來果), 이후 욕계 수혹을 모두 끊은 이를 불환과(不還果), 나아가 유정지(有頂地)인 무색계 비상비비상처정의 하하품의 수혹을 끊고(이때 무간도를 금강유정이라 한다) 이계(離繫)의 택멸(擇滅)을 증득한 이를 아라한과(阿羅漢果)라고 한다. 그러나 견도에 들기 전에 유루도(유루 6行觀: 본장 2-1-1 ③'유루와 무루' 해설 참조)로써 하8지의 수혹을 끊고서 견도에 든 초월증(超越證)의 경우 예류·일래·불환과를 초월하여 바로 유정지의 번뇌를 끊는다. 이 경우 견도 16심과 수도 18심(유정지 9품의 무간도와 해탈도)

71 『대비바사론』권7 (T27, 35b8-12), 『구사론』권23 (권오민 역, p.1053).

도합 34찰나가 소요되는데, 불타가 그러하였다.

그리고 견도 첫 찰나인 고법지인(苦法智忍)에서 15찰나까지를 예류향(預流向), 욕계 제1 상상품의 번뇌를 끊고 일래과에 이르는 도정에 있는 성자를 일래향(一來向), 욕계 제7, 제8품을 끊은 성자를 불환향(不還向), 색계 초정려 제1 상상품의 번뇌를 끊고, 나아가 유정지 제8 하중품의 번뇌를 끊는 동안의 성자를 아라한향(阿羅漢向)이라 한다. 이 같은 성자를 고래로 사향사과(四向四果), 사쌍팔배(四雙八輩)라고 하였다.

인각유(麟角喩) 독각은 개아는 개별적 실체로서 존재하지 않는다(人無我 즉 我空)는 사실을 깨닫고서 이러한 지견(知見)과 더불어 100겁에 걸쳐 공덕을 쌓았다. 이 같은 위대한 자량도를 닦았기에 이후 가행도 [첫 번째 단계인] 난위(煖位)로부터 무학도에 이르기까지 이를 한 자리에서 증득한다.

[해설] 독각(pratyeka buddha, 辟支佛)이란 불타의 법문을 듣지 않고 스스로 12연기의 이치를 깨달았지만(그래서 '緣覺'이라고도 한다) 다른 이에게 그것을 설하지 않는 이를 말한다. 독각에는 부행(部行)과 인각유(麟角喩) 두 종류가 있다. 부행독각이란 일찍이 성문으로 있으면서 불환과를 얻은 후 스스로 아라한과를 증득한 이를 말한다. 즉 여러 사람이 한 곳에서 공동적으로 수행하였기에 '부행'이라고 하였다. 이에 대해 인각유란 기린의 두 뿔이 서로 만나지 않듯이 불타가 존재하지 않던 시대 오로지 홀로 머물며 깨달음을 증득하였기

때문에 '인각유'라고 하였다.

독각은 성문보다 근기가 예리하기 때문에 4향4과의 과정을 거치지 않고 바로 무학의 아라한과를 성취한다. 즉 빠르면 4생, 늦으면 100겁 동안의 수행을 거쳐 유루지로써 욕계 수혹을 끊고 견도에 들기 때문에 견도 16찰나와, 무간도와 해탈도로써 색·무색계의 9품의 번뇌를 끊고 이계 택멸을 증득하는 수도 144찰나(상2계 8地×9품×2도)를 통해 바로 아라한과를 성취한다.

그리고 인각유의 경우, 4선근의 인위(忍位)에 들게 되면 보살과 마찬가지로 일어나는 일 없이 그 자리에서 바로 무상(無上)의 깨달음을 성취하기 때문에(이를 '160心 一座成覺'이라 한다) 결코 다른 종성으로 전향할 수 없다.

또한 [비바사사는] 낮은 단계의 저열한 아라한은 [번뇌를] 끊고 [이계(離繫)의 열반을] 증득한 상태에서 물러나 예류과가 될 수 있다고 주장하였다.

[해설] 유부에서는 아라한을 퇴법(退法)·사법(思法)·호법(護法)·안주법(安住法)·감달법(堪達法)·부동법(不動法)의 여섯 종성으로 구분하여 앞의 다섯 가지를 성과(聖果)에서 물러나는 둔근 종성, 여섯 번째 부동법을 더 이상 물러나는 일이 없는 이근 종성으로 해석하였다. 여기서 퇴법이란 질병 등의 적은 인연을 만나더라도 수소단의 번뇌를 일으켜 이미 획득한 과위(果位)로부터 물러나는 아라한, 사법이란 획득한 과위로부터 물러날까 두려워하여 항상 자해하려고 생각하는 아라한, 호법이란 획득한 과위에 기뻐하여 스스로 그것을 지키려고 하는 아라한, 안주법이란 두드러진 물러남의 인연

을 멀리하여 스스로 그것을 지키지 않더라도 물러나지 않으며, 뛰어난 가행도 멀리하여 더 이상 증진(增進)하지도 않는 아라한, 감달법이란 그 성품에 능히 감당할 만한 능력이 있어 즐거이 근기를 단련하여 신속하게 부동법에 도달하는 아라한을 말하며, 부동법이란 두드러진 물러남의 인연을 만나더라도 획득한 과위에서 결코 물러나는 일이 없는 아라한을 말한다.

이에 반해 경량부에서는 경전 상에서 설하고 있는 아라한의 퇴·불퇴는 다만 현법낙주(現法樂住) 즉 색계 선정인 4정려에 기초한 것일 뿐 일체의 아라한과는 물러남이 없는 부동법이라고 주장하였다. 그들에 의하는 한 무루도에 의해 번뇌종자가 끊어진 이상 더 이상 물러남이 없다. 즉 경량부에서는 현법낙주에서의 물러남만을 인정하여 그것을 상실하는 둔근자를 앞의 다섯 종성의 아라한이라 하고, 상실함이 없는 이근자를 제6 부동법의 아라한이라고 하였다.

또한 [비바사사는] 성문의 20종의 승중(僧衆)과 8가지의 향하는 자와 머무는 자(즉 예류향·예류과 등의 4向 4果)의 교의를 제시하였다. 즉 [그들은 어느 누구도 모든 번뇌를] 한꺼번에 (일시에) 끊을 수 없다고 주장하였기 [때문이다].

그들은 8가지의 향하는 자(즉 向果)와 머무는 자(즉 住果)를 모두 성자(ārya)로 인정하였다.

[해설] 불교에서 성자(聖者, ārya-pudgala)는 어떠한 경우든 무루의 지혜(이를 聖慧라고도 한다)를 얻은 이를 말한다. 유부에 의하면 무

루혜를 증득하는 것은 견도위(見道位)에서이다. 그러나 번뇌는 견혹의 경우 4성제의 현관에 따라, 수혹의 경우 3계 9지의 9품에 따라 단계적으로 끊어지기 때문에 이에 따른 다양한 종류의 성자가 존재한다고 할 수밖에 없다. 가장 기본적인 성자관은 전술한 대로 세제일법(世第一法)으로부터 견도에 들어 견혹을 끊고, 다시 승진하여 수도로써 수혹을 끊고 아라한과에 이르는 예류향－예류과(śrota-āpanna: 須陀洹), 일래향－일래과(sakṛdāgāmin: 斯多含), 불환향－불환과(anāgāmin: 阿那含), 아라한향－아라한과(arhat)의 여덟 성자로, 이를 4향(向) 4과(果), 혹은 4쌍(雙) 8배(輩)라고 한다.

20종의 승중(僧衆, saṅgha)이라는 개념은 유부 비바사 상에서는 발견되지 않지만, 미륵의『현관장엄론』에 의하면 무학의 아라한과를 제외한 유학위의 여러 차별과 독각의 총칭이다.

"예리하고 둔한 근기와, 신심, 견득(見得), 가가(家家)와, 일간(一間), 중반(中般), 생반(生般)과 유행반(有行般)과 무행반(無行般)과, 요혜(樂慧), 삼종초월(三種超越)과, 요정(樂定), 색탐을 끊은 자, 현반(現般), 신증(身證), 인유독각(麟喩獨覺)을 이십 가지 승보라 하네."[72]

이해를 돕기 위해『구사론』상의 해석을 빌리면, 견도위와 수도위를 둔근과 이근에 따라 분류한 수신행(隨信行)·수법행(隨法行), 신해(信解)·견지(見至), 일래향로부터 불환과에 이르기까지 욕계 왕생 횟수에 따른 차별인 가가(家家)와 일간(一間), 불환과의 반열반의 따른 차별인 중반(中般)·생반(生般)·유행반(有行般)·무행반(無

---

72 범천 역주,『현증장엄론 역주』p.21; pp.164-167 참조. 法尊法師의 중문 번역은 이러하다. "諸鈍根利根 信見至家家 一間中生般 行無行究竟 三超往有頂 壞色貪現法 寂滅及身證 麟喻共二十." http://www.fodian.net/world/ygzyl.html (2019. 8.26)

行般), 그리고 색계에 태어나 보다 높은 세계로 전생하여 반열반에 드는 상류반(上流般)의 차별로서 색계 제4정려의 색구경천으로 전생(轉生)하는 지혜를 즐기는 관행자(觀行者)와 무색계 유정천(비상비비상처)으로 전생하는 선정을 즐기는 지행자(止行者), 또한 전자의 경우 바로 색구경천에 태어나기도 하고(全超), 중간에 다른 하늘을 거치거나(半超), 모든 하늘을 거치고서 색구경천에 태어나기도 한다.(遍沒) 혹은 욕계에 있으면서 색계의 탐을 떠난 경우 목숨을 마치고서 바로 무색계로 가 반열반에 들기도 하고(=行無色般涅槃), 욕계에서 바로 반열반에 들기도 한다(=現般涅槃). 미륵은 여기에 다시 불환과로서 멸진정을 증득한 신증(身證)과, 무불(無佛) 시대 스승 없이 홀로 깨달음을 얻는 인각유(麟角喩) 독각을 더하고 있다.[73]

그러나 유부 아비달마에서는 대개 예류향·예류과·일래과·일래향·불환향·불환과·아라한향·수신행·수법행·신해·견지·가가·일간·중반·생반·유행반·무행반·상류반의 18유학(有學)과 아라한과의 퇴(退)·불퇴에 따른 차별인 퇴법(退法)·사법(思法)·호법(護法)·안주법(安住法)·감달법(堪達法)·부동법(不動法)·불퇴(不退), 그리고 번뇌장을 끊은 혜해탈(慧解脫), 이와 함께 해탈장(무부무기의 불염오무지)을 끊은 구해탈(俱解脫)의 9무학(無學)'으로 성자를 총칭한다. 이른바 27현성(賢聖)이다.

20승중에 왜 무학의 아라한과는 포함시키지 않았을까? 그것은 아마도 불타의 지위이기 때문이 아닐까? 불타는 승가의 일원인가, 일원이 아닌가? 불타가 승가에 포함되느냐 되지 않느냐 하는 문제

73 이러한 20성자 각각에 대한 보다 구체적 설명은 권오민, 『아비달마불교』, pp.257-264 참조.

는 당시 주요한 교학적 문제 중의 하나였다. 대표적으로 화지부가 승중유불설(僧中有佛說)을 주장하였다. 그러나 유부 비바사사의 경우 불타는 복전승(福田僧) 비구승(比丘僧)으로서 승가에 포함되지만, 성문이 아니기 때문에 성문승(聲聞僧)에는 포함되지 않았다.

(2) 보살

보살은 자량도의 단계에서 세 번의 아승지겁에 걸쳐 [지혜와 복덕의] 자량을 쌓은 후 100겁 동안 32상(相)을 초래할 만한 근거(원인, 즉 보살행)를 성취하였다. 그리고 마침내 최후신(最後身)의 생을 맞이하여 보리수 밑에 앉아 초야(황혼 무렵)에 천자마(天子魔, devaputramāra)를 조복하고, 중야(한밤중)에 삼매(samādhi)에 들어 가행도, 견도, 수도의 세 도를 성취하였으며, 그 후 후야(새벽녘)에 무학도를 증득하여 [바야흐로 불타가 되었다].

그러므로 [비바사사(毘婆沙師)는] 초야에 보살이 마구니를 조복하기 이전은 범부(bāla)의 단계이고, [번뇌를 조복하고 끊는] 가행도와 견도와 수도의 세 도는 오로지 선정(dhyāna)의 상태라고 주장하였다.

그리고 [석존의] 12행장(行狀) 중 앞의 아홉 단계는 보살로서의 행장이고, 뒤의 세 단계는 불타로서의 행장이라고 주장하였다.

[해설] 동아시아 불교에서는 불타의 전기를 여덟 단계(八相) – 도솔내의(兜率來儀), 비람강생(毘藍降生), 사문유관(四門遊觀), 유성출가(逾城出家), 설산고행(雪山苦行), 수하항마(樹下降魔), 녹원전법(鹿

苑轉法), 쌍림열반(雙林涅槃) – 로 구분하는데 반해 티베트 불교에서는 12단계로 구분한다. ① 도솔천으로 하강(兜率來儀), ② 입태, ③ 탄생, ④ 학예의 통달함, ⑤ 결혼과 향락(세속적 유희/受用妃眷), ⑥ 출가, ⑦ 고행, ⑧ 보리수 아래서의 금강유정, ⑨ 초야 항마(降魔), ⑩ 등정각(等正覺), ⑪ 전법륜(轉法輪), ⑫ 열반.

비바사사(毘婆沙師)는 보살이 발심하여 3아승지겁에 걸쳐 보시·지계·인욕바라밀을 성취하는 지혜복덕의 자량을 쌓고, 다시 32상을 얻기 위한 백겁의 수행을 더한 후 최후신의 보살로 태어나 6년간 수행하여 마침내 보리수하에서 무상정등각을 성취하였다는 사계성도(四階成道)설을 주장하였는데(제3장 1. '삼종법륜' 해설 참조), 본 항의 논설도 이에 따른 것이다.

(3) 불타

① 전법륜과 불설

[비바사사는 불타가] 깨달은 법륜(法輪)은 견도(見道)이고, 설한 법륜은 4성제라고 주장하였다.

[해설] 이 논설을 통해 불타의 법륜에는 깨달은 법륜(證法輪)과 설하신 법륜(教法輪)이 있다고 말할 수도 있겠지만, 불타가 '깨달은/증득한 법륜이 견도'라는 논설은 올바른 표현이 아니다. 불타는 견도뿐만 아니라 수도·무학도도 깨달았기 때문이다. 특히 무학도는 무색계 유정지(有頂地) 제9품의 해탈도로 이때 진지(盡智)와 무생지(無生智)가 일어났으며, 이를 바야흐로 아뇩다라삼막삼보리(無上正

等正覺)이라 하고, 이때 지혜바라밀이 성취되었다고 하기 때문이다.

'깨달은 법륜'에서 '깨달은'이라는 말은 다람살라 판본(1967)에만 있고, 다른 판본에는 없다. 미마키의 교정본에는 이 말이 포함되어 있지만[74] 제프리 홉킨스는 고망 판(1980)에서는 이에 이용된 세 판본 중 어디에서도 이 말이 발견되지 않았음을 지적하고서 자신의 번역에서는 이 말을 삭제하였다.[75]

이 내용은『구사론』제6「현성품」제54송 후반2구에서 설해진 것이다.

"오로지 견도를 법륜이라 말한 것이니, 신속함 등이[세간의 바퀴와] 유사할뿐더러 바퀴살 등을 갖추었기 때문이다." (dharmacakraṃ tu dṛṅmārgaḥ. āśugatvādyarādibhiḥ AK.VI. 54cd. 於中唯見道 說名爲法輪 由速等似輪 或具輻等故.)

사문의 본성(śrāmaṇya: 沙門性)은 범왕(梵王) 즉 불타가 굴린 것이기 때문에 범륜(梵輪)이라고도 하는데, 범륜(즉 범왕이 굴린 것) 중 견도는 세간의 바퀴처럼 [16찰나에 걸쳐] 신속하게 작용하기 때문에, 혹은 세간의 바퀴가 바퀴살 등을 갖추었듯이 견도 역시 정견 내지 정념(=바퀴살), 정명(=바퀴통), 정정(=바퀴테)을 갖추었기 때문에 '법륜'(dharmacakra)이라고도 이름 하였다는 것이다.[76]

『구사론』에서는 계속하여 견도가 법륜이라는 사실의 논거로서『초전법륜경』(잡아함 379경)에서 교진여 등에게 견도가 생겨났을

---

74 Katsumi Mimaki (1977), p.82, S.10b3.

75 Geshe Lhundup Sopa and Jeffrey Hopkins(1989), p.215 각주2.

76 권오민 역,『아비달마구사론』, pp.1118-1120 참조.

때, '이미 정법륜(正法輪)을 굴렸다'고 설하였기 때문이라 논설하고서, 초전법륜에서 4성제를 세 번 굴린 것을 견도·수도·무학도에 배대시키고 있다.

또한 아비달마의 7부의 논서는 불타에 의해 설해진 것이라고 주장하였다. 그리고 [아비달마가] 불타에 의해 설해진 불설(佛說, Buddhavacana)이라면, 설하고 있는 말씀 그대로 [진실의(眞實義)라고] 주장하였다.

[해설] 유부 비바사사는, 불설(佛說)을 정리 법성(法性)에 어긋나지 않는 것이라고 정의하며, 이때 법성은 다름 아닌 아비달마라고 주장하였다. 이에 세친이 "[아비달마는] 존자(Sthavira) 가다연니자(迦多衍尼子, Kātyāyanīputra) 등이 지었다고 전해 들었기 때문이며, [불타께서 아비달마가 아니라] 법 즉 경에 의지하라고 설하였기 때문에, 여러 부파의 아비달마는 종의(宗義)가 다르기 때문에 불설이 아니"라고 비판한데 대해 유부(중현)에서는 아비달마는 위대한 성문들이 불타의 성교(聖敎, 즉 아함)에 따라 [그것의 취지를] 결집한 것으로 불타도 이를 인정한 진정한 불설(經의 差別 sūtraviśeṣa)이기 때문에 바로 불타께서 '의지하라'고 말한 것은 바로 아비달마라고 주장하였다.[77]

여기서 아비달마의 7부의 논서란, 동아시아 불교 전통에서 이른바 6족론(足論)으로 일컬어진 대목건련(大目犍連)의 『법온족론』, 사

---

77 비바사사의 '아비달마=불설'론에 대해서는 「衆賢의 阿毘達磨佛說論」(『불교원전연구』 제15호) 참조.

리자(舍利子)의 『집이문족론』, 대가다연나(大迦多衍那)의 『시설족론』, 제바설마(提婆設摩)의 『식신족론』, 세우(世友)의 『품류족론』과 『계신족론』과 가다연니자(迦多衍尼子)의 『발지론』을 말한다. 그런데 티베트의 불교사나 야쇼미트라의 『구사론석』에서는 이것의 편찬자와 순서상에 차이가 있다. ① 성(聖) 가다연니자(arya Kāyāyanīputra)의 『발지론』, ② 상좌(上座) 세우(sthavira Vasumitra)의 『품류족론』, ③ 상좌 제바설마(sthavira Devaśarman)의 『식신족론』, ④ 성 사리자(arya Śāriputra)의 『법온족론』, ⑤ 성 목건련(arya Maudgayana)의 『시설론』, ⑥ 부루나(富樓那, Pūrṇa)의 『계신족론』, ⑦ 마하구치라(摩訶俱絺羅, Mahākauṣṭila) 의 『집이문족론』. 참고로 용수의 『대지도론』에서도 『품류족론』을 6분(分)의 아비담 중 첫 번째라고 말하고 있다.[78]

유부에서는 경(經)으로 일컬어지는 불타 법문은 중생을 교화하기 위한 방편설로 이해하였다. 따라서 경에서 설하고 있는 그대로의 뜻(如說義, yathārutārtha)이 경의 뜻(sūtrārtha, 즉 진실)은 아니기 때문에 그것을 설하게 된 취지나 의도(abhiprāya: 密意, 別意趣)를 추구해보지 않으면 안 된다. 이같이 말씀 이외 별도의 뜻을 추측(neya)해보아야 하는 경을 불요의경(neyārtha sūtra)이라 한다. 이에 반해 요의경(nītārtha sūtra)은 그 의미가 완전하게 드러나 있는 명료한(nīta) 경, 따라서 경에서 설하고 있는 말씀 그대로가 경의 뜻인 경을 말한다.

본문에서 "[아비달마가] 불타에 의해 설해진 불설이라면, 설하고 있는 말씀 그대로 [진실의]"[79]라 함은, 유부에서는 경을 불요의경

78 『대지도론』 권2 (T25, 70a16).

79 이 구절을 제프리 홉킨스는 'They say that Buddha' word is always literal. (Geshe Lhundup Sopa

으로,[80] 아비달마를 요의경으로 이해하였음을 의미한다. 이에 반해 경량부는 말 그대로 경을 량(量, 지식의 바른 근거)으로 삼는 학파로, 아비달마를 불설로 인정하지 않았다. 그들은 불타에 의해 분명하고도 결정적으로 설해진 것(顯了定說), 불타 스스로 주제를 설정하고(標) 해석(釋)한 경을 요의경으로 간주하였다.[81] 그러나 『대비바사론』에서는 이같이 경의 뜻을 거기서 설하고 있는 말씀대로 이해한 이를 착문사문(着文沙門) – 언어 문자에 집착하는 사문 – 이라 비판하였다.

유부의 법성 중심의 성전관은 이후 대승불교로 이어져 그들의 대승경 편찬과 불설론의 근거가 되었다. 예컨대 유가행파에서는 불타의 전법륜을 세 번으로 구성하여 초전(初轉)의 4제 법륜(아함), 중전(中轉)의 무상(無相) 법륜(『반야경』)을 불요의경으로, 후전(後轉)의 『해심밀경』을 요의 법륜으로 이해하였던 것이다. (제3장 1. '삼종법륜' 해설 참조)

---

and Jeffrey Hopkins, p.215)로, 귄터는 'this means that they are his actual words' (V. Guenther, 1971, p.60)로 번역하였다. 그러나 불설이 모두 문자대로의 의미를 지시하는 것은 아니라는 것이 설일체유부 비바사사 논의의 대전제였다. 예컨대 경(『잡아함』 제59경)에서 행온(行蘊)을 6사신(思身)으로 설하고 있지만, 이를 문자대로 이해할 경우 작의 등 수·상·사를 제외한 그 밖의 심소는 5온에 포함되지 않는다. 이에 따라 유부에서는 제 심소 중 사(思)가 가장 두드러지기 때문에 행온을 다만 사(思)로 규정한 것일 뿐(따라서 이 경은 불요의경)이라 한데 반해 경량부(상좌 슈리라타)에서는 이를 요의경으로 간주하여 심소는 오로지 수·상·사 세 가지뿐이며, 작의 등 그 밖의 심소는 모두 사(思)의 차별(다른 형태)라고 말한다. 즉 유부 비바사사에 있어 아비달마(論議)는 경의 불설(大說)·비불설(黙說), 요의·불요의를 판정하는 근거였다. (『대비바사론』 T27, 660b4-5)

80 『이부종륜론』 (T51, 16c8), "佛所說經, 非皆了義. 佛自說有不了義經."

81 설일체유부와 경량부의 성전관과 요의·불요의관에 대해서는 권오민, 『상좌 슈리라타와 경량부』 제11장 「상좌 슈리라타의 성교관(聖敎觀)」 참조.

또한 [비바사사는] 8만의 법온(法蘊)만 인정하였을 뿐 그보다 많은 8만 4천의 법온은 인정하지 않았다고 해야 하니, 『구사론』에서 "모니(牟尼)가 설한 법온의 수는 8만"이라고 설하였기 때문이다.

[해설] 세친은 『구사론』에서 온(蘊)·처(處)·계(界)의 3과 분별을 마치고서 '온'의 다른 용례로서 법온(法蘊, dharmaskandha)에 대해 논설하면서 모니(牟尼, muni)의 법온을 8만으로 헤아리고 있다. (「계품」 제25송 전반) 그리고 계속하여 「계품」 제26송에서는 8만의 구체적 내용으로 '『법온족론』에서 설한 분량(6천 송)과 같다', '온·처·계·연기·[4]제(諦)·[4]식(食)·[4]정려 등의 교문(教門)이 8만'이라는 이설을 언급한 후 여리설(如理說, 유부정설)로서 교화될 유정으로 하여금 탐·진 등의 8만의 행(行)을 대치하기 위해 8만의 법온을 설하였다는 사실을 언급한다.[82]

그러나 법보(法寶)는 『구사론소』에서 여기서 8만은 큰 수(大數)로 바로 8만 4천 법온이라고 해설한다. 예컨대 『대지도론』에서는 유정의 병(즉 有爲行)에는 탐·진·치·등분(等分)에 각기 2만 1천 가지가 있어 도합 8만 4천이라는 것이다.[83] 무성(無性)의 『섭대승론석』에서도 이같이 설하고 있다.[84]

---

82 권오민 역, 『아비달마구사론』 (동국역경원 2002), pp.48-49 참조.

83 『구사론소』 권1餘 (T41, 492c3-4).

84 『섭대승론석』 권8 (T31, 429a20-21).

② 열반

윤회의 마지막 생(최후신)의 보살이 [정등]각(正等覺)을 성취하여 머무는 곳은 오로지 욕계이다. 그러므로 그들은 색구경천(色究竟天)에서의 깨달음이나 보신(報身)의 교의도 인정하지 않았다. 뿐만 아니라 [대승의] 일체종지(一切種智) 또한 인정하지 않았다.

[해설] 색구경천에서 보리를 성취한다거나 보신불(報身佛, 願行의 과보로 성취되는 불신), 일체종지(一切種智)의 사상은 대승의 교리이다. (제6장 4-2 '대승종성' 참조) 『대승입능가경』「集一切法品」에서 대혜(大慧)보살이 읊은 게송 중에 이러한 내용이 들어 있다. "어떤 것이 변화불(變化佛)이고, 어떤 것이 보신불(報身佛)이며, 진여지혜불(眞如智慧佛)인지 원컨대 모두 저희를 위하여 설하여 주십시오. 어째서 욕계에서는 등정각(等正覺)을 이루지 못하며, 무슨 까닭에 색구경천에서는 염오(즉 번뇌)를 떠나 보리를 증득하는 것입니까?"[85]

비바사사(毘婆沙師)도 불타의 일체지(一切智)를 인정한다. 그렇지만 그들이 말하는 일체지는 고·집·멸·도의 4제에 대한 개념지인 세속지와 무루지인 4제지, 욕계와 색·무색계에서의 지인 법지(法智)와 유지(類智), 타심지, 그리고 무학의 지인 진지(盡智)와 무생지(無生智)로(이상 十智), 수행과정 상에서 점진적으로 일어나는 것이다. 이에 반해 대승의 일체종지는 말 그대로 일체만법의 개별상에 대해 구체적으로 아는 것을 말한다.

---

85 『대승입능가경』 권1 (T16, 591c11-14).

참고로 설일체유부 역시 상류반의 불환과로서 지혜를 즐기는 관행자(觀行者)의 경우 제4정려의 최고천인 색구경천에서 반열반에 든다. 그러나 선정을 즐기는 지행자(止行者)의 경우 유정천, 즉 무색계 최고천인 비상비비상처에서 반열반에 든다.

[비바사사는] 삼승의 아라한은 다 유여의열반(有餘依涅槃)을 성취한다고 주장하였다. 왜냐하면 무여의열반(無餘依涅槃)에 들면 마치 불꽃이 꺼지는 것처럼 의식의 상속이 끊어지기 때문이었다. 이에 따라 [그들은] 궁극적으로 3승의 존재를 인정하였다.

일설에 따르면 "스승이신 불타께서 반열반에 들었을 때 몇몇 교화해야 할 제자들 앞에서 색신을 거두어들인 것일 뿐 실제로 열반에 든 것은 아니다"고 말하고 있지만, 이는 물고기와 무를 구분하지 못하는 것과 같다.

[해설] 물고기와 무는 둘 다 흰색의 길쭉한 형태이지만, 명백히 다르다. 물고기와 무를 구분하지 못한다는 말은 터무니없는 혼동의 상태를 비유적으로 나타낸 것이다. 이 같은 힐난이 비바사사의 것인지 저자 직메 왕뽀의 것인지 분명하지 않다. 해설자의 소견으로 볼 때 이 힐난은 유부논사의 말로 생각된다. 생각해보자. 불타께서 반열반에 드셨다. 이제 남은 제자들은 스승이신 불타의 반열반을 어떻게 이해해야 할 것인가? 비바사사처럼 반열반을 불꽃이 꺼지듯이 심상속의 완전히 소멸로 이해할 경우 불타 또한 완전히 사멸하였다고 하지 않으면 안 된다. 어떻게 그럴 수 있을 것인가? 유부 또한 불타를 세간의 생신(生身)과 출세간의 법신(法身)으로 구분하여 생

신의 힘(力)은 이숙과에 따라 쇠퇴하지만 법신에는 쇠퇴함이 없다고 하였다.[86] 그렇더라도 이때 법신은 다만 무상정등각인 진지와 무생지를 말한 것일 뿐이다.

그러나 대중부에서는 "여래 색신과 위력, 불타의 수명에는 한계가 없다"고 하였다.[87] 한편 대승에서는 비록 색신은 반열반(사멸)하였을지라도 법신은 상주(常住)한다고도 하였고, 반열반을 소지장(所知障)을 끊고서 증득하는 진여 즉 생사에도 열반에도 집착함이 없이 대비(大悲)·대지(大智)로 중생을 이롭게 하는 무주처열반(無住處涅槃)으로 이해하기도 하였다. (제7장 3-3-4 '열반과 불신' 참조) 아마도 여기서 일설은 대중부 계통이나 대승의 논설로, 비바사사는 이를 "물고기와 무를 구분하지 못하는 것과 같다"고 힐난한 것이라고 생각할 수도 있을 것이다.

성자인 불타는 모든 괴로움(duḥkha, 苦)을 남김없이 끊었을지라도 그의 상속 중에 괴로움의 진리(duḥkha-satya, 苦諦)가 존재한다고 해도 모순된 말은 아니다. 왜냐하면 괴로움의 진리를 대상으로 하는 모든 번뇌가 남김없이 끊어진 것을 '괴로움의 진리(苦諦)가 끊어졌다'고도 말하기 때문이다.

[해설] 앞서 해설하였듯이(본장 2-2-1 '도의 관찰 대상') 苦諦(괴로

86 『대비바사론』(T27, 392a12ff; 156b9ff).

87 『이부종륜론』(T49, 15b2f).

움의 진리)는 결과로서의 5취온이 非常·苦·空·非我라는 진리성으로, 유부 비바사사에 의하면 有身見·邊執見·戒禁取·邪見·見取의 5見과 의심(疑), 그리고 이러한 제 번뇌(見惑)와 함께 일어나는 貪·瞋·慢·無明은 苦諦에 미혹하여 생겨난 것으로 苦諦의 통찰(즉 苦智)을 통해 끊어지기 때문에 見苦所斷, 또는 見苦諦所斷, 苦諦斷이라고도 한다. '괴로움의 진리(苦諦)가 끊어졌다'고 함은 괴로움의 진리를 통찰함에 따라 이에 미혹한 번뇌가 끊어졌다는 말이다.

③ **삼보(三寶)**

[비바사사(毘婆沙師)는, 불타의] 색신(色身)은 일찍이 보살이 가행도를 닦을 때 의지한 색신과 동일한 생에 포함되기 때문에 비록 불타의 것일지라도 불보(佛寶)가 아니라고 주장하였다. 즉 그들에게 있어 불보란 불타의 심상속 상에 존재하는 진지(盡智)와 무생지(無生智)이기 때문이다.

마찬가지로 [견도위와 수도위의] 유학도의 성자[의 몸 또한] 유루이기 때문에 비록 승가[의 구성원] 일지라도 승보(僧寶)는 아니라고 주장하였다. 즉 그들에게 있어 승보란 저들의 심상속 상에 존재하는 도제(道諦)이기 때문이다.

나아가 법보(法寶)란 불타와 성문과 독각의 심상속 중에 존재하는 열반과 멸제를 말한다.

[해설] 유부에 의하면 우리가 찬탄해야 할 불보(佛寶)는 색신이 아니라 그의 깨달음이다. 앞서 언급하였듯이 불타는 보살로서 3아승지겁 백겁에 걸쳐 복덕과 지혜의 자량을 축적하고서 가행도－견도－수도를 거쳐 마침내 금강유정에 의해 유정지 제9품의 번뇌가 끊어

짐과 동시에 진지(盡智, kṣayajñāna)가 생겨나고, 그는 더 이상 물러남이 없는 부동(不動)의 아라한이기에 이와 무간에 "나는 이미 고(苦)를 알아 더 이상 알 것이 없으며, 나는 이미 집(集)을 끊어 더 이상 끊을 것이 없으며, 나는 이미 멸(滅)을 작증하여 더 이상 작증할 것이 없으며, 나는 이미 도(道)를 닦아 마땅히 더 이상 닦을 것이 없다." (이는 물론 무루선정의 後得智)고 아는 무생지(無生智, anutpāda jñāna)가 생겨난다. 이는 바야흐로 그가 본래 추구하였던 바로서 유부 아비달마에서는 이를 아뇩다라삼막삼보리(無上正等正覺)로 이해하였다.

비바사사 종의에 의하는 한 보살은 가행위로부터 무상정등각까지 한 자리에서 깨달음을 성취한다는 일좌성각(一座成覺)을 주장하기 때문에 그의 육신은 가행위의 그것과 동일한 것이다. 따라서 그것을 무결(無缺) 무루(無漏)의 불보라 할 수 없다. 그들은 불타 색신은 유루라고 주장하였다. 그들 교학체계 상 유루는 번뇌(漏)로부터 생겨나고 번뇌를 수증(隨增)하는 것인데, 부처의 생신 또한 그러하기 때문에 유루이다.[88]

『구사론』에서 규정하고 있는 삼귀의(三歸依)는 다음과 같다.

"귀의불(歸依佛)이라 함은, 다만 능히 부처를 성취하는 무학법 즉 진지와 무생지와 이에 수반하는 무루 5온에 귀의하는 것을 말한다. 귀의승(歸依僧)이라 함은, 능히 승가를 성취하는 학·무학의 법에 모두 귀의하는 것을 말하니, 그것을 획득함으로 말미암아 승가는 누구도 파괴할 수 없는 8가지 종류의 보특가라(4향 4과)를 성취하기 때문이다. 귀의법(歸依法)이라 함은, 택멸의 열반에 귀의하는 것을

---

88 『대비바사론』 권76 (T27, 392b20f).

말한다."[89]

참고로 세친은 색신도 불타의 본질(體性)이라고 주장하였고,[90] 대중부에서는 "여래는 세간에 태어나 세간에 오래 머물지만 출세간에 머물며 세간에 물들지 않는다"는 경증에 근거하여 '불신=무루'를 주장하였다.[91] 후술하는 경량부 역시 불신의 무루를 주장하였다. (본서 제5장 2-3 '수행도의 결과' 해설 참조)

---

89 『구사론』 권14 (T29, 76b20-c1; 권오민 역, pp.669-670); 『대비바사론』 권34 (T27, 176c29-77a24) 참조.

90 『구사론』 권14 (T29, 76c9; 권오민 역, p.671).

91 『대비바사론』 권76 (T27, 391c27ff).

제5장 경량부(經量部)

경량부(經量部, Sautrāntika)에 대해 학파의 정의, 분류, 학파명칭의 유래, 그리고 그들이 주장한 종의 등 네 단락으로 나누어 논설한다.

1. 개 설

1) 정의

소승의 종의를 따르는 이들로서 식(識)의 자기인식(svasaṃvedna: 自證)과 외계대상, 이 두 가지가 진실로 존재한다고 주장하는 이들, 이것이 바로 경량부의 정의이다.

[해설] 제4장 2-1-1①'다섯 가지 기본범주'에서 해설하였듯이 불교에서는, 세계는 알려진 것/인식된 것이라는 전제하에 앎의 근거(因), 지식의 조건(緣)에 대한 탐구에 집중한다. 유부의 경우 인식의 대상은 인식의 주체인 의식(識)과 마찬가지로 객관적으로 실재한다고 주장하였다. 주체인 의식이 객체인 대상을 직접적으로 파악하는 지식현상이 지각이다. 이에 반해 법 자체의 찰나멸을 주장하는 경량

부나 외계 실재성을 부정하는 유가행파의 경우 인식은 객관의 대상에 대한 것이 아니라 인식자의 의식(마음) 상에 나타난 표상(형상, ākāra)이다. 그리고 이때 표상은 의식과 분리되지 않을뿐더러 (이미지를 띠지 않는 의식은 현상하지 않는다) 사실상 의식의 출현 자체가 바로 인식이다. 말하자면 의식이 의식을 보는 것으로, 이를 식의 자기인식(svasaṃvedana: 自證)이라 한다.

둡타에서는 이처럼 식의 자기인식의 인정 여부를 유부 비바사사와 경량부 정의의 기준으로 삼고 있다. 즉 유부에서는 외계대상의 실재성을 주장하기 때문에, 법 자체가 아니라 작용의 찰나멸을 주장하였기 때문에, 다시 말해 어떤 법이 아직 생겨나지 않은 것이 미래이고 이미 소멸한 것이 과거이며, 이미 생겨나 아직 소멸하지 않은 것이 현재로 법 자체는 항상 존재한다고 주장하였기 때문에 외계대상의 직접지각을 주장하고 식의 자기인식을 부정하였지만, 경량부의 경우 비록 외계대상을 부정하지는 않았을지라도 "안(眼)과 색(色)을 연(緣)하여 안식이 생겨난다"는 경설에서 안과 색이 존재할 때 안식은 아직 생겨나지 않았고 안식이 존재할 때 안과 색은 이미 소멸하였기 때문에 외계대상은 직접 지각되는 것이 아니라 식(識)에 나타난 그것의 형상 즉 표상을 통해 추리되는 것이라고 주장하였던 것이다.

경량부와 비유자(譬喩者, Dārṣṭāntika)는 동의어이다.

[해설] 경량부(Sautrāntika)는 정리(正理) 법성(法性, 이것이 구현된 것이 아비달마)이 아니라 세간현유(世間現喩, dṛṣṭānta) 혹은 세간속설(이를 '譬喩'로 번역함)에 근거하여 불법을 해석한 이들인 일군의

비유자(譬喩者, Dārṣṭāntika)인 상좌 슈리라타 일파가 스스로 '경(經, sūtra)을 지식의 근거(量, pramāṇa)로 삼는 이들'로 호칭함으로 비롯된 불교학파이다. 즉 야쇼미트라(Yaśomitra)는 『구사론』 제1 「계품」 첫머리(k.3d)에서 '아비달마=불설'이라는 유부의 주장을 '전설(傳說, kila)'로 전한 것에 대해 이같이 해설하고 있다.

"이는 아비달마논사의 견해(Ābhidhārmika mata)일 뿐 우리 경량부의 견해가 아니라는 뜻이다. (중략) 경량부의 의미(Sautrāntikārtha)는 무엇인가? 경을 지식의 근거로 삼고 논을 지식의 근거로 삼지 않는 이들이 경량부이다."[1]

이러한 사실은 인도찬술문헌과 티베트 문헌, 중국문헌 모두에서 확인된다. "저들(譬喩者)은 일체의 契經을 모두 지식의 결정적 근거(定量)로 삼지도 않으면서 어찌 경량부라고 이름하는 것인가?"[2] "일군[의 비유자]들은 스스로 '경을 지식의 근거로 삼는 이'로 호칭하였다."[3] "무성(無性, Asvabhāva)이 말한 '경량부'는 이들 상좌부(上座部, 즉 상좌일파 *Sthavirapākṣika) 중에서 스스로 '경을 지식의 근거로 삼는 이'라고 하였기 때문이다."[4] "비유자(dpes ston pa)란 비유/세

---

1 Abhidharmakośavyākhyā, Edited by U. Wogihara, 11. 29f. ye sūtrapramāṇikā na śāstrapramāṇikāḥ te Sautranāntikāḥ.

2 『순정리론』 권1 (T29, 332a23-24), "彼不以一切契經皆爲定量, 豈名經部?" 이는 유부의 논사 중현이 무루색에 대한 비유자의 견해를 비판하면서 말한 것이다.

3 『순정리론』 권35 (T29, 540b13-16), "(前略) 一類自稱經爲量者. (後略)" 이는 일군의 비유자인 상좌 슈리라타가 경량부에서 전승(誦持, āmnāya)한 경에 근거하여 유부의 무표색 경증(無見無對色)을 해석한 것을 비판하면서 말한 것이다.

4 『성유식론술기』 권4本 (T43, 358b2-4), "以下第三破上座部. 無性第三云, 經部師者. 卽此上座部中, 自有以經爲量者, 故言經部." 이는 "색심은 [전후 찰나로] 展轉하며 서로를 종자로 삼아 생겨난다(色心無間生, 是諸法種子)"는 『섭대승론』 상에서의 어떤 이의 주장(T31,

간현유(dpes: dṛṣṭānta)로써 [제법을] 分別(rtog pa: kalpa, kalpanā)하여 설하는 자이니, 그들이 비유자이고 경량부이다."[5]

참고로 1990년 이래 현존자료 중 '경을 지식의 근거로 삼는 이'라는 뜻의 '경량부'라는 말이 『구사론』에 처음 나타난다는 이유에서, 혹은 여기서의 경량부 주요사상이 『유가사지론』에서 추적된다는 이유에서 비록 '경량부'라는 명칭이 상좌 슈리라타로부터 비롯되었다 할지라도 이는 누구나 사용할 수 있는 말로서 세친 자신을 가리킨다거나 혹은 유가행파의 다른 이름일 것이라는 가설이 강력히 제기되었다. 이들은 경량부(=유가행파)와 비유자(=유부의 이파)를 엄격히 구별하였다.[6]

2) 분류

경량부에는 성전(āgama: 聖教)을 따르는 경량부와 정리(正理, yukti, 혹은 nyāya)를 따르는 경량부가 있다. 전자는 세친(世親)의 『아비달마구사론』을 따르는 자들이며, 후자는 다르마키르티(法稱, 600-660년경)의 바른 인식(pramāṇa)에 관한 일곱 논서를 따르는 자들이다.

[해설] 경량부를 이같이 분류하는 것은 인도문헌 어디서도 찾아볼

137a14-15)을 무성(無性)이 경량부 설로 해설(『섭대승론석』 T31, 396b23-29)한데 대한 규기(窺基)의 코멘트이다.

5 Tattvārthā ad Abhidharmakośabhāṣya, 230. 8[Tho 175b6]: dpes ston pa rnams zhes bya ba ni/ gaṅ dag dpes te rtog gis tha sñad pa, de dag ni dpes ston pa ste mdo sde pa rnams so.

6 카토 준쇼(加藤純章), 하라다 와소(原田和宗), 로버트 크리처(Robert Kritzer) 등이 이러한 가설의 대표적인 주장자로, 이에 대한 소개와 비판은 권오민, 『상좌 슈리라타와 경량부』, pp.427-517 참조.

수 없는 티베트 불교 전통인 듯하다. 직메 왕뽀의 스승인 장까의 『둡타』「경량부」 장(章)에서는 다음과 같이 말하고 있다.

“경량부 자신의 학설(둡타)을 설하는 텍스트 자체는 티베트에서 번역되지 않았기에 그들의 주장 대부분은 『구사론』 자주(自註)와 여러 복주(復註), 『아비달마집론』의 본문과 주석, [다르마키르티의] 바른 인식(pramāṇa)에 관한 일곱 논서 및 경(=『집량론』)에 포함되어 있던 것이다. 바바비베카(청변)와 샨타라크시타 사제(師弟, 샨타라크시타와 그의 제자 카말라시라)의 텍스트에도 단편적으로 설명되고 있다.”[7]

그러나 세친의 『구사론』에 경량부의 견해가 인용되고, 세친 또한 경량부 학설에 근거하여 유부학설을 비판하고 있을지라도 『구사론』은 기본적으로 유부 비바사사의 문헌이며, 다르마키르티의 일곱 논서 ① Pramāṇavārttika(『量評釋』), ② Pramāṇaviniścaya(『量決擇』), ③ Nyāyabindu(『正理一滴』), ④ Hetubindu(『因一滴』), ⑤ Vādanyāya (『諍論이론』), ⑥ Sambandhaparīkṣā(『결합의 고찰』), ⑦ Santānāntarasiddhi(『타상속의 존재증명』) 또한 외계의 실재성을 인정하는 경량부 논서라고 단정하기 어렵다. 이런 까닭에 직메 왕뽀 역시 성전을 따르는 경량부의 경우 이제설이나 무방분(無方分)의 극미와 무찰나(無刹那)의 의식을 인정하는 것이 유부 비바사사와 동일하다고 하였으며, 경량행-중관 자립논증파의 경우 유부와 마찬가지로 외계실재성을 인정하고 식의 자기인식을 인정하지 않는다고 하였다. (제7장 2-1-3) 또한 다르마키르티의 7론을 따르는 이들을 성전(무착의 5론)

---

7 lCang skya rol ba’i rdo rjes brtsams(1989), p.69. 白館戒雲(2000), 「アビダルマ研究に關わるチベト文獻からの二, 三の情報」, p.76 참조.

을 따르는 이들과 함께 유가행파의 하위학파의 하나로도 분류하고 있으며, 아울러 잠양 세빠나 장까의 둡타에서 경량부의 분류로 논의하였던 형상과 의식의 관계에 관한 세 주장을 유가행파의 형상진실론의 분류로 논의하고 있다.

"경량부 자체의 텍스트(gzuṅ rang dga 'ba)가 번역된 일이 없으며, 그들의 주장 대부분은 『구사론』 자주(自註)나 『양평석』 등에 언급된 것"[8]이라는 이유만으로 경량부를 이를 추종하는 두 파로 분류하는 것에는 무리가 따를 수밖에 없다. (해제 6-3 '본서의 약점' 참조)

장까는 경량부의 궤범사(스승)로 쿠마라라타와 슈리라타, 그리고 쮠빠라타(bTsun pa ra ta, 大德受) 등을 들고 있는데, 7세기 (629-645년) 인도를 여행한 현장(玄奘)에 의하면 슈리라타에게는 『경부비바사(經部毘婆沙)』라는 저술이 있었고, 중현의 『순정리론』에서는 이를 『길상론(吉祥論, *Śrīśāstra)』이라 하였다. 이에 따른다면 『구사론』 상의 경량부 관계 논설은 상좌 슈리라타(혹은 『경부비바사』)와 밀접한 관련이 있다. 제법의 찰나멸론이나 심·심소의 이시(異時)인과설, 유형상지식론과 식(識)의 자기인식에 기반한 지각론을 주장하였다는 점에서 상좌 슈리라타는 다르마키르티 계통의 선구라고 할 수 있다.[9]

3) 학파명칭의 유래

이 학파의 명칭을 경량부와 비유자라고 하는 데에는 이유가 있다. 그들

---

8 白館戒雲(2000), 「アビダルマ研究に關わるチベット文獻からの二, 三の情報」, p.77.

9 권오민, 『상좌 슈리라타의 경량부 사상』 제5장 「상좌의 인식론」, 제7장 「상좌의 극미和合과 5識 소연론」 참조.

은 『대비바사론』을 따르지 않고 주로 세존께서 설하신 경(經, sūtra)에 근거하여 종의를 논하기 때문에 경량부(Sautrāntika)이며, 일체법을 비유(譬喩, dṛṣṭānta)를 통하여 설명하기 때문에 비유자(Dārṣṭāntika)이다.

[해설] 경량부에서는 아비달마를 불설(佛說)로 인정하지 않는다. ('정의' 해설 참조) 유부에서는 불설을 '정리(正理) 법성(法性)에 어긋나지 않는 것'으로 정의하여 이를 드러낸 아비달마를 요의경(了義經)으로 간주하였지만, 경량부는 불타에 의해 분명하고도 결정적으로 설해진 것(顯了定說)을 불설로, 특히 불타 스스로 문제를 제시하고 해설한 '표석(標釋)을 갖춘 경'을 요의경으로 간주하였다.

본문에서 '경에 근거하여 종의를 논한다'고 함은, 예컨대 '행온=6사신(思身)'의 경설(잡아함 제59경)을 요의로 이해할 경우 수·상·사를 제외한 일체의 심소와 불상응행법을 부정해야 한다. 이에 따라 경량부의 상좌 슈리라타는 작의 등 일체의 심소를 사(思)의 차별로 간주하였다. 그러나 그럴 경우 이에 따른 번뇌와 업의 본질과 기원 또한 유부와 달리 이해할 수밖에 없다. (이에 반해 유부에서는 '행온=6사신'의 경설을 다만 수승한 법에 근거하여 설한 불요의로 이해하였다.)

또한 비유자의 '비유(dṛṣṭānta: 世間現喩)'는 다만 오늘날 통용되는 의미인 사례(example)나 비유(metaphor)뿐만 아니라 세간에 전해 내려오는 俗說(이를 '傳喩'라고 한다), 전설, 과거세 이야기(本事), 세간의 규범이나 문헌(世典), 나아가 '일상경험'이나 '세간 상식'을 포함하는 개념이다. 즉 유부가 논리적 철학적 진리(正理/法性=아비달마)에 기초한 이들이라면, 비유자는 일상의 경험(世間現喩)에 근거한 이들이라 할 수 있다.[10] 예컨대 유부에서는 과거로 사라진 업이 결과를 낳을 수 있는 것은 그것이 실체(즉 무표업)로서 존재하기 때문이라 하였지만, 비유자(즉 경량부)의 경우 마치 종자(bīja, 씨앗)가 바로 열매(phala: 果)를 낳는 것이 아니라 뿌리－싹－줄기－가지 등으로 변화하다 마침내 꽃에 이르러 열매를 낳는 것처럼 앞서 말한 사(思, cetanā, 이는 업의 본질임)가 훈습된 상속(相續)의 전변(轉變, pariṇāma)과 차별(差別, viśeṣa)에 따른 것이라 하였다. 이른바 종자설(種子說)이다. (본장 주31의 본문 참조)

2. 경량부의 종의

경량부의 종의를 이론적 토대, 실천 수행도, 수행도의 결과의 세 단락으로 나누어 논설한다.

1) 이론적 토대

이론적 토대 역시 경(境, viṣaya)과 유경(有境, viṣayin), 즉 탐구해야 할 지식의 대상과 [그 같은 대상을 향유하는] 주체로 나누어 논설한다.

(1) 지식의 대상

① 대상의 정의

지각(buddhi)에 의해 알려진 것, 이것이 바로 대상(viṣaya: 境)의 정의이

10 권오민, 『상좌 슈리라타와 경량부』, p.547.

다. 지각의 대상이 될 수 있는 것, 이것이 바로 '알려진 것(jñeya: 所知)'의 정의이다. 따라서 [경량부에 있어] [지식의] 대상(viṣaya: 境), 존재(sat: 有), 알려진 것(jñeya: 所知), 세계의 토대로 성취된 것(vastu: 事)은 동의어이다.

[해설] 경량부에 있어 대상이란 지각에 의해 알려진 것이며, 알려진 것이란 지각의 대상이 될 수 있는 것이다. 따라서 지각에 의해 알려진 것만이 실재로 이것만이 세계의 토대인 자상을 갖는 법(法, dharma)이다. 예컨대 허공의 경우 유부교학에서는 이를 장애하지 않음(無障)을 본질로 하는 것으로 광명을 수용하는 개별적 실체로 이해하였지만, 경량부의 경우 허공은 그 자체로서 알려지는 것이 아니며 다만 접촉되는 바가 없는 상태를 가설한 것, 개념적 존재(假有)에 지나지 않는다. 『대비바사론』 상에서 대덕(大德, 아마도 비유자의 대덕)은 이같이 말하고 있다.

"허공은 알려질 수 있는 것(所知事, *jñeyavastu), 앎의 실제적 대상이 아니기 때문에 알 수 없다. 알려질 수 있는 것은 물질적인 것(色性)이나 [마음과 같은] 비물질적인 것(非色, 색온을 제외한 나머지 4온)으로 '이것'이니 '저것'이니 하는 지시가 가능하지만, 허공은 그 어떤 것과도 관계(相應)하지 않는다. '허공'이라는 말은 다만 세간에서 분별하여 가설한 언어적 개념(prajñapti: 假立)일 따름이다."[11]

택멸(열반) 또한 생(苦)의 근거(즉 번뇌)가 파기(捨棄)된 상태를 가설한 개념으로, 그 자체로서는 알려지지 않는다. 경량부는 이 같

---

11 『대비바사론』 권75 (T27, 388c24-28).

은 논리로 유부의 법체항유(法體恒有)설을 비판하였다.

[경량부는] 이러한 지식의 대상을 분별함에 있어 [승의와 세속의] 2제(諦)로 분류하였고, 자상(自相)과 공상(共相)의 두 가지로 분류하였으며, 부정명제와 긍정명제의 두 가지로, 현전(現前)한 것과 은폐된 것의 두 가지로, [과거·현재·미래의] 삼세로, 동일한 것과 다른 것의 두 가지로 분류하기도 하였다.

② 이제(二諦), 승의제와 세속제

언어와 분별(vikalpa, 개념적 인식)에 의한 가설(假說)을 통해서가 아니라 [지식의 대상] 자체의 존재방식을 정리(正理)의 고찰을 통해 성취한 법, 이것이 바로 승의제의 정의이다. [따라서] [실제적 작용(arthakriya)을 갖는] 구체적 사물(bhāva: 有), 승의제, 자상(自相), 무상한 것, 유위법, 진실(=실재)로 성취된 것은 동의어이다.

다만 [언어와] 분별에 따른 가설을 통해 성취한 법, 이것이 바로 세속제의 정의이다. [따라서] 구체적 사물이 아닌 것, 세속제, 공상(共相), 영원한 것, 무위법, 허위(=비실재)로 성취된 것은 동의어이다.

[해설] 후설하듯이 이는 논리/이치(다르마키르티)를 따르는 경량부의 정의로, 장까에 의하면 이 정의는 『양평석(Pramāṇavārttika)』 III. 3에 따른 것이다.

"여기서 실제적/효과적 작용력(arthakriyāsamartha)을 갖는 것이

승의유(勝義有)이며, 그렇지 않은 것이 세속유(世俗有)이다. 이것들은 각기 자상(自相)과 공상(共相)이다."[12]

본서의 이제설은 장까의 『둡타』를 정리한 것으로, 여기서는 다음과 같이 논설하고 있다.

「이제(二諦)를 주장하는 방식: 성전을 따르는 경량부는 비바사사(毘婆沙師)와 마찬가지로 『구사론』 VI. 4에서 설한 대로 2제를 주장한다. 정리를 따르는 경량부는 『양평석』 III. 3에서 설한 대로 2제를 주장한다.

승의제와 세속제의 동의어: 승의제와 구체적 사물(dngos po, bhāva: 有), 자상(自相), 효과적 작용력은 동의어이다. 세속제와 구체적 사물이 아닌 법, 공상(共相), 효과적 작용력을 갖지 않은 법은 동의어이다.

2제의 정의: 다만 [언어와] 분별에 따른 가설에 의하지 않고 [지식의 대상] 자체의 존재방식을 논리/이치(正理)의 고찰을 통해 성취한 것, 이것이 바로 승의제의 정의이다. [지식의 대상] 자체가 아니라 작의(作意) 등 언어와 분별에 따른 가설만으로 성취된 것, 혹은 [지식의 대상] 자체가 아닌 언어와 분별만으로 그 같은 [대상] 자체가 인식되는 것, 이것이 바로 세속제의 정의이다. 이러한 정의는 쫑카파와 그의 제자 갤찹과 캐둡 설에 따른 것이다.」[13]

---

12 『양평석』 III.3, arthakriyāsamarthaṃ yat tad atra paramārthasat. anyat saṃvṛtisat proktaṃ te svasāmānyalakṣaṇe. 도사키 히로마사(戶崎宏正) 지음, 박인성 역, 『불교인식론의 연구』, p.111.

13 lCang skya rol ba'i rdo rjes brtsams(1989), pp.73-74.; 吉水千鶴子(1998), 「ゲルク派による經量

2제의 어원적 해석은 다음과 같다.

무위의 허공(ākāśa) 등을 세속제(世俗諦, saṃvṛtisatya)라고 하는 이유는 세속의 지각에 따른 진실이기 때문이다. 여기서 '세속'이라는 말은 분별(개념적 인식)을 의미한다. 그것(분별 즉 개념적 인식)은 자상(自相)에 대한 직접지각(現量)을 장애하기 때문에 '세속(saṃvṛti)'이라 말한 것이다.

[해설] 세속제(saṃvṛti 혹은 vyavahāra, prajñapti-satya)란 분별에 따른 언어적 가설로서의 진실을 의미한다. '세속'의 원어 삼브리티 등은 모두 언어적 표현, 언설을 의미한다. 특히 삼브리티는 '은폐하다', 브야바하라는 '일상의 관습'이라는 뜻을 갖기도 한다. 장까는 세속(kun dzob, saṃvṛti)을 '자상을 실제 인식대상(gzung yul)으로 삼는 것을 은폐하는 것'으로 규정하였다.[14] 언어로는 지식의 대상 자체(=自相)를 파악할 수도, 지시할 수 없다. 다만 대상의 일반성(=共相)을 파악하거나 지시할 뿐이기 때문에 대상 자체를 은폐하는 것으로 이해한 것이다. 따라서 세속제는 절대적 의미(勝義, paramārtha)로서가 아니라 언어적 가설로서의 진실을 의미한다. 예컨대 무위의 허공은 분별(개념적 인식)에 따른 언어적 가설로서의 존재(假有)일 뿐 그 자체 진실의 존재(實有)가 아니다. (본장 주11본문 참조)

그러나 이는 다만 어원적 해석일 뿐으로, 세속의 지각인 '분별에 따른

部學說理解(1) 二諦說」, pp.58-59 참조.

14 lCang skya rol ba'i rdo rjes brtsams(1989), p.74a2. 吉水千鶴子(1998), 앞의 논문, p.59.

진실'이라 할지라도 그것이 반드시 '언어적 가설로서의 진실'인 것만은 아니다. 왜냐하면 [후술하듯] 승의제의 예(lakṣya)로 언급되는 항아리의 경우 세속의 지각인 분별로도 진실이기 때문이다. 그러나 [개별적] 실체로서의 개아(pudgala-ātman: 人我)나 영원한 말-소리(베다말씀)의 경우 비록 세속의 지각인 분별로서는 진실일지라도 ['토끼 뿔'처럼] 언어적 가설로서도 성립하지 않기 때문이다.

[해설] 항아리와 자아는 다 같이 분별에 따른 진실(세속제)이지만 존재의 위상이 다르다. 즉 항아리는 비록 극미의 집합체로서 언어와 분별에 따른 가설적 존재라고 할지라도 진실이지만, 언어적 가설으로서도 허구인 토끼 뿔처럼 완전한 비존재인 자아와 같은 것은 아니다. 『구사론』에서는 항아리를 세속제의 예로 제시하였지만(제4장 2-1-1② '이제'), 장까와 직메 왕뽀는 이처럼 승의제의 예로 제시하였다. 그것은 다음에 논설할 승의제(paramārthasatya)의 어의에 부합하기 때문이다.

영원한 말-소리(베다말씀)에 대해서는 제2장 3. '미맘사학파' 해설 참조할 것.

[여기서] 항아리를 승의제라고 말한 이유는 [세속의 지각(즉 분별)으로서뿐만 아니라] 승의의 지각에 있어서도 진실이기 때문이다. 여기서 '승의의 지각'이란 나타난 대상에 대한 착란(錯亂)됨이 없는 인식을 말한다.

[해설] 장까는 세속제의 어의를 '세속의 지각(즉 분별지)으로서의

진실', 승의제의 어의를 '승의의 지각 – 현현한 대상에 대한 착란됨이 없는 지각 즉 직접지각(現量) – 으로서의 진실'로 해설하였다.[15] 불교지식론 상에서 직접지각의 정의는 "개념적 구상(kalpanā: 分別)을 떠나, 착란됨이 없는(abhrānta) 지식"이다.[16] 여기서 '개념적 구상'이란 언어와 결합가능한 표상의 인식을 말하며, '착란을 떠난 것'이란 실제적 작용력(arthakriyāsamartha)을 갖는 실재(vastu)의 본성과 상위하지 않음을 말한다.

즉 자아의 경우 토끼 뿔처럼 직접지각 자체가 불가능할뿐더러 어떠한 작용도 갖지 않지만(불교에서 경험의 주체 즉 有境은 자아가 아니라 根과 심·심소의 心法이다), 항아리의 경우 직접지각이 가능할뿐더러[17] 물을 담는 등의 실제적 작용의 공능도 갖기 때문에 승의제라고 말하였을 것이다. 이는 다만 언어와 분별을 통해 인식된 것이 아니라 정리(正理)를 통해 성취된 항아리 자체의 존재방식이기 때문에 승의제이다.

2제(諦)에 대한 이러한 방식의 설명은 정리(즉 다르마키르티의 7론)를 따르는 경량부의 교리체계이다.

성전(세친의 『구사론』)을 따르는 경량부의 2제설은 비바사사(毘婆沙

---

15 lCang skya rol ba'i rdo rjes brtsams(1989), p.74a1-3. 吉水千鶴子(2000), p.59.

16 『느야야 빈두』 §4.; 이지수(2014), 『인도불교철학의 원전적 연구』, p.539f.

17 다수의 극미 화합인 세속유(世俗有)/공상(共相)의 항아리가 어떻게 직접지각(안식)의 대상이 될 수 있는가? 이 문제는 다르마키르티 지각론의 발단이 된 문제일뿐더러 상좌 슈리라타 인식론의 핵심적 문제였다. 권오민, 『상좌 슈리라타의 경량부 사상』 제7장 「상좌의 극미화합과 5식 소연론」 참조.

師)와 동일하다.

[해설] 비바사사의 2제설은 『구사론』 제6 「현성품」 제4송에 따른 2제설이었다. (제4장 주14 참조) 그러나 앞서 해설한 대로 『구사론』 상의 2제설을 경량부의 2제설로 보는 데에는 무리가 있다. 중현 역시 존재(有相)를 '경계대상이 되어 지각을 낳는 것(爲境生覺)'으로 정의하기 때문이다.[18] 『순정리론』에는 경량부의 상좌 슈리라타의 2제 정의가 인용되고 있다.

"만약 다수의 실체(多物)[로 이루어진 것]에 대해 '존재(有)'라고 시설하였으면 이를 세속(世俗)이라 하며, 다만 하나의 실체(一物)에 대해 '존재'라고 시설하였으면 이를 승의(勝義)라고 한다. 또한 지목(지시)된 어떤 법을 세분하여 분별할 때 본래의 명칭을 상실하는 것을 세속이라 하며, 지목된 어떤 법을 세분하여 분별하더라도 본래의 명칭을 상실하지 않는 것을 승의라고 한다."[19]

상좌의 2제설은 일견 어떤 사물을 물리적으로나 관념적으로 분석할 때 그에 대한 지각의 상실여부로 2제를 구분지은 『구사론』의 2제설과 유사한 듯하지만, 상좌는 이를 일체법(5온 · 12처 · 18계)으로까지 적용시켜 "[다수의 실체(대종극미)로 이루어져 세분할 때 본래의 명칭을 상실하는] 온 · 처는 가유(세속제)이며, 그것의 소의가 된 실체(界)는 실유(승의제)"라고 주장하였다. 유부와 상좌 슈리라타와 다르마키르티는 각기 지각(buddhi), 명칭(nāma), 실제적 작용

---

18 제4장 주7.

19 『순정리론』 권58 (T29, 666b12-16).

능력(arthakriyāsamartha)의 존재유무를 2제의 기준으로 삼았지만, 이는 다 자상(自相)과 관련 있다. 그들은 자상에 대한 이해를 달리하였던 것이다.

아무튼 장까에 의하면, 성전을 따르는 경량부의 2제 정의는 비바사사와 동일하지만, 존재하는 것은 반드시 실체(dravya)로서 성취되지 않는다는 점에서 차이가 있다. 즉 경량부에서는 소조색인 5근과 5경과 무표색, 제 심소(상좌의 경우 수·상·사를 제외한 제 심소), 불상응행법, 무위법을 실체(實有)로 인정하지 않았다. 다만 가설적 존재(假有)로만 인정하였다.

③ 자상과 공상

궁극(勝義)적으로 [실제적] 작용을 갖는 법, 이것이 바로 자상(自相, svalakṣaṇa)의 정의이다. 예컨대 항아리 등이 그러한 것이다.

[해설] 전술한 대로 유부의 경우 허공은 장애하지 않음(無障)을 본질로 하는 것으로, 광명을 수용하는 것이 작용이지만, 경량부에 있어 허공은 대상 자체로서 인식되지 않을뿐더러 그 자체 어떠한 작용도 갖지 않는다. 실제적/효과적 작용력(arthakriyāsamartha)을 갖는 법이 자상(自相)이라는 정의는 불교지식론 일반의 정의이다.

"그 같은 [직접지각의] 대상(viṣaya)은 자상이다. 가깝고 멈에 따라 인식의 현현상(말하자면 명료함)이 달라지는 대상이 자상이다. 그것만이 승의유(勝義有, paramārtha), 즉 실재하는 진실의 존재이다. 실재(vastu)에는 실제적/효과적 작용력이라는 특성이 존재하기 때문이다."[20]

궁극적으로 [실제적] 작용을 갖지 않는 법, 이것이 바로 공상(共相, sāmānyalakṣaṇa)의 정의이다. 예컨대 무위의 허공 등이 그러한 것이다. 즉 보편(sāmānya: 總)과 특수(viśeṣa: 別), 동일한 것(eka: 一)과 다른 것(nānā: 異), 상호배타(viruddha: 相違)와 상호관계(anuṣaṅga: 相應) 등에 근거하여 가설된 제법이 공상이다. 그러나 이러한 [가설된 제법]이 반드시 공상인 것만은 아니니, 그 차이를 잘 구별할 수 있어야 한다.

[해설] 앞서 해설한 대로 자아는 토끼 뿔처럼 어떠한 작용력도 갖지 않을뿐더러 비존재로서 공상도 아니기 때문에, 예컨대 개념적으로 분별된 불(이는 멀고 가까움에 따라 인식의 표상이 달라지지 않는다)과는 엄격히 구별되어야 한다. 개념적 불은 현실상의 불로부터 추리된 것이지만, 자아는 추리될 만한 근거가 없기 때문이다,

④ 부정명제와 긍정명제

부정되고 있는 대상을 바로 배제(apoha)하는 방식을 통해 알려지는 것, 이것이 바로 부정명제의 정의이다. 부정명제와 타자의 배제는 동의어이다.

[해설] 현실상의 말은 상대적이고 차별적이다. 남자가 존재하지

---

20 『느야야 빈두』 §§ 12-15, 이지수(2014), 『인도불교철학의 원전적 연구』, pp.547-549.

않았다면 '남자'라는 말은 없었을 것이고, 남자라는 말이 없다면 당연히 이와 차별되는 '여자'라는 말은 소용이 없다. '나는 남자이다'는 말은 여자가 아니라는 의미를 내포한다. 아니 '남자'라고 하는 말은 그 자체로서는 남자라는 의미를 적극적으로 지시할 수 없다. 나아가 남자는 여자만 아니라는 말이 아니라 개·돼지와 같은 동물도, 벼·보리와 같은 식물도, 나아가 남자 아닌(非男) 모든 것을 배제한다. 예컨대 모든 이가 다 A학점을 받았다면 여기에는 어떠한 의미도 없다. A학점은 B, C 등의 A 아닌(非A) 학점과 관련해서만 의미가 있다. "나는 A학점을 받았다"는 말은 B도 C도 D도 F도, 다시 말해 A 아닌 어떤 것(非A)도 아니라는 말이다. 이렇듯 보편의 공상(共相)을 대상으로 하는 말(=개념 즉 보편)은 그에 대한 타자의 배제/부정(anyāpoha)에 의해 성립한다. 이같이 말의 의미를 드러내는 배제/부정을 아포하라고 한다. 디그나가는 그의 『집량론』 제5장에서 개체(bheda), 종(種, jāti), 개체와 종의 관계, 종의 기체가 언어의 표시대상이라는 외도설을 논파하고 언어의 의미는 다만 타자의 배제일 뿐임을 논의하였다.

부정명제를 분류하면 확정적 부정명제(명제의 부정)와 불확정적 부정명제(명사의 부정) 두 가지가 있다.

어떤 대상을 직접 지각할 때 그것이 부정하는 대상만을 배제하는 방식을 통해 아는 것, 이것이 확정적 부정명제의 정의이다. 예컨대 "바라문은 술을 마셔서는 안 된다"는 명제가 그러한 것이다.

어떤 대상을 직접 지각할 때 그것이 부정하는 대상을 배제함으로써 그 밖에 다른 확정적 부정명제나 긍정명제 중의 하나를 나타내는 것, 이것이 바로 불확정적 부정명제의 정의이다. 예컨대 "데바닷타(Devadatta)는 뚱뚱하지만 낮에 식사하지 않는다"는 명제가 그러한 것이다.

[해설] "바라문은 술을 마셔서는 안 된다"와 같은 형식의 부정은 말하자면 명제의 부정으로 '술을 마셔도 된다'는 사실만을 부정할 뿐 술 이외 다른 어떤 것을 마셔도 좋다는 긍정의 의미는 내포하고 있지 않지만(단순부정, 혹은 확정적 부정), "데바닷타는 뚱뚱하지만 낮에 식사하지 않는다"와 같은 형식의 부정은 '밤에 식사 한다'는 사실을 내포하고 있다.(불확정적 부정) 두 가지 부정명제에 대한 자세한 설명은 제4장 2-1-1④b 해설 참조.

참고로 "데바닷타는 뚱뚱하지만 낮에 식사하지 않는다"는 불확정적 부정명제의 예는 인도철학의 인식방법론(pramāṇavāda) 일반에서 유추(arthāpatti: 義準量)의 예로 사용되지만, 불교에서는 이를 올바른 인식수단으로 인정하지 않는다. (불교지식론에서는 다만 지각/現量과 추리/比量 두 가지만을 인정한다.) 앞서 유부 비바사사는 이러한 불확정적 부정을 인정하지 않았는데, 그것을 유추의 일종으로 여겼기 때문일 것이다.

어떤 대상을 직접 지각할 때 부정되고 있는 대상을 직접 배제함으로써 지각되는 것이 아닌 것, 이것이 바로 긍정명제의 정의이다. 예컨대 '항아리'가 그러한 것이다.

[해설] 예컨대 의식이 '항아리'를 분별하였을 경우, 이러한 분별이 먼저 '항아리 아닌 것'을 배제/부정하고서 성취되는 것은 아니다. 이는 명(明)을 배제함으로써 지각되는 무명(無明) - 명의 비존재 - 의 분별과는 다른 것이다.

⑤ 현전한 것과 은폐된 것

직접지각(現量)에 의해 [현전에서] 지금 바로 알려지는 것, 이것이 바로 현전한 것(abhimukha)의 정의이다. [따라서] 현전한 것과 [실제적 작용을 갖는] 구체적 사물(bhāva: 有)은 동의어이다.

추리(比量)에 의해 알려지는 것, 이것이 바로 은폐된 것(parokṣa)의 정의이다. [따라서] 은폐된 것과 [의식에 의해] 알려지는 것(jñeya: 所知境)은 동의어이다.

[해설] 여기 책상이 있다. 눈으로 볼 수 있고 손으로 만질 수 있으며, 거기서 책도 읽고 글도 쓸 수 있는 실제적 작용력을 갖는 이 책상은 직접 지각(眼 등의 5식)에 의해 바로 알려지는 것, 즉 현전한 것이다. 그렇지만 '책상'이라는 개념은 오로지 일반적 이미지(generic image)를 매개로 하여서만 지각할 수 있는 것, 제6 의식에 의해서만 알려지는 것이다. 유부의 경우 구체적 작용을 갖는 책상이라는 사물 자체(즉 현전한 것)와 책상이라는 개념(즉 은폐된 것)은 개별적 존재이지만, 개념(nāma, 名) 자체의 개별적 실재성을 부정하는 경량부의 경우 양자는 서로 상위하는 것이 아니다.[21] 구체적 사물(현전한 것)은

21 Geshe Lhundup Sopa and Jeffrey Hopkins(1989), p.233.

모두 개념성(은폐된 것)을 띠지만, 개념성이 모두 구체적 사물인 것은 아니다. 예컨대 무위허공은 경량부의 경우 다만 개념적으로만 인식할 수 있으며, 따라서 현전의 대상이 아니다.

⑥ 삼세

어떤 구체적 사물(bhāva) [자체]가 생겨나서 소멸한 제2 찰나의 상태, 이것이 바로 과거의 정의이다.

어떤 구체적 사물의 발생원인(hetu: 因)은 존재하지만 [그 밖의 다른] 조건(pratyaya: 緣)이 갖춰지지 않아 어떤 특정의 장소와 시간에 생겨나지 않은 상태, 이것이 바로 미래의 정의이다.

[어떤 구체적 사물이] 이미 생겨나 아직 소멸하지 않은 상태, 이것이 바로 현재의 정의이다.

과거와 미래는 영원하다.

[해설] 불교 전통에서는 시간(kāla: 時, adhvan: 世)은 사물 즉 존재(法)와는 별도의 실체가 아니기 때문에(刹那 내지 劫은 5온을 본질로 한다), 여기서 과거 · 미래 · 현재의 삼세는 삼세법을 의미할 것이다. (제4장 2-1-1④a '삼세' 해설 참조) 그렇다면 "과거 · 미래법은 영원하다"는 명제가 어떻게 그것의 비존재(過未無體)를 주장한 경량부의 것이라 할 수 있을 것인가? 과거와 미래에 대한 『구사론』 상에서의 세친의 견해는 이러하다.

"저들(유부종)은 '세존께서 설하였기 때문에 과거 · 미래 2세는 그 자체 실유이다'고 말하였지만, 우리 역시 과거 · 미래세가 존재한다고 말하니, 과거세는 曾有(bhūtapūrvam) 즉 일찍이 존재하였던 것, 미래세는 當有(bhaviṣyat) 즉 인과적 관계로서 앞으로 존재하게 될 것이기 때문이다. [세존께서는] 이와 같은 뜻에 근거하여 과거·미래가 존재한다고 설한 것이지 현재와 같은 실체(dravya)로서 존재한다고 말한 것이 아니다. (중략) 만약 [과거·미래의 2세가] 항상 존재하는 것이라고 한다면, 그것을 어떻게 과거·미래의 존재라고 말할 수 있을 것인가?"[22]

유부 비바사사(毘婆沙師)는 법 자체의 본질(svabhāva: 自性, 體相)과 작용(kāritra)의 양태(bhāva: 性類)를 구별하여 작용이 소멸한 상태가 과거(즉 과거법), 아직 생겨나지 않은 상태가 미래, 이미 생겨나 소멸하지 않은 상태가 현재이지만, 법 자체는 삼세의 차별 없이 항상 존재한다고 주장하였다. 다시 말해 생겨나고 소멸하는 것은 법 자체가 아니라 그것의 작용이라는 것이다.

이에 대해 경량부에서는 본질과 양태를 별도로 구분하지 않았기 때문에 법 자체가 생겨나고 소멸한다고 주장하였다. 세친은 상좌 슈리라타와 마찬가지로 찰나(kṣaṇa)를 "법 자체가 획득되면(생겨나면) [찰나의 간격도 없이] 무간(無間에 바로 소멸하는 것"으로 정의하였다.[23] 이에 따라 『구사론』 상의 세친도, 경량부(슈리라타)도 미래란 어떤 법 자체가 아직 생겨나지 않은 상태, 과거는 이미 소멸한 상태, 현재는 이미 생겨나 아직 소멸하지 않은 [찰나의] 상태이기

---

22 『구사론』 권20 (T29, 105b04-9); AKBh., 299. 1-4.

23 『구사론』 권13 (T29, 67c11-15), "剎那何? 謂得體無間滅得體無間滅."; AKBh., 193. 2-4. ko 'yaṃ kṣaṇo nāma. ātmalābho 'nantaravināśī. ; 권오민, 『상좌 슈리라타의 경량부 사상』, pp.245-247 참조.

때문에 과거와 미래는 실재하지 않는다고 주장하였던 것이다. 본무금유(本無今有) 유이환무(有已還無) – 본래 존재하지 않다가 지금 존재하며 존재하다 바로 비존재로 돌아간다 – 는 그들 종의의 기본명제였다. 그들에게 있어 生滅(utpāda-vyaya) 또한 개별적 실체(불상응행법)가 아니라 본래 존재하지 않다가 지금 존재하는 것, 존재하다 다시 존재하지 않는 것을 가설한 개념일 뿐이었다.

그런 그들이 어떻게 "과거와 미래는 영원하다"고 주장할 수 있는 것인가? 본문의 논설은 어디서 유래한 것인가? 추측컨대 『대비바사론』 상의 비유자(譬喩者) 설로 여겨진다. 이들은 삼세(adhvan)와 유위행법(saṃskāra)을 차별하여 삼세는 영원하지만 유위행은 무상하다고 주장하였다.

"과일이 이 그릇에서 저 그릇으로 옮겨가고, 사람이 이 집에서 저 집으로 옮겨가듯이 제행(諸行) 역시 미래세에서 현재세로, 현재세에서 과거세로 들어간다."[24]

이 같은 논의는 사실상 "제온(諸蘊)이 전세(前世)로부터 전이(轉移)하여 후세(後世)에 이른다"는 『이부종륜론』 상의 경량부 (혹은 說轉部, Saṃkrāntivāda) 설과 동일한 것으로, 제행 자체의 찰나멸을 설하는 후대 경량부 설에 반하는 것이다. 『대비바사론』 상에서 과거와 미래[의 실재성]을 부정한 이들은 앞의 비유자와 함께 열거되고 있는 '삼세에 대해 알지 못하는 자(於三世不了別者)' 혹은 '삼세의 자성에 어리석은 어떤 이들(有愚於三世自性)'이다.[25]

---

24 『대비바사론』 권76 (T27, 393a10-15); 동 권135 (T27, 700a26-29)

25 『대비바사론』 권27 (T27, 141a28-b3); 동론 권76(393a9f; a18f).

참고로 제프리 홉킨스는 "과거와 미래는 영원하다"는 본문 상에 "[왜냐하면 그것(과거 · 미래)들은 단순히 [어떤 사물의] 부재(absence)이며, 찰나적인 변화를 겪지 않기 때문이다.]"는 이유를 더하고서 이에 대해 이같이 해설하였다.

"영원함에는 두 유형이 있는데, 일시적인 영원함 occasional permanent과 일시적이지 않은 영원함 non-occasional permanent이 그것이다. 테이블의 과거와 같은 일시적인 영원함은 테이블의 파괴에 근거한 것이다. 하지만 한번 파괴가 발생한 이후에는 테이블의 과거 – 테이블이 사라진(소멸한) 상태 – 는 변화하지 않는다. 접촉을 장애함이 없는 허공무위 일반은 일시적이지 않은 영원함이다. 비록 특정한 대상(a specific object)과 관련된 허공무위는 대상과 함께 생겨나서 대상의 파괴와 함께 소멸하지만, 일반적인(general) 무위 허공은 시작됨 없이 영원히 변하지 않고 존재한다."[26]

그러나 이러한 해석은 바이세시카학파에서 실재(vastu)의 제7 범주로 설정한 비존재(abhāva) 중 이멸무(已滅無)와 미생무(未生無)와 같은 것이다. 그럴 경우 "과거 · 미래는 영원하다"는 논설은 "과거 · 미래는 [諸行의] 비존재로서 영원하다"는 뜻이라고 해야 하지만, "토끼 뿔이 딱딱한가 부드러운가?"는 언어적 가설로서도 불가능한 것처럼 이 또한 역시 그러하다고 해야 한다.

[따라서] 현재와 [실제적 작용 능력을 갖는] 구체적 사물(bhāva)은 동의어이다.

---

26 Geshe Lhundup Sopa and Jeffrey Hopkins(1989), pp.234f.

어떤 사물의 과거는 그 사물[이 소멸한] 이후에 성립하며, 어떤 사물의 미래는 그 사물[이 생겨나기] 전에 성립한다는 등의 [과거와 미래의] 차이 또한 이해할 필요가 있다.

⑦ 동일한 것과 다른 것

각기 개별적이지 않은 것, 이것이 바로 동일한 것(eka)의 정의이다. 예컨대 '항아리' 등이 그러한 것이다. (다시 말해 항아리 등은 그 밖의 다른 항아리 등과 동일한 것이다.)

각기 개별적인 것, 이것이 바로 다른 것(nānā)의 정의이다. 예컨대 기둥과 항아리 등이 그러한 것이다.

본질이 다르면 개별현상도 다르지만, 개별현상이 다르다고 해서 본질이 다른 것은 아니다. 왜냐하면 지어진 것(kṛta, 즉 有爲)과 무상(無常)한 것은 본질은 동일하지만 개별현상은 다르기 때문이다.

> [해설] 예컨대 기둥과 항아리는 본질도 다르고 개별자로서의 현상도 다르다. 이에 반해 인연에 의해 지어진 것/생겨난 것(kṛta: 所作) 즉 유위(有爲, saṃskṛta)와 무상한 것은 상호 포섭관계의 동의어이지만, 각기 별도의 의미체계를 갖는 개별현상이다. 즉 유위와 무상은 지시대상의 의미가 다르지만, 동일대상의 다른 이름이다.

⑧ 그 밖의 지식의 대상

[경량부가] [공간적으로 더 이상 분할 불가능한 최소단위의 물질인] 무

방분(無方分)의 극미와 [시간적으로 더 이상 분할 불가능한 최소단위의 의식인] 무찰나(無刹那)의 의식을 인정하는 것은 비바사사와 동일하다.

[해설] 극미(더 이상 분할 불가능한 물질의 구극)는 방향(*dik) 지시가 가능한 부분(bhāga) 즉 방분(方分, digbhāga)을 갖는 것인가, 갖지 않는 것인가? 불교에서 장애성을 갖는 색(色, rūpa, 물질)을 설정하고 이를 거칠고 미세한 것, 멀고 가까운 것 등으로 해설한 이상 이것의 양적 구극에 대해 논의하는 것은 지극히 당연한 일이다. 방분을 갖는다고 할 경우 이는 또 다시 분석될 수 있기 때문에 이를 극미라고 할 수 없다. 그래서 유부에서는 극미 무방분설을 주장하였다. 그러나 극미의 구극이 무방분일 경우 아무리 많은 극미가 화합한다고 할지라도 역시 무방분이 되지 않으면 안 된다.

무방분의 극미는 사실상 추상적 관념적 극미(유부에서는 이를 假극미라고 하였다)이기 때문에, 경량부에서는 극미 방분(方分)설을 주장하였다. 그들에게 있어 극미의 본질(體性)은 방분이었다. 유가행파의 『유식이십론』과 『관소연연론』에서도 이 같은 무방분 극미와 방분 극미의 결합－이를 각기 화집(和集)과 화합(和合)이라 한다－설 비판을 외계 실재성의 비판논거로 제시하고 있다.[27]

그렇다면 "경량부는 비바사사와 마찬가지로 극미 무방분설을 주장하였다"는 본 둡타의 논설은 어디서 유래한 것인가? 이는 필시 "극미가 [사방·상하의 방향지시가 가능한] 방분(方分)을 갖는다고 인정할 경우 [제 극미가] 접촉하든 접촉하지 않든 부분(avayava: 分)

27 권오민, 『상좌 슈리라타의 경량부 사상』, pp.71-77.; 482-498 참조.

을 갖는다는 오류를 범한 것이지만, 만약 방분을 갖지 않는다고 한다면 접촉하더라도 그 같은 오류는 없다"고 한 『구사론』 상의 논의[28]에서 유래하였을 것이다. 이는 비록 세친의 평석으로 언급될지라도 경량부 설이 아니라 비바사사의 입장이다.

한편 찰나를 갖지 않는 의식이라 함은 어떤 의식을 말함인가? 무찰나의 의식은 무방분의 극미와 마찬가지로 현행의 의식이라 할 수 없다. 뒤에 논설하듯이 정리(正理)를 따르는 경량부에서는 개아(pudgala)를 의식의 상속으로 규정하였는데, 제프리 홉킨스는 이때 의식을 깊은 잠에 빠져서도, 무심정에서도 여전히 존재하는 무기성의 미세한 의식으로 해설하였다. 경량부에서는 멸진정 등에서도 미세한 의식이 존재한다는 이른바 멸정유심설(滅定有心說)을 주장하였지만, 유부 비바사사는 이를 비판하였다.

제프리 홉킨스는 본 논설에 대해 "비바사사(毘婆沙師)와 성전을 따르는 경량부에서는 그것들(무방분의 극미와 무찰나의 의식)이 더 이상 분할 불가능하기 때문에 승의제라고 주장한 반면, 논리/이치에 따르는 경량부는 그것들은 궁극적으로 결과를 낳는 기능을 수행할 수 있기 때문에 승의제라고 주장하였다"고 해설하고서 이같이 각주하였다.

"이러한 코멘트는 저자인 직메 왕뽀의 생각에 따른 것으로, 잠양세빠는 경량부 중 오로지 성전을 따르는 경량부만 무방분의 극미와 무찰나의 의식의 존재를 주장하였고, 디그나가(陳那)나 다르마키

28 AKBh., p.33. 6-7.; 『구사론』 권2 (T29, 11c28-29; 권오민 역, p.99).; 권오민, 『상좌 슈리라타의 경량부 사상』, p.61 참조.

르티(法稱)의 추종자들인 정리를 따르는 경량부는 그 같은 무방분·무찰나의 법의 존재를 비판하였다."[29]

이 같은 사실로 보더라도 성전에 따르는 경량부는 실체가 없는, 다만 세친의 『구사론』을 경량부 성전으로 간주하여 그같이 말한 것임을 알 수 있다. 경량부(상좌 슈리라타)가 극미 유방분설을 주장하였음은 『순정리론』뿐만 아니라 『유식이십론』이나 『성유식론』 등의 유가행파 문헌을 통해서도 확인된다.

그렇지만 [경량부가 비바사사와] 모든 면에서 동일한 것은 아니다. 비바사사는 존재하는 모든 것(즉 일체법)은 실체(dravya)로서 존재한다고 주장한 반면, 경량부에서는 이를 인정하지 않기 때문이다.

[해설] 즉 유부 비바사사(毘婆沙師)는 세계의 토대로 제시한 일체 모든 존재(앞서 논의한 색·심·심소·불상응행·무위법의 5位75法)가 실유(dravya-sat)라고 주장한 반면 경량부에서는 이 중 색법 중 소조색(所造色, 색·향·미·촉 등의 이차물질)이나 무표색(無表色, 과거로 사라진 업), 수·상·사를 제외한 제 심소, 득(得) 등의 불상응행법, 허공 등의 무위법의 개별적 실체성을 부정하고 가설적 존재(假有, prajñpti-sat)로서만 인정하였다.

무표색(無表色) 또한 비바사사와 귀류논증 중관파에서는 색법의 일종

---

29 Geshe Lhundup Sopa and Jeffrey Hopkins(1989), p.237, 주1.

으로 인정하지만 경량부와 유식학파, 자립논증 중관파에서는 이를 색법으로 인정하지 않았다.

[해설] 제행무상을 주장하는 한 업 역시 짓자마자 사라진다고 하지 않으면 안 된다. 과거로 사라진 업이 어떻게 결과를 초래한다는 것인가? 『구사론』 제1 「계품」 제11송은 바로 이에 대한 규정이다.

"산심(散心)이나 무심(無心)의 상태에서도 계속 이어지는 청정하거나 부정한 [법]으로서 [4] 대종(大種)에 의해 생겨난 것이기 때문에 '무표색(avijñapti-rūpa)'이라 하였다."[30]

즉 유부에서는 신·어업의 본질을 신체적 형태(身形)와 [의미를 갖는] 말소리(語聲)로 이해하였기 때문에 그것의 결과를 낳는 힘 역시 색법에 포함시켜 무표색(또는 무표업)이라 하였던 것이다. 이러한 무표색의 개념을 설정하지 않고서는 업과(業果)의 상속을 합리적으로 설명하기 어렵다는 것이 유부 비바사사의 생각이었다. 예컨대 목숨이 다할 때까지 '살생 등을 짓지 않겠다'는 등의 맹서의 말(別解脫戒) 또한 발성하자마자 사라졌음에도 방비지악(防非止惡)의 힘이 지속하는 것은 무표색으로 존재하기 때문이라는 것이다.

이에 대해 경량부에서는 이른바 종자설로써 이 같은 업과(業果)의 상속을 해명하였다. 예컨대 [경량부 계통의] 선대궤범사는 이같이 논설하였다.

"보시와 같은 복업에 과보가 생겨나게 되는 것은 이를 연(緣)으로

---

30 『구사론』 vikṣiptācittakasyāpi yo 'nubandhaḥ śubhāśubhaḥ. mahābhūtāny upādāya sa hy avijñaptir ucyate. (AK. I.11f); "亂心無心等 隨流淨不淨 大種所造性 由此說無表." (T29, 3a17).

한 사(思, cetanā)가 [심상속(心相續, saṃtati) 상에] 훈습(熏習)되었기 때문이다. 즉 [사(思)가 훈습된] 미세한 상속(相續, saṃtati)이 점차 변화하다가 특수한 변화(轉變差別, pariṇāmaviśeṣa) 일으킴에 따라 미래 다수의 결과를 낳게 된다. [경에서는] 이에 따라 '복업은 항시 상속 증장한다'고 설한 것이다."[31]

그 밖에도 비바사사는 인과(hetu-phala)의 동시를 주장하지만, 경량부는 이를 인정하지 않았다.

[해설] 제법의 개별적 실체성을 주장하는 유부 비바사사의 경우 인과 동시(同時)를 주장하였다. 예컨대 비바사사에 있어 심과 심소는 동시에 존재하여 서로가 서로에 대해 원인과 결과가 되지만, 경량부의 경우 원인은 반드시 결과에 선행하지 않으면 안 된다. 안식(眼識)의 경우 역시 이것의 인연이 된 안(眼)과 색(色)이 선행하는 것이었다. 이에 대해 유부에서는 만약 안과 색과 안식의 세 가지가 이시(異時)라면 안과 색이 존재할 때 안식은 아직 생겨나지 않았고, 안식이 생겨났을 때 안과 색은 이미 소멸하였기 때문에 인과적 관계는 이루어질 수 없다고 비판하였다. 유가행파 역시 그러하였다. 그러나 경량부는 법 자체의 찰나멸론을 주장하였기 때문에 안식이 생겨났을 때 안과 색은 이미 소멸하였다. 따라서 안식의 실제적 대상은 전 찰나의 색이 아니라 안식 상에 나타난 색의 형상이다. 이를 자증

31 『구사론』 권13 (T29, 69b14-20; 권오민 역, p.609); AKBh. 197. 14-18. 불교제학파의 업과(業果) 상속론에 대해서는 제4장 2-1-1④c '업과의 상속'에서 해설하였다.

(自證), 즉 '식(識)의 자기인식'이라 하였다. 본 둡타에서 경량부와 유부 철학의 가장 큰 차이는 자기인식의 여부였다.

그러나 경량행-중관 자립논증파는 비바사사와 마찬가지로 자기인식을 인정하지 않는다고 하였다. 그것은 필경『구사론』제7「지품(智品)」제18송에서 이를 비판하였기 때문일 것이다. (제4장 주42 참조)

(2) 지식의 주체

이하 본 항에서는 개아, 식, 그리고 말-소리에 대해 논설한다.

① 개아

성전을 따르는 경량부는 예컨대 [5]온의 상속(相續)을 개아(pudgala: 人)라고 주장하였다면, 정리를 따르는 경량부는 예컨대 의식(意識)[의 상속]을 개아라고 주장하였다.

[해설] 본 둡타에 따르면 성전을 따르는 경량부 즉 세친 계통의 경량부에서는 유부와 마찬가지로 인간(pudgala)의 정체성을 5온에서 찾고 있다. 그러나 정리를 따르는 경량부 즉 다르마키르티 계통의 경량부에서는 의식에서 찾고 있다. 이때 의식(mano- vijñāna)이란 무엇을 의미하는 것일까? 다만 현행의 제6 의식을 말하는 것인가? 제프리 홉킨스는 이때 의식은 깊은 잠에 빠졌을 때나 [멸진정과 같은] 선정 중에서도, 나아가 생과 생 사이에도(다시 말해 死有와 生有 사이 中有의 상태에서도) 간단없이 (항상) 존재하기 때문에 의식의 미

세한 무기성의 형태라고 해설한다.[32] 이는 바로 유가행파에서 종자의 훈습처로 제시된 이른바 미세한 일류항변(一類恒遍)의 마음 즉 언제 어디서도 - 무심정(無心定)에 들 때에도, 무상천(無想天)에서도 - 항상 존재하는 동일성의 마음인 알라야식이다.

다르마키르티 계통에서 이러한 마음을 주장하였다는 사실은 알려지지 않는다. 경량부에서 이러한 마음을 주장하였다면 그것은 상좌 슈리라타이다. 그는 종자의 훈습처로서 미세한 (다시 말해 소의와 소연을 갖지 않는, 즉 요별의 작용을 행하지 않는) 무부무기성의 동일종류 마음으로서 일심(一心)을 제시하였다. 그는 이렇게 말하였다.

"일심(一心, ekacitta)은 종종계(種種界, nānādhātu)를 갖추고 있다. 일심 중에 다수의 계(bahudhātu)가 훈습(vāsanā)되어 있다. (중략) 마음 그 자체는 비록 단일할지라도 그 안에 수많은 계(界)가 존재한다."[33]

여기서 '계'는 유가행와 마찬가지로 종자의 뜻으로, 상좌는 이를 수계(隨界) 또는 구수계(舊隨界, pūrvānudhātu)라고 하였다.

② 식(識)

식(識, vijñāna)에는 바른 인식(pramāṇa: 量)과 바른 인식이 아닌 것

---

32 Geshe Lhundup Sopa and Jeffrey Hopkins(1989), p.239.

33 『순정리론』 권18 (T29, 442b1-4), "又彼上座, 如何可執言, '一心具有種種界. 熏習一心多界.' (中略) '心其體雖一, 而於其內, 界有衆多.' 유가행파에서도 역시 이같이 주장하였다. "알라야식 중에 종종계(種種界)가 존재한다. (중략) 알라야식 중에 다수의 계(界)가 존재한다." (『유가사지론』 권51, T30, 581b19-21) 상좌의 일심과 알라야식의 관계에 대해서는 권오민, 『상좌 슈리라타의 경량부 사상』 제11장 「상좌 슈리라타의 '일심'」 참조.

(apramāṇa: 非量) 두 가지가 있다.

바른 인식에는 직접지각(現量)과 추리(比量) 두 가지가 있다.

직접지각에는 다시 감각지각과 의(意)지각과 식의 자기인식과 요가 수행자의 직관의 네 가지가 있다.

[안근(眼根) 등과 같은] 물질적 감각기관(즉 5근)은 바른 인식이 될 수 없다. 왜냐하면 명료하지 않을뿐더러 [색(色) 등] 자신의 경계대상을 인지할 수 없기 때문이다.

[해설] 이는 안 등의 5근은 유경(有境) 즉 경계대상을 갖는 지식의 주체가 될 수 없음을 말한 것이다. 앞서 논설한 대로 유부에서는 물질적 존재인 안근이 색을 '보는 것(見者)' 즉 시각의 주체라는 근견설(根見說)을 주장하였다. (제4장 2-1-2② '식' 참조) 그러나 경량부에 있어 시각의 인식주체는 안근도 아니고 안식도 아니다. 그들의 이시(異時)인과에 의하는 한 안근이 존재할 때 안식은 아직 생겨나지 않았고 안식이 생겨났을 때 안근은 이미 소멸하였기 때문에 각각을 인식의 주체로 설정할 수 없다. 『구사론』에서는 그들의 논의를 이같이 전하고 있다.

"경량부에서는 이같이 설하였다. 어찌하여 함께 모여 [실재하지도 않는] 허공을 움켜쥐려고 하는 것인가? [經에서] '眼과 色 등을 緣하여 眼識 [등]이 생겨난다'고 하였는데, 여기서 무엇을 '보는 것'(주체)이라 하고 '보여지는 것'(객체)이라 하겠는가? [眼 등은] 오로지 法으로서만 존재하고 인과적 관계로서만 존재할 뿐 실로 어떠한 작용(vyāpara)도 갖지 않는다. 다만 일상의 언어소통(vyavahārārtha: 世

情), 혹은 상호간의 이해를 위해 일시 눈(眼根)을 '보는 것'이라 말하고, 식(안식)을 '요별(了別, 인식)하는 것'이라고 말한 것으로, 지자(智者)라면 이에 대해 집착해서는 안 된다. 예컨대 세존께서도 지역에 따른 언어적 관행(janapadanirukti: 方域言詞)에 집착해서도 안 되며, 세간의 언어적 개념(loka-saṃjñāṃ: 世俗名想)만을 추구해서도 안 된다고 말씀하셨다."[34]

이 같은 경량부의 지식론은 유부의 근견설은 물론 세친의 식견설(識見說)과도 다른 것으로, 고래로 화합견설(和合見說)이라 하였다.[35]

바른 인식이 아닌 것에는 재결식(再決識), 전도된 인식, 의혹, 바른 추측, 부주의식(不注意識)의 다섯 가지가 있다.

[해설] 불교에서는 바른 인식(pramāṇa: 量)을 '일찍이 인식한 적이 없는 대상에 대해 [최초로 갖는] 바른 지식'으로 규정하였다. (제4장 2-1-2② '식' 해설 참조) 따라서 바른 인식의 후속찰나에 일어나는 결정적 인식이나 확실하지 않은 인식, 그릇된 인식은 바른 인식이 아니다.

티베트 불교 전통에서는 이상의 바른 인식의 두 가지와 바른 인식이 아닌 것 다섯 가지, 도합 일곱 가지를 마음(blo)의 일체 인식/지식활동(rig pa)을 망라한 것으로 간주하여 로릭(blo rigs)이라는 이름의 불교입문과정(말하자면 불교인식론 기초)의 키워드로 제시하

---

34 『구사론』 권2 (T29, 11b1-6; 권오민 역, p.91); AKBh., p.31. 11-15.

35 권오민, 『상좌 슈리라타와 경량부』 제6장 「경량부/비유자의 和合見說」 참조.

였다. 간략히 해설하면 다음과 같다.

1) 바른 인식(pramāṇa: 量)

(1) 직접지각(pratyakṣa-pramāṇa, 現量): 분별(kalpanā, 개념적 지식)을 떠나 착란됨이 없는 지각으로, ① 감각지각(indriya-pratyakṣa)은 안(眼) 등 감관에 근거하여 아는 것 (그러나 감관 자체는 지식의 주체가 될 수 없다.), ② 의지각(mānas-pratyakṣa)은 감각지각의 다음 찰나 이를 등무간연으로 삼아 생겨난 지식(즉 제6 의식). 참고로 이때 지식의 대상은 감각지각이 아니라 – 감각지각을 대상으로 할 경우 이미 지각한 것을 다시 지각하는 것이기 때문에 불교지식론 제1 명제인 프라마나(pramāṇa: valid cognition)의 정의 '일찍이 인식한 적이 없는 대상에 대한 확실한 인식'에 위배 된다. – 감각지각이 소연으로 삼았던 대상의 제2 찰나이기 때문에 재인식이 아니며, 전 찰나의 감각지각에 근거한 것이기 때문에 토끼 뿔과 같은 개념적 지식도 아니다. ③ 식의 자기인식(svasaṃvedana-pratyakṣa: 自證)이란 외계대상이 아닌 마음 상에 나타난 형상의 인식, ④ 요가 수행자의 직관(yogi-pratyakṣa)이란 선정의 수습을 통한 대상 자체에 대한 진실의 인식이다.

(2) 추리(anumāṇa-pramāṇa, 比量): 이미 알려진 사실(즉 지각)에 근거하여 아직 알지 못하는 새로운 판단을 획득하는 언어형식, 즉 세 가지 특성[36]을 갖는 논거(liṇga: 證因)에 근거하여 일어난 [추리해야 할] 대상에 대한 인식이다.

2) 바른 인식이 아닌 것(apramāṇa: 非量)

---

36 이에 대해서는 본서 제7장 자립논증파의 '학파명칭의 유래' 참조.

① 재결식(bcad shes, *paricchinnajñāna: subsequent cognition): 직접 지각이나 개념적 인식에 의해 일찍이 인식한 적이 없는 대상을 처음으로 인식한 이후 일어나는 이에 대한 결정적 지식. 이러한 지식은 전술한 대로 확실한 인식이지만 일찍이 인식한 적이 없는 인식이 아니기 때문에 바른 인식(pramāṇa)이 아니다.

② 전도된 인식(log shes, viparyayajña: wrong consciousness)은 감각기관의 결함이나 잘못된 판단으로 생겨난 오류로, 눈병이 나 두 개의 달이 나타난 경우나 '말소리는 영원하다'고 생각하는 것이 그러한 경우이다.

③ 의혹(the tshom, saṃśaya: doubt)은 지식의 대상에 대해 결정적으로 판단하지 못하고 의심하는 것. 로릭(티베트 불교학습의 기초과정)에서는 이를 다시 "말소리는 영원한 것인가?"와 같은 아직 확신하지는 않지만 잘못된 견해로 향하는 의심, "말소리는 영원한가, 무상한가?"와 같은 잘못된 견해와 올바른 견해 모두로 향하는 의심, "말소리는 무상한 것인가?"와 같은 아직 확신하지는 않지만 올바른 견해로 향하는 의심으로 분별한다. 일반적으로 이러한 의심의 세 단계는 잘못된 관점(또는 무지)에서 올바른 관점(또는 지혜)으로 나아가는 과정에서 경험하는 인식이다.

④ 바른 추측(yid dpyod, *manaḥparīkṣā: correct assumption)은 말소리가 영원하지 않다고 판단하였지만, 결정적인 확신은 갖지 않은 개념적 의식이다. (감각지각 즉 전5식은 추측이 불가능함.) 일상에서는 대개 먼저 바르게 추측한 연후 이성적 판단에 익숙해지고서 추리지를 획득한다.

⑤ 부주의식(snang la ma neges pa'i blo, *aniyatapratibhāsabuddhi: an awareness to which an object appears without being noticed)은 예컨대 아름다운 경치에 취해 옆 사람의 말을 듣지 못한 경우처럼 대상이 나타났지만 지각하지 못한 인식으로, 주의 관심 등의 부족으로 대상을 인지할 만한 힘을 갖지 못한 의식을 가리킨다. 미래 기억될 수도 없기 때문에 당연히 바른 인식이 아니다. (영역은 제프리 홉킨스)

이 같은 [바른 인식과 바른 인식이 아닌 것] 중에서 직접지각(現量)과 부주의식의 두 가지는 분별을 떠난 식(avikalpa)으로 착란식(bhrānti-vijñāna)이 아니다. 그러나 추리와 바른 추측과 의혹의 세 가지는 오로지 분별식(分別識, 개념적 인식)이다. [왜냐하면 그것들은 대상을 직접적으로 지각한 것이 아니기 때문이다.][37]

식이 대상을 헤아릴 때 (요별할 때) 형상(ākāra, 대상의 이미지)을 통해 지각한다.

[해설] 경량부에서는 비바사사처럼 외계대상이 직접 지각되는 것이라고 주장하지 않는다. 즉 그들은 "안(眼)과 색(色)을 인연으로 하여 안식(眼識)이 생겨난다"는 경설을 경에서 설한 그대로 안과 색이 존재할 때는 안식이 생겨나지 않았고 안식이 생겨났을 때 안과 색은 이미 소멸한 것으로 이해하여 삼사(三事) 사이의 이시(異時)인과를 주장하였기 때문이다. 안식은 곧 자신에게 나타난 형상을 통해 전

---

37 Geshe Lhundup Sopa and Jeffrey Hopkins(1989), p.243. 참고로 재결식과 착란식은 분별식일 수도 있고 무분별식일 수도 있다.

찰나의 색을 지각한다. 여기서 형상은 안식과는 분리되지 않기 때문에 (안식은 외계의 형상을 띨 때 비로소 생겨난다) 이는 사실상 식(識)이 식을 보는 것, 즉 자기인식이다. 이러한 지식론을 유형상지식론(有形相知識論, sākārajñānavāda)이라 한다. (제4장 2-1-2 ②'식' 해설 참조) 이에 따라 본 둡타에서는 앞서 경량부를 "식(識)의 자기인식과 외계대상의 실재성을 주장하는 이들"로 정의하였던 것이다.

심(心)과 심소(心所)는 동일한 실체라고 주장하였다. (다시 말해 심소의 개별적 실체성을 인정하지 않았다.)

[해설] 비유자(譬喩者)나 하리발마(『성실론』의 작자)는 일체 심소(심리현상)는 다만 마음의 차별로 이해하였다. 그들은 각기 다음과 같이 주장하였다.

"모든 식(識)의 본질(體)은 바로 심(心)이며, 수(受) 등의 제법은 바로 이러한 심 자체의 종류(體類)로서 심상속 중에 이러한 법이 존재하기 때문에 '심소'라고 이름 하였다."[38]

"심(心)·의(意)·식(識)은 명칭만 다를 뿐 그 본질은 동일한 것으로, 인식의 주체(能緣)가 바로 마음(心)이다. 수(受)·상(想)·행(行 즉 思) 등의 심소법 역시 인식의 주체이기는 하지만, 이는 모두 단일한 마음의 시간적 변화의 차별상일 뿐이다."[39]

그러나 경량부의 상좌 슈리라타는 "근(根)·경(境)·식(識) 세 가

38 『순정리론』 권11 (T29, 395c3-5).

39 『성실론』 권5 (T32, 274c21ff).

지 화합이 촉이며, 촉은 수(受)·상(想)·사(思)와 함께 생겨난다"는 경설(『잡아함』 제306경)에 근거하여 일체의 심소 중 수·상·사 세 가지만 인정하고 작의 등 그 밖의 심소는 모두 사(思)의 차별로 이해하였다.[40]

③ 말-소리

자신이 말(표현)하고자 하는 의미대상을 이해하게 하는 소리, 이것이 바로 말-소리(śabda: 語聲)의 정의이다.

이를 언표대상(所詮)이라는 관점에서 분류하면 종류(種類)를 나타내는 말-소리와 집합(集合)을 나타내는 말-소리, 두 가지가 있다. [예컨대] 전자가 '색(色, rūpa)'이라는 말-소리라면, 후자는 '항아리'라는 말-소리이다.

또한 언표형식(能詮)이라는 관점에서 분류하면 특성(dharma: 法)을 나타내는 말-소리와 특성의 기체(dharmin: 有法)를 나타내는 말-소리 두 가지가 있다. [예컨대] 전자가 '소리의 무상함'으로 표현된 말-소리라면, 후자는 '무상한 소리'로 표현된 말-소리이다.

2) 실천 수행도

본 항에서는 도의 관찰 대상, 도에 의해 끊어지는 장애, 도의 본질 등 세 단락으로 나누어 논설한다.

---

40 『순정리론』 권10 (T29, 384b12f).

(1) 도의 관찰 대상

도의 관찰 대상은 무상(無常) 등 4성제의 16가지 행상(行相)이다.

[해설] 4성제의 16가지 행상에 대해서는 본서 제4장 2-2-1 '도의 관찰 대상' 참조.

[경량부는] 미세한 무아(無我)와 '미세한 인무아(人無我)'가 동의어라고 주장하였다.

[해설] 경량부는 비바사사와 마찬가지로 미세한 법무아(法無我) 즉 일체법은 실체로서 존재하지 않는다는 사실을 인정하지 않기 때문에 '미세한 무아'는 바로 미세한 인무아를 의미한다. 거친 법무아는 유가행파가 주장하듯 외계대상은 실체로서 존재하지 않는다는 것.

즉 그들은 개아(pudgala)가 영원하고 단일 주재(常一主宰)하는 실체로서 존재하지 않는 것을 '거친 인무아'라고 하였고, 또한 개아가 [5온과는 별도의] 독립적인 실체로서 존재하지 않는 것을 '미세한 인무아'라고 하였다.

(2) 도에 의해 끊어지는 장애

[경량부에서는] 도에 의해 끊어지는 장애로 '개아의 실체성에 대한 집착'(人我執)과 염오무지와 불염오무지를 인정한다는 점에서 [비바사사(毘婆沙師)와는] 말의 표현상에 차이가 있을 뿐이며, 그 밖의 '법의 실체성

에 대한 집착'(法我執)이나 [이에 따른] 소지장(所知障) 등을 인정하지 않는다는 점에서 비바사사와 동일하다.

[해설] 앞서 비바사사는 도에 의해 끊어지는 장애로 염오무지(染汚無知)와 불염오무지(不染汚無知)를 언급하고서 "개아의 실체성에 대한 집착(人我執)과 이로부터 생겨난 [탐 · 진 · 치] 삼독(三毒)과 이것의 종자(bīja 즉 인연)가 염오무지에 포함된다"고 하였다. (본서 제4장 2-2-2 '도에 의해 끊어지는 장애' 참조) 따라서 유부 비바사사와 경량부가 제거하고자 하는 장애는 다만 번뇌장으로 동일하다.

(3) 도의 본질

[경량부는] 3승(성문 · 연각 · 보살)의 도에 [각기] 다섯 단계를 제시하였다.

[또한] [8]지(智, jñana)와 [8]인(忍, kṣānti)의 16찰나를 견도(darśanamārga)로 인정하였다.

[해설] 경량부는 무루 성과(聖果)가 실현되는 과정으로 유부와 마찬가지로 자량도 · 가행도 · 견도 · 수도 · 무학도의 다섯 단계를 제시하였다. 이와는 별도로 10지(地)를 제시하고 있는 대승의 두 학파도 역시 그러하였다. 반면 유부가 현관(現觀) 16찰나 중 도류지(道類智)를 제외한 15찰나만 견도로 인정한데 반해 경량부는 16찰나 모두를 견도로 인정하였다.

『구사론』에는 "도류지는 견도에 의해 끊어지는 번뇌의 단(斷, 즉 택멸)을 임지(任持)하기 때문에 물러나는 일이 없으며, 따라서 견도"라는 이설이 언급되며,[41] 『순정리론』에도 "도류지는 [고·집·멸] 3제(諦)를 반연하는 현관의 최후 찰나의 마음(즉 苦類智 내지 滅類智)[이 견도인 것]처럼 1제(도제) 현관의 최후 찰나의 마음이기 때문에 견도이다." "도류지에서는 필시 물러나지 않기 때문에 견도에 포섭된다.", "도류지는 견도의 가행에 의해 성취된 것이기 때문에 바로 견도에 포섭된다.", "근본아비달마(本論, 『발지론』 T26, 940c8ff)에서 '9결취(結聚, 4法智所斷, 4類智所斷, 修所斷)가 존재한다'고 설하였기 때문에 도류지는 견도"라는 이설이 무기명(有說과 有餘師說)으로 인용되는데,[42] 이들은 아마도 『대비바사론』에서 견도 16심을 설한 외국사(外國師)일 것이다.[43]

참고로 경량부의 상좌 슈리라타는 유부가 설정한 고법지인(苦法智忍) 내지 도류지인(道類智忍)의 8인은 무루정(聖定)에 의한 성제의 관찰로, 다만 무루지를 얻기를 희구 욕락(欲樂)하는 단계이기 때문에 능히 번뇌종자(상좌의 술어로는 舊隨界)를 끊지 못하는 것으로 이해하였다. 말하자면 그는 성제현관으로 무루지인 고법지·고류지 내지 도법지·도류지의 8지(知)만을 인정하여 팔심현관설(八心現觀說)을 주장하였다.[44] 직메 왕뽀는 아마도 이 같은 내용이 『구사

41 AKBh. 353. 7-8.; 『구사론』 권23 (T29, 122b5-6).

42 순서대로 『순정리론』 권63 (T29, 690c27-692a2; 691a25-27; 691b23-24; 691c3-8).

43 『대비바사론』 권143 (T27, 735a13f). 『바사론』 상에서의 카슈미르 비바사사와 외국사(서방 간다라논사)의 견도15심과 16심에 대해서는 河村孝照(1974), 『阿毘達磨佛教の資料的研究』, pp.34-37 참조.

44 『순정리론』 권62 (T29, 684a25-b24); 권오민(2019), 『경량부의 견도설』 참조.

론』에 언급되지 않았기 때문에 비바사사처럼 16심 현관을 인정하였다고 논설하였을 것이다.

[또한 경량부는] 직접지각 상에 나타나는 대상은 반드시 자상(自相)이어야 하기 때문에 [자아는 5온과는 별도의 실체로서 존재하지 않는다는] 미세한 인무아(人無我)를 성문의 견도 중 무간도(無間道, 번뇌를 끊는 도)의 관찰 대상으로 인정하지 않았다. 즉 그들은 개아(人)가 [독립된] 실체로서 존재하지 않는 유위행법(즉 5온)을 직접 지각함으로써 이를 통해 미세한 인무아를 간접적으로 분별한다고 주장하였다.

[해설] 전술한 대로 경량부에서 직접 지각(현량)되는 것은 오로지 실제적 작용능력을 갖는 자상뿐이기 때문에, 자상을 갖지 않는 개아의 비존재(人無我)는 직접 지각의 대상이 되지 않는다. 다만 5온에 대한 직접지각을 통해 이와는 별도의 자아가 존재하지 않는다고 알 수 있을 뿐이다. 이에 반해 대승에서 공성(空性)은 비록 불가득(不可得)일지라도 요가 수행자의 직관을 통해 직접 지각된다고 주장하였다. (본서 제7장 2-3 '도의 본질' 참조) 예컨대 카말라실라는 그의 『수습차제(修習次第)』에서 무분별삼매에서는 주객이 둘이 아니라는 불이지(不二知, advayajñāna)의 광휘(光輝)마저 실재가 아니라는, 무자성이라는 통찰의 지혜가 현현한다고 하였다.[45]

---

45 카지야마 유이치, 권오민 역, 『인도불교철학』, p.132.

3) 수행도의 결과

[경량부는] [무간도로써 일체의 번뇌를] 끊고 [해탈도로써 이계(離繫)의 열반을] 증득한 아라한은 [자신의 과위에서] 물러나는 일이 없다고 주장하였다.

[해설] 앞서 비바사사는 이근의 부동법을 제외한 아라한과의 퇴타론(退墮論)을 주장하였다고 한데 반해 경량부는 아라한과 무퇴론(無退論)을 주장하였다. 즉 그들은 유부처럼 유루 세간도에 의해 번뇌가 끊어진다고 주장하지도 않았을뿐더러 무학의 소의신에는 번뇌 종자가 더 이상 존재하지 않기 때문에 다시 번뇌를 일으켜 물러나는 일이 없다고 한 것이다. 나아가 유부가 아라한 퇴타론의 경증으로 제시한 시애심해탈(時愛心解脫, 이미 획득한 과위에서 물러나지 않기 위해 항시 애호하는 마음으로 번뇌의 속박에서 해탈한 둔근 아라한)과 부동심해탈(不動心解脫)의 차이를 현법낙주(現法樂住, 4 정려)에서 물러나고 물러나지 않음으로 해석하였다.

또한 그들은 불타의 색온(즉 색신)도 불타라고 주장하였다.

[해설] 꼰촉 직메 왕뽀는 앞서 비바사사의 종의에 대해 논설하면서 "불타의 색신은 불보(佛寶)가 아니다"고 하였다. 이에 반해 경량부는 불타의 색신도 역시 불보라고 주장한 것이다. 이 같은 유부와 경량부의 상위는 불신(佛身)이 유루인가, 무루인가 하는 문제에 기인한다.

상식적으로 생각할 때 불신은 정각 이후에도 태어날 때의 몸이기 때문에 유루이다. 이는 유부의 생각이었다. 그들은 불타의 법신은 무루이지만 색신은 유루라고 주장하였다. 『이부종륜론』 상에서 불타 색신이 무루성임을 주장한 부파는 대중부였다. 그들은 불신 또한 번뇌(漏)와 상응하지 않고 번뇌에 계박되지 않기 때문에 무루라고 하였다.

비유자(譬喩者) 역시 무정물이나 아라한의 색신은 번뇌의 소의가 되기 않기 때문에 무루라고 하였다.[46] 이는 유루·무루에 대한 정의를 유부와 달리 이해하였기 때문이다. 즉 유부 비바사사는 소연(인식대상)이나 상응법(심·심소)에 따라 번뇌가 수증하는 것, 다시 말해 누(漏, 번뇌)와 상응하고 누의 경계대상이 되며, 누가 따라 증장하는 것을 유루로 정의하였지만 (제3장 2-1-1③ '유루와 무루' 참조) 경량부에서는 다만 번뇌의 소의를 유루라고 하였다. 따라서 불타의 몸은 더 이상 번뇌의 소의가 되지 않기 때문에 무루이다.

그 밖의 3승이 성과(聖果)를 증득하는 방식 등은 비바사사와 거의 동일하다.

4) 불설과 비불설

[나아가] 비바사사와 경량부 두 학파는 대승의 경장(經藏)을 불설(佛說, Buddhavacana: 불타 말씀)로 인정하지 않았다. 그렇지만 후대 그들 중 어

---

46 『순정리론』 권1 (T29, 541a19-21).

떤 이들은 대승경전을 불설로 인정하기도 하였다.

[해설] 우리는 이 논설을 어떻게 이해해야 할 것인가? 대승과 소승의 경론에서는 서로를 마구니가 설한 것(魔所說, māra bhāṣita)이라 비난하기도 하였다. 더욱이 대승경전에서는 초전법륜(아함)을 방편의 불요의설로 간주하였을 뿐만 아니라 『반야경』의 경우 사실상 유부의 법체항유론(法體恒有論), 혹은 유자성론 비판이 주요 요지인데, 비바사사에서 어떻게 이를 불설로 인정하였을까? 제프리 홉킨스는 이에 대해 아무런 언급도 하지 않았다.

한편 671-694년에 걸쳐 인도에 체재한 의정(義淨)은 그의 『남해기귀내법전(南海寄歸內法傳)』에서 당시 불교의 큰 갈래로 대중부·상좌부·설일체유부·정량부의 네 부파를 들고, 이들은 다 같이 5편(篇)으로 구성된 율검(律撿, 즉 율장)에 의지하여 4제(諦)를 닦았는데, 보살에 예배하고 대승경을 독송하는 이들이 대승이고 그렇지 않은 이들이 소승이라고 하였다. 그리고 대승도 중관(中觀)과 유가행파의 두 종류를 벗어나지 않는다고 하였다.[47]

본서에서도 네 학파의 '수행도의 결과'에 대해 논설하면서 보살(대승)종성과 성문·독각(소승)종성의 그것을 함께 논의하고 있다. 이는 곧 비바사사이면서 보살의 길을 걸은 이도 있고, 중관학파이면서 소승 성문의 길을 걸은 이도 있다는 뜻이다.

---

47 『남해기귀내법전』 (T54, 205c11-14).

제6장 유심(唯心)학파

유심(혹은 유식)학파에 대해 학파의 정의, 분류, 학파명칭의 유래, 그리고 그들이 주장한 종의 등 네 단락으로 나누어 논설한다.

1. 개 설

1) 정의

불교의 종의를 주장하는 이들[1]로서 외계대상은 인정하지 않지만, '다른 힘(인연 즉 마음)에 의해 생겨난 것(依他起)'은 진실로 성립(존재)한다고 주장하는 이들, 이것이 바로 유심학파의 정의이다.

> [해설] 눈앞에 큰 나무가 있다. 우리는 나무가 존재한다는 사실을 어떻게 알게 된 것인가? 무엇보다 먼저 눈의 수정체를 통해 들어온 나무의 영상(映像)이 망막에 맺히지 않으면 안 된다. 망막이 손상되어 나무의 영상을 맺지 못할 경우 당연히 나무를 볼 수 없으며, 나무의 존재도 알지 못한다. 그렇다면 시각적으로 외부대상의 존재 여

---

1 제3장 '불교철학 서설: 불교의 일반적 종의' 참조.

부(존재한다거나 존재하지 않는다는 판단여부)는 전적으로 망막에 맺힌 영상에 달려있다고 할 수 있겠다.

불교에 있어 지식의 근거는 마음 상에 나타난 영상이다. 이를 아카라(ākāra) [지식의] 형상이라고 한다. 이는 인식대상을 파악(行解)하게 하는 형상(相貌)이라는 뜻에서 행해상모(行解相貌), 줄여 행상(行相)으로 한역되었다. 심·심소는 반드시 이 같은 행상을 띠고 일어난다는 점에서 유행상(有行相, sākāra)이라는 이명(異名)으로 불리기도 하였다. 그러나 불교 제파에서 형상을 이해하는 방식은 전혀 다르다.

외계대상을 이와 동시에 존재하는 마음(識)이 직접 지각한다고 주장하는 비바사사(毘婆沙師, 즉 설일체유부)는 마음 상에 이것이 나타날 때 외계의 대상은 비로소 인식대상(=所緣)이 되며, 마음은 인식주체(=能緣)가 된다고 말한다. 심법(심·심소)이 인식주체가 되기 위해서는 외계대상의 형상이 나타나지 않으면 안 되며, 그래서 유행상을 심법의 이명의 하나로 이해하였던 것이다. (제4장 2-1-2 ②'식' 해설 참조)

이에 반해 경량부에서는 마음 상에 나타난 형상을 인식대상이라 생각하였다. 그렇지만 마음이 형상을 보는(인식하는) 것은 아니다. '안식이 색을 본다(인식한다)'는 것은 다만 세속의 언어적 관례일 뿐 마음은 대상에 대해 어떤 작용도 하지 않는다. 마음과 여기에 나타난 형상은 불가분리의 관계로(형상은 마음에 의지하지만, 마음 또한 형상 없이 현상할 수 없다) 마음 상에 형상이 나타나면 그것이 바로 인식이다. 마음이 바로 인식으로, 이를 '자기인식(svasaṃvedana)'이라 하였다. 즉 마음에 형상이 나타났을 때 외계대상은 이미 소멸하여 존재하지 않기 때문에 (예컨대 우리가 북극성을 보았을 때 그것은 인식과 동시에 존재하는 것이 아니라 천 년 전의 존재이며, 지금 존재하는 것은 그것의 형상뿐이다.) 우리는 오로지 형상을 통해 외계대상을 지각할 수 있을 뿐이다. 이에 따라 경량부에서는 형상의 근거로서 외계대상을 인정하였다.

그러나 형상의 근거가 반드시 외계일 필요는 없다. 외계대상 없이도 형상은 나타난다. 꿈이 그러하고, 신기루(환상)가 그러한 것이다. 꿈을 꾸고 있을 때 그것은 결코 꿈(주관이 그려내는 관념)이 아니다. 그것은 객관의 현실이다. 우리는 마음 상에 형상이 나타나면 외계의 실재여부에 관계없이 그에 대한 인식이 일어나며, 인식한 이상 그 대상을 외계 실재하는 것으로 간주한다. 유가행파에서는 현실에서의 인식 역시 그러한 것이라고 말한다. 그리고 그때 형상은 꿈이 그러하듯이 심층의 잠재의식으로부터 생겨난 것이다. 그들은 이 같은 잠재의식을 말 그대로 현행의 색심 중에 감추어져 있다(=所藏)거나 현행의 일체 원인/종자를 감추고 있다(=能藏)는 뜻에서 '알라야식(ālayavijñāna: 藏識)'이라고 하였다. (후술)

유가행파에서는 일체 존재의 근거로서 오로지 마음과 거기에 나타난 형상, 즉 표상(表象)만이 존재한다고 주장하였다. 그래서 유식(唯識, vijñaptimātra)학파, 즉 '오로지 마음 상의 표상만이 존재한다고 주장하는 이들'이라는 학파명칭을 얻게 되었다. 혹은 이러한 표상은 마음을 떠나 존재하지 않기 때문에 둡타에서는 유심(唯心, cittamātrin)학파, '오로지 마음만이 존재한다고 주장하는 이들'이라 하였다. 이에 따라 장까는 유가행파를 "외계대상을 부정하고 오로지 식(vijñāna)만이 진실이라 주장하는 이들, 이것이 유식학파의 정의이다. 여기에서 유가사(瑜伽師)는 [식(識, vijñāna)을] 식(vijñāpti: 表)

이라고도 하였다"로 정의하기도 하였다. (여기서 후자의 '식'은 마음 상에 나타난 것, 즉 형상이다.)

유가행파에서는 일체 존재의 무자성(無自性) 공(空)을 주장하는 중관학파와 달리 제법은 다른 힘, 즉 마음(정확히 말해 알라야식 상에 훈습되어 있는 제법의 종자/공능)에 의해 생겨난 것(依他起)이라 주장하였다. 객관의 대상(法, dharma)도 주관의 자아(人, pudgala)도 다만 마음/인식(분별)에 따라 개념적으로 설정된 것(遍計所執)일 뿐이라는 것이다. (후설)

2) 분류(1)

(1) 형상진실론과 형상허위론

유심학파에는 형상진실론(Satyākāravādin)과 형상허위론(Alīkākāravādin) 두 종류가 있다.

형상진실론과 형상허위론 사이의 논쟁의 초점은 푸른색이 푸른색을 파악하는 안식(眼識=能取) 상에 푸른색(=所取)으로 나타나는 방식에 관한 것이다. 즉 형상진실론자는 푸른색이 푸른색을 파악하는 안식 상에 푸른색 그대로 나타나 존재한다고 주장한 반면, 형상허위론자는 푸른색이 푸른색을 파악하는 안식 상에 푸른색 그대로 나타나 존재하는 것이 아니라고 주장하였다.

두 학파 모두 푸른색이 푸른색을 파악하는 안식 상에 [진실이든 거짓이든] 푸른색으로 나타난다는 것과 푸른색이 거친 대상으로 나타난다는 것과 푸른색이 외계대상으로 나타난다고 주장하는 점에서 서로 비슷하다.

그렇지만 형상진실론자는 푸른색이 푸른색을 파악하는 안식 상에 외계대상으로 나타나는 것은 [안식이] 무명(avidyā)에 의해 오염되었기 때문이지만, 푸른색이 푸른색으로 나타나는 것이나 푸른색이 거친 대상으로 나타나는 것은 [안식이] 무명에 의해 오염되었기 때문은 아니라고 주장하였다.

반면 형상허위론자는 푸른색이 외계대상으로 나타나는 것뿐만 아니라 푸른색이 푸른색으로 나타나고, 푸른색이 거친 대상으로 나타나는 것도 무명에 의해 오염되었기 [때문이라고] 주장하였다.

따라서 [푸른색을 파악하는] 감각의식(indriya-vijñāna: 根識, 즉 전5식) 상에 [나타난] 거친 대상은 나타난 그대로 존재한다고 주장하는 유식학파, 이것이 바로 형상진실론자의 정의이다. 그리고 [푸른색을 파악하는] 감각의식 상에 [나타난] 거친 대상은 나타난 그대로 존재하는 것이 아니라고 주장하는 유식학파, 이것이 바로 형상허위론자의 정의이다.

[해설] 앞에서 논설한 대로 유식학파에서는 외계대상은 존재하지 않으며 오로지 의식(眼 등의 6식, 또는 마음) 상에 나타난 형상 즉 표상(表象)만이 존재한다고 주장하였다. 그렇다면 이러한 표상은 의식 자체와 마찬가지로 실재하는 것인가, 실재하지 않는 것인가? 현장에 의해 동아시아에 전해진 유식불교(法相宗)에서는 이를 각기 호법(護法, Dharmapāla, 530-560 무렵)과 안혜(安慧, Sthiramati, 510-570 무렵)로 대표되는 유상(有相, sākāra)유식과 무상(無相, anākāra)유식으로 이해하였지만(인도문헌상에서 두 계통의 주변사정은 충분히

확인되지 않는다), 티베트 불교에서는 이를 형상진실론과 형상허위론으로 호칭하고 있다.

어떤 사람이 해변에서 반짝이는 조개껍질을 보고 은화라고 생각하였다고 치자. 이 경우 그 사람의 의식 가운데 존재하는 은화의 표상은 의식의 본성과 마찬가지로 진실인가, 아니면 허위인가?

형상허위론에서는 은화라고 하는 객관의 표상이 그 후 조개껍질의 표상으로 정정된 이상, 객관은 허위라고 주장한다. 객관(인식대상으로서의 형상)이 허위이면 주관(인식주체 즉 자아)도 허위이다. 다만 조개껍질이든 은화든 그것이 보여지고(인식되고) 있다는 사실, 다시 말해 지식작용으로서의 자기인식만이 실재한다고 주장한다. 라트나카라샨티(Ratnākaraśānti, 11세기 무렵)는 이 같은 수순한 지식작용으로서의 자기인식을 '순수한 조출성(照出性)'이라 하였다.

이에 반해 형상진실론에서는 그것이 은화든 조개껍질이든 우리가 형상(객관)을 떠나 자기인식만을 독립적으로 아는 것은 불가능하다고 주장한다. 그릇된 것은 그것의 형상을 조개껍질이 아니라 은화로 판단한 분별(개념)지이다. 직접지각 자체에는 아무런 오류가 없다. 따라서 형상은 자기인식과 마찬가지로 실재한다고 주장한다. 즈냐나슈리미트라(Jñānaśrīmitra, 11세기)는 시간을 달리하는 두 가지 사실(형상과 자기인식) 사이에 대립은 있을 수 없기 때문에 은화의 표상이 뒤에 조개껍질로 정정되어질 수 없다고 하였다. 즉 형상진실론에서는 직접지각의 형상과 그것을 해석한 분별(개념)지를 구별하여 표상의 오류는 후자에 의해서만 일어난다고 주장한다. 이러한 입장은 경량부의 유형상지식론에 접근하며 특히 추리보다도 직접지각에 우위를 두는 다르마키르티의 인식론에 충실한 것이

라고 말할 수 있다.[2]

본 둡타에서는 계속하여 유식학파를 성전(『유가사지론』)에 따르는 이들과 정리(正理, 다르마키르티의 7론)에 따르는 이들로 다시 분류하는데, 각기 형상허위론자와 형상진실론자에 배대시키고 있다.

(2) 형상진실론의 분류와 정의

형상진실론에는 세 종류가 있으니, ① 주객동수론(主客同數論), ② 일란반괴론(一卵半塊論), ③ 다양불이론(多樣不二論)이 바로 그것이다.

[해설] 의식 상에 나타난 형상이 진실이라고 생각한 이상, 이제 형상과 이것이 나타난 의식과의 관계에 대해 생각해 보지 않으면 안 된다. 예컨대 붉은색, 푸른색, 노란색, 흰색 등의 색깔이 섞인 얼룩덜룩한 무늬(種種色)의 호랑나비 날개를 볼 때, 이러한 온갖 색의 형상은 하나의 안식 상에 동시에 나타난 것이라고 해야 할 것인가, 다수의 안식 상에 동시에 나타난 것이라고 해야 할 것인가? 아니면 찰나찰나 각각의 색의 형상을 띤 안식이 하나씩 생겨난다고 해야 할 것인가? 거칠게 약설하면 다음과 같다. (본서에서 논설되고 있는 형상진실론의 세 학설에 대한 티베트 불교학자들의 정의는 일반의 통설과는 좀 다른데, 아래의 통설은 잠양 세빠의 정의와 관련된 것으로 생각된다.)

① 주객동수론(主客同數論, gzung 'dzin grangs mnyam pa, Proponents of an Equal Number of Subjects and Objects)은 호랑나비의 얼룩덜룩한

---

2 카지야마 유이치, 권오민 역, 『인도불교철학』, pp.34-37.

무늬의 인식을 성립시키는 붉은색 푸른색 등의 각각의 형상과 동일한 수의 안식이 존재한다는 주장이다. 그러나 불교일반에 있어 식(識)은 단일한 것이기 때문에(6식은 소의에 따른 차별임) 다수의 식이 동시에 함께 일어날 수 없다. (二識不俱)

② 따라서 각각의 형상을 띠는 안식은 매 순간 하나씩 일어나 마치 반으로 쪼개진 달걀이 서로 대응하듯이 각각의 형상과 일대일로 대응한다는 주장이 일란반괴론(一卵半塊論, sgo nga phyed tshal pa, Half-Eggists)이다. 다시 말해 제1찰나에 붉은색의 형상을 띤 안식이, 제2찰나와 제3찰나에 각기 푸른색과 노란색의 형상을 띤 안식이 빠르게 일어난다는 것이다. (이 같은 이유에서 이를 多樣次第把握論, sna tshogs rim 'dzin pa라고도 한다.)

③ 그러나 그럴 경우 비록 빠르게 일어난다고 할지라도 푸른색의 형상이 생겨났을 때 전 찰나의 붉은색의 형상은 이미 사라졌고 후 찰나의 노란색의 형상은 아직 생겨나지 않았기 때문에 하나의 통일된 인식이 불가능하다. 이에 따라 얼룩무늬를 형성하는 개개 색의 형상이 부분으로서 안식 상에 함께 생겨나면 안식은 전체상으로서의 얼룩무늬를 파악한다는 주장이 다양불이론(多樣不二論, sna tshogs gnyis med pa, Non-Pluralist)이다.

이 문제는 사실 경량부의 극미 화합설에서 발단한 것으로, 잠양세빠의 『종의 대해설』에서는 이를 경량부 장(章)에서 다루고 있다.[3] 즉 『구사론』에서는 "5식은 결정코 단일한 극미를 소연으로 삼을 수

3 Jeffrey Hopkins(2003), Maps of the Profound, Jam-yang-shay-ba's Great Exposition of Buddhist and Non-Buddhist View on the Nature of Reality, p.274.

없고, 다수의 극미 적집(積集, sañcita)을 소연으로 삼는다"[4] 고 논의하였는데, 그럴 경우 무분별인 5식이 어떻게 극미 화합의 가유(假有)를 소연으로 삼을 있는가? (제5장 주17 참조) 이 문제는 중현 등 유부 비바사사(毘婆沙師)에 의해 제기된 것이지만, 디그나가의 『집량론(Pramāṇasamuccaya)』이나 다르마키르티의 『양평석(Pramāṇavārttika)』「현량장」의 단초가 된 문제였다.

다르마키르티는 다수의 극미가 하나의 지식(의식)에 의해 파악되는 일이 없다는 대론자에 대해 한 무더기의 참깨와 여러 색으로 이루어진 얼룩덜룩한 무늬의 나비의 예로써 해명한다. 즉 얼룩덜룩한 무늬는 붉은색, 푸른색 등의 부분적 색과 별도로 존재하는 일자/전체자가 아니다. 따라서 동시에 나타난 여러 색의 형상이 얼룩덜룩한 [하나의] 무늬로 인식된다는 것이다. 다수의 극미(부분)로 구성된 외계대상의 경우 그 중 일부가 장애되어 인식되지 않더라도 그 밖의 다른 일부는 인식되지만, 지식에 나타난 형상의 경우 반드시 전체로서 수용(領納, 즉 自證)되는 것으로, 일부를 인식하지 않으면 그 밖의 다른 일부도 인식할 수 없기 때문이다.[5] 곧 다수의 극미가 집합할 때 개개의 극미에 존재하지 않던 뛰어난 공능(atiśaya, 탁월성)이 생겨나기 때문에 극미의 집합(sañcita: 積集)은 5식신의 소연이 될 수 있다는 것이다.[6]

다르마키르티는 형상진실론 중 다양불이론자라고 말할 수 있다.

---

4 『구사론』 권2 (T29, 12a26-28), "以無根境, 各一極微爲所依緣, 能發身識. 五識決定積集多微, 方成所依所緣性故."; AKBh., 34. 1-2 saṃcitāśrayālambanatvāt pañcānāṃ vijñānakāyānām.

5 『양평석(Pramāṇavārttika)』「현량장」 k.220-222.

6 같은 책, k.223-224.

그는 말하였다.

"지식의 자기인식(自證)의 상태에서 푸른 색 등의 형상은 반드시 서로를 동반하며 인식된다. 어떤 형상을 빼고서 어떤 다른 형상만을 인식하는 그런 일은 없다. 지식이 다수의 형상을 지니고서 발생할 때, 이때 지식은 반드시 다수의 형상이 분할되는 일 없이 전체의 모습으로 수용(領納 즉 自證)된 것이다. 그렇기 때문에 지식에 현현하는 다수의 형상은 단일한 것(一者性, ekatva)이라고 말할 수 있다."[7]

참고로 경량부의 상좌 슈리라타는 식(識)을 발생시킨 것은 불가분의 관계로 화합(和合)하고 있는 실유(實有)인 '다수의 극미'이지만, 식에 나타난 것은 가유(假有)인 그것의 단일한 화합상(和合相)이다. 그에게 있어 지식이란 다수의 법(多法)을 '단일한 화합상(一合相)'으로 파악하는 것이다.[8] 이렇듯 상좌에 있어 5식은 세속유(世俗有)를 반연하여 일어나는 것이지만, 다르마키르티 또한 극미 적집의 대상에 관한 지식을 세간지(世間智)라고 하였다.

이러한 [형상진실론의 하위] 세 학파에 대한 학자들의 해설은 일치하지 않는다.

i) 궁루 갤챈 상뽀의 『중관강요(Dbu ma'i stong mthun)』에서는 이같이 설명한다.

① "안식이 나비 날개의 얼룩무늬를 파악할 때, 대상으로부터 푸른색

---

7 도사키 히로마사(戶崎宏正) 지음, 박인성 옮김, 『불교인식론 연구』, pp.378f.

8 『순정리론』 권26(T29, 487a6-9).; 권오민, 『상좌 슈리라타와 경량부』, pp.473-477 참조.

노란색 등의 서로 다른(bheda) 각각의 형상이 부여되고, 주체 즉 의식 상에도 푸른색 노란색 등의 서로 다른 형상이 진실의 형상(ākāra)으로 생겨난다"고 주장하는 이들이 주객동수론이다.

② "이와 같이 [나비날개의 얼룩무늬를] 파악할 때, 대상으로부터는 푸른색 노란색 등의 서로 다른 각각의 형상이 부여되지만, 주체 즉 의식 상에는 푸른색 노란색 등의 서로 다른 형상이 무형상으로 생겨난다"고 주장하는 이들이 일란반괴론이다.

③ "이와 같이 [나비날개의 얼룩무늬를] 파악할 때, 대상으로부터 푸른색 노란색 등의 서로 다른 각각의 형상이 부여되는 것이 아니라 오로지 [전체상으로서의] 얼룩무늬의 형상만이 부여되며, 주체 즉 의식 상에도 푸른색 노란색 등의 서로 다른 형상이 무형상으로 생겨나는 것이 아니라 오로지 [이 같은 전체상으로서의] 얼룩무늬의 형상이 무형상으로 생겨난다"고 주장하는 이들이 다양불이론이다.

[해설] 궁루 걀챈 상뽀(Gung ru rgyal mtshan bzang po, 1383-1450)는 쫑카파의 제자. 1419년에 쫑카파를 계승하여 갈단사의 법좌를 물려받았다. 특히 인명학과 중관에 관한 논서를 많이 지었다. (궁루는 세라 사원과 대풍 대승원의 구역 단위 명칭.) 상뽀의 ② 일란반괴론에서 '무형상(rnam pa med pa, *nir-ākāra, an-ākāra)'은 ①의 '진실의 형상(sa-ākāra: 有形相)'에 대응하는 말로 '무자성의 형상'. 무형상이라는 말은 불교지식론학파에서 설일체유부의 지식론(무형상지식론)을 가리키는 말로도 사용되지만, 경량행-중관 자립논증파에서 무

자성의 형상이라는 뜻으로 사용되기도 한다.[9]

ii) 둥첸 렉빠 상뽀와 뺀챈 쐬남 닥빠 등은 다음과 같이 설명한다.

① "얼룩무늬를 파악하는 감각의식(전5식) 상에 나타난 푸른색과 노란색의 두 가지가 서로 다른 실체이듯이, [여러 색이 섞인] 얼룩무늬를 파악하는 안식에도 다수의 '서로 다른 실체로서의 안식'이 존재한다"고 주장하는 이들이 주객동수론이다.

② "푸른색과 푸른색을 파악하는 안식이 일반적으로 식을 본질로 하는 것으로 인정될지라도 두 가지는 서로 다른 실체"라고 주장하는 이들이 일란반괴론이다.

③ "얼룩무늬 중에 존재하는 푸른색과 노란색의 두 가지가 동일한 실체이듯이 얼룩무늬를 파악하는 안식 상에 푸른색과 노란색을 파악하는 두 가지 감각의식(즉 안식)도 동일한 실체"라고 주장하는 이들이 다양불이론이다.

[해설] 둥첸 렉빠 상뽀(Drung chen legs pa bzang po)는 라뙤 사원 법맥의 스승 가운데 한 명. 마음의 지적활동, 말하자면 불교 인식론의

9 마츠모토 시로 저, 이태승 등 공역, 『티베트 불교철학』, p.145 참조. 참고로 마츠모토는 경량부는 일반적으로 유형상지식론으로 알려지기 때문에 경량행-중관 자립논증파에서의 '경량행'은 경량부로 보기어렵다고 말한다. 그러나 둡타에서는 경량부를 정리(正理, 법칭)를 따르는 경량부와 성전(세친)를 따르는 경량부로 분류하였는데, 후자는 자기인식을 인정하지 않는 등 유부 비바사사와 거의 동일한 입장이었다. (제5장 1-2 '분류' 해설 참조)

총론이라 할 수 있는 『로릭(blo rigs)』의 저자이다. 뻰챈 쐬남 닥빠(Pan chen bsod nams grags pa, 1478-1554)은 대승원 로셀링의 학장. 52세에는 간덴(dga' ldan)사원의 15대 주지가 되었다. 그는 밀교 관계 저술 이외 『현관장엄론』과 『반야경』 등의 주석서를 저술하였다. 그의 주석서는 현재 티베트 승가대학에서 교재로 사용되고 있다.

iii) [잠양 세빠의] 『종의 대해설(Grub mtha' chen mo)』에서는 이같이 설명한다.

① "얼룩무늬를 파악하는 안식이 얼룩무늬를 볼 때, 얼룩무늬 중의 푸른색 노란색 등과 같은 수, 같은 종류의 인식이 동시에 함께 생겨난다"고 주장하는 이들이 주객동수론이다.

② "푸른색(=所取)과 푸른색을 파악하는 안식(=能取), 이 두 가지는 성립하는 시점에서 본다면 전후[찰나]이지만, 인식의 대상(ālambana)이 된(다시 말해 관찰하는) 시점에서 본다면 동일한 실체"라고 주장하는 이들이 일란반괴론이다.

③ "얼룩무늬를 파악하는 안식이 자신에게 [나타난] 대상을 볼 때, 대상 중의 푸른색 노란색 등과 같은 수의 인식이 동시에 함께 생겨나는 것이 아니다. [전체상으로서의] 얼룩무늬를 파악하는 안식이 바로 얼룩무늬 중에 존재하는 푸른색 노란색 등을 파악하는 감각의식이다"고 주장하는 이들이 다양불이론이다.

[해설] 잠양 세빠('Jam dbyangs bzhad pa, 1648-1721)는 티베트 암도

출신으로 어릴 때 승려였던 그의 삼촌으로부터 읽고 쓰는 것을 배우고 13세 때 출가하였다. 21세 때 라사 데풍 사원의 고망 승가대학에서 수학하였으며, 6년 후 모든 과정을 끝마쳤다. 32세 때부터 2년 동안 데풍 근처의 동굴에서 수행하였다고 하며, 53세 때 고망 승가대학의 학장이 되었다. 62세 때 다시 암도로 돌아와, 1710년에 따시킬(bKra shis 'khyil) 사원을 건립하였다. 그는 『종의 대해설』을 비롯한 많은 저작을 남긴 박식가로, 본서의 저자 직메 왕뽀는 2대 잠양 세빠로도 불리는데, 이는 그가 잠양 세빠의 환생으로 공인되었기 때문이다. 1699년 완성한 『종의 대해설』은 티베트의 학설강요서(둡타)의 최고봉으로 평가받고 있으나 간결한 문체와 더불어 의도를 파악하기 어려운 인용으로 가득 차 있어 매우 난해하다는 평가를 받고 있다. (해제 참조)

[독자들은] 이러한 세 가지 해석 중에서 옳다고 판단되는 학설을 취하면 될 것이다.

[해설] "이러한 세 해석 중에서 독자의 판단에 따라 좋다고 여기는 학설을 취하라"는 직메 왕뽀의 논설에서 형상진실론의 하위 세 학파에 대한 티베트 불교학자의 세 해석에 대해 다소 방기하는 듯한 태도를 엿볼 수 있다. 저자는 왜 이 같은 태도를 취한 것일까? 샨타라크시타에 의해 비판되고 있기 때문인가? 그러나 샨타라크시타의 『중관장엄론』에서는 형상진실론뿐만 아니라 유부의 무형상지식론도, 경량부의 유형상지식론에 대해서도 비판한다.

그런데 잠양 세빠의 『종의 대해설』를 비롯한 티베트의 다른 종의

서에서는 이들 세 학파를 경량부의 분파로 서술하고 있음에도[10] 직메 왕뽀는 이를 유가행파의 하위학파로 분류하였다.

먼저 궁루 갤챈 상뽀의 해석은 세 학설 모두 형상이 외계대상으로부터 부과된 것이라는 점에서 유식학파의 학설로 보기 어렵다. 또한 "주체(=의식) 상에 나타난 각기 다른 형상과 얼룩무늬의 형상이 무형상(nir-, an-ākāra)" – ①의 주객동수론으로 비추어볼 때 인식대상(소연)으로서의 '진실의 형상'이 아닌 것– 이라는 일란반괴론과 다양불이론은 유부의 무형상지식론의 형상론 (혹은 경량행-중관 자립논증파의 형상론)을 전제로 한 것 같은 생각이 든다.

두 번째 둥첸 렉빠 상뽀의 해석 또한 푸른색과 푸른색을 파악하는 안식 즉 인식대상(所取)과 인식주체(能取)가 개별적인 실체임을 전제로 한 것으로, 유식학파의 하위학파가 이같이 주장할 수 있는 것인지 의심스럽다. 즉 일란반괴론의 경우 반으로 쪼갠 달걀이 서로 대응하듯이 푸른색과 푸른색을 파악하는 안식이 실체로서 대응한다고 주장하였기 때문에 그같이 이름하였다는 것으로, 이 또한 설일체유부의 주객론과 부합하는 해석이라 할 수 있다.

세 번째 잠양 세빠의 해석에서 ②, ③은 경량부 (혹은 세속설로서 유식학파) 학설에 가깝고, 전술한 대로 ③은 다르마키르티나 상좌 슈리라타 학설과 유사하다. 그럼에도 직메 왕뽀가 세 가지 해설의 선오의 판단을 독자에게 맡긴 것은 그 자신 이에 대해 판단하지 못하였든지 형상진실론에서 제기된 형상과 의식의 문제에 관심이 없었기 때문이라고 생각할 수밖에 없다.

---

10 본장 주3. 御牧克己, 「經量部」(『インド佛教 I』), pp.254-256.

제프리 홉킨스는 저자의 이러한 논설 태도에 대해 이같이 코멘트하고 있다.

"직메 왕뽀가 이 주제에 쏟고 있는 관심의 정도는, 그의 전생인 잠양 세빠의 『종의 대해설』에서의 이 주제에 대한 거의 결정적인 분석에도 불구하고, 그가 이에 대해 확신하지 못하였음을 시사한다. 직메 왕뽀는 아마도 [형상진실론의 세 학파에 관한] 다양한 해석들을 직접지각과 관련된 주제들에 대해 관심을 불러일으키기 위한 편의적 수단으로 생각했던 것 같다."[11]

주객동수론은 다시 두 파로 분류되니, 8가지의 식(識) [즉 전5식, 의식, 말나식, 알라야식]이 존재한다고 주장하는 이들과 6가지의 식 [즉 전5식과 의식]이 존재한다고 주장하는 이들이 그들이다.

다양불이론도 역시 두 파로 분류되니, 6가지의 식을 주장하는 이들과, 한 가지 식만을 주장하는 이들이 바로 그들이다.

[해설] 후술하듯이 식(識)을 전5식, 제6 의식, 말나식, 알라야식의 8가지로 분별한 것은 성전(무착의 『유가사지론』)을 따르는 유가행파이고, 다만 전5식과 제6 의식으로 분별한 것은 정리(법칭의 7부 量論)를 따르는 유가행파인데, 왜 주객동수론만이 이같이 두 파로 나눠지게 된 것인지 본 해설자는 그 이유를 알지 못한다. 또한 다양불이론이 6식론자와 1식론자로 나누어지게 된 내막과 소이도, 이러한 정보가 어디서 유래한 것인지도 알지 못한다.

---

11 Geshe Lhundup Sopa and Jeffrey Hopkins(1989), p.254f.

(3) 형상허위론의 분류와 정의

형상허위론자는 두 파로 분류되니, 염오성의 허위론자와 불염오성의 허위론자가 바로 그들이다.

"마음 자체는 '무지의 훈습에 의해 오염되었다"고 주장하는 이들이 염오성의 허위론자라면, "마음 자체는 무지의 훈습에 의해 전혀 오염되지 않았다"고 주장하는 이들이 불염오성의 허위론자이다.

혹은 "불타의 단계(佛地)에 무지가 존재하지 않을지라도 착란이 현현하는 경우가 있다"고 주장하는 이들이 염오성의 허위론자라면, "불타의 단계에는 무지가 존재하지 않기 때문에 어떠한 경우에도 착란이 현현하는 일은 없다"고 주장하는 이들이 불염오성의 허위론자이다.

[해설] 설일체유부로부터 유가행파로 이어지는 법상(法相)의 진실을 주구하는 불교학파에서는 마음 자체(心性, citta-svabhāva)는 염오하다고도 하지 않지만 청정하다고도 하지 않는다. 마음이 본래 청정하다거나 염오하다고 할 경우 현실상에서의 염오와 청정을 설명할 수 없기 때문이다. 유부에서는 '마음이 본래 청정하다'는 경설은 잡예심(雜穢心)이 본래 청정하다는 말이 아니라 무기심(無記心)을 말한 것으로, 이것이 불선심과 상응할 때 본정(本淨)의 마음이 객진(客塵)에 의해 더렵혀진 것으로 이해하였고,[12] 유가행파 역시 유루심의 자성이 바로 무루이기 때문에 '본래 청정하다'고 말한 것이

---

12 『순정리론』 권72 (T29, 733b23-25).

아니라 마음 자체는 번뇌가 아니기 때문에 '마음 자체는 본래 청정하다(心性本淨)'고 말한 것이라고 해석하였다.[13]

한편 형상허위론의 후대 대변인인 라트나카라샨티는 만약 모든 형상이 지식의 본질적인 것이고 순수한 조출(照出)처럼 진실이라면, 실재하는 형상을 인식하는 모든 사람들은 그로 인해 불타가 되어버릴 것이며, 깨달은 자와 미혹한 자 사이의 구별도 불가능하다고 논의하였다.[14] 형상허위론에서도 마음 자체의 염오성에 대해서는 논의하지 않았다는 말이다.

본 해설자는 염오성의 허위론자들의 주장이 어떤 논거에서 이루어지게 된 것인지 알지 못한다. 제프리 홉킨스에 따르면 직메 왕뽀의 스승인 장꺄는 염오성의 허위론자에 대한 이 같은 두 해석을 모두 거부하였다. 그는 "마음 자체가 염오하다거나, 불타의 지각이 거짓되게 나타난다고 주장하는 불교의 종의체계는 존재하지 않는다"고 논설하였다.[15]

3) 분류(2)

유식학파는 다시 성전(아함)을 따르는 유심학파와 정리(正理)를 따르는 유심학파 두 종류로 나눌 수 있다. 전자는 [무착(無着)의] 5부(部)의 지론(地論)을 따르는 이들이며, 후자는 [다르마키르티(法稱)의] 바른 인식(pramāṇa)에 관한 일곱 논서를 따르는 이들이다.

---

13 『성유식론』 권2 (T31, 9a6-7).

14 카지야마 유이치, 권오민 역, 『인도불교철학』, p.117.

15 Geshe Lhundup Sopa and Jeffrey Hopkins(1989), p.259.

[해설] 여기서 5부(部)의 지론(地論)이란 「본사분(本事分)」, 「섭결택분(攝決擇分)」, 「섭석분(攝釋分)」, 「섭이문분(攝異門分)」, 「섭사분(攝事分)」의 5부로 구성된 『유가사지론(瑜伽師地論)』을 말한다. 참고로 동아시아 불교 전통에서 『유가사지론』의 저자는 미륵(彌勒, Maitreya)이지만, 티베트 불교 전통에서는 무착(無着, Asaṅga)이다. 바른 인식(pramāṇa)에 관한 일곱 논서는 『양평석』 등 다르마키르티(法稱)의 7론. 제5장 1-2 '분류' 해설 참조. 저자는 경량부 역시 성전(즉 세친의 『구사론』)을 따르는 경량부와 정리(즉 다르마키르티의 7론)를 따르는 경량부로 분류하였는데, 이들의 상위를 어떻게 이해해야 할 것인가? 다르마키르티의 정리를 따르는 경량부와 유심학파는 별개의 학파인가?

불교철학사에 따르면 경량부와 유가행파는 세친 이후 디그나가와 다르마키르티에 의해 종합되는데, 이후의 불교철학자, 이를테면 프라즈냐카라굽타(Prajñākaragupta, 940년 무렵), 즈냐나슈리미트라(Jñānaśrīmitra, 1040년 무렵), 라트나키르티(Ratnakīrti, 940-1000년 무렵) 등을 경량유가행파(Sautrāntika yogācāra)로 호칭한다. 즉 이들은 자신들의 저작에서 다루는 주제가 일반세간에 관한 것일 때, 이를테면 인식을 주관과 객관 두 가지로 나누어 설명할 때나 외계의 사물도 찰나멸적인 것이라고 논의할 때, 신은 항아리를 만든 도공처럼 세간의 작자로서 존재한다는 느야야학파의 학설을 비판할 때에는 경량부의 외계실재론을 취하지만, 승의적 관점에서는 외계비실재론을 주장하기 때문이다. 따라서 즈냐나슈리미트라나 라트나키르티 같은 이는 스스로, 혹은 다른 학파에 의해 어떤 때는 경량부로, 또 어떤 때는 유식학파로 불려지고 있다.

4) 학파명칭의 유래

이들을 왜 유심(唯心)학파라고 이름한 것인가?

오로지 마음(citta)이 일체 모든 존재의 본질이라고 말하기 때문에 유심학파(Cittamātrin) 혹은 유식학파(Vijñaptimātravāda)라고 이름하였다. 또한 요가 수행자의 관점에서 수행도의 실천을 확립하였기 때문에 유가행파(Yogācāra)라고도 이름하였다.

2. 유식학파의 종의

유식학파의 종의를 이론적 토대, 실천 수행도, 수행도의 결과 등의 세 단락으로 나누어 논설한다.

1) 이론적 토대

이론적 토대 역시 경(境, viṣaya)과 유경(有境, viṣayin), 즉 [탐구해야 할] 지식의 대상과 주체로 나누어 논설한다.

(1) 지식의 대상

① 삼성(三性): 일체제법의 존재방식

[지식의 대상이 되는] 일체 모든 존재는 세 가지 형태(三性)로 정리된다. 즉 그들은 일체의 유위법은 의타기(依他起) – 다른 것(즉 인연)에 근거하여 생겨난 것이고, 일체 제법의 본성은 원성실(圓成實) – 그 자체 원만(완

전)하게 성취된 것이며, [주객 등의] 그 밖의 모든 법은 변계소집(遍計所執) – 분별에 의해 가설된 것이라고 주장하기 때문이다.

[해설] 우리에게 알려진 일체 만유는 어떤 형식으로 존재하는가? 유식학파에서는 이를 의타기성(依他起性), 원성실성(圓成實性), 변계소집성(遍計所執性)이라는 세 가지 형태로 정리한다.

꿈에 호랑이가 나타나 두려움에 떨다 깨어났다고 하자. 그때 두려움은 적어도 깨어날 때까지는 진실이다. 두려움의 대상인 호랑이도 두려움에 떠는 나(주체)도 진실이라 여긴다. (=변계소집성, parikalpita-svabhāva) 그러나 호랑이도 나도 그 자체로서 존재하는 것이 아니라 마음(인식, 분별)에 의해 나타난 것이다. (=의타기성, paratantra-svabhāva) 깨어나는 순간 공포의 대상인 호랑이도 그것을 두렵게 느낀 나도 사라진다. (=원성실성, pariniṣpanna-svabhāva)

『섭대승론』「소지상분(所知相分)」에서는 이를 뱀과 새끼줄과 지푸라기(麻)의 예로 설명한다. 어떤 사람이 밤중에 새끼줄을 오인하여 뱀으로 보았다면, 새끼줄을 확인하기 전까지 그것(뱀)은 결코 새끼줄이 아니다. 그것에서도 공포라고 하는 실제적 효능이 수반되기에 실재하는 뱀으로 믿을 것이다. 그러나 그것이 새끼줄임을 확인하는 순간, 뱀은 가상(헛것)일 뿐 진실(실재)이 아니다. 뱀은 그의 생각, 그의 관념이 꾸며낸 것에 불과하다. 이때 뱀은 변계소집의 산물로 그 자체 고유한 본성을 갖는 것이 아니다. 그렇다면 새끼줄은 실재하는가? 일견 그러하지만, 이 역시 지푸라기 등의 온갖 인연에 의해 이루어진 것이기 때문에 일시 생겨난 것에 지나지 않는다. 따라서 새끼줄을 풀어헤쳐 지푸라기로 만들면 그것에 대한 지각마저 사

라지고 만다.[16]

뱀과 새끼줄과 지푸라기라는 세 가지 존재형태 중 더 이상 환원할 수 없는 진실이 지푸라기이듯이 세계와 분별과 의식 중 더 이상 환원할 수 없는 진실의 존재형태(圓成實性, 구역은 眞實性)는 의식이다. 주객 이원을 통해 경험되는 일체의 세계는 바로 이 같은 의식상에 나타난 분별상(相)에 지나지 않기에 진실이 아니다. 진실은 오로지 그러한 분별상이 제거된 의식뿐(唯識)이다.

[유식학파에서는] 이러한 세 가지 존재형태는 '그 자체로서 성취된/존재하는 것', '자신의 본질로서 성취된 것'이라고 주장하지만 (다시 말해 다른 것에 근거한 가설이 아니라 그 자체로서 진실이라 주장하지만), 진실로 존재하는 것인가, 존재하지 않는 것인가 하는 점에는 차이가 있다. 왜냐하면 변계소집은 진실로 존재하지 않지만, 의타기와 원성실의 두 가지는 진실로 존재한다고 주장하기 때문이다.

[해설] 유식학파에서는 변계소집성 등 세 가지 존재형태를 유식(唯識) 삼성(三性, tri-svabhāva, three natures)이라 한다. 그것은 우리에게 알려진 일체 만유(一切法)의 존재본성(svabhāva: 自性)이자 존재 자체의 특성(svarūpa: 自相, 自體相)이기 때문이다. 따라서 유부 비바사사나 중관학파에서의 진실/진리(tattva, 혹은 satya)가 4성제나 제

16 『섭대승론』 권중(T31, 143a2-6)의 원문에서는 지푸라기가 색·향·미·촉의 원소로 되어 있으나 옛사람들은 이를 지푸라기(麻)로 이해하여 원성실성에 배당하였다.

법 무자성(즉 一切皆空)이라면, 유식삼성은 유식학파에 있어 진실이라 말할 수 있다. 그러나 설일체유부가 주장하듯 '진실'이 반드시 '존재(실유)'는 아니다. 유식삼성은 사물의 존재방식으로서 진실이지만, '주객의 이원성은 분별(kalpa: 計度)에 의해 구상된 것'이라는 변계소집성(遍計所執性)은 진실로 존재하는 것이 아니다.

a. 변계소집성

승의(진실)로서는 존재하지 않지만, 분별로서는 존재하는 것, 이것이 바로 변계소집성의 정의이다.

[해설] 『유식삼십론송』(제20송)에서의 변계소집성의 정의는 이러하다.

"이러저러한 사유분별(kalpa)에 의해 온갖 사물(vastu)을 두루 분별하였으니, 이같이 두루 분별된 사물의 자성은 어떠한 경우에도 존재하지 않는다."[17]

세계는 사유분별에 의해 일시 설정된 것, 이를 유식학파에서는 변계소집성(遍計所執性)이라 하였다. 이 말은 parikalpita-svabhāva의 역어로서, pari는 '두루(遍)', kalpa는 '사유하다' '분별하다(計)', 여기에 과거분사인 ta가 붙어 '분별된 것(所執)'의 뜻이다. 따라서 변계소집성이란 '두루 사유 분별된 것을 본성으로 하는 것'이라는 정도의 의미로, 주관도 객관도 관념에 의해 구축된 가설적 존재임을 뜻한다.

---

17 『유식삼십론송』(T31, 61a14-15), "由彼彼遍計 遍計種種物 此遍計所執 自性無所有."

우리는 대개 사유(혹은 말)의 대상이 외계에 실재하며, 그것을 눈 등의 감관을 통해 인식한다고 생각한다. 그러나 실제 존재하는 것은 찰나마다 그 내용을 달리하는 지식현상(즉 識) 뿐이다. 예컨대 항아리에 대한 인식이 생겨났다고 할 때, 우리는 거기서 항아리·눈·나·의식 등의 조건들을 추출한다. 그리고 찰나찰나 내용을 달리하는 지식을 무시하고 거기서 추출된 조건들을 개념화시켜 '나(혹은 나의 눈)는 항아리를 본다'고 말한다. 그러나 나도 항아리도 '인식'에 따른 개념적 구상에 지나지 않는다. 그것들은 다만 세속의 언어적 관습에 따라 설정된 형식일 뿐이다.

그렇다고 일상에서 경험하는 '항아리' 등이 자상을 갖지 않는 완전한 비존재라는 말은 아니다. 경량부식으로 말하면 항아리는 구체적 작용(arthākriya)을 갖기에 분별(세속의 지각)로서도 진실이다. 그것은 분명 실유의 실체로 간주되는 '자아'와는 다르다. 이에 유식학파에서는 변계소집성을 다시 두 가지 형태로 분별하였다.

변계소집성에는 두 가지 종류가 있다. 하나는 [언어 개념상으로 설정된] 품류 차별의 변계소집성이고, 다른 하나는 자상이 단절된 변계소집성이다. [분별을 통해] 알려진 것(所知)이 전자의 예라면, 두 종류의 실체성(즉 人我와 法我)이 후자의 예이다.

[해설] 언어 개념상으로 설정된 품류 차별의 변계소집성(rnam grangs pa'i kun btags)은 사유분별에 의해 나타난 항아리·산 등 자상을 갖는 개념이나 허공 등의 무위를 말한다. 자상이 단절된 변계소집성

(mtshannyid yongs su chad pa'i kun btags)은 다만 분별에 의해 가립된 주객 능소의 존재인 인아(人我)와 법아(法我). 장한대사전(藏漢大辭典)에서는 이를 각기 차별변계소집(差別遍計所執)과 상성취변계소집(相成就遍計所執)으로, 제프리 홉킨스는 enumerated [or existent] imputational natures, imputational natures whose character is nihil [i.e. non-existent imputational natures]로 번역하였다.[18]

b. 의타기성

다른 힘 즉 인연(因緣)에 근거하여 생겨난 것으로 원성실성(즉 空性)의 토대가 되는 것, 이것이 바로 의타기성의 정의이다.

[해설] 『유식삼십론송』(제21송 전반)에서의 의타기성의 정의는 이러하다.

"다른 것에 근거하여 일어난 것의 자성은 분별(vikalpa)로, 연(緣, pratyaya)에 따라 생겨난 것이다."[19]

어떠한 존재도, 그 자체 저절로(自生) 혹은 우연적(자연적)으로 생겨난 것(無因生)이 아니라 인연(다른 것)에 의해 생겨난 것이라는 사실은 불교의 기본공리이다. 다른 것에 근거하여 생겨난 것(依他起)에는 두 가지 관점이 가능하다. 생성이란 관점에서 본다면 실재하지만, 소멸이라는 관점에서 본다면 비실재이다. 이를테면 기억이

18 張怡蓀主編, 『藏漢大辭典』 (北京: 民族出版社, 1993), p.1564; p.2305.; Geshe Lhundup Sopa and Jeffrey Hopkins, p.262.

19 『유식삼십론송』 (T31, 61a16), "依他起自性 分別緣所生."

나 소망 혹은 잠재의식 등을 조건으로 하여 일어난 꿈은 깨어나지 않는 한 실재하지만 깨어나는 순간 실재하지 않듯이, 마음에 근거하여 일어난 주객(我法)의 분별 역시 현실적으로는 실재하지만 궁극적으로는 실재하는 것이 아니다. 실재한다고 여기는 것은 무지에 의한 그릇된 집착일 뿐 실상은 공이다. 자아도 세계도 허망한 분별일 따름이다.

곧 의타기성의 분별로부터 자아와 세계에 대한 집착(유식학파 술어로 我執과 法執)이 제거된 완전한 존재형태가 원성실성(구역은 眞實性)이기 때문에 의타기성을 원성실성의 토대라고 말한 것이다.

의타기성에는 두 가지 종류가 있다. 하나는 '청정한 의타기성'이고 다른 하나는 '청정하지 않은 의타기성'이다. 이를테면 성자의 후득지(後得智, 출관 이후의 성자 지혜)와 불타의 상호가 전자의 예라면, [염오한 업과 번뇌를 통해 낳아진] 유루(有漏)의 [5]취온이 후자의 예이다.

c. 원성실성

두 종류의 실체성 [즉 개아의 실체성(人我)과 세계의 토대로 제시된 법의 실체성(法我)] 중 그 무엇도 공(空)하다는 진리성(tattva: 眞如), 이것이 바로 원성실성의 정의이다.

[해설] 『유식삼십론송』(제21송 후반)에서의 원성실성의 정의는 이러하다.

"원성실성이란 그것(즉 의타기)에서 앞의 존재형태(즉 변계소집성)가 영원히 제거(遠離)된 것이다."[20]

원성실성(pariniṣpanna, 구역은 眞實性)이란 원만(완전)하게 성취된 진실성이라는 정도의 의미로서, 주객 이원(pudgala-dharma)의 세계는 인연 즉 사유분별에 따라 가설된 것으로 본질적으로 공(空)이라는 진실, 다시 말해 인무아(人無我) 법무아(法無我)의 진여(眞如)를 말한다.

원성실성에는 두 가지 종류가 있다. 하나는 전도되지 않은 원성실성이고, 다른 하나는 불변의 원성실성이다. 이를테면 성자가 선정(samāhita)을 [통해 증득하는] 지혜 등이 전자의 예라면, 법성(法性) 즉 존재의 본성이 후자의 예이다.

[여기서] '전도되지 않은 원성실성'을 원성실성의 한 종류로 분류하였지만, [실제로는] 원성실성이 아니다. 왜냐하면 이는 그것(진여인 법성)을 관찰 대상(소연)으로 삼을 때 장애(번뇌장과 소지장)가 끊어지는 청정도(淸淨道)의 궁극적 대상(소연)이 아니기 때문이다.

[해설] 이는 성자의 선정의 지혜(무루聖慧) 또한 공성(空性)인가 하는 문제와 관련 있다. 그러나 유가행파에 의하는 한 성자의 선정지의 마음은 공성이 아니다. 그것은 공성을 인식하는 의식(=能緣)이기 때문이다. 따라서 성자의 지혜는 장애(번뇌장과 소지장)를 제거하는 명상의 대상(=所緣)이 될 수 없는 것이다.

---

20 『유식삼십론송』(T31, 61a17), "圓成實於彼, 常遠離前性."

② 이제(二諦): 세속제와 승의제

또한 지식의 대상을 분류하면 세속제와 승의제 두 종류가 있다.

언어적 가설(vyavāhara: 世俗)을 고찰하는 정리(正理)의 바른 인식(pramāṇa: 量)을 통해 획득한 것, 이것이 바로 세속제의 정의이다.

허위(mṛṣā), 세속제(saṃvṛti-satya), 언어적 가설로서의 진리(vyavāhara-satya)는 동의어이다.

궁극적인 것(paramārtha: 勝義)을 고찰하는 정리의 바른 인식을 통해 획득한 것, 이것이 바로 승의제의 정의이다.

공성(空性), 법계(法界), 원성실(圓成實), 승의제, 실제(實際), 진여(眞如)는 동의어이다.

[해설] 궁극적으로 공성을 제외한 지식의 모든 대상은 허위(mṛṣā)이다. 왜냐하면 그것들은 비록 지식의 대상으로 나타날지라도 지식(의식)과는 별도로 존재하는 것이 아니기 때문이다. 따라서 유가행파에 있어 승의제란 전술하였듯이 주객의 분별상이 사라진 공성(空性)의 의식. 이것이 유가행파가 추구하는 궁극적 것 즉 승의(paramārtha)이다. 공성(空性, śūnyatā), 법계(法界, dharmadhātu), 원성실(圓成實, pariniṣpanna), 승의제(paramārthasatya), 실제(實際, bhūtakoṭi), 진여(眞如, tathatā)는 모두 제법실상, 진실의 이법(理法), 구경의 진실(tattva), 진리(satya)를 가리키는 말이다.

승의제는 반드시 자상(自相)에 의해 성취된 것이지만, 모든 세속제가 자상에 의해 성취된 것은 아니다. 왜냐하면 의타기는 자상에 의해 성취된 것이지만 변계소집의 존재들(즉 人我와 法我)은 자상에 의해 성취된 것이 아니기 때문이다.

[세속제는] 허위이지만, 반드시 허위로서 존재하는 것만은 아니다. 왜냐하면 비록 의타기성은 허위일지라도, 허위로 존재하지 않기 때문이다.

[해설] 이에 따르면 존재의 세 형태(三性) 중 원성실성은 승의제 즉 궁극적인 것(勝義)을 고찰하는 정리의 바른 인식에 의해 획득된 것이고, 의타기성과 변계소집성은 세속제 즉 언어적 가설(世俗)을 고찰하는 정리의 바른 인식에 의해 획득된 것이다. 또한 의타기성은 비록 언어적 가설에 따른 세속제일지라도 자상(自相)에 의해 성취된 것, 따라서 진실로 존재하는 것이지만, 변계소집의 존재들 즉 분별에 의해 가설된 주관(=pudgala: 人)과 객관(=dharma: 法)은 자상에 의해 성취되지 않은, 진실로 존재하는 것이 아니다.

저자는 앞서 「내도(內道)의 종의 총론」 (제3장 불교철학 서설)에서 유가행파의 중도설에 대해 "그들은 변계소집성은 진실로 존재하는 것이 아니라고 주장함으로써 상주(常住)의 극단에서 벗어났다고 말하며, 의타기성은 진실로 존재하는 것이라고 주장함으로써 단멸(斷滅)의 극단에서 벗어났다고 말한다"고 논설하였다. 세속제 즉 언어적 가설(世俗)을 고찰하는 정리의 바른 인식에 의해 획득된 것은 궁극적으로 허위이지만, 세속적으로(언어적 가설로서는) 허위가 아니다. 예컨대 [인연(잠재의식)에 의해 생겨난] 꿈은 궁극적으로 허위이지만, 깨어나기 전까지 결코 허위가 아니다.

③ 그 밖의 지식의 대상

삼세(三世)와 불확정적 부정명제에 관한 한 경량부, 유식학파, 자립논증파의 세 학파는 견해가 동일하다.

[해설] 앞서 「경량부」 (제5장)에서 "과거는 [실제적 작용능력을 갖는] 구체적 사물이 소멸한 상태, 미래는 아직 생겨나지 않은 상태, 현재는 이미 생겨나 아직 소멸하지 않은 상태"로 정의하였다. 거기서는 과거와 미래를 영원한 것이라 주장하였지만, 경량부의 기본 모토는 '본무금유(本無今有) 유이환무(有已還無)' —본래 존재하지 않다 지금 존재하며, 존재하다 다시 비존재로 돌아간다.— 는 이른바 과미무체(過未無體)였고 유식학파 역시 이에 동조하였다.

또한 비바사사(毘婆沙師)가 불확정적 부정명제 —예컨대 "데바닷타는 뚱뚱하지만 낮에 식사하지 않는다"(이 명제는 밤에 식사한다는 사실을 암시한다. 그래서 불확정적 부정명제임)— 를 인정하지 않았지만, 경량부는 이를 인정하였다.

색(色) 등의 다섯 가지 경계대상은 외계대상으로서 존재하지 않는다. 왜냐하면 그것들은 알라야식 상에 저장된 공업(共業)과 불공업(不共業)의 훈습(熏習, vāsanā, 種子의 이명)의 공능(功能)이 [또 다른] 실체인 내적 의식(즉 5식) 상에 생겨난 것이기 때문이다.

[해설] 이미 '학파의 정의'에서 논설하였듯이 유식학파에서는 외계대상(bāhyārtha: 外境)의 실재성을 인정하지 않는다. 그것의 형상

은 밖에서 들어온 것이 아니라 안에서 나타난 것이다. 즉 그들은 알라야식(ālayavijñāna)이라는 심층의 잠재의식 상에 훈습(熏習)되어 있던 일찍이 경험한 유정 공동의 업(共業)과 개개인의 업(不共業)의 종자(種子, bīja, 결과를 낳는 힘, 공능 śakti)가 또 다른 연에 의해 현행의 의식상에 생겨난(나타난) 것이라고 주장하였다. 일단 의식상에 대상의 형상이 나타나면 범부는 그것을 외계의 객관의 대상으로 여긴다는 것이다. 유가행파에서는 업과 번뇌의 온갖 종종법(種種法)이 훈습된 것을 '종자'라고 하였고, 이러한 종자가 적집된 곳을 심(心, citta) 즉 알라야식이라 하였다.[21] (후술)

형상진실론자의 경우 색(色) 등 다섯 가지 경계대상은 외계대상은 아닐지라도 [안식 등에 나타난 그대로] 거친 대상으로 존재한다고 주장하였다. 그러나 형상허위론자는 만약 그와 같다고 한다면 그것은 외계대상으로 존재해야 하기 때문에 [나타난 그대로] 거친 대상으로 존재하지 않는다고 주장하였다.

[해설] 앞서 '분류(1)'에서 논설하였듯이 형상진실론과 형상허위론 사이의 논쟁의 초점은 감각의식 상에 나타난 형상의 진위(眞僞) 여부였다. 진실론자의 경우 비록 외계대상은 존재하지 않을지라도 감각의식 상에 나타난 형상은 나타난 그대로 존재한다고 주장한 반면 허위론자는 나타난 그대로 존재하는 것이 아니라고 주장하였다.

---

21 『섭대승론』 권상(T31, 134a9f); 『성유식론』 권3 (T31, 13c8f).

여기서 '거친 대상'이란 외계 물질적 대상을 구성하는, 극미와 같은 미세한 대상이 아니라 극미가 집합한 구체적 대상을 말한다.

(2) 지식의 주체

① 개아

성전(즉 무착의 『유가사지론』)을 따르는 유식학파에서는 8식(識)을 주장하기 때문에 예컨대 [제8식인] 알라야식(ālayavijñāna)을 개아(pudgala)로 인정하였다.

그러나 정리(즉 다르마키르티의 7론)를 따르는 유식학파에서는 예컨대 제6 의식을 개아로 인정하였다.

[해설] 정량부-독자부 계통을 제외한 불교일반에서 자아(ātman)나 개아(pudgala)는 부정되었기 때문에 이를 대신할 만한 인간 정체성의 탐구는 필연적인 것이었다. 비바사사(毘婆沙師)의 경우 두말할 것 없이 5온이었지만, 경량부는 심소나 불상응행법을 인정하지 않았을 뿐만 아니라 찰나멸론에 따른 과미무체(過未無體)설과 인연론으로서 종자설을 주장하였기 때문에 종자(生果의 功能) 훈습처(즉 異熟識)로서 전후 차별적이고 무심정(無心定) 등에서 단절되는 현행식과는 다른, 언제 어디서나 존재하는 무부무기성의 동일 종류의 미세한 (다시 말해 '소연과 행상을 갖지 않는') 마음을 제시해야 하였다.

경량부에서는 이를 말 그대로 동일 종류의 마음(一類心, ekajātiyacitta) 즉 일심(一心)이라 하여 제6 의식의 잠재적 측면으로 간주하였지만,

유가행파에서는 이를 현행식과는 다른 독립된 실체로 간주하여 알라야식(ālayavijñāna: 阿賴耶識, 藏識)이라 하였다.[22] 이에 따라 성전을 따르는 유식학파에서는 인간의 정체성을 알라야식에서 구하였던 것이다. 그렇지만 정리를 따르는 유식학파에서 인간의 정체성으로 규정한 제6 의식의 구체적 특성은 무엇이고 왜 전5식이 배제되었는지 등에 대해서는 알려지지 않는다.

② 식(識)

a. 알라야식

여기서 알라야식은 내부의 훈습(즉 종자)을 소연(ālambana, 인식대상)으로 삼지만, 형상(ākāra: 行相)의 종류를 분별하지 않는다.

[해설] 앞서 해설한 것처럼 종자식(혹은 이숙식)은 이숙과(異熟果)이기 때문에 인식작용을 갖지 않는다. 그럼에도 식(識)이라 한 이상 이것의 소연과 행상(즉 형상)에 대해 논하지 않으면 안 된다. 『유식삼십론송』에서는 알라야식의 소연과 행상에 대해 이같이 설한다.

"[알라야식의 소연]은 집수(執受)와 처(處)이고 행상[인 능연]은 요별(vijñapti)이지만, 이를 알 수 없다."[23]

이에 대한 『성유식론』에서의 총설은 다음과 같다.

---

22 경량부와 유가행파의 종자식(혹은 이숙식) 관계에 대해서는 권오민, 『상좌 슈리라타의 경량부 사상』 제11장 '상좌 슈리라타의 一心', 제12장 '유가 법상종에서의 경량부 종자설 이해', 제13장 '알라야식의 존재증명과 경량부' 참조.

23 『유식삼십론송』(T31, 61b5).

"알라야식의 행상과 소연은 어떠한가?

그것은 말하자면 불가지(不可知)인 집수(執受)와 처(處)와 요(了)이다. 여기서 '요'란 요별(vijñapti)을 말한 것으로, 이는 바로 행상(ākāra)이다. 즉 식은 요별을 행상으로 삼기 때문이다.[24] '처'란 처소(sthāna) 즉 기세간(器世間)을 말한 것으로, 바로 제 유정의 소의처이기 때문이다. '집수(upādāna)'는 온갖 種子와 有根身의 두 가지로, 온갖 종자란 온갖 [所詮의] 상(相)과 [能詮의] 명(名)과 분별(分別)의 습기(習氣)를 말하며, 유근식이란 온갖 색근과 색근의 의처(依處, 말하자면 扶塵根)를 말한다. (중략) 여기서 집수(執受)와 처(處)가 알라야식의 소연이다. 알라야식은 인연(종자)의 힘으로 인해 [현행] 자체가 생겨날 때, 내적으로 종자와 유근신으로 변화하고, 외적으로 기세간으로 변화한다. 곧 [알라야식은] 변화되어 [나타난] 것을 자신의 소연으로 삼으니, 이에 의지하여 행상이 일어날 수 있기 때문이다."[25]

즉 알라야식은 내부의 종자 등을 인식하지 않음에도 이를 소연(인식대상)이라 말한 것은 모든 지각이 그것에 근거하여 생겨나기 때문이다.

[알라야식의] 도덕적 성질은 무부무기성(無覆無記性)이다.

[해설] 알라야식은 업의 이숙과 즉 이숙식(異熟識)이기 때문에 무

---

24 '행상'은 식 상에 나타난 인식대상(所緣境)의 형상. 이는 객관이 아닌 식 자체에 나타난 것(識自體分)으로, 나타남이 바로 인식(了別)이기 때문에 행상을 '요별(vijñapti)'로 정의한 것이다.

25 『성유식론』 권2 (T31, 10a11-20).

기성이다. 만약 선성이라면 거기에서는 염오성의 종자가, 불선성이라면 선성의 종자가 훈습될 수 없다.

[알라야식은] 오로지 다섯 가지 변행(遍行) 심소와 상응한다.

[해설] 알라야식이 이숙식으로 무부무기성이라고 한 이상 선이나 염오의 심소와는 상응하지 않으며, 3계(界) 9지(地) 선·불선 등 어떠한 마음과 언제라도 함께 일어날 수 있는 변행(遍行) 심소와만 상응한다. 변행심소는 촉(觸)·작의(作意)·수(受)·상(想)·사(思)이다.

[알라야식은] 특히 견고한 근본의식이라는 특성을 지닌다.

[해설] 알라야식이 종자를 훈습하는 마음(種子識)이 되기 위해서는 네 가지 조건을 갖추어야 한다. (이를 所熏四義라 한다) ① 동일 종류(種類)로서 상속하여 [무심정에서도 끊어지지 않는] 견주성(堅住性, dhruva), ② 어떠한 도덕적 성격의 종자도 수납할 수 있는 무기성(無記性, avyākṛta), ③ 자재성의 법으로서 그 성질이 견밀(堅密)하지 않아 (다시 말해 무위가 아니어서) 훈습하기에 적합한 가훈성(可熏性, bhāvya), ④ 능히 훈습하는 법과 동시에 존재하여 이와 결합할 수 있는 상응성(相應性 혹은 和合性, bhāvakasaṃnibandhaka). 유가행파에서는 경량부가 종자식으로 제시한 의식(意識)은 이러한 네 가지 조건을 결여하여 종자식이 될 수 없다고 비판하였다.

또한 유부(有覆)와 무부(無覆) 중 무부무기이니, [번뇌와 상응하지 않기 때문이다]. 또한 선도 아니니, 선근이 끊어진 심상속(心相續, saṃtāna)에도 존재하기 때문이다. 불선도 아니니, [불선이 존재하지 않는] 상계(색·무색계)에도 존재하기 때문이다.

b. 말나식

염오의(染汚意, kliṣṭamanas)는 알라야식을 소연(인식대상)으로 삼아 이를 자아로 생각하는 특성을 지닌다.

이것의 [도덕적] 성질은 오로지 유부무기성(有覆無記性)이라 주장하였다.

[해설] 염오의는 이른바 말나식(末那識, manasvijñāna: 思量識)의 이명이다. 앞의 알라야식이 식(識)의 첫 번째(初能變)라면 이는 두 번째(第二能變)이다. 이것의 인식대상은 알라야식으로, 이를 자아로 사유하는, 말하자면 에고의식이다. 즉 이러한 의식은 항상 네 가지 염오(染汚)한 의식작용(즉 번뇌) 이를테면 자아에 대한 무지(我癡), 자기가 존재한다는 견해(我見), 자아에 대한 교만(我慢), 자아에 대한 애착(我愛)을 수반한다. 이는 비록 악은 아닐지라도 올바른 지혜가 생겨나는 것을 방해하는 것(이를 有覆無記라고 한다)으로, 그래서 염오의(染汚意, kliṣṭamanas, 또는 染汚識)라고 하였다.

'말나' 즉 manas란 '사유(思量)하다'는 뜻으로, 진실의 자아가 아닌 알라야식을 진실의 자아라고 생각하기 때문에 그같이 이름하였다. 감각의식(前5識)을 종합 판단하거나 개념 등 비감각적 대상에 대한 인식(즉 제6 의식)도 manas(manovijñāna, 意之識)라고 하지만, 이러한 자아의식은 객관의 대상을 갖지 않는, 사유자체가 바로 식(意卽識)이기 때문에 인도에서는 vijñāna를 제외한 채 그냥 manas라고 하였으며, 중국에서는 말나식(末那識)이라 음역하였다.

『유식삼십론송』(제5-제7송)에서는 말나식에 대해 이같이 논설한다.

"능히 변화하는 두 번째 식은 말나식으로 그것(알라야식)에 의지하여 전변하고, 그것을 인식대상으로 삼아 사유(思量)하는 것을 본질로 한다.(5) 이는 아치(我癡) · 아견(我見) · 아만(我慢) · 아애(我愛)의 네 번뇌와 항상 함께하며, 그 밖의 촉 등의 [다섯 변행심소와도] 함께 한다. (6) 유부무기성에 포섭되고, 생겨나게 한 것(알라야식)에 따라 계박되며, 아라한과 멸진정과 출세간도에는 존재하지 않는다.(7)"[26]

c. 6식

6식(識)에 대한 해설은 [불교도들의] 일반적인 생각과 같다.

[해설] 6식은 안 등의 5근(根)과 의근(意根)에 근거하여 색(色) 등의 대상을 인식하는 안식(眼識) · 이식(耳識) · 비식(鼻識) · 설식(舌識) · 신식(身識)과 의식(意識). 이는 말하자면 표층의 현행식이다. 따라서 여기에는 온갖 심소(아비달마에서 분별된 46종을 포함한 51종)이 수반되고, 선 · 악 · 무기의 성질도 갖는다. 그러나 구체적인 대상에 대

---

26 『유식삼십론송』(T31, 60b10-15).

한 인식이라 할지라도 앞서 언급한 것처럼 그것은 외계 실재하는 것이 아니라 알라야식에 훈습된 종자가 변화하여 나타난 것일 뿐이다.

d. 바른 인식

[유식학파에서는] 바른 인식(pramāṇa)으로 직접지각(現量)과 추리(比量) 두 종류를 인정한다.

직접지각에는 다시 감각지각과 의(意)지각과 식의 자기인식과 요가 수행자의 직관의 네 가지가 있다. [이 중에서] 식의 자기인식과 요가 수행자의 직관은 착란식(bhrānti-vijñāna)이 아니다. [왜냐하면 이것들은 주객 이원성으로 현현한 것이 아니기 때문이다.]

형상진실론자는 시야가 좁은 이들(즉 범부)의 상속에 존재하는, 푸른색을 파악하는 안식, 즉 '푸른색이 푸른색으로 나타나는 것'은 착란식이 아니라고 주장하였다.

형상허위론자는 시야가 좁은 이들의 상속에 존재하는 감각지각은 모두 착란식이고, 의(意)지각에는 착란식도 있고 착란식이 아닌 것도 있다고 주장하였다.

2) 실천 수행도

여기서는 도의 관찰 대상, 도에 의해 끊어지는 장애, 도의 본질 등의 세 단락으로 나누어 논설한다.

(1) 도의 관찰 대상

도의 관찰 대상(소연)은 4성제의 특성인 무상(無常) 등의 16가지 행상(行相)과, 인무아(人無我)와 법무아(法無我)이다.

[인무아에는] 영원하고도 단일보편 · 자재(常一主宰)의 자아(ātman)가 존재하지 않는다는, 다시 말해 공(空)이라는 거친 인무아와, 자기 독립적이고도 개별적 실체로서의 자아 즉 개아(pudgala)가 존재하지 않는다는 미세한 인무아가 있다.

색(=所取)과 색을 파악하는 바른 인식(量=能取)은 별도의 실체로서 존재하지 않는다는 것과, 색은 색을 파악하는 분별[의]식에 의해 집취(執取)된 것일 뿐 [별도의] 자상을 갖고 존재하는 것이 아니라는 것, 이 두 가지가 미세한 법무아이다.

[유식학파에서는] 이러한 두 가지 미세한 무아를 모두 공성(空性)으로 인정하였다.

그러나 [두 가지 미세한 무아가 모두] 공성이라면 그것이 반드시 두 가지 중의 하나일 필요는 없으니, 멸제(滅諦)와 열반의 두 가지도 공성으로 인정하였기 때문이다.

[유식학파에서는] 유위법은 자신을 파악하는 바른 인식(pramāṇa: 量), 즉 식(識)과 동일한 실체(eka-dravya)이고, 무위법은 자신을 파악하는 바른 인식과 동일한 사태 · 사물(eka-vastu)이라고 주장하였다.

[해설] 유식학파에서는 무위법의 개별적 실체성을 인정하지 않는다. 즉 소의가 되는 유위제법을 단멸함으로써 드러나는 차별상을

이름한 것일 뿐이다. 예컨대 허공(虛空)무위란 공·무아의 관법(觀法)에 의해 나타나는 진여로서 일체 색법의 장애성을 여위였기 때문에 허공이라 이름한 것일 뿐 개별적 실체가 아니다. 그럴지라도 무위법 역시 소연연(所緣緣)이 되는 등 현실상에서 구체적 작용을 갖는다. 그래서 유위법을 실체(dravya)라고 한 데 반해 무위법을 사물·사태(vastu)라고 말한 것이다. 아비달마불교(『대비바사론』이나 『구사론』)에서 현실의 구체적 사태를 의미하는 vastu의 용법에 대해서는 제4장 2-1-1①'다섯 가지 기본범주' 해설 참조.

(2) 도에 의해 끊어지는 장애

도에 의해 끊어지는 장애에는 번뇌장(煩惱障)과 소지장(所知障) 두 가지가 있다.

[해설] 번뇌장(kleśāvaraṇa)은 말 그대로 윤회의 괴로움으로부터의 해탈을 막는 번뇌의 장애를 말하며, 소지장(jñeyāvaraṇa)은 소지(所知) 즉 알아야 할 진실(유가행파의 경우 人無我와 法無我)을 가로막는 지식의 장애, 지장(智障)이라고도 한다. 후설하듯이 법에 대해 집착하는 소승의 제법 실유론이 대표적 지장으로, 이에 따라 소승에서는 소지장을 인정하지 않는다.

번뇌장에는 미세하고 거친 두 가지 자아가 실체로서 존재한다는 집착(人我執)과 [이 같은 집착의] 종자(인연)와 6가지 근본번뇌와 20가지 수번뇌가 있다.

[해설] 본 둡타에서 불교의 기초적 이론은 거의 대개 비바사사(毘婆沙師)에서 논의되었지만, 번뇌의 경우 이처럼 유식학파에서 논설되고 있다. 유식학파에서는 일체의 심리현상(心所)을 변행(遍行)·별경(別境)·선(善)·부정(不定) 심소와 함께 번뇌심소, 수번뇌심소로 분별한다.

번뇌심소에는 탐(貪)·진(瞋)·치(癡)·만(慢)·의(疑)·악견(惡見)의 6가지가 있어 이를 근본번뇌라고 한다. 유부 비바사사의 경우 역시 동일하다. 다만 아함에 따라 탐을 욕탐(欲貪)과 유탐(有貪)으로 구분하거나 악견을 구체적으로 유신견(有身見, satkāyadṛṣṭi, 薩迦耶見)·변집견·계금취·사견·견취(見取)로 분별하여 7가지 혹은 10가지로 산정하기도 한다.

수번뇌(upakleśa)란 근본번뇌로부터 파생된 2차 번뇌로, 분노(忿), 원한(恨), 죄과의 은폐 즉 위선(覆), 분노와 원한에 따른 고뇌(惱), 질투(嫉), 인색(慳), 사기(誑), 아첨(諂), 핍박이나 해코지(害), 교만(憍), 자신과 세상에 대해 부끄러워함이 없는 것(無慚과 無愧), 마음의 들뜸(掉擧), 무기력함(惛沈), 마음의 불청정(不信), 나태(懈怠), 방탕(放逸), 기억하지 못함 즉 念의 상실(失念), 마음의 어지러움 즉 定의 상실(散亂), 그릇된 이해(不正知). 이는 유부 비바사사의 10전(纏)과 6구(垢), 이에 포함되지 않은 대번뇌지법의 방일, 해태, 불신을 망라한 것이다. (제4장 2-1-1①'다섯 가지 기본범주' 해설 참조. 부정지는 유부 번뇌론에서 언급하지 않는다.)

소지장은 법이 실체로서 존재한다는 집착(法我執)과 [이 같은 집착의 원인이 된] 훈습(習氣) 즉 종자이다.

[대승] 보살의 주요 관심사는 소지장을 끊는 것으로, 번뇌장을 끊는 것이 아니다. 이에 반해 소승을 배우는 이들[27]은 번뇌장을 주요 제거대상으로 삼을 뿐 소지장을 주요 제거대상으로 삼지 않는다.

(3) 도의 본질

[유가행파에서는] 삼승(三乘) 각각에 대해 자량도(資糧道), 가행도(加行道), 견도(見道), 수도(修道), 무학도(無學道)라는 다섯 단계의 수행도를 제시하였다. [물론 그들은] 대승 [보살의] 10지(地)도 인정하였다.

> [해설] 유가행파의 수행의 단계는 유부 비바사사에 의해 제시된 5위(位)와 동일하다. 다만 현장삼장(玄奘三藏)은 『성유식론』을 번역하면서 이를 자량위(資糧位), 가행위(加行位), 통달위(通達位), 수습위(修習位), 구경위(究竟位)라고 하였다. 자량위는 유식의 도리를 신해(信解)하여 보리와 열반을 추구하는 마음을 일으켜 선근의 복덕을 쌓는 단계(순해탈분), 가행위는 유식성에 대한 분별을 심화하는 단계(순결택분), 통달위는 주객의 분별을 떠나 유식성을 증득하는 무루도의 단계, 수습위는 앞의 무분별지를 수습하는 단계, 구경위는 대열반의 해탈신(解脫身)인 부처의 단계이다.
>
> 10지는 환희지(歡喜地)·이구지(離垢地)·발광지(發光地)·염혜지(焰慧地)·난승지(難勝地)·현전지(現前地)·원행지(遠行地)·부동지

27 여기서 '소승을 배우는 이들(有學)'이란 아라한인 무학(無學)에 대응하는 유학(有學)이 아니라 자량위, 가행위, 견도위, 수도위에 있는 성문과 독각을 말할 것이다.

(不動地)·선혜지(善慧地)·법운지(法雲地). 참고로 유가행파에서는 자량위에 10주(住), 10행(行), 10회향(回向)을, 가행위에 제10회향의 완전한 성취를, 통달위에 10지(地) 중의 초지인 환희지를, 수습위에 제2-10지를 배당하였다. 이에 따라 유가행파에서는 보살의 계위로서 10주, 10행, 10회향, 10지에 묘각(妙覺)의 구경위를 더한 41위(位)를 제시하였다.

3) 수행도의 결과

(1) 소승종성

소승의 종성(즉 성문종성)은 인무아(人無我)의 원성실을 주된 수행(명상) 대상으로 삼는다.

[해설] 여기서 '원성실(圓成實, parinişpanna)'은 유식3성 중의 '원성실'일 수도 있고 다만 말 그대로 [진실 즉 인무아의] 완전한 성취라는 뜻일 수도 있다. 제프리 홉킨스는 유식3성은 인무아라는 말과 법무아라는 말을 나타낸 것일 수 있다고 해설한다. 전자가 소승의 수행자를 위한 설명이라면, 후자는 대승의 수행자를 위한 설명이라는 것이다. (따라서 대승종성의 주된 수행대상은 당연히 법무아의 원성실이다. 후설) 그럴 경우 소승 수행자에게 있어 원성실은 다만 "자기 충분적 존재(being self-sufficient)라는 의미의 개아는 실체로서 성취되는 것이 아니다"[28]는 정도의 사실일 것이다.

---

28 Geshe Lhundup Sopa and Jeffrey Hopkins(1989), pp.273f.

참고로 종성(種性, gotra)은 가계, 종족, 혈통의 의미이지만, 불교에서는 깨달음의 소질이나 종자(씨앗)의 의미로 사용된다. 즉 불교에서는 일찍이 일체 유정을 성자들의 그룹인 성문·독각·보살의 정성정취(正性定聚), 역죄 등을 지어 악취에 떨어지는 사성정취(邪性定聚), 어느 쪽으로도 결정되지 않은 부정성취(不定性聚)로 분류하였는데, 유가행파에서는 이를 성문·독각·보살정성(定性), 부정성(不定性), 무성(無性)이라는 차별적인 종성론(이를 五性各別說이라 한다: 후설)으로 규정하여 자파 교학체계에 편입시켰다.

여기서 '무성'이란 무루지(無漏智)의 종자를 완전히 결여하여 불과(佛果)나 2승의 과보를 증득하는 일이 없이 끝없는 생사를 윤회하며 다만 5계(戒) 10선(善)에 의해 인천(人天)의 선과(善果)를 획득하는 것을 최고로 여기는 무열반법(無涅槃法)의 유정을 말하고, '성문정성'과 '독각정성'은 무루지의 종자를 갖추고 있지만 일부의 종자 즉 인무아(人無我 즉 我空)의 지혜종자만을 지녔기 때문에 번뇌장(煩惱障)은 끊을지라도 소지장(所知障)은 끊지 못하는 유정으로서 둔근자(鈍根者)를 성문정성이라 하고, 이근(利根)자를 독각종성이라 하며, '보살정성'이란 무루지의 종자를 모두 갖추어 두 가지 장애를 모두 끊고서 불과(佛果)를 증득하는 여래의 종성을 말한다.

그 같은 [인무아를 관찰하는] 수행이 궁극에 이르게 되면, 소승(성문)의 수도(修道)의 최종단계인 금강유정에 기초하여 번뇌장을 남김없이 제거하고, 이와 동시에 소승의 아라한과(果)를 증득한다.

수행도의 관찰 대상인 [인]무아와 끊어야 할 번뇌와 관련하여 성문(聲

聞)과 독각(獨覺) 사이에는 어떠한 차이도 없기 때문에 4향(向) 4과(果)의 과위 또한 성문과 독각 모두에게 적용된다. [다만] 독각은 오직 욕계에만 태어나기 때문에 (독각에게 색계와 무색계는 존재하지 않는다.) 20승중(僧衆)은 그들에게 해당되지 않는다.

그럼에도 불구하고 성문과 독각 사이에 차이가 없다고 할 수 없다. 즉 독각은 100겁에 걸쳐 복덕을 쌓았지만 성문은 그렇지 않으며, 이에 따라 그들의 과보에도 우열이 있다고 주장하기 때문이다.

> [해설] 성문이 견도에 들기 위해서는 최소한 3생이 필요하지만, 독각은 빠르면 4생, 늦으면 100겁의 수행을 거쳐야 한다. (그러나 불타는 이와는 별도로 3아승지겁에 걸쳐 지혜와 복덕의 공덕을 쌓아야 하였다.) 그러나 독각(pratyeka buddha: 辟支佛) 역시 불타로, 근기가 예리하여 유루 세속도로써 수혹을 끊고 견도에 들기 때문에 반드시 4향(向) 4과(果)의 과정을 거치지 않으며, 한 자리(一座)에서 성도한다. 제4장 2-2-3-1 '성문과 독각' 참조.

성전을 따르는 유식학파에서는 "한결같이 [열반의] 적정(寂靜, śānta)만을 추구하는 소승의 아라한은 대승도에 들 수 없지만, 보살이 되려고 하는 [소승의] 아라한은 대승도에 들 수 있다"고 주장하였다. 그러할지라도 이러한 [대승도로] 나아가는 것은 유여열반(有餘涅槃)을 성취한 아라한으로, 무여열반(無餘涅槃)을 성취한 아라한은 나아갈 수 없다. 왜냐하면 저들 [성전을 따르는 유식학파에서는] 3승의 차별을 인정하였기 때문이다.

[해설] 유가행파에서는, '삼승방편(三乘方便) 일승진실(一乘眞實)'을 주장한 천태·화엄 등의 성종(性宗)과는 달리 '일승방편 삼승진실' 혹은 성문·연각·보살의 정성(定性)과 부정성(不定性)과 무성(無性)의 오성각별설(五性各別說)을 주장하였다.『해심밀경』에 의하면 성문을 포함하여 삼승은 궁극적으로 다 같이 3무자성(遍計所執의 相無性, 依他起의 生無性, 圓成實의 勝義無性)의 도에 의해 구경청정의 불과(佛果)를 얻을 수 있겠지만, 다시 말해 성문도 대승의 보리를 추구한다면 보살이라 할 수 있겠지만, 그것은 어디까지나 원리에 입각한 이론일 뿐 현실적으로 볼 때 성문·독각의 정성(定性)의 2승은 한결같이 공적(空寂)한 회신멸지(灰身滅智)의 열반을 궁극의 목적으로 삼기 때문에, 그들은 하열의 종성으로 결코 불과를 얻을 수 없다. 따라서 불타가 설한 일승은 다만 그럴 수 있다는 가능성에 근거한 방편일 뿐이며, 삼승의 차별이야말로 요의의 진실이다. 따라서 대승보살도로 전향 가능한 성문은 정성(定性)이 아니라 부정성(不定性)의 성문뿐이다.

본 둡타에서는 보살로의 전향이 가능한 부정성의 성문을 유여열반을 성취한 아라한이라 하였지만, 비바사사(毘婆沙師)에 의하면 가행위의 인법위(忍法位, 4선근 중 제3)부터는 보살로의 전향이 불가능하다. 왜냐하면 보살은 유정의 이익을 본회(本懷, 목적)로 삼았기에 유정을 교화하기 위하여 지옥 등의 악취로도 가야 하지만 인법위에 이르면 더 이상 악취에 떨어지는 일이 없기 때문이다.

이에 따라 정토교에서도 인법위 이후의 성문을 정성(定性)성문

혹은 우법(愚法)성문이라 하였고, 그 이전의 정법위(頂法位) 등을 부정성(不定性) 혹은 불우법(不愚法) 성문이라 하였다. 정토교에서는 전통적으로 성문·독각정취(定聚)와 사정취(邪定聚)는 극락왕생할 수 없다고 한 데 대해, 이때 성문정취는 인위(忍位)부터이기 때문에 그 이하 정위(頂位)까지 극락왕생이 가능하다고 하였다.[29]

정리(正理)를 따르는 유식학파는 소승의 아라한도 다 대승도로 나아갈 수 있다고 주장하였다. 왜냐하면 그들은 궁극적으로 일승(一乘)만을 인정하였기 때문이다.

[해설] 앞서 논설한 대로 성전 즉 무착의『유가사지론』계통의 유식학파에서는『해심밀경』에서 설한 대로 삼승차별과 오성각별을 주장하였지만, 정리를 추구하는 법칭 계통의 유식학파에서는 삼승의 차별을 부정하고 일승의 진실을 주장하였다. 같은 유식학파라면서 어떻게 이같이 상반된 이념을 주장할 수 있었던가? 화엄이나 천태 등 동아시아의 성종(性宗)은 이른바 본각진성(本覺眞性)에 근거하여 일승진실을 주장할 수 있었던 것이지만, 다르마키르티 계통의 유식학파 (또는 경량부)에서 일승진실의 근거는 무엇이었을까? 다만 바른 인식(pramāṇa: 量)이었을까?

---

29 권오민,「5종성론에 대하여」,『불교학과 불교』, pp.329-359 참조.

(2) 대승종성

① 불타

대승의 종성(즉 보살종성)은 법무아의 원성실을 주된 수행의 대상으로 삼는다.

그들은 [이를 위해] 세 번의 대무량겁(3아승지겁) 동안 복덕을 쌓고서 10지(地)와 5도(道)를 차례로 거친다. 그리고 마침내 무간도(無間道)로써 번뇌장과 소지장을 완전히 끊으니, 색구경천(色究竟天)에서 자리(自利)로서 [장애의] 끊음과 [열반의] 증득이 원만한 법신(法身)을 성취하고, 이타(利他)로서 위대한 업(業)이 원만한 두 가지 색신(色身)을 성취한다.

[해설] 번뇌 등의 장애를 끊고(斷), 이에 따라 이계(離繫)의 열반을 증득하는 것(證)은 불교수행의 궁극목적이다. 유부 비바사사는 이를 위해 무간도(無間道)와 해탈도(解脫道)를 제시하고, 이를 도둑을 몰아내고 문을 걸어 잠그는 것에 비유하였다.

구체적 내용은 다를지라도 유식학파의 경우 역시 그러하다. 『성유식론』에서는 논을 짓게 된 취지에 대해 이같이 해설하고 있다.

"지금 이 논을 짓는 목적은 두 가지 공(空)에 대해 미혹하거나 잘못 안 이들에게 올바른 이해를 낳게 하기 위함이며, [올바른] 이해를 낳는 것은 두 가지 무거운 장애(煩惱障과 所知障)를 끊게 하기 위함이다. 두 가지의 장애는 아(我)와 법(法)에 대한 집착으로 말미암아 생겨난 것이다. 따라서 만약 두 가지의 공을 증득하면 그 같은 장애도 따라 끊어질 것이다. 나아가 장애를 끊는 것은 두 가지 뛰어난 결과(菩提와 涅槃)를 얻기 위한 것으로, 생(生)을 상속하게 하는 번뇌장을 끊음으로 말미암아 참된 해탈을 증득하게 되는 것이며, [올바른] 이해를 장애하는 소지장을 끊음으로 말미암아 대보리(大菩提)를 증득하게 되는 것이다."[30]

장애를 끊고 해탈(열반)을 증득하여 법신을 성취하는 일은 자신을 위한 사업이지만, 3아승지겁과 백겁에 걸친 위대하고도 부사의한 바라밀의 업과 이에 따라 성취된 두 가지 불신(佛身)은 중생을 위한 것으로, 여기서 두 가지란 보신(報身)과 화신(化身, 또는 應身)을 말한다. 전자가 업의 과보로서 수용된 완전한 즐거움의 몸(saṃbhoga-kāya)이라면, 후자는 그를 보는 중생에 따라 변화하여 나타나는 몸(nirmāṇa-kāya)이다.

그러나 [무착의] 『대승아비달마집론』을 따르는 어떤 이들은 인간의 육신에 의지해서도 불신(佛身)을 성취하는 경우도 있다고 하였다.

[해설] 앞서 완전한 깨달음은 색구경천에서 성취된다고 하였다. 이에 대해 『대승아비달마집론』을 따르는 어떤 이들은 "색구경천에서뿐만 아니라, 인간의 육신으로도 불신(佛身)을 성취할 수 있다"고 주장하였다.[31] 앞에서 논설하였듯이 유부 비바사사는 색구경천에서의 깨달음이나 보신(報身)의 교의를 부정하고 오로지 욕계에

---

30 『성유식론』 권1 (T31, 1a8-12), "今造此論, 爲於二空有迷謬者, 生正解故. 生解, 爲斷二重障故. 由我法執, 二障具生. 若證二空, 彼障隨斷. 斷障, 爲得二勝果故. 由斷續生煩惱障故, 證眞解脫. 由斷礙解所知障故, 得大菩提."

31 Geshe Lhundup Sopa and Jeffrey Hopkins(1989), p.276.

서 깨달음을 성취한다고 주장하였다.(제4장 2-3-3②'열반' 참조)

② 요의경과 불요의경

불설(佛說)과 관련하여 [유식학파에서는] 요의경(了義經)과 불요의경(不了義經)의 차별을 인정하였다. 즉 그들은 『해심밀경』에서 설한 대로 앞의 두 법륜(초전의 四諦법륜과 제2 無相법륜)은 불요의경이고, 마지막 법륜(제3 변별법륜)은 요의경이라고 주장하였기 때문이다.

여기서 요의경과 불요의경이란 다음과 같은 뜻이다. 즉 설하고 있는 말씀 그대로를 [경의 뜻으로] 승인할 수 없는 경이 불요의경이라면, 설하고 있는 말씀 그대로를 [경의 뜻으로] 승인할 수 있는 경이 요의경이다.

[해설] 『해심밀경』에서 설한 3종 법륜 ―사제(四諦)법륜, 무상(無相)법륜, 변별(辨別)법륜― 에 대해서는 제3장 1.'삼종법륜' 참조.

"불요의경에 의지하지 말고 요의경에 의지하라"는 것은 사의(四依) 중의 하나였다.[32] 여기서 요의경(nītārtha-sūtra)이란 말 그대로 그 의미가 완전하게 드러나 있는 명료한(nīta) 경, 따라서 경에서 설하고 있는 그대로가 경의 뜻(yathārutārtha, 如說義)인 경을 말하며, 불요의경(neyārtha-sūtra)이란 이와 반대로 그 의미가 완전하게 드러나 있지 않아 추측해 보아야(neya) 하는 경, 즉 경에서 말한 것과는 다른 별

32 ① 법(法, dharma)에 의지하고 사람(pudgala)에 의지하지 말 것이며, ② 뜻(義, artha)에 의지하고 말(語, vyañjana: 文)에 의지하지 말 것이며, ③ 요의경(nītārtha sūtra)에 의지하고 불요의경(neyārtha sūtra)에 의지하지 말 것이며, ④ 무분별의 통찰직관(智, jñāna)에 의지하고 분별적 인식(識, vijñāna)에 의지하지 말라." (AKVy., 704. 20-22).

도의 의도(abhiprāya, 別意趣, 密意)를 갖는 경을 말한다.

비바사사(毘婆沙師)의 중현은 경량부 상좌 슈리라타가 인용한 경설을 불요의경으로 판석하고서 이를 이같이 정의하였다. "정리(正理)에 어긋나지 않는 별도의 이치에 근거할 때 비로소 [경의 뜻을] 알 수 있는 경, 이러한 경을 불요의경이라 한다."[33]

그렇다면 어떤 경을 어떤 정리에 따라 어떻게 이해할 것인가? 유부 비바사사는 불타가 설한 경을 모두 불요의로 이해하였고,[34] 이에 따라 그것의 정리 법성을 드러내기 위해 아비달마를 편찬하여 이를 지식의 근거(量)로 삼은 반면, 경량부는 불타에 의해 설해진 경은 모두 별도의 의도를 갖지 않는 요의경으로 간주하여[35] 경을 지식의 근거로 삼았다. 그래서 '경량부'였다. 나아가 대승에서는 인무아 법무아의 공성을 정리법성으로 간주하였고, 이를 천명한 대승경을 요의경으로, 기존의 소승경을 불요의경으로 간주하였다.

불교사상사는 불설의 요의/불요의를 둘러싼 경전해석의 역사였다. 동아시아의 교상판석(教相判釋) 역시 일체경의 요의(구경)와 불요의(방편)의 갈래를 정하는 작업이었다. 반야중관에 의하는 한 사성제의 교법은 다만 방편의 세속제였지만, 유가행파(『해심밀경』)에 의하는 한 반야의 무상교(無相教) 또한 법집(法執)을 끊게 하기 위한 밀의(密意) 즉 불요의설에 지나지 않았다. 유식학파에 있어 『해심밀경』이야말로 공유(空有)의 도리를 구현한 요의대승(了義大乘)

---

33 『순정리론』 권38 (T29, 558a8-10), "(前略) 待[不違理]意趣, 方可了者, 此類名曰不了義經."

34 『이부종륜론』 (T49, 16c8-9).

35 『순정리론』 권25 (T29, 482b2f), "謂彼(上座)論說, 經皆了義."; 권72 (T29, 734a22f), "(此中上座作如是言.) 佛所說經, 皆是了義. 無別意趣, 不應異釋."

이었다.

③ 열반과 불신(佛身)

[유식학파에서는] 열반으로 유여의열반·무여의열반과 [함께] 무주처열반(無住處涅槃)의 세 가지를, 불신(佛身)으로 법신·보신·화신의 세 가지를, 그리고 법신으로 자성[법]신(自性法身)과 지혜법신(智慧法身)의 두 가지를, 다시 자성[법]신으로 자성청정신(自性淸淨身)과 이구청정신(離垢淸淨身)의 두 가지를 인정하였다.

이에 따라 [이들의 종의를] 대승의 종의라고 말하는 것이다.

[해설] 비바사사(毘婆沙師)는 다만 유여의열반과 무여의열반만을 인정하였지만, 유식학파에서는 여기에 본래자성청정열반(本來自性淸淨涅槃)과 무주처열반(無住處涅槃)의 두 가지를 더하여 4종 열반을 주장하였다. 무주처열반은 생사에도 열반에도 집착함이 없는 열반으로, 소지장(所知障)을 끊고 증득한 열반이기 때문이다. 본래자성청정열반은 일체법상의 진여의 이치로, 무량공덕을 갖추었을 뿐만 아니라 무생무멸(無生無滅)이기 때문에 열반이라 하였다.

불신의 경우 역시 소승 비바사사는 오로지 색신과 법신만을 인정하였지만, 유식학파에서는 앞서의 논설처럼 보신과 화신의 색신을 인정하였으며, 다시 법신을 3신(身)을 총괄하는 명칭으로 이해하여 자성신(自性身)·수용신(受用身)·변화신(變化身)으로 차별하였다.[36]

---

36 『성유식론』 권10 (T10, 57c20-58a6), "如是法身有三相別. 一自性身. (下略)"

본 둡타에서 법신의 차별로 논설한 자성신(ngo bo nyid sku, svabhāvika-kāya)과 지혜의 법신(ye shes chos sku, jñānadharma-kāya) 중 후자는 '지혜에 의해 구현된 법신'의 뜻일 것이다.

그리고 이 같은 열반관과 불신론은 모두 소지장(所知障)의 극복에 의한 이타(利他)와 관련 있기 때문에 대승의 종의라고 하였을 것이다.

제7장 중관학파(1) 자립논증파

중관학파 즉 무자성론자(無自性論者)에 대해 학파의 정의, 학파명칭의 유래, 분류,[1] 그리고 그들이 주장한 종의 등 네 단락으로 나누어 논설한다.

1. 개 설

1) 정의

불교의 종의를 주장하는 이들[2]로서 진실로 존재하는 법은 아무 것도 없으며, 지극히 미세한 극미(paramāṇa)조차 존재하지 않는다고 주장하는 이들, 이것이 바로 중관학파의 정의이다.

[해설] 여기에 사과가 있다. 사과의 본성은 무엇인가? 두말할 것 없

---

1 앞의 세 학파, 비바사사, 경량부, 유심(유식)학파의 경우, 학파의 정의, 분류, 학파명칭의 유래의 순으로 논설하였지만 여기서는 정의, 학파명칭의 유래, 분류(하위학파)의 순으로 논설한다. 중관학파의 경우 하위학파로 자립논증파와 귀류논증파가 있고 전자에 다시 유가행-중관 자립논증파와 경량행-중관 자립논증파가 있어 논의상의 편의가 고려되었을 것이다.

2 제3장 '불교철학 서설: 불교의 일반적 종의' 참조.

이 '과일'이다. 그러나 한밤중 도둑과 맞닥뜨렸을 때조차 그것을 사람이 먹는 과일로 판단하였다면 이는 어리석은 일이다. 도둑을 퇴치할 '무기'이지 않으면 안 되기 때문이다. 미술시간 역시 그것은 과일이 아니며, 따라서 먹어서는 안 된다. 그때 그것은 그림 그릴 대상인 '정물'로 존재하기 때문이다.

사과의 본성은 무엇인가? 과일인가, 무기인가, 정물인가? 상식적으로 '사과'라고 하면 그것은 이미 과일을 의미한다. 그리고 과일인 이상 그것은 무기가 아니다. 상식의 세계에서 '과일'과 '무기'는 동일한 존재가 아니기 때문이다. 만약 그렇다고 한다면 사과는 그때그때 상황에 따라 특정 존재로 규정되는 것일 뿐 그 자신의 고유한 본성을 갖지 않는다. '사과'라는 말은 이미 과일을 전제로 한 말이지만, 말이 사물의 본질은 아니다. 사과는 다만 그것을 지시하는 세간의 언어적 명칭일 뿐 그것의 고유한 본성을 의미하는 것이 아니다.

우리가 언어로써 분별하는 일체의 사물은 자신의 고유한 본성을 갖지 않는다. 이를 무자성(無自性, niḥsvabhāva, 혹은 無自相)이라 하고, 공(空, śūnya, 不在의 뜻)이라 한다. 사과에는 '사과'라고 할 만한 고유불변의 본성, 자기정체성이 존재하지 않는다. 중관학파에서는 이 같은 의미에서 일체 제법 또한 무자성·공이라 하였다.

중관학파에서 요의경으로 삼은 『대반야경(마하반야바라밀다경)』의 핵심을 간추린 『반야심경』에서는 일체 제법을 ① 색·수·상·행·식의 5온, ② 안·이·비·설·신·의, 색·성·향·미·촉·법의 12처(處), ③ 안계(眼界) 내지 의식계(意識界)의 18계(界), ④ 무명에서 생로병사에 이르는 유전(流轉)과 환멸(還滅)을 밝힌 12연기, ⑤ 불타의 초전법륜인 고·집·멸·도의 4성제, 그리고 ⑥ 고지(苦智)·집지(集智)

등 4제에 대한 통찰의 지혜와 이에 따른 열반의 증득(得) 등 여섯 갈래로 분별하고, 이것의 무자성·공을 설파하였다. 이러한 여섯 갈래의 일체 제법은 두말할 것도 없이 설일체유부 비바사사(毘婆沙師)의 진실의(眞實義)였다.

대승불교에서는 자아의 존재는 물론이고 소승에서 진실의 존재(實有)로 간주하였던 제법 역시 존재하지 않는다고 주장하였다. 유가행파에서도 인무아(人無我) 법무아(法無我), 아공(我空) 법공(法空)을 천명하였지만, 자아와 제법의 가설 근거였던 '분별'의 인연(즉 마음)마저 부정하지 않았다. 이에 대해 중관학파에서는 세속(분별)의 마음은 물론 일체개공(一切皆空)과 불이(不二)를 통찰하는 마음(즉 지혜)조차 무자성임을 천명하였다. (해제 주27 참조)

참고로 대승에서는 주객(즉 我法)의 일체개공(一切皆空)을 주장하였지만, 여기서 공은 자기정체성 즉 자성이 없다는 말이지 현실적(혹은 상식적) 세속적(혹은 언어적) 측면의 사물조차 존재하지 않는다는 말이 아니다. 현실적으로 과일로서의 사과는 존재한다. 그러나 그것은 상식적 현실적(世俗) 차원이지 절대적 궁극적(勝義) 차원이 아니다.

2) 학파명칭의 유래

왜 중관학파(Mādhyamika)라고 이름한 것인가? 상주(常住, 영원)와단멸(斷滅, 허무)의 양극단을 떠난 중(中, mādhyama)을 주장하기 때문에 중관학파라고 하였다. 또한 무자성론자(Niḥsvabhāva-vādin)라고도 일컫는 이유는, 일체법에는 진실로 성취되는 자성(svabhāva)이 존재하지 않는다고 주장하기 때문이다.

[해설] 중관학파는 일체 제법의 무자성(無自性) 공(空)을 천명한 『반야경』의 사상을 기조로 하면서 이것의 이론적 근거를 밝힌 용수(龍樹, Nagārjuna)의 『중론(Mādhyamakaśāstra)』을 추종하는 학파로, 학파명칭 또한 여기서 연유한다. '중'은 다만 글자 뜻대로 중간의 의미가 아니다. 우리는 대개 '중산층'이라는 말을 부자와 빈자의 중간으로 이해한다. 그러나 그럴 경우 중산층 중에도 다시 부자와 빈자가 존재하기 때문에 또 다른 중산층이 설정될 수밖에 없으며, 이는 무한 소급된다. 따라서 중산층이라 함은 부자와 빈자의 중간이라기보다 부자도 아니고 빈자도 아닌 이들을 의미한다.

『중론』의 '중' 역시 그러하다. 세계는 그 자체로서 존재하는 것(有)도 아니고 존재하지 않는 것(無)도 아니다. 『중론』 제24장 제18게송에 따르면, 세계(일체법)는 인연에 따라 생겨난 것, 다시 말해 타자와의 관계를 통해 존재하는 것으로, 그 자체 고유한 본성을 갖지 않는다. 따라서 궁극적으로 공(空)이다. 현실상의 그것은 타자와의 관계에 따른 상대적(相待的) 가설(假名)일 뿐으로 이는 진실이 아니다. 진실은 어떠한 유자성적 판단 – 예컨대 유(有)·무(無), 단(斷)·상(常)의 양 극단 – 도 떠난 중(中)이다.[3]

본 둡타에서는 비바사사(毘婆沙師)를 분별론자(제닥마바)로 호

---

3 "무릇 연기(緣起)한 것, 우리는 그것을 공(空)한 것이라고 한다. 이는 또한 언어적 명칭(假名)이며, 또한 역시 중도(中道)의 뜻이다. (衆因緣生法 我說卽是無 亦爲是假名 亦是中道義)" 『중론』(T30, 33b11-12).

칭하였듯이 중관학파 역시 무자성론자(無自性論者)로 호칭하였다. 이는 아마도 그들의 사상적 경향성을 바로 지시하는 술어였기 때문으로 생각된다.

3) 분류

중관학파는 다시 자립논증파(Svatantrika)와 귀류논증파(Prasaṅgika) 두 파로 분류된다.

2. 자립논증파

본 장에서는 자립논증파에 대해 학파의 정의, 학파명칭의 유래, 분류, 그리고 그들(유가행-중관 자립논증파와 경량행-중관 자립논증파)이 주장한 종의 등 네 단락으로 나누어 논설한다.

1) 정의

무자성론자(無自性論者)로서 [제법이] 자상(svalakṣaṇa)에 의해 성립한다는 사실을 언어적 가설로서는 인정하는 이들, 이것이 바로 자립논증파의 정의이다.

2) 학파명칭의 유래

어째서 자립논증파라고 이름한 것인가? 하면, 세 가지 특성의 논리적 징표(liṅga)에 따라 성취된 올바른 논거(hetu: 因)에 근거하여 [외도와 불교

제학파의] 실유론(實有論)을 비판 부정하기 때문에 이 같은 명칭으로 불리게 된 것이다.

[해설] 자립논증파(Svatantrika)는 『반야경』의 공사상을 천명하는 데 스바탄트라 아누마나(svatantrānumāṇa)를 사용하기 때문에 붙여진 이름이다. '스바탄트라'란 다른 힘을 빌리지 않고 자력으로 활동한다는 의미로 '자립(自立)' '자기(自起)' 등으로 한역되며, '아누마나'는 추론·논증 등의 의미이다. 즉 후술하는 바바비베카(淸辨) 등은, 오로지 귀류(歸謬, prasaṅga)의 논법을 통해 공사상을 천명한 붓다팔리타(佛護) 등과 달리 논증방식을 통해 공사상을 천명하였기 때문에 자립논증파라고 하였다.

여기서 세 가지 특성의 논리적 징표(liṅga)란 입론자의 주장(宗)을 능히 입증하는 능증(能證, sādhaka) 혹은 논거(hetu)의 세 조건 – 한역 술어로는 '인(因)의 삼상(三相)' – 으로, 디그나가에 의해 정리 완성되고 다르마키르티에 수정된 이것의 정의는 이러하다.

① 주제소속성: 능증은 반드시 주제에 소속되어야 한다. ② 긍정적 변충(遍充): 능증은 반드시 동류 중에만 존재해야 한다. ③ 부정적 변충: 능증은 어떠한 경우에도 이류 중에 존재하지 않아야 한다. 예컨대 "소리는 무상하다. 지어진 것이기 때문에. 마치 항아리처럼"이라고 하는 추론식의 경우, '지어진 것'이라는 능증은 소리라고 하는 주제(pakṣa: 宗, dharmin: 有法)에 확실하게 존재하지 않으면 안 되며, 항아리 등의 동류에만 존재할 뿐 그 밖의 허공 등에는 결코 존재하지 않아야 한다. 이를 현장(玄奘)은 샹카라스바민(商羯羅主)의 『인명입정리문론(因明入正理門論)』 등에서 순서대로 변시종법성

(遍是宗法性), 동품정유성(同品定有性), 이품변무성(異品遍無性)으로 한역하였다.

자립논증파에서는 승의제(즉 空性)는 불가언설의 진리성이지만, 세속적 진리의 입장에서 불교지식론학파가 제시한 논증형식을 통해 유가행파나 경량부처럼 세계를 자상(自相)을 지닌 지식의 대상(所知)으로 설명하였고, 이에 따라 이 학파는 후술하듯 다시 유가행-중관 자립논증파와 경량행-중관 자립논증파로 나누어진다. 이들 중관학파는 말하자면 유가행파나 경량부와의 종합을 꾀한 학파라고 말할 수 있다.

3) 분류

자립논증파는 다시 유가행-중관자립논증파(Yogācāramādhyamika-Svatantrika)와 경량행-중관 자립논증파(Sautrāntikamādhyamika-Svatantrika)의 두 파로 나누어진다.

유가행-중관 자립논증파란 외계대상을 인정하지 않고 [지식의] 자기인식을 인정하는 중관학파로, 예컨대 샨타라크시타 등이 바로 그 같은 논사이다.

[해설] 샨타라크시타(Śāntarakṣita, 寂護, 725-784년 무렵)는 후기 중관학파의 대표적 논사로 티베트 불교에 절대적 영향을 끼쳤다. 그는 두 번 티베트를 방문하였다. 첫 번째 방문(763년 무렵)은 별다른 활동의 흔적이 보이지 않지만, 두 번째 방문(771년 무렵)에서는 사원을 건립하고 최초로 티베트인 승려 6인에게 수계를 하는 등 불교

보급에 힘쓰다 티베트에서 입적하였다.

그의 주요 저술에는 『진리강요(Tattvasaṃgraha)』와 『중관장엄론(Madhyamakālaṃkāra)』과 『중관장엄론해설(Madhyamakālaṃkāra-vṛtti)』 등이 있다. 외도로부터 시작하여 불교를 4대 학파로 분류하여 중관학파로 귀결 짓는 일련의 둡타 문헌의 논설체계는 이로부터 비롯되었다고 해도 과언이 아니다. 샨타라크시타는 자신의 철학체계를 유부·경량부·유식학파의 이론에서 최고의 진리인 중관으로 올라가는 단계로 설정하였던 것이다. 그의 『진리강요』는 바로 이 같은 형식의 당시 철학 총서였다. 『중관장엄론』 또한 중관의 입장에서 불교 내외의 철학학파에서 실재하는 것이라고 주장한 어떠한 형식의 실체도, 단일한 것이든 다수의 것이든 어떠한 본질(svabhāva)도 갖지 않는, 그림자와 같은 것이라고 비판한 논서이다.

그는 자립논증파의 개조라 할 수 있는 바바비베카 계통의 논사로, 다르마키르티의 인식 논리학에 정통하였으며, 유식학파의 장점을 충분히 이해하고 있었다. 이에 따라 유식이론을 중관교학의 일부로 수용하였고, 그래서 본 둡타에서 유가행-중관 자립논증파로 분류하고 있는 것이다. 즉 그는 승의적 입장에서 공성의 직관을 주장했지만 세속적 입장에서 유식학파와 같은 유식무경(唯識無境)의 입장을 따를 것을 주장하였으며, 공성의 논증에 있어서는 바바비베카와 마찬가지로 공성이 정언적 추론식에 의해서 논증되어야 한다고 주장하였던 것이다.

경량행-중관 자립논증파란 [식의] 자기인식을 인정하지 않고 자상(自相)을 지닌 외계대상의 실재성을 주장하는 중관학파로, 예컨대 바바비베카 등이 바로 그 같은 논사이다.

[해설] 바바비베카(Bhāvaviveka: 淸辨, 分別明, 500-570년 무렵)는 중기 중관학파의 논사로 자립논증파의 개조이다. 그는 디그나가에 의해 확립된 불교논리학을 공성의 논증에 도입하였을 뿐만 아니라 언어적 가설(세속)로서의 외계대상의 실재성을 인정하였다. 이에 따라 그는 귀류논증파의 개조인 붓다팔리타(Buddhapālita: 佛護)를 비판하였고, 붓다팔리타를 옹호한 찬드라키르티(Candrakīrti: 月稱)가 바바비베카를 다시 비판함으로써 중관학파는 자립논증파와 귀류논증파의 두 파로 분열하게 되었다.

바바비베카의 저술로는 『반야등론(Prajñāpradīpa)』과 『중관심송(Madhyamakahrdayakārikā)』, 『중관심송』의 자주(自註)인 『사택염(思擇炎, Tarkajvālā)』 등이 있다. 이 중 『사택염』은 샨타라크시타의 『진리강요』와 함께 티베트 둡타 문헌의 기원이 된 인도의 문헌으로 여겨진다.

한편, 본 둡타에서는 바바비베카를 경량행-중관 자립논증파로 분류하고 있다. 그가 자립논증파라고 불리는 이유는 시구(詩句) 형태로 표현된 나가르주나의 논증을 디그나가에 의해 확립된 불교논리학의 정언적 추론식으로 이해하는 것이 가능하다고 믿었으며, 용수의 『중론』에 대한 최초의 주석서이기도 한 『반야등론』에서 이러한 작업을 수행하였기 때문이다.

그런데 바바비베카가 경량부와 유사하다는 것에 대해서는 의문의 여지가 있다.[4] 본 둡타에서도 이들이 '식의 자기인식'을 인정하지

---

4 이와 관련된 자세한 논의는 카지야마 유이치, 「중관사상의 역사와 문헌」 (平川彰 編, 윤

않는다고 하였다. 식의 자기인식 이론은 찰나멸론과 함께 경량부 철학(종의)의 트레이드마크와 같은 것으로, 경량부의 정의로도 규정되었다. 이에 따라 마츠모토 시로(松本史朗)는 둡타 문헌에서 경량중관학파(mDo sde spyod paḥi dbu ma pa, Sautrāntika mādhyamika)는 예세데의 『견해의 분별』에서 경중관(經中觀, mDo sde paḥi dbu ma)으로 불렸을 뿐만 아니라 경중관의 종의에 대해 "스승 나가르주나가 저작하신 것(=中頌)의 종의와 일치하며, 내외의 사물은 모두 연기하고 있다고 설명한다"는 등으로 논설하였고, 또한 법성(法性)의 『대승도간경수청소(隨聽疏)』(T85, 2782)에서 대승의 종의를 의경중종(依經中宗; 반야중관), 유식중종(唯識中宗: 무착의 유가론), 의론중종(依論中宗: 무착에 근거한 샨타라크시의 勝義皆空)으로 분별한데 따라 '경중관'에서 경은 [경량부가 아니라] 스승 바바비베카(청변)의 『반야등론』과 『중관심송』의 소의였던 『반야경』이었을 것으로 추측하고 있다.[5]

그러나 『반야등론』에는 『순정리론』을 제외한다면 인도불교 문헌 중 가장 많은 횟수의 경량부 설이 언급되고 있다. 예컨대 청변(바바비베카)은 "제행은 작용을 갖지 않기 때문에 안근은 능히 볼 수 없으며, 다른 것(즉 안식)도 역시 볼 수 없지만, 수트라(經)에서 '안(眼)과 색(色)을 연(緣)하여 안식이 일어날 수 있다'고 설하였다"는 경량부의 화합견설(제5장 2-1-2② 해설 참조)을 인용하고서 "이러한 경설의 의미는 세속제와 일치하기 때문에 수용할 수 있지만 제일의제

종갑 역, 『중관사상』, 경서원, 1995), pp.58-63 참조.

5 마츠모토 시로, 이태승 등 역, 『티베트 불교철학』, pp.113-163 참조.

(第一義諦) 즉 승의제로써 비춰볼 때 실체가 없다"고 비판하였다.[6] 그는 세속제의 입장에서 경량부 설을 수용하였던 것이다. 흥미로운 사실은 경량부의 상좌 슈리라타는 중현에 의해 중관학파처럼 괴법론(壞法論)이나 공화론(空花論)으로 불렸다는 사실이다.[7]

그런데 앞서 제5장 경량부 '분류'에서도 해설하였지만 둡타의 경량부 중 성전을 따르는 경량부는 세친의 『구사론』을 따르는 경량부였다. 둡타에서는 『구사론』 상의 경량부 설을 별도로 결택하지 않고 『구사론』 자체를 경량부 문헌으로 간주하였다. 그래서 거기서의 '자기인식' 비판(제4장 2-2-2 '식' 해설 참조)에 따라 경량행-중관 자립논증파도 식의 자기인식을 인정하지 않았다고 논설하였을 것이다.

또한 유가행-중관 자립논증파는 그들의 이론적 토대가 유식학파와 유사하기 때문에 그같이 이름한 것이며, 경량행-중관 자립논증파는 [세속적 진리의 입장에서] 경량부처럼 극미가 화합한 외계대상의 [실재성을] 인정하였기 때문에 그같이 이름한 것이다.

나아가 유가행-중관 자립논증파에는 다시 두 부류가 있으니, [유가행파의] 형상진실론과 유사한 자립논증파와 형상허위론과 유사한 자립논증파가 바로 그들이다. 예컨대 샨타라크시타, 카말라실라(蓮華戒), 아르야비묵티세나 등이 전자를 대표하는 논사라면, 하리바드라, 지타리, 캄

---

6 『반야등론석』 권4 (T30, 66b15-21); 古坂紘一(1983), 「般若燈論と經量部說」(『印度學佛教學研究』 31-2). p.897.

7 권오민, 『상좌 슈리라타와 경량부』, pp.229-239 참조.

발라파다 등은 후자를 대표하는 논사이다.

[해설] 카말라실라(Kamalaśila, 蓮華戒, 740-797년 무렵)는 샨타라크시타의 제자로, 스승의 사후 치데송챈 왕의 초대로 794년에 티베트로 왔다. 카말라실라는 당시 티베트에서 교세를 떨치던 중국인 선승 마하연(摩訶衍)과 대론하여 그를 논파하였는데, 이로 인해 이후 티베트의 불교는 중관학파를 중심으로 발전하게 된다. 그의 저술에는 티베트 불교도들을 위한 중관 입문서라 할 수 있는 『수습차제(Bhāvanākrama)』와 샨타라크시타의 『진리강요』와 『중관장엄론』에 대한 주석과 『중관명(Madhyamakāloka)』 등이 있다.

아르야비묵티세나(Āryavimuktisena, 聖解脫軍, 6세기 무렵)는 디그나가, 바바비베카, 세친의 제자라고 일컬어지지만[8] 그의 전기는 불명. 그의 저술로는 미륵의 『현관장엄론』의 주석인 『현관장엄론주(Abhisamayālaṃkāra-vṛtti)』가 있다.

하리바드라(Haribhadra, 師子賢, 800년 무렵)는 팔라왕조 다르마팔라 왕 시대의 논사로 알려지지만 자세한 전기는 불명. 그의 저술로는 미륵의 『현관장엄론』의 주석인 『팔천송반야 해설인 현관장엄명(Asṭasāhasrikāprajñāpāramitāvyākhyā Abhisamayālaṃkārālokā)』이 있다.

지타리(Jitāri, 10세기 후반-11세기 전반)는 아티샤(Atiśa, 1042년 무렵에 티베트 왕의 초청으로 티베트로 옮겨가 불교의 부흥에 힘씀)의 스승 중 한 사람으로 비크라마시라 승원의 판디타(paṇḍita, 지

---

8 Geshe Lhundup Sopa and Jeffrey Hopkins(1989), p.284, 주3.

혜와 학식을 겸비한 聖者)였다고 알려져 있다. 그의 저술 중에는 『선서의 견해 분별(Sugatamatavibhaṅga)』과 그 주소(註疏)가 있는데, 이 역시 유부, 경량부, 유가행파, 중관파의 4학파의 교의를 순서대로 해설하는 둡타 문헌의 양식을 띠고 있다.

캄발라파다(Kambalapāda, 700년 무렵)는 타라나타(Tāranātha, 16-17세기의 티베트 학승)에 따르면 700년경에 활약했던 인물이라고 하지만, 확실하지는 않다. 그의 저술로는 『반야바라밀다구송의론(Prajñāparamitā-nāmaśloka)』, 『광명의 다발(Ālokamālā)』 등이 있다.

그리고 지타리는 염오성의 형상허위론과 유사한 학설을 주장하였고, 캄발라파다는 불염오성의 형상허위론과 유사한 학설을 주장하였다고 한다.

[해설] 유가행파의 염오성과 불염오성의 형상허위론에 대해서는 제6장 1-2-3 '형상허위론의 분류와 정의' 참조.

3. 유가행-중관 자립논증파의 종의

이 학파의 종의를 이론적 토대, 실천 수행도, 수행도의 결과 등 세 단락으로 나누어 논설한다.

1) 이론적 토대

이론적 토대 역시 경(境, viṣaya)과 유경(有境, viṣayin), 즉 [탐구해야 할] 지식의 대상과 [그 같은 대상을 향유하는] 주체로 나누어 해설한다.

(1) 지식의 대상

① 세계의 토대로 성취된 제법

이들 [유가행-중관 자립논증파]는 세계의 토대로 성취된 제법은 자상(自相, svalakṣaṇa)을 갖고서 존재한다고 주장하였다. 왜냐하면 어떠한 법이든, 설혹 가설된 대상을 고찰하더라도 [그것의 자상을] 획득할 수 있기 때문이다.

이에 따라 이들은 '자신의 본질로서 성취된/존재하는 것(svabhāvasiddha: 自性有)' '자신의 특성으로 성취된 것(svalakṣaṇasiddha: 自相有)' '자신의 존재 방식으로 성취된 것(*svajātisiddha: 自類有)' '그 자체로서 성취된 것(svarūpa siddha: 自體有)'은 동일한 뜻이라고 주장하였다.

[해설] 앞서 해설하였듯이 자립논증파에서는 절대적 진리(勝義諦)의 입장에서 세계의 본성은 불가언설의 공성(空性)으로 다만 선정을 통해 알려질 뿐이라고 하였지만, 세속적 진리(世俗諦)의 입장에서 불교지식론학파가 제시한 논증형식을 통해 유가행파나 경량부처럼 세계를 자상(自相, svalakṣaṇa)을 지닌 지식의 대상(所知)으로 설명하였다. 따라서 이때 지식의 대상은 비록 가설(upacāra)된 것일지라도 당연히 자상을 갖는 자기 본질적 존재(自性有), 자기 동일적 존

재(自類有), 자기 본유적 존재(自體有)이다.

귀류논증파는 이와 반대되는 주장을 제시한다. "그들은 [가설된 대상을 고찰하더라도 그것의 자상을 획득할 수 없기 때문에] 세계의 토대로 제시된 제법은 자상을 갖고서 존재하는 것이 아니라고 주장하였다." (제8장 2-1-1 '지식의 대상' 참조)

② 승의제와 세속제

지식의 대상을 분별하면 승의제와 세속제 두 종류가 있다.

[지식의 대상 자체를] 직접적으로 분명하게 아는 직접지각(現量)에 근거하여 [주객] 이원의 현현 없이 지각한 것, 즉 이것이 바로 승의제의 정의이다.

[지식의 대상을] 직접적으로 분명하게 아는 직접지각에 근거하여 [주객] 이원의 현현을 통해 지각한 것, 즉 이것이 바로 세속제의 정의이다.

이를테면 '항아리는 진실로 존재하지 않는다는 사실' (즉 항아리의 공성) 등이 승의제의 예라면, 항아리 등은 세속제의 예이다.

[해설] 앞서 논설하였듯이 중관학파는 "진실로 존재하는 법은 아무 것도 없다"고 주장하는 이들이다. 이 같은 인무아(人無我) 법무아(法無我)의 공성(空性)은 당연히 주객 이원이 현현하는 방식의 직접지각을 통해 인식되지 않는다. 그것의 인식은 주객이 차별이 사라진 선정(명상)을 통해 알려지는 '요가 수행자의 직관'이다. 여기에는 어떠한 경우에도 주체와 대상이 나타나는 일이 없으며, 일상의 세속성도, 개념적인 이미지도, 차별도, 진실로 존재하는 것도 없다.

한편 자립논증파는, 제법은 세속적으로 자상(svalakṣaṇa)에 의해 성립한다는 사실을 인정하는 무자성론자들이다. 따라서 대상의 자상은 주객의 이원이 현현하는 방식의 직접지각을 통해 인식된다.

승의제를 자세히 분별하면 16가지 공성(śūnyatā)이 있지만, 간략하게 4가지 공성으로 요약된다.

[해설] 16공은 『대반야경(대반야바라밀다경)』 등에서 보살마하살의 대승의 특징(大乘相) 중의 하나로 설해진다.[9] 내공(內空)·외공(外空)·내외공(內外空)·대공(大空)·공공(空空)·승의공(勝義空)·유위공(有爲空)·무위공(無爲空)·필경공(畢竟空)·무제공(無際空)·무산공(無散空)·본성공(本性空)·상공(相空)·일체법공(一切法空)·무성공(無性空)·무성자성공(無性自性空).

간략히 해설하면 다음과 같다.

① 내공은 안(眼) 등의 6내입처의 공. ② 외공은 색(色) 등의 6외입처의 공. ③ 내외공은 안과 색 등 내외(內外)의 12입처의 공. ④ 대공은 동서남북 등 10방(方)의 공. ⑤ 공공은 일체법이 공하는 사실의 공. ⑥ 승의공은 열반의 공. ⑦ 유위공은 욕·색·무색의 3계(界)의 공. ⑧ 무위공 무생(無生), 무멸(無滅), 무주(無住), 무이(無異)의 공. ⑨ 필경

9 『대반야경』「제3분 선현품(善現品)」(T7, 480b3-481a1).; 『현양성교론』 권15 (T31, 556a15-19). 같은 경 「초분(初分) 대승개품(大乘鎧品)」(T5, 290c17-291c14), 「제2분 무박해품(無縛解品)」(T7, 73a15-c21) 등에서는 보살마하살의 대승상(大乘相)으로 16공에 산공(散空)·불가득공(不可得空)·자성공(自性空)을 더하고 상공(相空)을 자상공(自相空)과 공상공(共相空)으로 분별한 20공이 설해진다.

공은 구경(究竟)의 불가득(不可得) 법의 공. ⑩ 무제공은 불가득인 [우주의] 처음(初際)과 끝(後際)이 존재하지 않는다는 사실의 공. ⑪ 무산공은 방기할 수 없고 버릴 수 없는 것의 공. ⑫ 본성공은 유위·무위의 법성의 공. ⑬ 상공은 일체법의 자상, 이를테면 색(色)의 변애(變礙), 수(受)의 영납(領納), 상(想)의 취상(取相), 행(行)의 조작(造作), 식(識)의 요별(了別)과 공상, 이를테면 유루법의 고(苦), 유위법의 무상(無常), 일체법의 공(空)과 무아(無我)의 공. ⑭ 일체법공은 5온·12처·18계, 유색무색(有色無色)·유견무견(有見無見)·유대무대(有對無對)·유루무루·유위무위 등의 일체법의 공. ⑮ 무성공은 일체법에 자성이 존재하지 않는다는 사실의 공. ⑯ 무성자성공은 능히 자성과 화합하는 일이 없는 자성의 공.

경에서는 16공 (또는 20공) 각각에 대해 해설하고서 "안(眼) 등의 내법(內法) 내지 무성(無性)의 자성(自性)은 공으로, 본래 그러한 것이기 때문에 항상 하지도, 괴멸하지도 않는다"는 말을 더하고 있다.

4공이 무엇을 가리키는지 분명하지 않지만 『대반야경』에서는 16공과 더불어 유성유유성공(有性由有性空), 무성유무성공(無性由無性空), 자성유자성공(自性由自性空), 타성유타성공(他性由他性空)의 4공을 함께 설하고 있으므로 아마도 이를 말한 것으로 생각된다.

① 유성(5온)은 유성의 자성이 불가득이기 때문에 공이다. ② 무성(무위법)은 무성의 자성이 불가득이기 때문에 공이다. ③ 일체법의 자성은 다 공으로, 이러한 공은 지혜나 견해에 의해 지어진 것도, 그 누구에 의해 지어진 것도 아닌 [그 자체의 본질이기] 때문에 공이다. ④ 일체법은 불타께서 세간에 출현하였거나 출현하지 않았거나 관계없이 법주(法住)이고 법정(法定)이며, 법성(法性)·법계(法界)·평

등성(平等性)·이생성(離生性)·진여(眞如)·불허망성(不虛妄性)·불변이성(不變異性)·실제(實際)로, 모두 타성(他性)으로 인해 공이다.[10]

참고로 제프리 홉킨스는 4공을 논거 없이 유위법의 공, 무위법의 공, 자아의 공, 그 밖의 법의 공이라 해설하였다.[11]

세속제를 분별하면 진실의 세속제(實世俗)와 거짓의 세속제(邪世俗) 두 가지가 있다. 이를테면 물과 같은 것이 전자의 예라면, 신기루로 나타난 물과 같은 것이 후자의 예이다.

이 종의 체계에서는 심식(vijñāna)을 모두 진실의 세속제로 인정하였다.

[해설] 예컨대 '물'이 비록 지·수·화·풍 등의 중연(衆緣)에 의해 생겨난 것으로 진실이 아니라고 할지라도 실제 마셔서 갈증이 해소되며 손을 씻을 수 있는 등 실제적 작용력(arthakiyāsamartha)을 갖기 때문에 세속제(saṃvṛtti-satya) 즉 언어적 가설로서의 진실 이라 말할 수 있다. 그렇다면 감관이 손상되거나 착각에 의해 나타난 신기루의 물 또한 세속제라고 말할 수 있는가? 이에 중관학파에서는 세속을 진실의 세속(tathya-saṃvṛti: 實世俗)과 거짓의 세속(mithyā-saṃvṛti: 邪世俗)으로 구분하였고, 거짓의 세속도 제(satya) 즉 진리라고 말할 수 있는가?에 대해 일대 논쟁이 일어났다.

귀류논증파인 찬드라키르티(月稱)는 진실의 세속만을 세속제로

---

10 『대반야바라밀다경』 권51 (T5, 291c14-26), 동 권413 (T7, 73c21-74a3), 동 권488 (T7, 481a1-12).

11 Geshe Lhundup Sopa and Jeffrey Hopkins(1989), p.287.

인정하였지만(제8장 2-1-1③ '승의제와 세속제' 참조), 자립논증파인 바바비베카(淸辨)는 거짓의 세속 또한 세속제로 인정하였다. 신기루의 물이 신기루로 판명날 때까지는 신기루가 아니기 때문에 현실적 존재로 인정하지 않을 수 없었다. 이러한 의미에서 바바비베카는 상키야학파와 같은 외도의 학설도 세속제로 허용하였던 것이다. 이에 반해 프라즈냐카라마티는 찬드라키르티를 계승하여 환상이나 해손된 감관에 의한 그릇된 지각, 혹은 외도에 의해 분별된 정설은 세간언설로서도 거짓(mithyā)이기 때문에 세속제라고 말할 수 없다고 주장하였다.[12]

(2) 지식의 주체

① 개아

[유가행과 경량행의] 두 자립논증파는 모두 예컨대 [제6] 의식(意識)을 개아(pudgala)라고 주장하였다. 즉 그들은 다 같이 알라야식과 염오의(染汚意, 즉 末那識)의 존재를 부정하고, 6식만을 인정하였다.

[해설] 이때 의식(意識)은 물론 소연과 행상을 갖고 무심정 등에서 끊어지는 현행식이 아니라 종자의 훈습처로서 언제 어디서나, 무심정에 들 때나 무상정(無想定)에 태어날 때에도 항상 존재하는 미세하고 무부무기성의 동일 종류(種類)의 의식일 것이다. 제5장 2-1-2① '개아' 해설 참조.

---

12 安井廣濟, 김성환 역, 『中觀思想硏究』, pp.197-201 참조.

② 식(識)

식(識, vijñāna), 즉 인식에는 바른 인식(pramāṇa: 量)과 바른 인식이 아닌 것(apramāṇa: 非量), 두 종류가 있다.

바른 인식에는 직접지각(現量)과 추리(比量) 두 종류가 있다.

직접지각에는 다시 감각지각과 의(意)지각과 식(識)의 자기인식과 요가 수행자의 직관, 네 종류가 있다.

[그들은] 식의 자기인식과 요가 수행자의 직관은 모두 착란이 없는 [무오류의] 식이라고 주장하였다.

> [해설] 식의 자기인식과 요가 수행자의 직관은 주관과 객관이 실체로서 현현하지 않는 방식의 직접지각이다. 이 같은 지각은 후술하듯이 주체와 대상의 실체적 차별이 없다는 점에서, 또한 그것이 실유로 나타나지 않는다는 점에서 착란(오류, bhrānti)이 없다고 한 것이다.

[또한] 외계대상의 [실재성을] 인정하지 않기 때문에 푸른색과 푸른색을 파악하는 직접지각(현량)은 동일한 실체(dravya)라고 주장하였다.

2) 실천 수행도

본 항에서는 도의 관찰 대상, 도에 의해 끊어지는 장애, 도의 본질 등 세 단락으로 나누어 논설한다.

(1) 도의 관찰 대상

[유가행-중관 자립논증파는] 개아는 상일주재(常一主宰)하는 실체로서 존재하지 않는다는 것이 거친 인무아(人無我, pudgala-nairātmya)이고, 개아는 [5온과는 별도의] 자기 독립적인 실체로서 존재하지 않는다는 것이 미세한 인무아라고 주장하였다.

또한 색(色)과 그 같은 색을 파악하는 바른 인식(즉 안식)이 별도의 실체가 아니라는 것이 거친 법무아(法無我, dharma-nairātmya)이고, 일체 제법은 진실로 존재하지 않는다는 것이 미세한 법무아라고 주장하였다.

[해설] 즉 유가행-중관 자립논증파에서는 분별지를 추구하는 가행도에서든 무분별지를 추구하는 견도에서든 그때 도의 대상은 거칠고 미세한 인무아(人無我)와 법무아(法無我)였다. 불교사상사적으로 말하면 독자부는 오로지 거친 인무아만을 주장하였고, 유부비바사사는 거친 인무아는 물론이고 미세한 인무아를 주장하였으며, 유식학파는 거칠고 미세한 인무아와 함께 거친 법무아만을 주장하였고 －유식학파에서는 미세한 인무아도 주장한다고 하였지만 그들이 이해한 그것은 소취(所取)와 능취(能取)가 별도의 실체가 아니라거나 색은 색을 파악하는 분별식에 의해 집착된 것일 뿐 별도의 자상을 갖는 것이 아니라는 것이었다. (제6장 2-3-1 '수행도의 관찰 대상' 참조)－ 자립논증파는 거칠고 미세한 인무아와 법무아를 모두 주장하였다.

그렇다면 유가행-중관 자립논증파에 있어 번뇌장은 당연히 인아(人我) 즉 개아의 실체성에 대해 집착하는 것이고, 소지장은 법아

(法我) 즉 제법의 실체성에 대해 집착하는 것으로, 이 학파의 입장에서 본다면 유식학파는 미세한 법무아를 주장하지 않기 때문에 소지장을 끊을 수 없다. (후설)

(2) 도에 의해 끊어지는 장애

유가행-중관 자립논증파에서는 [거칠거나 미세한] '개아의 실체성(人我)에 집착'하는 것이 번뇌장(煩惱障)이고, 또한 [거칠거나 미세한] '법의 실체성(法我)에 집착'하는 것이 소지장(所知障)이라고 주장하였다.

소지장에는 다시 거친 소지장과 미세한 소지장 두 종류가 있다. 능히 파악하는 주체(grāhaka, 能取)와 파악되는 대상(grāhya, 所取)이 별도의 실체라고 집착하는 것이 거친 소지장이라면, 5온 등의 제법이 진실로 존재한다고 집착하는 것이 미세한 소지장이다.

(3) 도의 본질

유가행-중관 자립논증파가 3승 각각에 5가지, 도합 15가지의 수행도를 제시하는 것은 다른 학파와 동일하다. 다만 차이점이라면, [보살뿐만 아니라] 독각의 경우도 반드시 무간도와 해탈도에서 [주객] 이원의 공상(空相)을 수반해야 한다고 인정하였다는 점이다.

[해설] 여기서 '[주객] 이원의 공상(空相)'이라 함은 능취(能取)와 소취(所取), 혹은 주관과 객관이 개별적 실체로서 존재하는 것이 아니라는 지식의 형상(ākāra). 앞서 색(=소취)과 그 같은 색을 파악하

는 바른 인식(=능취)이 별도의 실체로 존재하는 것이 아니라는 것을 거친 법무아(法無我)라고 하였는데, 이 학파에서는 독각의 무간·해탈도는 이 같은 법무아를 본질로 한다고 주장하였다. (차항 (1) '성문과 독각' 참조)

3) 수행도의 결과

(1) 성문과 독각

독각은 거친 소지장(所知障)을 끊어야 할 주된 대상으로 삼기 때문에 [번뇌장에 따라 설정된] 8배(輩) 즉 사향사과(四向四果)의 과위(果位)가 적용되지 않는다. 그렇지만 성문의 경우에는 8배의 성자가 적용된다고 그들은 주장하였다.

즉 성문종성은 인무아(人無我)에 대한 깨달음(darśana: 知見)을 그들 수행의 주된 목적으로 삼으며, 최종적으로 수도위의 금강유정에 의지하여 일체의 번뇌장을 남김없이 끊음과 동시에 성문의 아라한과를 증득한다.

[이에 반해] 독각종성은 능취(能取)와 소취(所取)의 두 가지, 즉 능히 파악하는 주체와 파악되는 대상이 공하다는 (다시 말해 별도의 실체로서 존재하지 않는다는) 사실에 대한 깨달음을 그들 수행의 주된 목적으로 삼으며, 최종적으로 수도위의 금강유정에 의지하여 번뇌장과 거친 소지장을 남김없이 끊음과 동시에 독각의 아라한과를 증득한다.

소승의 열반에는 유여의열반(有餘依涅槃)과 무여의열반(無餘依涅槃) 두 종류가 있다. [비록 생사윤회의 괴로움을 초래하는 일체 번뇌가 끊어졌을지라도] 전생의 업과 번뇌에 따른 괴로움의 축적(苦蘊, 즉 전생에 쌓은 업과 번뇌에 의한 괴로움의 과보)이 남아 있는 상태의 열반이 유여의열반이라면, 그 같은 괴로움의 축적마저 떠난 상태의 열반이 무여의열반이라고 그들은 주장하였다.

> [해설] 이는 다름 아닌 비바사사(毘婆沙師)의 열반관이다. 그들은 무여의열반을 불꽃이 꺼지는 것처럼 의식의 상속이 완전히 끊어지는 상태로 이해하였고, 이 같은 열반관을 공히 3승에 적용하였다. (제4장 2-3-4 '삼승의 열반' 참조)

[이들 유가행-중관 자립논증파에 의하는 한] 성문과 독각의 아라한은 반드시 대승의 도로 들어가게 된다. 왜냐하면 이들은 궁극적으로 오로지 일승(一乘)(ekayāna)만이 존재한다고 주장하였기 때문이다. 그렇지만 이들의 종의체계에서 성문과 독각은 끊어야 할 장애와 깨달아야 할 대상에 차별이 있기 때문에 그들이 증득하는 성과(聖果)에는 우열이 있다.

(2) 보살

대승(즉 보살)종성은 무상(無上)의 깨달음을 증득하려는 마음(菩提心)을 일으키고서 자량도 중 상품의 단계에서 '법의 상속이 확고하게 되는 삼매'(srotānugatasamādhi, 隨流向三摩地)에 의지하여 '수승한 화신불'(viśeṣa-nirmāṇakāya)로부터 직접 가르침을 듣는다. 그리고 가르침을 몸소 수습(修習)함에 따라 바야흐로 공성(śūnyatā)을 소연으로 하는 지혜(즉 修所成慧)가 생겨났을 때 가행도에 들게 된다.

먼저 [가행도의 첫 번째 단계인] 난위(煖位)에서는 견도에 의해 끊어지는(見所斷) '염오한 인식대상에 대한 분별(所取分別)'의 현행이 약화(조복)되고, [두 번째 단계인] 정위(頂位)가 성취되었을 때에는 견도에 의해 끊어지는 '청정한 인식대상에 대한 분별'의 현행이 약화된다. 또한 [세 번째 단계인] 인위(忍位)가 성취되었을 때에는 견도에 의해 끊어지는 '실유의 인식주체가 능히 분별하는 것(能取分別)'이라는 현행이 약화되며, 그리고 [네 번째 단계인] 세제일법위(世第一法位)가 성취되었을 때에는 견도에 의해 끊어지는 '가유의 인식주체가 능히 분별하는 것'이라는 현행이 약화된다.

이러한 가행도의 네 단계 즉 난위·정위·인위·세제일법위의 삼매를 각기 명득삼매(明得三昧, 공성에 대한 광명을 획득하는 삼매), 명증삼매(明增三昧, 공성에 대한 광명이 증가하는 삼매), 입진의일분삼매(入眞義一分三昧, 진실의 일부분으로 깨달아 들어가는 삼매), 무간삼매(無間三昧, 바로 다음 찰나에 견도에 드는 삼매)라고 한다.

[해설] 가행도의 난·정·인·세제일법의 4선근은 비바사사(毘婆沙師)에 의해 제시된 수행론이지만, 거기서는 4제 16행상에 대한 분별의 심화과정에 대해서만 논의할 뿐 이처럼 삼매와 관련지어 논의하지 않는다. 순결택분(順決擇分)의 4선근을 삼매와 관련지어 논의하는 것은 유가행파이다. 무착의 『대승아비달마집론』에서는 비록 4성제의 내증(內證)에 관해 설하고 있을지라도 각기 순서대로 명득(明得) 삼마지, 명증(明增) 삼마지, 일분이입수순(一分已入隨順) 삼마지, 무간심(無間心) 삼마지와 지혜, 이것의 상응법 등에 근거하여 경

에서 설한 4성제의 여러 뜻을 밝히고, 더욱 증진하여 밝히고, 부분적으로 진리에 따라 이를 인가하고, 바야흐로 마침내 출세간도를 일으킨다고 논설하고 있다.[13]

그러나 『섭대승론』 「입소지상분(立所知相分)」에서는 이 네 가지 삼매를 유식성을 통찰하는 방편인 순결택분의 근거(依止)로 논설하고 있다.

「이같이 유식성을 통찰하려면 네 가지 삼마지를 닦아야 한다. 이는 네 가지 순결택분(順決擇分)의 근거(依止, 원인)가 되는 것이다.

이에 대해 어떻게 알아야 하는 것인가?

[말과 뜻 등을 통한] 네 종류 탐구(4尋思)에 따른 것임을 마땅히 알아야 한다. 즉 ① 하품의 탐구로 [인식] 대상이 존재하지 않는다는 사실을 인가하려면 명득(明得) 삼마지 즉 [공성에 대한] 광명을 획득하는 삼매' (ālokalabdhasamādhi)를 닦아야 하니, 이는 바로 난법(煖法)의 근거이다. ② 상품의 탐구로 [인식] 대상이 존재하지 않는다는 사실을 인가하려면 명증(明增) 삼마지 즉 '[공성에 대한] 광명이 증가하는 삼매'(ālokavṛddhisamādhi)를 닦아야 하니, 이는 바로 정법(頂法)의 근거이다. ③ 다시 [말과 뜻 등을 떠난] 네 종류의 여실변지(如實遍智)에 따라 유식의 도리에 입문하여 [인식] 대상이 존재하지 않음을 결정적으로 알았다면, 진실의(眞實義)의 일부(즉 能取의 공성)를 깨닫는 삼매(入眞義一分三摩地, *tattvārtha- ekadeśānupraveśasamādhi)를 닦아야 한다. 이는 인법(諦順忍)의 근거이다. ④ 이로부터 무간에

---

13 『대승아비달마집론』 권5 (T31, 682b26-c7); 『대승아비달마잡집론』 권8 (T31, 734c7-19).

'유식'이라는 생각조차 조복하려면 (약화시키려면) 견도와 찰나의 간격도 갖지 않은 무간(無間) 삼마지(ānantaryasamādhi)를 닦아야 하니, 이는 세제일법(世第一法)의 근거이다.

마땅히 알아야 할 것이니, 이러한 네 삼마지는 바로 현관에 근접한 것(現觀邊)이다.」[14]

즉 명득삼마지(혹은 明得定)가 하품의 탐구(尋思)로써 인식대상(=所取)이 공함을 관찰하는 선정이라면, 명증삼마지(혹은 明增定)는 상품의 탐구로써 인식대상이 공함을 관찰하는 선정으로, 여기서는 앞의 단계보다 지혜광명이 증가하기 때문에 그같이 말한 것이다. 인위(忍位)의 근거가 된 삼매를 입진의일분삼마지라고 말한 것은 앞의 두 선정이 인식대상의 공성을 관찰한 단계라면 여기서는 인식주체(=能取) 역시 공하다는 진실의의 일부마저 관찰하기 때문이다. 그리고 세제일법은 찰나의 간격도 없이 바로 다음 찰나에 견도에 들기 때문에 이것의 소의가 된 선정을 무간삼마지라고 말한 것이다.

[세제일법] 바로 직후(다음 찰나)에 견도의 무간도에 의해 [후천적] 분별에 따라 일어난 112가지 번뇌장과 역시 분별에 따라 일어난 108가지 소

---

14 『섭대승론본』 권중(T31, 143b3-11), "於此悟入唯識性時, 有四種三摩地. 是四種順決擇分依止. 云何應知? 應知! 由四尋思, 於下品無義忍中, 有明得三摩地, 是暖順決擇分依止. 於上品無義忍中, 有明增三摩地, 是頂順決擇分依止. 復由四種如實遍智已入唯識. 於無義中, 已得決定. 有入眞義一分三摩地, 是諦順忍依止. 從此無間伏唯識想, 有無間三摩地, 是世第一法依止. 應知如是諸三摩地. 是現觀邊." 『성유식론』에서는 이러한 네 종류의 삼매를 명득정(明得定), 명증정(明增定), 인순정(印順定), 무간정(無間定)이라 하였다. (T31, 49b1-20)

지장이 [그것들의] 종자(bīja)와 함께 끊어진다.

수도위에서는 수도에 의해 끊어지는 108가지 소지장이 종자와 함께 차례로 끊어진다.

[해설] 5위의 수행도를 처음으로 제시한 유부에 의하면 견도에 의해 끊어지는 견혹(見惑)은 후천적으로 분별에 의해 일어난 번뇌(이를 分別起라고 한다)이며, 수도에 의해 끊어지는 수혹(修惑)은 선천적으로 타고난 번뇌(즉 俱生起)이다. 또한 무간도는 예컨대 집에 든 도둑을 몰아내듯이 번뇌를 끊는 도라면, 해탈도는 문을 걸어 잠궈 더 이상 도둑이 들어오지 못하게 하듯이 번뇌의 멸을 확증짓는, 다시 말해 열반을 증득하는 도이다. 자립논증파의 경우 역시 견도의 무간도는 자아가 존재한다거나 주체와 대상이 별도의 실체라는 분별기의 번뇌장과 소지장을 끊는 도이며, 해탈도는 이 같은 2장이 끊어진 상태를 확증짓는 도이다. 여기서 견도 무간도에 의해 끊어지는 112가지 번뇌나 108가지 소지장, 수도위에서 끊어지는 108가지 소지장은 미상.

참고로 전집본이나 북경 판 등에서 이 논설은 "[세제일법] 바로 직후에 견도의 무간도에 의해 [후천적] 분별에 따라 일어난 번뇌장과 역시 분별에 따라 일어난 소지장이 종자와 함께 끊어지고, 그런 연후 [견도의] 해탈도와 [두 가지 장애의] 멸제가 증득된다. 그리고 수도위에서는 9품의 단계를 통해 수도에 의해 끊어지는 16가지 번뇌장의 종자와 108가지 소지장의 종자가 점진적으로 끊어진다"로 되어 있는데(본문 편 참조), 여기서 16가지 수소단의 번뇌장은 욕계의 구생(俱生)의 살가야견(薩迦耶見)과 변집견(邊執見), 탐(貪)·진(瞋)·

만(慢) · 무명과, 진을 제외한 색 · 무색계의 각기 5가지 번뇌이다.[15]

그리고 마침내 [유정의] 상속(相續)의 최후 순간, 무간도(즉 금강유정)에 의지하여 선천적으로 타고난 구생(俱生)의 번뇌장과 구생의 소지장을 동시에 함께 끊고서 다음 찰나 무상(無上)의 보리(菩提)를 증득한다.

이상이 대승(보살)종성이 성과(聖果)를 증득하는 방식이다.

[그들은] 대승의 열반과 무주처열반(無住處涅槃)을 동의어로 인정하였다.

[해설] 유가행파에서는 열반을 ① 일체의 분별상을 떠난 언어도단(言語道斷) 심행처멸(心行處滅)의 본래자성청정열반(本來自性淸淨涅槃), ② 번뇌장을 끊고 증득하는 유여의열반(有餘依涅槃), ③ 전생의 업과 번뇌에 따른 생사의 고과(苦果)마저 끊어진 무여의열반(無餘依涅槃), 그리고 ④ 소지장을 끊고서 증득하는 무주처열반(無住處涅槃)으로 분별한다. 성문 독각의 소승은 소지장(즉 法執)으로 인해 생사를 떠나 법 중의 법, 최상의 법인 열반에 들려고 하지만, 불타는 소지장을 끊고 무상보리(無上菩提)를 증득하여 생사와 열반을 차별하지 않기 때문에 생사에 머물고 열반에 들지 않는다.[16]

---

15 『대승아비달마집론』 권4 (T31, 678c10-14).

16 『성유식론』 권10 (T31, 55b7ff).

4) 불신과 요의·불요의

또한 [그들은] 불신(佛身)의 네 종류는 결정적인 것이라고 주장하였다. 비록 아르야비묵티세나(聖解脫軍)와 하리바드라(師子賢)가 불신에 대해 논쟁을 벌였을지라도 그 수에 관해서는 논쟁하지 않았다.

[해설] 불신은 통상 법신(法身), 보신(報身), 응신(應身)의 3신으로, 유가행파에서는 자성신(自性身), 수용신(受用身), 변화신(變化身)의 3신으로 논의한다. 여기서 자성신은 여래법신. (『섭대승론』 T31, 149상) 일반적으로 3신 중 응신을 응신과 화신으로, 혹은 수용신을 자수용(自受用)과 타수용(他受用)으로 나누어 불신의 네 종류라고 하지만, 티베트에서 주요 불전으로 간주되는 미륵(彌勒)의 『현관장엄론』 제1「일체종지」 제18송에서는 불신을 자성신(自性身), 보신(報身), 화신(化身), 행업을 가진 법신(法身)으로 정리한다.[17]

또한 [그들은] 불설(佛說)에 불요의경과 요의경이 있다는 사실을 인정하였다. 세속제를 주요 내용으로 설한 경이나 설하고 있는 그대로를 [경의 뜻으로] 인정할 수 없는 경이 불요의경이라면, 승의제를 주요 내용으로 설한 경이나 설하고 있는 그대로를 [경의 뜻으로] 인정할 수 있는 경이 요의경이다.

즉 [그들은] 『해심밀경』에서 설하고 있는 [3종] 법륜 중에서 첫 번째 법

---

17 범천 역주, 『현증장엄론 역주』 (불광출판사, 2017), p.111.

륜은 불요의경이며, 두 번째와 세 번째의 두 법륜에는 요의와 불요의가 모두 존재한다고 주장하였다.

> [해설] 뒤에 논설하듯이 귀류논증파에서는 승의제인 공성을 직접적으로 바로 설하지 않는다는 점에서 첫 번째와 세 번째 법륜인 사제법륜과 변별법륜을 불요의경으로 이해하고 오로지 두 번째 무상법륜(無相法輪)만을 요의경으로 인정하였지만, 유가행-중관 자립논증파에서는 이처럼 두 번째와 세 번째의 두 법륜을 요의이면서 불요의로 이해하였다. 제법개공(諸法皆空)을 설한 『반야경』의 경우 비록 분명하게 승의제를 주요내용으로 삼는 요의일지라도 경설 자체가 무조건적으로 수용될 수는 없다. 논거(즉 因의 三相)를 갖춘 논증형식이 필요한 것이다. 또한 유식무경(唯識無境)을 설한 『해심밀경』의 경우 비록 세속제를 주요내용으로 삼는 불요의일지라도 주관(能取)과 객관(所取)의 개별적 실재성을 부정한다는 점에서 요의이다. 『해심밀경』의 3종 법륜에 대해서는 본서 제3장 1. '삼종법륜' 해설 참조.

4. 경량행-중관 자립논증파의 종의

1) 이론적 토대

외계 대상을 인정하고 식의 자기인식을 주장하지 않는다는 점을 제외한다면 그 밖의 기본입장은 유가행-중관 자립논증파의 그것과 거의 유사하다.

2) 실천 수행도

[유가행-중관 자립논증파와] 실천 수행도의 차이점은 [이러하다].

경량행-중관 자립논증파에서는 성문종성과 독각종성은 법무아(法無我)를 깨달을 수 없다고 주장하였다. 또한 그들은 '능히 파악하는 것(=能取)과 파악되는 것(=所取)이 별도의 실체로서 존재하는 것이 아님(즉 二取空)을 깨닫는 지혜'를 인정하지 않았을 뿐만 아니라 외계대상을 [실유로] 파악하는 분별이 소지장이라는 사실도 인정하지 않았다.

3) 수행도의 결과

[경량행-중관 자립논증파에서는] 성문과 독각이 끊어야 할 장애(번뇌장과 소지장)와, 증득해야 할 무아(無我)에 거칠고 미세함의 [차이가] 없기 때문에 [성문종성과 독각종성의] 깨달음에도 차이가 없다고 주장하였다. 그들은 성문과 독각 모두에 8배(즉 4향4과)의 규정을 제시하였다.

> [해설] 앞서 경량행-중관 자립논증파에서 성문과 독각은 법무아를 깨달을 수 없다고 하였기 때문에 여기서의 무아(無我)는 인무아(人無我)일 것이다. 이에 따른다면 이들은 상일주재(常一主宰)의 거친 자아와 개별적인 미세한 자아를 구분하지 않았다.

또한 그들은 대승(보살)종성은 번뇌장과 소지장의 두 장애를 단계적(점진적)으로 끊는다고 주장하였다. 왜냐하면 [바바비베카(청변)의] 『중관심송(中觀心頌)』의 주석(즉 『사택염(思擇炎)』)에서 "[보살은] 제8지를 성취할 때, 번뇌장을 남김없이 끊는다"고 설하였기 때문이다. 그렇지만 그들은 귀류논증파처럼 "번뇌장이 모두 끊어졌을 때 비로소 소지장을 끊을 수 있다"고는 주장하지 않았다.

[해설] 경량행-중관 자립논증파에서는 "보살은 초지(初地)의 단계부터 번뇌장과 소지장을 끊을 수 있지만 2장의 최종적인 제거가 동시에 일어나는 것은 아니다"라고 말한다. 번뇌장의 완전한 제거는 제8지(즉 不動地)에서 이루어지며, 소지장의 완전한 제거는 불지(佛地)에서 일어난다.[18]

이러한 차이점을 제외한 그 밖의 이론적 토대, 실천 수행도, 수행도의 결과에 관한 학설은 대부분 유가행-중관 자립논증파의 그것과 거의 동일하다.

---

18 Geshe Lhundup Sopa and Jeffrey Hopkins(1989), p.299.

제8장 중관학파(2) 귀류논증파

귀류논증파에 대해 학파의 정의, 학파명칭의 유래, 그들이 주장한 종의 등 세 단락으로 나누어 논설한다.

1. 개 설

1) 정의

무자성론자(無自性論者)로서 [제법이] 자상(自相)에 의해 성립한다는 사실을 언어적 가설로서도 인정하지 않는 이들, 이것이 바로 귀류논증파의 정의이다. 예컨대 붓다팔리타(佛護), 찬드라키르티(月稱), 샨티데바(寂天)가 그러한 이들이다.

[해설] 앞(제7장 자립논증파 '분류')에서 논설한 대로 바바비베카(淸辨), 샨타라크시타(寂護), 카말라실라(蓮華戒), 비묵티세나(解脫軍), 하리바드라(師子賢), 지타리 등이 자립논증파의 주요 논사였다면, 귀류논증파의 주요논사는 붓다팔리타, 찬드라키르티, 산티데바이다.

붓다팔리타(Buddhapālita: 佛護, 470-540년 무렵)는 귀류논증파의 개조로 티베트의 역사서인 『타라나타의 불교사』에 의하면,[1] 남인도 탐발라 국 출신으로 나가미트라(Nāgamitra)의 제자 상가락시타(Saṃgharakṣita)로부터 용수의 여러 종의를 배우고 마음을 수습하여 최상지를 획득하고 문수보살을 친견하였다. 남방의 단타푸리 가람에 머물며 용수와 제바, 수라(Sūra)가 지은 제론을 주석하였다. 유일하게 현존하는 그의 저술은 『붓다팔리타의 근본중론 주석』(Buddhapālitamūlamadhyamakavṛtti)인데, 티베트 역으로만 전한다. 그는 여기서 귀류(prasaṅga) 논법에 의해 『중론송』의 공성 논증을 해설하였기 때문에 자립논증(svatantra-anumāṇa)을 주장한 바바비베카로부터 비판을 받았고(이에 따라 붓다팔리타는 바바비베카의 선배인 디그나가와 동시대인물로 간주되었다), 바바비베카의 비판은 다시 붓타팔리타를 옹호한 찬드라키르티에 의해 재비판됨으로써 자립논증파와 귀류논증파라는 중관학파의 양대학파가 생겨나게 되었다.

찬드라키르티(Candrakīrti: 月稱, 600-650 무렵)는 『타라나타의 불교사』에 의하면,[2] 남인도의 사만타 출신으로 바바비베카의 제자들과 붓다팔리타의 제자 카마라붓디(Kamalabuddhi)로부터 용수의 종의와 일체의 우파데사(論義)를 품수한 대학자였다. 이후 나란다 승원의 좌주(座主)가 되어 용수의 『중론』, 『사백론』, 『육십송여리론』에 대한 주석과 『입중론(Madhyamakāvatāra)』을 저술하여 붓다팔리

1 寺本婉雅 譯註, 『タ-ラナ-タ 印度佛教史』, p.205.

2 같은 책, pp.223f.

타의 종풍을 널리 선양하였다. 그 후 남인도로 돌아와 밀주(密呪)의 도(道)를 닦았다고 한다.

찬드라키르티의 『중론』의 주석서 『프라산나파다(Prasannapadā: 名句論)』는 산스크리트본과 티베트어 역본 모두 남아 있다. 『중론』의 산스크리트 텍스트의 복원이 가능하였던 것도 바로 이것 때문이었다. 그는 여기서 바바비베카가 이용한 자립논증은 중관학파에 적절한 것이 아니기 때문에 붓다팔리타의 귀류논증에 근거하여 공성을 논증해야 한다고 주장하였다. 이들의 논쟁에 기초하여 이후 티베트 불교에서는 자립[논증]파(Raṅ rgyud pa, Svatantrika)와 귀류[논증]파(Thal ḥgyur ba, Prasaṅgika)라는 학파명칭이 성립하였고, 붓다팔리타와 찬드라키르티가 귀류[논증]파를 대표하는 논사로 간주되기에 이르렀던 것이다.

이 같은 학파의 명칭을 사용한 최초의 티베트 학자는 파찹 니마닥(Pa tshab nyi ma grags, 1055-?)인데, 이후 찬드라키르티의 학설은 쫑카파에 이르러 귀류논증파를 절대시하는 교학으로 확립되었고 이것이 겔룩파로 계승되었다. 본 둡타에서도 이에 따라 귀류논증파로써 불교의 종의를 끝맺고 있는 것이다. 찬드라키르티는 사실상 겔룩파의 비조라고 할 만하다. 장까는 그의 둡타에서 이같이 논설하였다.

"대존자 붓다팔리타는 『붓다팔리타의 근본중론 주석』에서 [『근본중론』의] 본송(本頌)에서 설해진 온갖 정리(正理)의 의미를 다수의 귀류(歸謬)로써 주석하였고 자립논증을 설하지 않았다. 그 후 존자 바바비베카는 붓다팔리타의 주석에 대해 다수의 과실을 포착하고 자립논증을 세우는 것이 필요한 다수의 이유를 설하여 [용수의 밀의를] 자립논증으로 주석하는 [중관]파의 개조(rang rgyud du 'grel ba'i shing rta'i srol 'byed pa)가 되었다. 그 후 길상(吉祥)의 찬드라키르티는 붓다팔리타에게는 그 같은 과실이 적용되지 않는다는 사실과, 자립논증설에 대한 비판과, [자립논증을] 인정하는 것은 올바르지 않다는 다수의 이유를 제시하여 성자(용수)의 밀의를 귀류논증으로 주석하는 중관파의 개조(dbu ma thal 'grel ba'i shing rta'i srol 'byed) 가 되었던 것이다."[3]

샨티데바(Śāntideva: 寂天, 650-700년 무렵) 역시 귀류논증파로 열거되고 있지만, 그에게 이 사상이 어떻게 구현되고 있는지는 분명하지 않다. 티베트 불교에서 매우 중시된 논사였는지 티베트의 불교사[4]에서 그의 전기는 다른 어떤 논사보다 자세하다. 저술로는『입보리행론』,『대승집보살학론』,『경집』(한역은『대승보요의론』)이 있다. 앞의 두 가지는 산스크리트본과 한역 티베트어 역본이 모두 존재한다.

2) 학파명칭의 유래

어째서 귀류논증파라고 이름한 것인가? 하면, 그들은 [대론자의 주장이] 과실/오류(prasaṅga)를 범한 것이라고 지적하는 것만으로 대론자의 심상속(心相續) 상에 [입론자가] 논증하고자 하는 바(sādhya: 所證, 즉 제법무자성론)를 알게 하는 추론의 바른 인식(比量)이 생겨난다고 주장하기

---

3 lCang skya rol ba'i rdo rjes brtsams(1989), p.196. 3-11. 西沢史仁,「中観帰謬派の開祖について ーゲルク派の伝承を中心としてー」, p.944 참조.

4 寺本婉雅 譯註,『タ-ラナ-タ 印度佛教史』, pp.234ff.

때문에 이 같은 명칭으로 불리게 된 것이다.

[해설] 귀류[논증]파(Prasaṅgika)는 프라상가(prasaṅga)의 방법으로 공사상을 천명하기 때문에 붙여진 이름이다. 여기서 프라상가란 '과실/오류에 빠지다(透過)'는 의미로, 다만 대론자의 입론에 과실이 있음을 지적함으로써 그의 주장을 파척하고, 마침내 입론자의 주장이 저절로 드러나게 된다는 것이다.

어떤 경우라도 언어에 의한 입언/주장에는 완전한 것이 없으며 어떤 식으로든 난점을 지닌다. 귀류논증파는 이 점을 노린다. 예컨대 '나는 태어났다'는 입언에서, 만약 '나'라는 존재가 태어나기 전부터 있었다면 새삼스럽게 태어날 필요는 없다. 그러나 만약 태어나기 전에 '나'라는 존재가 없었다고 한다면, 없던 것이 생겨날 수도 없을뿐더러 주체도 없는 셈이다. 따라서 '나는 태어났다'는 입언에는 모순이 있다. 용수는 『중론』 귀경게에서 "[일체 제법은] 생겨나지도 않고 소멸하지도 않으며, 불연속도 아니고 연속도 아니며, 동일한 것도 아니고 다른 것도 아니며, 오는 것도 아니고 가는 것도 아니다 (不生亦不滅 不常亦不斷 不一亦不異 不來亦不出)"고 설파하였다. 요컨대 단일 보편의 정지된 언어로는 유동(流動)의 세계를 묘사할 수 없으며, 도리어 진실을 은폐한다는 것이 이들 학파의 생각이었다.

그들은 자신들의 주장(pratijñā, 宗)을 세우지 않는다. 다만 비판할 뿐이다. '있다'고 하면 있는 것이 아니라 비판하고, '없다'고 하면 없는 것이 아니라고 비판한다. 동아시아 삼론종의 개조 가상길장(嘉祥吉藏)은 이 같은 저들의 논법을 '파사즉현정(破邪卽顯正)'이라 하였다.

앞서 해설한 대로 귀류논증파라는 말이 자립논증파(스바탄트리카)와 대립적으로 사용된 것은 찬드라키르티(600-650년 무렵) 시대부터이다. 찬드라키르티는 『프라산나파다(Prasannapadā)』에서 바바비베카(청변)의 자립논증을 배척하고 귀류의 논증방식으로 『중론』을 해설하였다. 그리고 이러한 입장이 티베트 불교에 수용되어 중관학파의 정통으로 인정되었고, 용수나 제바 또한 귀류파로 간주되었다.

그러나 실제 인도불교에서는 바바비베카 계통도 유력하였다. 우리 또한 용수의 사상을 논의할 때 『중론』 24장 제8-10송을 빠트리지 않는다. "모든 부처님께서는 세속제와 승의제라는 두 가지 진리에 근거하여 법을 설하였으니, 이 두 가지 진리를 구별하지 못하는 이는 불법(佛法)의 진실한 의미를 알지 못한다. 세속제에 의지하지 않고서는 승의제를 얻을 수 없으며, 승의제에 이르지 않고서 열반은 증득되지 않는다."

즉 자립논증파는 제법이 자상을 갖는 개별적 실체라는 사실을 언어적 가설(세속제)로서는 인정하였지만, 귀류논증파에서는 이조차 인정하지 않았으며, 나아가 환상이나 해손된 감관에 의한 지각, 외도의 주장은 세간언설로서도 거짓이기 때문에 세속제라고도 말할 수 없다고 하였다. (제7장 3-1-1②'승의제와 세속제' 해설 참조)

2. 귀류논증파의 종의

이 학파의 종의를 이론적 토대, 실천 수행도, 수행도의 결과 등 세 단락으로 나누어 논설한다.

1) 이론적 토대

이론적 토대 역시 경(境, viṣaya)과 유경(有境, viṣayin), 즉 [탐구해야 할] 지식의 대상과 [그 같은 대상을 향유하는] 주체로 나누어 논설한다.

(1) 지식의 대상

① 무자상의 존재

이들은 [실재론자들에 의해] 세계의 토대로 성취된 것(즉 諸法)은 다 반드시 자상(自相)을 갖고서 존재하는 것이 아니라고 주장하였다. 왜냐하면 이들은 세계의 토대로 성취된 것은 분별에 의한 가설(upacāra)일 뿐이라고 주장하였기 때문이다. 여기서의 '뿐'이라는 말은 [지식의 대상이] 자상을 갖고서 존재한다는 사실을 완전히 배제(apoha)한다는 의미이다.

[이들에게 있어] 세계의 토대로 성취된 것과 대상(viṣaya: 境)과 알려진 것 즉 지식의 대상(jñeya: 所知)은 동의어이다.

> [해설] 불교의 실재론자인 비바사사(毘婆沙師)는 세계의 토대로 제시된 제법(諸法, dharmaḥ)은 자상을 갖는 자기 원인적 존재로[5] 이것을 존재(sat)라고 말할 수 있는 것은 그것이 경계대상(viṣaya)이 되어 지각(buddhi)되었기 때문이다.[6] 나아가 그들에게 있어 제법은 실제적 작용을 갖는 구체적 사물(bhāva)이었고, 따라서 존재와 지식의

---

5 『구사론』 권1 (T29, 1b9), "能持自相, 故名爲法."

6 『순정리론』 권50 (T29, 621c21), "爲境生覺, 是眞有相."

대상과 구체적 사물은 동의어였다. (제4장 2-1-1①'다섯 가지 기본 범주' 참조) 여기서 귀류논증파가 세계의 토대로 제시된 제법(즉 존재)과 대상(viṣaya)과 알려진 것 즉 지식의 대상(jñeya)을 동의어라고 한 것은 물론 비판 대상으로서이지만 비바사사에 의해 제시된 견해였다. 본서 제4장 2-1-1①'다섯 가지 기본 범주' 참조.

이들은 이러한 지식의 대상을 현전한 것과 은폐된 것의 두 가지, [승의와 세속의] 2제로 분류하기도 하였다.

② 현전한 것과 은폐된 것

증인(證因, linga) 즉 이유명제에 근거하지 않고 경험(전5식)을 통해 알 수 있는 것, 이것이 바로 현전한 것(abhimukha)의 정의이다. [따라서] 직접 지각된 것, 현전한 것, 감각대상, 은폐되지 않은 법은 동의어로, 예컨대 색·성·향·미·촉이 그러한 것이다.

반드시 논증이나 증인 즉 이유명제에 의해 알려지는 법, 이것이 바로 은폐된 것(parokṣa)의 정의이다. [따라서] 은폐된 것, 직접 지각되지 않은 것, 추론에 의해 알려진 것(所量)은 동의어이다. 예컨대 소리의 무상성(無常性)이나 소리의 무실체성(無我)이 그러한 것이다.

[해설] 앞서 경량부(제5장 2-1⑤)에서는 현전한 것을 "직접지각(現量)에 의해 [현전에서] 지금 바로 알려지는 것"으로 [실제적 작용을 갖는] 구체적 사물(bhāva: 有)과 동의어라고 하였으며, 은폐된 것을

"추리(比量)에 의해 바로 알려지는 것"으로 [의식에 의해] 알려지는 것(jñeya: 所知境)과 동의어라고 하였다.

귀류논증파의 정의 또한 이와 동일한 것이다. 현전한 것을 직접 지각된 것(pratyakṣa), 감각대상(indriyaviṣaya)으로, 은폐된 것을 직접 지각되지 않은 것(apratyakṣa), 추론에 의해 인식된 것(prameya, 所量)으로 구체적으로 설명한다.

앞서 논설한 바와 같이 다른 학파에서는 pratyakṣa(mngon sum)를 지식의 대상을 향유하는 주체(有境) 즉 직접지각하는 의식의 의미로만 사용하였지만, 귀류논증파에서는 이처럼 직접 지각된 대상(obvious object)의 의미로도 사용하고 있다.[7]

한편 제프리 홉킨스는 '은폐된 것'의 정의에 대해 이같이 해설하고 있다.

"이러한 정의는 범부들의 관점에서 이루어진 것이다. 왜냐하면 모든 것을 직접 인식할 수 있는 불타에게는 은폐된 대상이 없기 때문이다. 또한 비록 미세한 '소리의 무상성' 을 직접 인식하는 요가수행자의 직관을 갖는 범부는 그것을 직접 인식 하기 앞서 반드시 추론에 근거한 그 같은 지식을 갖고 있어야 하지만, 성자는 추론에 의하지 않고도 소리의 무상성을 직접 지각할 수 있다. 그러므로 소리의 무상성이 항상 은폐된 대상인 것은 아니다.

곧 은폐된 대상은 범부가 경험으로는 접근하기 어렵고 오로지 추론을 통해서만 새롭게 인식할 수 있는 것이지만, 그것은 사실상 제법 자체 즉 법성이라 할 수 있다. 둡타에서 예로 제시한 '소리의 무상

---

7 Geshe Lhundup Sopa and Jeffrey Hopkins(1989), p.303, 주2.

성'이나 무실체성은 다만 추론에 의해 알려지는 은폐된 대상이 아니라(비록 범부들에게는 그러할지라도) 본질적으로는 직접 지각되는 현전한 대상이라 할 수 있다."[8]

그러므로 이 종의 체계에서 [비록 범부에 한정된 것일지라도] 현전한 대상과 은폐된 대상은 서로 상위하는 것(상호 배타적인 것)이다.

또한 [이를 포함한] 인식대상(prameya, 所量)의 세 상태도 서로 상위하는 것이다.

[해설] 여기서 인식대상(prameya, 所量)의 세 가지란, ① 현전한 대상인 색·성·향 등의 감각대상. 이는 직접 지각된다. ② 제법의 공성과 같은 약간 은폐된 대상. 이는 일반적 유형의 추론을 통해 인식할 수 있다. ③ 수미산을 중심으로 한 우주의 배치와 같은 매우 은폐된 대상. 이는 전후 정합성을 갖춘 경전에 근거한 추론을 통해 인식할 수 있다.

③ 승의제와 세속제

언설(vyavahāra)을 고찰하는 바른 인식(pramāṇa: 量)에 의해 알려진 대상, 또는 언설을 고찰하는 바른 인식이 그 자체로서 '언설을 고찰하는 바른 인식'이 되는 것, 이것이 바로 세속제의 정의이다. 예컨대 항아리가 그

---

8 Geshe Lhundup Sopa and Jeffrey Hopkins, pp.303f.

러한 것이다.

그들은 [세속제를] 진실의 세속제(實世俗)와 거짓의 세속제(邪世俗)로 구분하지 않는다. 왜냐하면 진실의 세속은 존재하지 않기 때문이다. 세속(saṃvṛti, 즉 언설)은 [비록 자성을 갖고서 존재하는 것처럼 나타날지라도 그러한 유자성적 존재가 아니라는 의미에서] 필시 진실(=실재)이 아니기 때문이다. 그것은 필시 거짓(=비실재)이기 때문이다.

그러할지라도 세간의 일상적 의식의 관점에서 볼 때 세속제는 진실과 거짓으로 구분될 수 있다. 왜냐하면 세간의 일상적 의식의 관점에서 볼 때 색(rūpa, 예컨대 얼굴)은 진실이며, 거울에 비춰진 얼굴의 모습은 거짓이기 때문이다. [그러나] 세간의 일상적 의식의 관점에서 진실이라고 해서 반드시 존재하는 것은 아니다. 왜냐하면 '색은 진실로 존재한다'는 등의 인식은 세간 일상의 의식상에서 진실의 세속(實世俗)이지만, [궁극적으로는] 존재하지 않기 때문이다.

[해설] 자립논증파에서는 세속제를 진실의 세속제(tathya-saṃvṛti: 實世俗)와 거짓의 세속제(mithyā-saṃvṛti: 邪世俗)로 구분하였다. (제7장 3-1-1② '승의제와 세속제' 참조) 이에 대해 귀류논증파에서는 세속제를 두 가지로 구분하지 않았다. 궁극적 관점(勝義)에서 볼 때 세속제 자체는 진실이 아니기 때문이다. 세속제(saṃvṛti-satya)는 어디까지나 우리들 세간일상에서의 진실일 뿐, 성자에게는 진실이 아니기 때문이다.

세속제를 두 가지로 구분하게 된 것은, 다 같은 세속지(世俗智)일지라도 올바른 감관에 근거한 것과 손상된 감관에 근거한 것의 차별이 있기 때문이다. 이에 대해 바바비베카는 손상된 감관에 의한 세속지 또한 세속제라고 말할 수 있다고 한 반면(제7장 3-1-1②'승의제와 세속제' 해설 참조) 찬드라키르티는 그렇게 말할 수 없을뿐더러 올바른 감관에 의한 세속지 또한 다만 세간일상에서의 진실일 뿐이라 하였다. 그는『입중론』(제6장 제24-25게송)에서 이같이 말하고 있다.

"그릇된 인식(=세속)은 두 가지로 생각할 수 있다. 밝은(정상의) 감관(6근)과 과실을 지닌 (손상된) 감관에 근거한 인식이다. 과실을 지닌 감관의 인식은 뛰어난 감관의 인식에 대해 잘못된 지식으로 인정된다.

손상되지 않은 감관에 의해 파악된 것을 세상 사람들은 진실이라고 인정한다. 그러나 이것은 세간에서의 진리(諦, satya)일 뿐이며, 그 밖의 것(손상된 감관에 의해 파악된 것)은 세간에서도 거짓(邪, mithyā)으로 규정된다."[9]

궁극적인 것(paramārtha, 즉 空性)을 고찰하는 바른 인식(量)을 통해 알려진 대상, 또는 궁극적인 것을 고찰하는 바른 인식이 그 같은 [대상]으로 인해 '궁극적인 것을 고찰하는 바른 인식'이 되는 것, 이것이 바로 승의제의 정의이다. 예컨대 '항아리의 무자성' 등이 그러한 것이다.

[승의제에 대한 자세한] 분별은 자립논증파의 그것과 유사하다.

---

9 安井廣濟, 김성환 역,『中觀思想硏究』, p.199.

[해설] "승의제를 자세히 분별하면 16가지 공성(śūnyatā)이 있지만, 간략하게 4가지 공성으로 요약된다." (제7장 3-1-1② '승의제와 세속제'와 해설 참조) 16공과 4공은 『대반야바라밀다경』에서 보살 마하살의 대승의 특성(大乘相)으로 설해진 것이기 때문에 달리 이해되지 않았을 것이다.

[귀류논증파에서는] 이 밖에도 과거와 미래를 구체적 사물(bhāva: 有)로 인정하였다.

또한 외계대상도 인정하였으니, 그들은 파악되는 대상과 파악하는 주체는 자성이 다르다고 주장하였기 때문이다.

[해설] 이처럼 귀류논증파는 비록 세속제임을 전제로 한 것일지라도 과거와 미래가 결과를 낳는 실제적 작용을 갖는 것이라 인정하고, 인식대상과 주체를 구분하여 외계대상의 실재성을 주장하였다는 점에서 비바사사(毘婆沙師)와 궤를 같이 한다. 즉 경량부, 유식학파, 자립논증파에서는 과거와 미래의 실재성을 부정하였을뿐더러 경량부가 비록 외계대상을 인정하였을지라도 자기인식을 주장하였기 때문에 인식대상과 주체가 본질을 달리한다고는 주장하지 않았던 것이다.

본 둡타에서는 비바사사와 귀류논증파가 다 같이 신업(身業)과 어업(語業)의 본질을 색법 즉 신체적 형태(身形)와 말소리(語聲)로 이해하였고, 이 같은 업이 과거로 사라진 무표업(無表業, 또는 無表色) 또한 색법의 일종으로 인정하였다는 사실도 전하고 있다. (제4

장 2-1-1④c '업과의 상속'; 제5장 2-1-1⑧'그 밖의 지식의 대상' 참조) 뿐만 아니라 후술하듯이 귀류논증파가 개아를 5온 혹은 4온에 근거한 가설로 이해한 것, 직접지각(現量)으로 감각지각과 의(意)지각과 요가 수행자의 직관의 세 종류만 인정하고, 식의 자기인식을 인정하지 않은 것 또한 비바사사의 견해였다.

(2) 지식의 주체

① 개아

귀류논증파에서는 자신의 가설의 기반인 5온이나 4온에 근거하여 가설된 '나'만을 개아(pudgala: 人)라고 주장하였다.

[해설] 이는 물론 세속제(통속적 진리)의 입장에서 논설한 것이지만, 비바사사의 자아관과 동일한 것이다. 비바사사는 자아의 가설 기반인 5온(무색계의 경우 4온)의 집합체를 개아로 규정하였다. 다만 유부 비바사사에 있어 5온은 승의제였지만, 귀류논증파에 있어 5온은 다만 세속제일 뿐이다. 참고로 성전(『구사론』)을 따르는 경량부의 경우 그들의 찰나멸론에 따라 5온의 상속(相續)을 개아로 간주하였고, 정리(다르마키르티)를 따르는 경량부는 제6 의식(意識)의 상속을, 유식학파 중 성전(무착)을 따르는 이들은 8식을, 정리(다르마키르티)를 따르는 이들은 제6 의식을, 자립논증파는 [미세한 무부무기의] 의식을 개아로 간주하였다.

'개아'라는 것은 불상응행법일 뿐이다.

[해설]　2만 여 부품과는 별도로 존재하는 개별적 실체로서의 자동차가 존재하지 않듯이, 5온과는 별도로 존재하는 개별적 실체로서의 개아(人我)는 존재하지 않는다. 만약 존재한다면 그것은 언어적 개념(名, nāma)으로서의 존재일 뿐이다. 설일체유부의 존재론(제4장 2-1-1①'다섯 가지 기본범주' 해설 참조)에서 언어적 개념은 색법도 심법도 아닌, 5온 중 행온에 포함되는 불상응행법이다.

② 식(識)

식에는 바른 인식(pramāṇa, 量)과 바른 인식이 아닌 것(apramāṇa, 非量) 두 가지가 있다.

바른 인식에는 다시 직접지각(現量)과 추리(比量) 두 가지가 있다.

귀류논증파에서는 직접지각으로 감각지각과 의(意)지각과 요가 수행자의 직관의 세 가지만 인정하고, 식의 자기인식을 인정하지 않는다.

[해설]　이처럼 귀류논증파의 주장은 비록 세속제이기는 하지만 비바사사(毘婆沙師)의 그것과 동일하다. (제4장 2-1-2②'식' 해설 참조) 자립논증파의 이론적 토대/철학적 기본입장이 유가행파와 경량부의 그것과 가까운 것이었다면 귀류논증파는 세속적인 진리의 입장에서 유부(有部)의 다원론 철학을 채용하였다.[10]

유정의 [심]상속(心相續) 상에 존재하는 감각지각(전5식)은 모두 오류

10　카지야마 유이치, 권오민 역, 『인도불교철학』, p.124 참조.

의 인식(錯亂識)이다.

[해설] 여기서 유정의 감각지각(전5식)을 오류의 인식(錯亂識, vyāmoha)이라 함은 이것으로 궁극적 진리인 공성(空性)을 파악할 수 없기 때문이다. (이 경우 '유정'에는 불타가 제외된다.) 후술하듯 요가 수행자의 직관에도 이 같은 이유로 인해 오류·무오류 모두 존재한다.

요가 수행자의 직관에는 오류가 있는 것과 오류가 없는 것(착란식과 비착란식) 두 가지가 있다. 무루의 삼매에 든 요가 수행자의 직관은 무오류의 인식이지만, 시야가 좁은 이들의 [심]상속 상에 존재하는 '미세한 무상을 직접적으로 지각하는 요가 수행자의 직관'은 오류의 인식이기 때문이다.

후자가 어째서 오류의 인식이냐 하면, 이는 시야가 좁은 이들의 [심]상속 상에 존재하는 인식이기 때문이다.

[해설] 여기서 '시야가 좁은 이들' 혹은 '가까운 곳을 보는 자들'(tshur mthong) 이란 '알려진 것을 실재하는 것'이라고 주장하는, 말하자면 아직 공성을 깨닫지 못한[11] 설일체유부 비바사사를 말한다. 즉 그들은 비록 선정을 통해 미세한 무상(無常)을 직관하였을지라

11 Geshe Lhundup Sopa and Jeffrey Hopkins, p.309 주1.

도 무상을 유자성적 존재로 간주하였기 때문이다. (설일체유부의 경우 '무상'을 유위4상 중의 하나 즉 '멸'의 이명으로 이해하였다.) 여기서 '미세한 무상'이란 유위제법의 찰나멸(刹那滅)을 말한 것으로, 그들은 비록 죽음이나 대상의 파괴 소멸과 같은 직접적으로 지각되는 거친 무상보다 인식하기 어려운 이 같은 찰나멸을 선정을 통해 직관할지라도 이를 개별적 실체(antaradravya: 別體)로 간주하였기 때문에 오류의 인식이라 말한 것이다.

참고로 유가행파의 형상진실론에서는 시야가 좁은 이들(즉 범부)의 상속에 존재하는 감각지각도 착란식이 아니라고 주장하였다. (제6장 2-1-2②c '식' 참조)

모든 재결식(再決識)은 확실한 직접적 인식(pratyakṣa-pramāṇa)에 포함된다. 왜냐하면 '소리는 무상하다'는 사실을 분별하는 추리지(比量)의 제2 찰나는 개념적으로 확실한 직접적 인식의 그것(제2찰나)이며, 색을 파악하는 감각지각의 제2 찰나는 비개념적인 직접지각(전5식의 無分別現量)의 그것이기 때문이다.

[해설] 재결식(bcad shes, *paricchinnajñāna: subsequent cognition)이란 직접지각이나 개념적 인식에 의해 일찍이 인식한 적이 없는 대상을 처음으로 인식한 이후 일어나는 이에 대한 결정적 인식을 말한다. 앞서 경량부는 이러한 인식을 '확실한 인식'일지라도 일찍이 인식한 적이 없는 인식(pramāṇa 즉 바른 인식의 정의)이 아니기 때문에 바른 인식(pramāṇa)이 아니라고 하였다. (제5장 2-2② '식' 참조)

이에 따라 제프리 홉킨스는 다른 학파의 경우 '바른 인식(prime cognition)'으로 번역하였던 프라마나(pramāṇa, tshad ma)를 여기서는 '확실한/타당한 인식(valid cognition)'으로 번역하였다.[12] 즉 소리의 무상성을 분별하는 인식(말하자면 의식의 分別現量)의 제2찰나, 색을 지각하는 인식(안식의 無分別現量)의 제2찰나와 같은 재결식은 확실한 직접적 인식이라는 것이다.

추리를 분별하면 사물(bhāva; 구체적 논거)의 힘에 의한 추리, 세간 상식(極成)에 근거한 추리, 비유(譬喩)를 통해 유추하는 추리, 신뢰(즉 경론)에 근거한 추리 등의 네 종류가 있다.

[해설] 티베트 원어와 추정 범어는 순서대로 ① dngos stobs rjes dpag(왜 똡 제빡) *bhāva-bala-anumāṇa, ② grags pa'i rjes dpag(닥빼 제빡), *prasiddha anumāṇa, ③ dpe ston rjes dpag(뻬땐 제빡), *dṛṣṭānta-anumāṇa, ④ yid ches rjes dpag(이채 제빡), *āpta-anumāṇa. 첫 번째는 "제법은 연기한 것, 즉 타자에 근거하여 생겨난 것이기 때문에 그 자체로서 존재하는 것이 아니다"는 추론처럼 논거(hetu: 因)의 힘에 의해 성립하는 추론. 두 번째는 세간에서 통용되는 통설 상식(prasiddha: 極成)에 근거한 추론. 세 번째는 입론자도 대론자도 누구나 승인할 수 있는 범성동해(凡聖同解)의 비유(dṛṣṭānta: 喩, 譬喩)에 근거한 추론. 네 번째는 믿을 만한 이의 말씀(āpta: 至敎)인 경론(經論)의 청문(聽聞)과 사택(思

12 Geshe Lhundup Sopa and Jeffrey Hopkins, pp.310f.

擇)에 근거한 추론.

제프리 홉킨스는 이를 순서대로 inference by the power of the fact, inference by renown, inference through example, inference through correct belief로,[13] 노무라 마사지로(野村正次郎)의 일역에서는 事物の力による比量, 極成の比量, 喩例を類推する比量, 信頼の比量으로,[14] 진옥교(陳玉蛟)의 중국어역에서는 사세비량(事勢比量), 극성비량(極成比量), 도유비량(度喩比量), 신허비량(信許比量)으로 번역하고 있다.[15]

어떤 대상에 대한 오류(錯亂)와 그 대상에 대한 분별은 [궁극적으로] 서로 모순되지 않는다. 왜냐하면 [귀류논증파에서는] 소리의 무상함을 분별하는 추리는 소리의 무상함에 관해 오류를 범한 것이지만, 그것을 분별(이해)하는 [한 방식]으로 인정하였기 때문이다.

[해설] '소리는 무상하다'는 명제에 대한 개념적 인식(분별)은 소리의 무상함에 대한 올바른 인식의 첫 번째 수단이지만, 다른 한편 그 자체로서 실재하지 않는 대상을 실재하는 것이라고 여긴 것이기 때문에 원천적으로 오류이다. 귀류논증파에 의하는 한 분별이 바로 오류이다. 무상을 무상으로 분별하고, 공을 공으로 분별하는 것은 세속적으로는 참일지라도 궁극적으로는 오류이다. 실유의 제법을 전제로 한 분별이기 때문이다.

---

13 Geshe Lhundup Sopa and Jeffrey Hopkins(1989), p.313.

14 野村正次郎 編,『學說規定摩尼寶鬘』, p.64.

15 陳玉蛟(1988),『宗義寶鬘論』, pp.121f.

[귀류논증파는] 두 가지 현현(능취와 소취, 주관과 객관)을 수반한 인식(vijñāna)은 반드시 자신에게 나타난 대상을 직접 지각하는 것이라고 주장한다. 왜냐하면 '소리는 영원하다'고 [잘못] 파악한 분별(인식)조차 자신에게 나타난 대상에 대한 직접지각이기 때문이다.

또한 모든 인식은 [올바른 것이든 올바르지 않은 것이든, 혹은 개념적인 것이든 비개념적인 것이든] 자신의 인식대상(prameya: 所量)을 분별한 것이라고 주장한다. 왜냐하면 '토끼 뿔'을 파악하는 분별(인식)조차 '토끼 뿔'이라는 추상관념(일반적 이미지 arthasāmānya: 總義, 總事)을 인식대상으로 삼은 것이기 때문이며, '소리는 영원하다'고 생각하는 분별(인식)조차 '소리의 영원성'이라는 추상관념을 인식대상으로 삼은 것이기 때문이다.

2) 실천 수행도

(1) 도의 관찰 대상

[귀류논증파는] 개아(pudgala: 人)가 [5온과는 별도의] 독립된 실체로서는 공이라는(혹은 존재하지 않는다는) 거친 인무아(人無我)와 개아는 진실로 공이라는 미세한 인무아를 주장하였다.

> [해설] 앞서 비바사사, 경량부, 유가행파, 자립논증파에서의 '도의 관찰 대상'에서는 거친 인무아는 상일주재(常一主宰)의 자아가 실체로서 존재하지 않는다는 것이고, 미세한 인무아는 개아가 5온(혹은 4온 혹은 의식)과는 별도의 독립적 실체로서 존재하지 않는다는

것이라고 하였다. 귀류논증파가 이들의 미세한 인무아를 거친 인무아로 이해한 것은 그들이 개아의 근거가 된 5온도 공이라고 주장하였기 때문이다.

미세한 인무아와 미세한 법무아 두 가지는 공성의 토대의 차이에 따라 구별되는 것이지 (다시 말해 무엇이 공인가에 따라 구별되는 것이지) 부정되는 대상(즉 실체성)의 차이에 따라 구별되는 것이 아니다. 즉 개아(=人, pudgala)라는 토대 상에서 부정대상인 실체성을 배제한 것이 미세한 인무아라면, 5온(=法, dharma)이라는 토대 상에서 부정대상인 실체성을 배제한 것이 미세한 법무아이다.

그러므로 미세한 인무아와 미세한 법무아 중 어느 것이 [더] 미세하고, 어느 것이 [더] 거친가 하는 차별은 없다. 두 가지는 [다만 공성의 토대에 따른 명칭 상의 차별일 뿐] 다같이 [실체성을 배제한] 궁극적 진리라고 [그들은] 주장하였다.

(2) 도에 의해 끊어지는 장애

[귀류논증파에서는] 미세하고 거친 자아에 대한 집착과 그 종자(bīja), 그리고 이로 인해 생겨난 [탐 · 진 · 치] 삼독(三毒)과 그 종자가 번뇌장이라고 주장하였다. 왜냐하면 그들은 '진실로 존재한다'고 집착하는 것을 번뇌장으로 여겼기 때문이다.

그리고 '진실로 존재한다'는 집착의 훈습과 이로 인해 생겨난 [주객] 이원의 현현의 오류(錯亂), [승의와 세속의] 이제(二諦)를 서로 다른 존재로 파악하는 염오성의 분별이 소지장이라고 주장하였다.

(3) 도의 본질

[귀류논증파 역시] 3승 각각에 대해 5단계의 도를 제시하였다.

또한 그들은 『십지경』에 따라 대승 [보살]을 위한 10지(地)의 규정도 제시하였다.

[해설] 『천태사교의』에서 통교(通敎) 즉 『반야경』의 수행계위는 건혜지(乾慧地)·성지(性地)·팔인지(八人地)·견지(見地)·박지(薄地)·이욕지(離欲地)·이판지(已辦地)·벽지불지·보살지·불지(佛地). 여기서 『십지경』에 따른 10지의 계위는 별교(別敎)인 『화엄경』의 수행계위로, 제6장 2-2-3 '도의 본질' 해설 참조. 『천태사교의』에 따르면 그들(별교, 즉 화엄종)은 자량위에 십신(十信), 가행위에 십주(十住)·십행(十行)·십회향(十回向)을 배대시키고, 견도위에 10지 중 초지인 환희지를, 수도위에 제2 이구지(離垢地)-10 법운지(法雲地)를, 무학위에 등각과 묘각을 배대하였다. 티베트에서 전한 대승의 5도(道)와 10지(地)의 상관관계에 대해서는 범천, 『현증장엄론』(불광출판사, 2017), p.494 표를 참조할 것.

[그럴지라도] 삼승이 깨달은 지혜의 종류에는 차이가 없다. 왜냐하면 그들은 모든 성자는 법무아를 직접 지각한다고 주장하기 때문이다.

[해설] 유부 비비사사의 경우 역시 삼승의 구경도는 진지와 무생

지로 동일하다. 삼승은 다만 발심과 수행기간(보살의 경우 3아승지겁에 백겁의 수행)에 차이가 있을 뿐이다.

3) 수행도의 결과

(1) 성문과 독각

소승(비바사사와 경량부의 성문·독각)종성은 무아의 견해를 다만 간략한 이치를 통해 수습하며, 이에 근거하여 마침내 소승의 수도위의 최종 단계인 금강유정을 통해 [자아가] '진실로 존재한다'는 집착과 [이러한 집착의] 종자를 끊고, 이와 동시에 각기 자신들의 보리를 증득한다.

자립논증파와 그 하위의 학파들은 무여열반을 성취하기 위해서는 반드시 유여열반을 먼저 성취해야 한다고 주장하였지만, 이러한 [귀류논증파의] 체계에서는 유여열반을 성취하기에 앞서 반드시 무여열반을 먼저 성취해야 한다고 주장하였다.

[해설] 5온을 세계(즉 괴로움)의 정체로 이해하는 한 5온의 완전한 소멸인 무여열반은 당연히 유여열반 이후에 가능하다. 그러나 귀류논증파에서는 5온은 실체로서 존재하는 것이 아니라는, 다시 말해 공이라는 법무아(法無我)를 통해 해탈의 장애로 간주되는 '괴로움'을 극복하고 열반을 성취한다. 그들은 선정을 통해 공성을 직접적으로 지각하며, 일시적으로나마 세계로부터 완전히 자유로워진다. 출정(出定) 이후 비록 세계가 꿈과 같이 일시 나타날지라도 이에 집착하지도, 속박되지도 않는다. 그래서 아라한은 먼저 무여열반을

성취한 이후 유여열반을 성취한다고 말한 것이다.

귀류논증파는 성문과 독각의 8배(輩) 즉 4향 4과의 교설을 인정하였을 뿐더러, 이 같은 8배를 모두 성자로 인정하였다.

(2) 보살

대승의 보리를 성취하는 방법은 다음과 같다.

보살들은 [인·법]무아의 견해를 무수하고 다양한 갈래의 이치를 통해 세세하게 수습하여 [두 가지] 장애를 끊는데, 번뇌장을 완전히 제거하고 나서 비로소 소지장을 제거할 수 있다. 소지장은 제8지(不動地)에서부터 끊어진다. 즉 이전에 소승의 수행도를 닦지 않은 보살들은 제8지에서 번뇌장을 모두 제거하고 최후 상속의 마지막 순간의 무간도(즉 금강유정)에서 소지장을 남김없이 제거함과 동시에 부처의 4신(身)을 성취한다.

귀류논증파는 열반과 멸제가 승의제 즉 궁극적 진리라고 주장하였다.

> [해설] 자립논증파에서도 역시 불신(佛身)에 네 종류가 존재한다고 주장하였다. (제7장 3-4 '불신과 불설' 참조) 귀류논증파는 일체 번뇌를 완전하고도 영원히 소멸한 자의 상속 상의 마음의 공성을 열반으로, 일부의 번뇌를 완전하고도 영원히 소멸한 자의 상속 상의 마음의 공성을 멸제로 간주하였다.[16]

---

16 Geshe Lhundup Sopa and Jeffrey Hopkins, p.319.

4) 요의경과 불요의경

『해심밀경』에서 설한 세 가지 법륜 중 첫 번째 법륜(初轉法輪)과 세 번째 법륜은 불요의경이다. 왜냐하면 그 같은 경전에서는 공성에 대해 분명하게 설하고 있지 않기 때문이다.

[해설] 4성제를 세 번 굴린 초전법륜에서는 아공(我空) 즉 인무아(人無我)만을 주장하고 법공(法空) 즉 법무아를 설하지 않았으며, 유식삼성을 변별한 제3 법륜에서는 능취(能取)와 소취(所取), 주관과 객관의 무자성 공은 설하였을지라도 그 같은 이취(二取)의 분별을 드러내는 심식(心識)마저 무자성이라는 말하지 않았다. 『해심밀경』 상의 삼종법륜은 제3장 1절 참조.

즉 그들은 『해심밀경』에서 설한 제2법륜을 요의경이라고 주장하였다. 『반야심경』이 요의경이기 때문이다.

5) 귀류논증파 종의의 주요 특성

[다른 학파와] 구별되는 귀류논증파만의 주요 특성은 다음과 같다.

귀류논증파에서는 [상호] 의존하여 가설된 것이라는 논거에 기초하여 내외의 제법은 어떠한 경우에도 자상(自相)으로서 존재한다는 사실을 배격한다. 그렇더라도 그들은 다만 말(nāma: 名)이고 가유(假有)인 언어적 가설에 근거하여 속박과 해탈, 원인과 결과, 인식대상(所量)과 인식주체 등에 관해 다른 학파에 의존할 필요 없이 자신의 철학체계 안에서 무리 없이 설명할 수 있다고 주장하였다.

[해설] 오로지 "일체제법은 다 공(空)이며, 따라서 속박도 없고 해탈도 없으며, 원인과 결과, 인식대상(所量)과 인식주체도 없다"는 사실만을 주장하는 것은 악취공(惡取空)이다. 『중론』에서 대론자(비바사사)는 이같이 힐난하였다.

"일체가 공이라면 (번뇌와 업의) 생겨남도 없고, 소멸함도 없으며, 그럴 경우 4성제도 없다. 4성제가 없다면 고(苦)를 알고, 집(集)을 끊고, 멸(滅)을 작증하고, 도(道)를 닦을 것도 없으며, 이 네 가지가 없다면 성자의 네 과보도, 그것으로 향하는 과정의 성자도 없다. 곧 성자가 없다면 승보(僧寶)가 없고, 4성제가 없으니 법보(法寶)도 없다. 법보와 승보가 존재하지 않으면 불보(佛寶) 또한 존재하지 않는다. 곧 공을 주장하는 경우 삼보를 파괴하며, 인과와 그에 따른 죄와 복, 나아가 일체의 세속언설을 파괴하는 것이 된다." (제24장 1-6송)

대승불교에서 설하는 반야바라밀다의 공은 허무의 공, 파괴의 공이 아니다. 용수는 공을 잘못 이해할 경우, 마치 땅꾼이 뱀을 잘못 다루어 물리는 것처럼, 주술사가 주술을 잘못 써 도리어 화를 입는 것처럼 허무의 나락에 떨어지게 된다고 경고하고 있다. 그는 다만 언어가 갖는 허구성을 일깨우고자 하였다. 용수는 언어 자체를 부정한 것이 아니라 언어를 통해 세계를 주객이원으로 구분하여 그것들을 유자성적 존재로 간주하는 것을 경계하였다.

이에 따라 그는 언어적 가설에 따른 진리(즉 세속제)로서 해탈과 속박 등에 대해 논설하였다. 용수는 승의제와 세속제라고 하는 이중의 진리관으로 세계(불법)를 이해하고자 하였다.

“모든 부처님께서는 세속제와 승의제라는 두 가지 진리에 근거하여 법을 설하였으니, 이 두 가지 진리를 구별하지 못하는 이는 불법의 진실한 의미를 알지 못한다. 세속제에 의지하지 않고서는 승의제를 얻을 수 없으며, 승의제에 이르지 않고서 열반은 증득되지 않는다.” (『중론』 제24장 8-10송)[17]

요즘 [자신들이야말로 중관학파에 관한] 높은 식견을 지녔다고 자만하는 몇몇 이들은 “현현한 일체 제법은 ‘석녀의 아들’과 마찬가지로 오로지 착란의 현현일 뿐으로, 아무 것도 존재하지 않는다”고 말하면서 “어떤 것에도 마음을 두지 않는 무념무상이야말로 최고의 수행이다”고 주장하니, 그들에게서는 귀류논증파의 냄새조차도 맡을 수 없다.

[해설] 이는 꼰촉 직메 왕뽀 당시 불교학계의 일부 인사들이 귀류논증파를 완전한 허무론자 즉 도무론자(都無論者 nāstika, 혹은 最極無者 pradhānanāstika)로 이해하였음을 경계한 언사이다. 유부 비바사사도, 유가행파도 중관학파를 진실의 실체를 파괴하는 괴법론(壞法論, Vaināśika)으로 간주하였다.

그러므로 윤회(saṃsāra)하는 세간의 모든 안락(sukha)이 타오르는 불구덩이와 같다고 여겨 이로부터 해탈하고자 하는 이들은 마치 정법(正法)인양 말하는 악견(惡見)을 남김없이 제거하고서 일체의 철학(종의) 중에

---

17 권오민, 『인도철학과 불교』, pp.275-280 참조.

서 가장 정점에 있는 중관의 귀류논증파의 사상을 최고로 여기고 공경해 야 할 것이다.

참고문헌

[꼰촉 직메 왕뽀의 둡타와 그 밖의 둡타]

dKon mchog 'jigs med dbang po(꼰촉 직메 왕뽀), Grub pa'i mtha' rnam par bzhag pa rin po che'i phreng ba zhes bya ba bzhugs so (불교종의의 보물꾸러미), Dharamsala, Cultural Printing Press, 1967.

Katsumi Mimaki, Le Grub mtha' rnam bzag rin chen phreng ba de dkon mchog 'jigs med dbang po (1728-1791), Zinbun, number 14 (The Research Institute for Humanistic Studies, Kyoto University, 1977.

Geshe Lhundup Sopa and Jeffrey Hopkins(1989), Cutting through appearances – practice and theory of Tibetan Buddhism, Snow Lion, 1989.

野村正次郎,『學說規定摩尼寶鬘』, 文殊師利大乘佛教會, 日本 廣島, 2000.

陳玉蛟,『宗義寶鬘論』, 台北, 法爾出版社, 1988.

박은정 옮김,『불교철학의 보물꾸러미』, 불교사회문화연구원 티벳장경연구소, 2010.

범천 역,『불교 안팎의 교리』, 퍼플, 2016.

V. Guenther, Buddhist Philosophy in Theory and Practice, SHAMBHALA Boulder & London, (4대 학파만 번역)

Shotaro Iida, Reason and Emptiness, Tokyo Hokuseido, 1980. (중관학파만 번역)

Jeffrey Hopkins, Emptiness Yoga; The Tibetian Middle Way, Boston: Snow Lion, 1995. (잠양『둡타』에서 중관학파만 번역)

Kun mkhyen 'jam dbyangs bzhad pa(꾼촉 잠양 세빠), Grub pa'i mtha'i rnam par bzhag pa 'khrul spong gdong lnga'i sgra dbyangs kun mkhyen lam bzang gsal ba'i rin chen sgron me zhes bya ba bzhugs so (오류를 끊는 사자의 소리와 같은 종의는 부처의

좋은 길을 드러내는 보물등불), Drepung Gomang Library, Lama Camp No. 2, P.O. Tibetan Colony, Karnataka State India. 1999.
Jeffrey Hopkins, Maps of the Profound Jam-yang-shay-ba's Great Exposition of Buddhist and Non-Buddhist Views on the Nature of Reality, Snow Lion Publication, 2003.
lCang skya rol ba'i rdo rjes (장꺄 롤빼 도제), Grub pa'i mtha' rnam par bzhag pa thub bstan lhum po'i mjes rgyan zhes bya ba bzhugs so (종의의 아름답고 장엄한 수미산), krung go bod kyi shes rig dpe skrun khang (중국 티베트 문명 출판사), 1989.
Choying Tobden Dorje, The Complete Nyingma Tradition from Sutra and Tantra, Book 13, Snow Lion Boulder, 2017.

[불교경론]

T: 『대정신수대장경』 (T16, 709c28은 『대정신수대장경』 제16권 709쪽 하단 28행)
『도경(度經)』, 『니건경(尼乾經)』 (T1).
『대반야바라밀다경』 (T5, 7).
『해심밀경』 (T16).
『입능가경』 (T16).
용수, 『대지도론』 (T25).
용수, 『중론』 (T30).
가다연니자(迦多衍尼子), 『아비달마발지론』 (T26).
권오민 역, 『아비달마발지론』, 동국역경원, 1995.
오백나한(五百羅漢), 『아비달마대비바사론』 (T27).
색건지라(色健地羅), 『입아비달론』 (T28).
세친, 『아비달마구사론』 (T29).
권오민 역, 『아비달마구사론』(1)-(4), 동국역경원, 2002.
이종철 역주, 『구사론 계품 · 근품 · 파아품』, 한국학중앙연구원출판부, 2015.
중현(衆賢), 『아비달마순정리론』 (T29).
하리발마(訶梨跋摩), 『성실론』 (T32).

실역(失譯), 『삼미저부론』(T32).
성천(聖天)조, 호법(護法)석, 『대승광백론석』(T30).
미륵(彌勒), 『유가사지론』(T30).
최승자(最勝子), 『유가사지론석』(T30).
무착(無着), 『대승아비달마집론』(T31).
무착(無着), 『섭대승론』(T31).
호법(護法) 등, 『성유식론』(T31).
세친, 『대승성업론』(T31).
세친, 『현식론(顯識論)』(T31).
세친, 『유식삼십론송』(T31).
세친, 『유식이십론』(T31).
진나(陳那), 『관소연연론』(T31).
무성(無性), 『섭대승론석』(T31).
청변(淸辨), 『반야등론석』(T30).
보광(普光), 『구사론기』(T41).
법보(法寶), 『구사론소』(T41).
원휘(圓暉), 『구사론송소론』(T41).
규기(窺基), 『성유식론술기』(T43).
규기(窺基), 『유가사지론약찬』(T43).
법장(法藏), 『화엄일승교의분제장』(T45).
세우(世友), 『이부종륜론』(T49).
의정(義淨), 『남해기귀내법전』(T54).
원측, 『해심밀경소』(한국불교전서 제1권).
원측, 『불설반야바라밀다심경찬』(한국불교전서 제1권).
진제(眞諦), 권오민 역, 『金七十論』, 동국역경원, 1998.
혜월(慧月), 권오민 역, 『勝宗十句義論』, 동국역경원, 1998.
적호(寂護), 남수영 편역, 『적호의 중관장엄론』, 여래, 2007.

범천 역주, 『현증장엄론 역주』, 불광출판사, 2017.

AKBh.: Abhidharmakośabhāṣya, Edited by P. Pradhan, Tibetan Sanskrit Works Series 8, Patna: Kashi Prasad Jayaswal Research Institute, 1976.

AKVy.: Abhidharmakośavyākhyā, Edited by U. Wogihara, Tokyo: Sankibo Buddhist Book Store, 1989. reprint.

Lama Chimpa, trans. Tāranātha's History of Buddhism in India, Motilal Banarsidass, 1990.

M. Raṅgācārya, The Sarva-siddhānta-sangraha of Śaṅkarācārya: text with English translation, New Delhi : Ajay Book Service, 1983.

[국내외 단행본과 논문]

권오민, 『아비달마불교』, 민족사, 2002.

권오민 『인도철학과 불교』, 민족사, 2003.

권오민, 『불교학과 불교』, 민족사, 2009.

권오민, 『上座 슈리라타와 經量部』, 씨아이알, 2012.

권오민, 『上座 슈리라타의 經量部 사상』, 씨아이알, 2019.

권오민, 「衆賢의 阿毘達磨佛說論」, 『불교원전연구』 제15호, 동국대학교 불교문화연구원, 2012.

권오민, 「불교 지성의 전통과 역사」, 『동아시아불교문화』 제23집, 동아시아불교문화학회, 2015.

권오민, 「경량부의 견도(darśanamārga)설」, 『인도철학』 제60집, 인도철학회, 2019.

권오민, 「경량부의 수도(bhāvanāmārga) 설」, 『불교연구』52, 한국불교연구원, 2020.

김영석, 『아비달마부파의 성립과 주장』, 씨아이알, 2018.

남수영, 『중관사상의 이해』, 여래, 2015.

도사키 히로마사(戶崎宏正) 지음, 박인성 역, 『불교인식론의 연구』, 도서출판 길,

2015.
마츠모토 시로, 이태승 등 공역,『티베트 불교철학』, 불교시대사, 2008.
서정인,「신라 도륜의 해심밀경주석에 관한 연구」, 2017년 박사학위청구논문, 동국대 대학원.
安井廣濟, 김성환 역,『中觀思想硏究』, 문학생활사, 1988.
요코야마 고이치(橫山紘一), 김용환·유리 옮김,『불교의 마음사상: 유식사상입문』, 산지니, 2013.
이지수,『인도불교철학의 원전적 연구』, 여래, 2014.
이태승,『샨타라크쉬타의 중관사상』, 불교시대사, 2012.
임승택,「Sarvasiddhāntasangraha에 인용된 佛教學派의 사상적 고찰」,『인도철학』 제5집, 1995.
中村元·三枝充悳, 혜원 역,『바우드하 佛教』, 김영사, 1990.
체르바스키, 권오민 역,『소승불교개론』, 경서원, 1985.
平川彰, 이호근 역,『인도불교의 역사(하)』, 민족사, 1991.
平川彰 編, 윤종갑 역,『중관사상』, 경서원, 1995.
카지야마 유이치(梶山雄一), 권오민 역,『인도불교철학』, 민족사, 1989.

古坂紘一,「般若燈論と經量部說」,『印度學佛教學研究』, 31-2. 1983.
吉水千鶴子,「ゲルク派による經量部學說理解(1) 二諦說」,『成田山佛教研究所紀要』 21, 1998.
木村誠司,「ジャムヤンシェーパ作『学説綱要書』「毘婆沙師」章についての報告」,『駒沢大学仏教学部論集』 41, 駒澤大学仏教学部研究室, 2010.
木村誠司,「チャンキャ『宗義書』における部派佛教に關する記述(1)」,『駒沢大学仏教学部研究紀要』 제76號, 2018.
梶山雄一 譯註, モークシャーカラグプタ,『論理のことば』, 中央公論社, 1975.
白館戒雲,「アビダルマ研究に關わるチベト文獻からの二, 三の情報」,『加藤純章博士還曆記念論集 アビダルマ佛教とインド思想』, 春秋社, 2000.

白館戒雲,「經部行中觀派と瑜伽行中觀派」,『印度學佛教學研究』51-1, 2002.

白井博之,「宗義書 (Grub mtha') の研究 : インド唯識思想に関するチベット人の理解」,『龍谷大学大学院文学研究科紀要 』7, 1986.

白井博之,『Rong zom Chos kyi bzang po の学説綱要書』, Bulletin of Buddhist Studies 2, Ryukoku University, 1986.

白井博之,「Chos kyi bzang poの学説綱要書」,『印度學佛教學研究』35-2, 1987.

本多惠,『サーンキヤ哲學研究 上』, 春秋社, 1980.

寺本婉雅 譯註,『タ-ラナ-タ 印度佛教史』, 國書刊行會, 1977.

山口益,『世親の成業論』, 法藏館, 1951.

山口益,「中観荘厳論の解読序説」,『干潟博士古稀記念論文集』, 干潟博士古稀記念会, 1964.

西沢史仁,「中観帰謬派の開祖について ーゲルク派の伝承を中心としてー」,『印度學佛教學研究』65-2, 2017.

水野弘元,『パ-リ佛教を中心とした佛教の心識論』, 東京: ピタカ, 1978.

御牧克己,「經部師大師 dPe canについて」,『印度學佛教學研究』29-2, 1981.

御牧克己,「チベットにおける宗義文獻(學說綱要書)の問題」,『東洋學術研究』21-2, 東洋哲学研究所, 1982.

御牧克己,「經量部」, 岩波講座 東洋思想 第8巻『インド佛教1』, 東京: 岩波書店, 1988.

河村孝照,『阿毘達磨佛教の資料的研究』, 日本學術振興會, 1974.

S. Radhakrishnan and C.A.Moore, ed. A Source Book in Indian Philosophy, Princeton Univ. Press, 1973.

Th. Stcherbatsky, The Central Conception of Buddhism and the Meaning of the Word 'Dharma', Montial Banarsidass, Delhi, 1974.

Y. Kajiyama, An Introduction to Buddhist Philosophy - an annotated translation of the Tarkabhāṣā of Mokṣakaragupta, Memories of the Faculty of Letter, Kyoto University No.10, 1966.

Y. Kajiyama, Controversy between the sākāra-and nirākāra-vādins of the yogācāra school-some materials, 『印度學佛教學硏究』, 14-1, 1965.

[사전류]

中村元, 『佛教語大辭典』, 東京書籍, 1981.
荻原雲來編纂, 『漢譯對照梵和大辭典』, 東京: 講談社, 1978.
赤沼智善, 『印度佛教固有名詞辭典』, 東京: 法藏館, 1931.
三枝充悳, 『インド佛教人名辭典』, 東京: 法藏館, 1987.
横山宏一, 『唯識佛教辭典』, 東京: 春秋社, 2010.
中村元, 「インド論理學 述語集成」, 『法華文化研究』 第9号, 東京: 立正大學 法華文化研究所, 1983.
芳村修基, 『チベット語字典』, 東京: 法藏館, 1985.
藏恰孫主 編, 『藏漢大辭典』, 民族出版社, 1984.
西藏民族學院藏文教研組編, 『藏漢詞典』, 蘭州: 甘肅民族出版社, 2008.
Apte, V. S, The Student's Sanskrit - English Dictionary, Delhi; Motilal Banarsidass, 1963.
AHIL K. GUPTA, SANSKRIT TIBETAN-ENGLISH VOCABULARY, SRI SATGURU PUBLICATIONS, 1980.
H. A. JÄSCHKE, A TIBETAN-ENGLISH DICTIONARY, MOTILAL BANARSIDASS. 1980.
Chandra Das, TIBETAN-ENGLISH DICTIONARY, 東京: 臨川書店, 1985.
Tsepak Rigzin, Tibetan-English Dictionary of Buddhist Terminology, LTWA, 1986.

색 인

[ㄴ]

[ㄷ]

[ㄹ]

[ㅁ]

[ㅂ]

[ㅅ]

[ㅇ]

[ㅈ]

[ㅊ]

[ㅋ]

[ㅌ]

역저자 **권오민** : 경상대학교 인문대학 철학과 교수
유　리 : 경상대학교 대학원 철학과 박사과정 수료
김대수 : 경상대학교 대학원 철학과 석사과정 수료

티베트에서의 **불교철학 입문**

초판인쇄 2020년 6월 25일
초판발행 2020년 7월 2일

저　　자 권오민, 유 리, 김대수
펴 낸 이 김성배
펴 낸 곳 도서출판 씨아이알

책임편집 박영지, 김동희
디 자 인 안예슬, 윤미경
제작책임 김문갑

등록번호 제2-3285호
등 록 일 2001년 3월 19일
주　　소 (04626) 서울특별시 중구 필동로8길 43(예장동 1-151)
전화번호 02-2275-8603(대표)
팩스번호 02-2265-9394
홈페이지 www.circom.co.kr

I S B N **979-11-5610-856-6 93220**
정　　가 **23,000원**